2025

NCS 공기업
모듈형+피셋형+피듈형

타임 NCS 연구소

2025

NCS 공기업 모듈형+피셋형+피듈형

인쇄일 2025년 1월 1일 4판 1쇄 인쇄
발행일 2025년 1월 5일 4판 1쇄 발행
등 록 제17-269호
판 권 시스컴2025

발행처 시스컴 출판사
발행인 송인식
지은이 타임 NCS 연구소

ISBN 979-11-6941-588-0 13320
정 가 17,000원

주소 서울시 금천구 가산디지털1로 225, 514호(가산포휴) | **홈페이지** www.nadoogong.com
E-mail siscombooks@naver.com | **전화** 02)866-9311 | **Fax** 02)866-9312

INTRO

NCS(국가직무능력표준. 이하 NCS)은 현장에서 직무를 수행하기 위해 요구되는 능력을 국가적 차원에서 표준화한 것으로 2015년부터 공공기관을 중심으로 본격적으로 실시되었습니다.

NCS는 기존 스펙위주의 채용과정을 줄이고자 실제로 직무에 필요한 능력을 위주로 평가하여 인재를 채용하겠다는 국가적 방침입니다. 기존의 공사·공단 등에서 실시하던 적성검사는 NCS 취지가 반영된 형태로 변하고 있기 때문에 변화하는 양상에 맞추어 NCS를 준비해야 합니다.

필기시험의 내용으로 대체되는 직업기초능력은 총 10개 과목으로 출제기관마다 이중에서 대략 5~6개의 과목을 선택하고 시험을 치릅니다. 주로 의사소통능력, 수리능력, 문제해결능력을 선택하며 기업에 따라 3~4개의 과목을 추가로 선택하기 때문에 지원하고자 하는 기업의 직무기술서를 확인하시는 것이 좋습니다.

본서는 공사·공단 대비 통합 모의고사 문제집으로, 직업기초능력을 NCS 공식 홈페이지의 자료를 연구하여 실전 응용문제를 수록하고 시험 대비에 충분한 연습을 할 수 있게 제작하였습니다. 각 과목의 중요한 내용을 이론과 여러 유형의 문제로 정리하였고, 335개 문제를 수록했습니다.

예비 공사·공단인들에게 아름다운 합격이 함께하길 기원하겠습니다.

타임 NCS 연구소

NCS(기초직업능력평가)란 무엇인가?

1. 표준의 개념

국가직무능력표준(NCS.national competency standards)은 산업현장에서 직무를 수행하기 위해 요구되는 지식 · 기술 소양 등의 내용을 국가가 산업부문별 수준별로 체계화한 것으로 산업현장의 직무를 성공적으로 수행하기 위해 필요한 능력(지식, 기술, 태도)을 국가적 차원에서 표준화한 것

〈국가직무능력표준 개념도〉

2. 표준의 특성

| 한 사람의 근로자가 해당 직업 내에서 소관 업무를 성공적으로 수행하기 위하여 요구되는 실제적인 수행 능력을 의미합니다.

- 직무수행능력 평가를 위한 최종 결과의 내용 반영
- 최종 결과는 '무엇을 하여야 한다'보다는 '무엇을 할 수 있다'는 형식으로 제시

| 해당 직무를 수행하기 위한 모든 종류의 수행능력을 포괄하여 제시합니다.

- 직업능력 : 특정업무를 수행하기 위해 요구되는 능력
- 직업관리 능력 : 다양한 다른 직업을 계획하고 조직화하는 능력
- 돌발상황 대처능력 : 일상적인 업무가 마비되거나 예상치 못한 일이 발생했을 때 대처하는 능력
- 미래지향적 능력 : 해당 산업관련 기술적 및 환경적 변화를 예측하여 상황에 대처하는 능력

| 모듈(Module)형태의 구성

- 한 직업 내에서 근로자가 수행하는 개별 역할인 직무능력을 능력단위(unit)화하여 개발
- 국가직무능력표준은 여러 개의 능력단위 집합으로 구성

| 산업계 단체가 주도적으로 참여하여 개발

- 해당분야 산업별인적자원개발협의체(SC), 관련 단체 등이 참여하여 국가직무능력표준 개발
- 산업현장에서 우수한 성과를 내고 있는 근로자 또는 전문가가 국가직무능력표준 개발 단계마다 참여

3. 표준의 활용 영역

- 국가직무능력표준은 산업현장의 직무수요를 체계적으로 분석하여 제시함으로써 '일–교육·훈련–자격'을 연결하는 고리, 즉 인적자원개발의 핵심 토대로 기능
- 한국산업인력공단에서는 국가직무능력표준을 활용하여 교육훈련과정, 훈련기준, 자격종목 설계, 출제기준 등 제·개정시 활용
- 한국직업능력개발원에서는 국가직무능력표준을 활용하여 전문대학 및 마이스터고·특성화고 교과과정을 개편

NCS 안내

– 국가직무능력표준은 교육훈련기관의 교육훈련과정, 직업능력개발 훈련기준 및 교재 개발 등에 활용되어 산업수요 맞춤형 인력양성에 기여하며, 근로자를 대상으로 경력개발경로 개발, 직무기술서, 채용 · 배치 · 승진 체크리스트, 자가진단도구로 활용 가능

구 분		활용콘텐츠
산업현장	근로자	평생경력개발경로, 자가진단도구
	기 업	직무기술서, 채용 · 배치 · 승진 체크리스트
교육훈련기관		교육훈련과정, 훈련기준, 교육훈련교재 개발
자격시험기관		자격종목 설계, 출제기준, 시험문항, 평가방법

NCS 구성

능력단위

– 직무는 국가직무능력표준 분류체계의 세분류를 의미, 원칙상 세분류 단위에서 표준이 개발
– 능력단위는 국가직무능력표준 분류체계의 하위단위로서 국가직무능력표준의 기본 구성요소에 해당

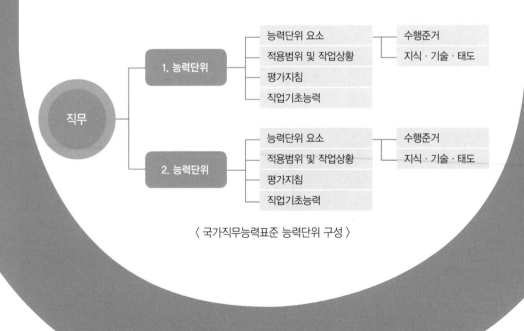

〈 국가직무능력표준 능력단위 구성 〉

10개 영역	34개 하위영역
의사소통 능력	문서이해능력, 문서작성능력, 경청능력, 의사표현능력, 기초외국어능력
자원관리 능력	시간관리능력, 예산관리능력, 물적자원관리능력, 인적자원관리능력
문제해결 능력	사고력, 문제처리능력
정보 능력	컴퓨터 활용능력, 정보처리능력
조직이해 능력	국제감각, 조직 체제 이해능력, 경영이해능력, 업무이해능력
수리 능력	기초연산능력, 기초통계능력, 도표분석능력, 도표작성능력
자기개발 능력	자아인식능력, 자기관리능력, 경력개발능력
대인관계 능력	팀웍능력, 리더십능력, 갈등관리능력, 협상능력, 고객서비스능력
기술 능력	기술이해능력, 기술선택능력, 기술적용능력
직업윤리	근로윤리, 공동체윤리

주요 공공기관 NCS 채용제도

기 관	NCS 채용제도
국민건강보험공단	입사지원서, 직업기초능력평가, 인성검사 등
근로복지공단	입사지원서, 직업기초능력평가, 역량면접 등
한국가스공사	직업기초능력평가, 직무수행능력평가, 인성검사 등
한국수력원자력	직업기초능력평가, 직무수행능력평가 등
한국전력공사	자기소개서, 직무능력검사, 인성검사, 직무면접 등
한국철도공사	직업기초능력평가, 직무수행능력평가 등
한국산업은행	입사지원서, 직업기초능력평가, 직무수행능력평가 등
국민은행	자기소개서, 직업기초능력평가, 직무능력평가 등

주요 공사 · 공단 채용 정보

국민건강보험공단

구 분	내 용	
응시자격	• 성별, 연령 제한 없음(만 60세 이상자 지원 불가) • '6급갑' 지원자 중 남자의 경우 병역필 또는 면제자 • 각 채용 직렬 · 전형 · 지역을 달리하거나 동일분야에 **중복** 지원 시 '자격미달' 처리	
전형절차	서류심사→필기시험(인성포함)→면접시험→증빙서류 등록 · 심사→수습임용	
필기전형	NCS기반 직업기초능력평가 (60분)	• 행정 · 건강 · 요양직 : 의사소통(20), 수리(20), 문제해결(20) • 전산직 : 의사소통(5), 수리(5), 문제해결(5), 전산개발 기초능력(35)
	온라인 인성검사(채용 사이트에서 온라인으로 개별 실시)	
	직무시험(법률, 20문항)	• 행정 · 건강 · 전산직 : 국민건강보험법 • 요양직 : 노인장기요양보험법
면접전형	• 대상 : 필기전형 합격자 중 인성검사 완료자 • 면접형식 : 직무수행능력 평가를 위한 B.E.I(경험행동면접) 60%+G.D(집단토론) 40%	

근로복지공단

구 분			내 용
전형 절차	필기 전형	NCS 직업기초능력	• NCS 직업기초능력 중 4가지 항목 70문항 　- 의사소통능력, 문제해결능력, 자원관리능력, 수리능력
		NCS 직무기초지식	• 직무수행에 필요한 기초지식 평가 항목 30문항 　- 법학, 행정학, 경영학, 경제학, 사회복지학(각 6문항)
		취업 지원대상자 우대사항	• 법령에 의한 취업지원대상자로 만점의 10%, 5%를 가점하는 자 • 산재장해등급 3급 이상 판정자 본인 • 산재사망 근로자 유자녀 및 산재장해등급 3급 이상 근로자의 자녀 • 「장애인 고용촉진 및 직업재활법 시행령」 제3조의 규정에 해당하는 장애인 • 「의사상자 등 예우 및 지원에 관한 법률」 제2조에 따른 의상자 또는 의사자 자녀 • 「국민기초생활보장법」상 수급자 및 차상위 계층자 ※ 상기 항목 중 두 가지 이상에 해당하는 경우 지원자에게 유리한 것 하나만 적용

전형
절차
	면접
	전형
		NCS
		직업기초능력
		직무수행능력
			• 직무수행에 필요한 직업기초능력 및 직무수행능력 평가
			  – 의사소통능력 · 문제해결능력 · 직업윤리 및 공단이해도 · 자기개발계획 평가
			  – 1인 집중면접 실시

		우대사항	• 법령에 의한 취업지원대상자로 만점의 5%/10%를 가점하는 자

한국가스공사

구 분	내 용

지원자격	일반직 6급 (사무/기술)	• 토익 750점 이상 수준의 유효 영어성적 보유자 (최근 2년 이내에 응시하고 접수마감일까지 발표한 국내 정기시험 성적만 인정) • 유효 영어성적 점수표

토익	텝스	토플	오픽	토익스피킹
750점 이상	322점 이상	85점 이상	IM2 이상	130점 이상

	공통 지원자격	• 연령 제한 없음(단, 공사 임금피크제도에 따라 만 58세 미만인 자) • 남성의 경우, 군필 또는 병역 면제자 • 학력, 전공 제한 없음 • 한국가스공사 인사규정 제5조의 결격사유에 해당하지 아니한 자 • 공공기관에 부정한 방법으로 채용된 사실이 적발되어 합격취소, 직권면직 또는 파면 · 해임된 후 5년이 경과하지 않은 자 • 일반직(신입) 기술직군의 경우는 성별무관 교대근무 가능한 자 • 자격, 경력, 우대사항 대상 등 인정 기준일 : 접수마감일

전형절차	원서접수→서류전형→필기전형→면접전형→기초연수→수습채용

우대사항	• 고급자격증 보유자 : 서류전형 시 어학성적 충족조건 면제 및 필기전형 직무수행능력에서 만점의 10% 가점부여 • 본사이전 지역인재 : 전형단계별 본사이전 지역인재의 합격자인원이 목표인원에 미달 시 추가합격처리 • 취업지원대상자(국가보훈) : 전형단계별 만점의 5% 또는 10% 가점부여 • 장애인 : 전형단계별 만점의 10% 가점부여 • 저소득층, 북한이탈주민, 다문화가족, 경력단절 여성 : 전형단계별 만점의 5% 가점부여

한국수력원자력

구 분		내 용
응시자격	공통사항	• 연령, 성별 제한 없음 • 병역 : 남자의 경우, 병역필 또는 면제자(전역 예정자로서 전형절차에 응시 가능자 지원 가능) • 기타 : 채용 결격사유 등에 해당함이 없는 자
	응시분야별 학력	• 응시분야별 관련학과 전공자 또는 관련 산업기사 이상 국가기술자격증 · 면허 보유자 ※ 고등학교 · 전문대학 : 응시분야별 관련학과 졸업(예정)자 　대학 : 응시분야별 관련학과 2학년 이상의 교육과정을 이수한 자
전형절차		1차 전형(NCS직무역량검사)→2차 전형(인성검사, 심리건강진단, 면접)→최종합격자 전형(신원조회, 신체검사, 비위면직자 조회)

한국전력공사

구 분		내 용
채용분야		대졸수준 채용 : 사무, 전기, ICT, 토목, 건축, 기계, 원자력
응시자격	학 력	해당 분야 전공자 또는 해당 분야 기사 이상 자격증 보유자 (단, 사무분야는 전공 제한 없음) 전기분야는 산업기사 이상
	연 령	제한 없음(단, 공사 정년에 도달한 자는 지원불가)
	외국어	• 대상 : 영어 등 8개 외국어 • 자격기준 : 외국어성적 환산 TOEIC 기준 700점 이상 • 유효성적 : 최근 2년 이내에 응시하고 접수마감일까지 발표한 국내 정기시험성적만 인정 　※ 해외학위자도 유효 외국어 성적을 보유해야 지원 가능함 　※ 고급자격증 보유자는 외국어성적 면제
	기 타	• 당사 인사관리규정 제11조 신규채용자의 결격사유가 없는 자 • 채용 즉시 근무가 가능한 자 • 병역 기피사실이 없는 자
전형절차		1차 서류전형(외국어성적, 자격증가점, 자기소개서)→2차 직무능력검사, 인성검사→3차 직무면접→4차 종합면접→최종 신체검사 및 신원조회

| 우대사항 | • 고급자격증 보유자 : 1차 전형 면제, 2차 전형 10% 가점
  – 변호사, 변리사, 공인노무사, 공인회계사, 세무사, AICPA, 기술사
• 비수도권 및 본사 이전지역 인재
  – 비수도권 : 서류전형 2% 가점 / 이전지역 : 서류전형 3% 가점
• 기타 우대사항
  – 취업지원대상자(국가보훈) : 1차 전형 면제, 단계별 5%/10% 가점
  – 장애인 : 1차 전형 면제, 단계별 10% 가점
  – 기초생활수급자 : 1차 전형 면제
  – KEPCO 일렉스톤 경진대회 수상자 : 1차 전형 면제 또는 10% 가점(ICT 분야에 한함, 수상 후 3년 이내)
  – 한전 체험형 청년인턴 : 1차 전형 5%/10% 가점
  – 한전 발명특허대전 입상자 : 1차 전형 면제 또는 10% 가점(수상 후 3년 이내)
• 한전 전기공학 장학생 : 서류전형 면제(전기 분야에 한함, 졸업 후 3년 이내)
※ 어학성적 등 기본 지원자격 요건 구비 조건, 혜택이 중복되는 경우 최상위 1개만 인정 |

한국철도공사

구분	내용
지원자격	• 학력, 외국어, 연령 : 제한 없음(단, 만 18세 미만자 및 정년(만 60세) 초과자는 지원할 수 없음) • 병역 : 남성의 경우 군필 또는 면제자에 한함(고졸전형 및 여성 응시자는 해당없음) • 운전 전동차 지원은 철도차량운전면허 中 제2종 전기차량 운전면허 소지자, 토목 장비 지원은 철도차량 운전면허(제1종전기차량, 제2종전기차량, 디젤, 철도장비) 종별과 상관없이 1개 이상 소지자에 한함
전형절차	채용공고 입사지원 → 서류검증 → 필기시험 → 실기시험 → 면접시험(인성검사포함) → 철도적성검사, 채용신체검사 → 정규직 채용

	평가 과목	출제범위	문항수	시험시간
필기시험	• 직무수행능력평가(전공시험) • 직업기초능력평가(NCS) ※ 일반공채 기준	• 직업기초능력평가(NCS) : 의사소통능력, 수리능력, 문제해결능력 ※ 직무수행능력평가는 채용 홈페이지의 공고문을 참고	50문항 (전공25, 직업기초25)	60분 (과목 간 시간 구분 없음)

면접시험	• 면접시험 : 신입사원의 자세, 열정 및 마인드, 직무능력 등을 종합평가 • 인성검사 : 인성, 성격적 특성에 대한 검사로 적격 부적격 판정(면접당일 시행) • 실기시험 : 사무영업 수송분야, 토목분야에 한하여 시행(평가시간 : 10분)

한국산업은행

구 분	내 용
지원자격	• 연령, 학력 및 전공 제한 없음 • 병역의무 필한 자 또는 면제받은 자 • 은행 인사내규상 결격사유에 해당되지 않은 자
서류심사	• (경영, 경제, 법, 전산) 채용예정인원의 20배수 내외 선발 　(빅데이터, 공학) 채용예정인원의 15배수 내외 선발 • 평가항목: 지원동기 및 입행후계획, 역량개발노력, 자기소개 등 • 어학성적 충족여부 평가 　– 지원서 작성시 기준점수 충족여부만 입력 　– 기준점수 : TOEIC 750, NEW TEPS 358, TOEFL(iBT) 72, HSK 5급, JPT 800 (기타 어학성적 불인정) 　　*기준 점수를 충족하지 못하는 경우에도 "미충족" 선택하여 지원 가능 　– 최근 2년 이내에 응시하고 접수마감일까지 발표한 국내 정기시험 성적만 인정

필기시험	• 채용예정인원의 3배수 내외 선발

평가항목		시험과목
직무수행 능력	직무지식	– 경영, 경제, 법, 전산, 빅데이터(통계학 · 산업공학), 생명공학, 기계 · 자동차공학, 재료 · 신소재공학, 전기 · 전자공학 중 택1
	논리적 사고력	– 일반시사논술
직업기초능력		– NCS 직업기초능력평가 의사소통, 수리, 문제해결, 정보능력

• 필기시험 합격자 대상 온라인 방식 인성검사 실시

1차 면접	• 채용예정인원의 1.5배수 내외 선발 • 면접유형

채용분야	면접유형
경영, 경제, 법, 공학	– 직무능력면접, 심층토론, P/T면접, 팀과제수행
전산, 빅데이터	– 직무능력면접, P/T면접, 코딩역량평가

2차 면접	• 임원면접

국민은행

구 분	내 용
서류전형	• 개인별 지원서 및 자기소개서 작성 • 디지털 사전 과제 부여 • AI 역량 검사
필기전형	• NCS기반 객관식 필기시험 총 100문항 (100분 운영) *전문자격 부문 : 필기전형 미운영
1차 면접전형	• PT면접, 영업세일즈 면접 (공고시 부여된 사전과제 바탕) • 디지털테스트(TOPCIT), 인성검사
2차 면접전형	• 인성면접
건강검진	• 최종 합격자에 한하여 개인별 건강검진 실시

필기전형 표:

구분(문항수)	배점	출제범위
직업기초능력(40)	40	– 의사소통, 문제해결, 수리
직무심화지식(40)	40	– 금융영업, 디지털 활용 능력
상식(20)	20	– 경제/금융/일반 상식

1차 면접전형 표:

구분	배점	시간
비즈니스 영역	– IT비즈니스와 윤리 – 프로젝트 관리와 테크니컬 커뮤니케이션	19시간
기술 영역	– 데이터 이해와 활용	5시간
합계		24시간

※ 채용 정보는 추후 변경 가능성이 있으므로, 반드시 채용 기관의 홈페이지를 참고하시기 바랍니다.

구성과 특징

NCS 공기업 통합 모의고사

제1회
NCS 모듈형 모의고사

● 정답 및 해설 238p

01 다음 문장 중 의미가 다른 것은?

① 너를 향한 내 마음은 한결같다.
② 예나 지금이나 아저씨의 말투는 한결같으시군요.
③ 아이들이 한결같은 모습으로 꿈을 들고 있다.
④ 그는 늘 한결같은 모습으로 안내실을 지키고 있었다.
⑤ 그의 동작은 기계처럼 그 일에 대하여 무관심한 것이면서도 한결같았다.

02 다음 문서의 종류와 이에 대한 설명으로 옳지 않은 것은?

① 설명서 : 전문 용어의 사용은 가급적 피해야 한다.
② 기획서 : 상대방이 요구하는 것이 무엇인지 고려하여 작성한다.

실전모의고사

영역통합형, 영역분리형으로 구성된 모의고사를 통해 최종점검을 할 수 있도록 하였습니다.

---

07 의사소통 문제

정답해설 지문은 세계적인 마이크로크레디트 단체인 방글라데시의 ○○ 화 될 수 있다고 주장하는 내용이다.

오답해설 ② 그라민은행의 융자 프로그램은 금융 공공성 실현을 위○ ③ 자영업의 성공 방법은 지문과 관련이 없다.
④ 사회연대은행은 한국의 사례를 비교한 것이다. 전체적○
⑤ 지문에 나와 있는 내용이지만 이 글의 중심내용은 '금융○

07 의사소통 문제

정답해설 지문은 창조성의 힘은 개인들의 창의력을 통해 얻어지는 ○ 층의 예를 나열하고 있고 다음 문단에서 한 도시가 창조○ 고 있으므로 정답은 ③이 된다.

정답 및 해설

정답에 대한 해설뿐 아니라 오답에 대한 해설도 상세하게 설명하여, 학습한 내용을 체크하고 시험에 완벽히 대비할 수 있도록 하였습니다.

→ 가벼운 입자는 광자와 전자이므로, B는 광자나 전...
• C는 무거운 입자와 K 입자만을 멈추게 한다.
    → 무거운 입자에 해당하는 것은 중성자, 양성자이다.
    법이 없다.
따라서 ①, ②, ③, ⑤는 참이 된다.

풀이 Tip 논지 전개 방식
• 연역법 : 일반적 사실이나 원리를 전제로 하여 개별적...
  이른다. 경험에 의하지 않고 논리상 필연적인 결론을 나...
  예 모든 사람은 잘못을 저지르는 수가 있다. 모든 지도...
• 귀납법 : 개별적인 특수한 사실이나 원리를 전제로 하...
  이른다. 특히 인과관계를 확정하는 데에 사용된다.
• 일반화 : 사례들을 제시한 후 그를 통해 다른 사례들도...
  예 국어는 소리, 의미, 어법의 3요소로 이루어져 있다...
  언어는 소리, 의미, 어법의 3요소로 이루어져 있다.
• 유추 : 서로 다른 범주에 속하는 두 대상 간에 존재하는...
  한다.
  예 지구에는 생물이 산다. 화성에는 지구와 마찬가지로...

풀이 Tip
문제 풀이를 도와주는 공식과 시험에 꼭 출제
되는 핵심 암기 이론을 수록하였습니다.

취약영역 체크표
NCS 10개 과목 중 자신에게 약한 영역을 체크
하고 점검할 수 있도록 하였습니다.

CONTENTS

제 **1** 회

모듈형
모의고사

50문항/권장 풀이 시간 50분

제1회
NCS 모듈형 모의고사

NATIONAL COMPETENCY STANDARDS

● 정답 및 해설 238p

01 다음 중 밑줄 친 부분의 의미가 <u>다른</u> 것은?

① 너를 향한 내 마음은 <u>한결같다.</u>
② 예나 지금이나 아저씨의 말투는 <u>한결같으시군요.</u>
③ 아이들이 <u>한결같은</u> 모습으로 꽃을 들고 있다.
④ 그는 늘 <u>한결같은</u> 모습으로 안내실을 지키고 있었다.
⑤ 그의 동작은 기계처럼 그 일에 대하여 무관심한 것이었으면서도 <u>한결같았다.</u>

02 다음 문서의 종류와 이에 대한 설명으로 옳지 <u>않은</u> 것은?

① 설명서 : 전문 용어의 사용은 가급적 피해야 한다.
② 기획서 : 상대방이 요구하는 것이 무엇인지 고려하여 작성한다.
③ 보고서 : 내용의 중복을 피하고 핵심 내용을 구체적으로 제시한다.
④ 공문서 : 엄격한 규격과 양식에 따라 정당한 권리를 가진 사람이 작성해야 한다.
⑤ 기획서 : 회의 결과를 정리하여 보고하는 문서도 포함한다.

03 다음 내용이 설명하는 설득력 있는 의사표현의 지침으로 가장 옳은 것은?

> 회사에 불만이 가득한 부하 직원이 있다고 하자. 이런 부하 직원을 회사 일에 적극적으로 협조하게 만들려면 그와 공동의 적을 만드는 방법이 있다. "이번에도 실적이 떨어지면 자네와 나는 지방 영업소로 밀려나겠지"라는 식으로 가상의 적을 만들면 불평만 늘어놓던 부하 직원은 상사에게 협력하게 된다. 또한 라이벌 의식을 부추기는 것도 한 가지 방법이 될 수 있다. 이러한 것은 모두 대부분의 다른 사람들과 같은 행동을 하고 싶어 하는 마음을 이용하는 것이다.

① 대비 효과로 분발심을 불러 일으켜라.
② 상대방의 불평이 가져올 결과를 강조하라.
③ 동조 심리를 이용하여 설득하라.
④ 변명의 여지를 만들어 주고 설득하라.
⑤ 상대방을 협조하게 하려면 다른 사람과 비교하라.

04 다음 중 위 글에 관련된 설명으로 옳은 것은?

애초에 자동차는 이동에 걸리는 시간을 줄이기 위해 발명되었다. 그러나 자동차가 대중화된 후 자동차 발명의 최초 동기는 충족되지 못하였다. 미국인들은 자동차가 널리 보급됨에 따라 점점 더 직장으로부터 먼 곳에 살기 시작했던 것이다. 40년 전만 해도 사람들은 대부분 걸어서 출근할 수 있는 가까운 거리에 살았지만 오늘날 사람들은 일터에서 30~50 킬로미터 떨어진 교외에 흩어져 산다. 더욱이 출퇴근 시 시속 10킬로미터 이하로 거북이 운행을 할 때는 자동차가 걷는 것보다 별로 낫지 않다. 자동차 시대가 열리자 대규모 도로 건설을 불러왔을 뿐만 아니라 자동차 자체의 부품이 워낙 복잡함으로 인해 자동차산업은 다양한 관련 산업의 발달을 촉발함으로써 미국 경제를 이끌어가는 견인차 역할을 하였다. 미국은 세계 최대의 자동차 생산국이자 세계 최대의 자동차 소비 국가가 되었다. 자동차의 폭발적인 증가가 긍정적인 효과만을 낳은 것은 아니다. 교통사고가 빈발하여 이에 따른 인적, 물적 피해가 엄청나게 불어났다. 또한 환경 문제도 심각해졌다. 미국의 1억 5,000만 대의 자동차들은 엄청난 에너지를 소비하며 그 에너지는 대기 중에 분산된다. 오늘날 미국 도시들에서 발생하는 대기오염의 60%는 자동차 배기가스에 의한 것이다. 1971년 대기오염으로 인한 건물 및 재산피해는 1백억 달러로 추산되었다.

① 출퇴근 시 항상 걷는 것이 자동차로 운행하는 것보다 빠르다.

② 자동차의 폭발적인 증가는 환경오염을 초래하였고, 그 대안으로 환경에 무해한 대체 에너지를 개발하려는 노력이 증가하고 있다.

③ 자동차가 대중화되면서 미국인들의 출퇴근 시간이 대폭적으로 줄어들었다.

④ 자동차의 대중화는 긍정적인 효과에 비해 부정적인 결과가 더 많다.

⑤ 자동차는 미국 경제를 이끌어가는 견인차 역할을 하게 되었다.

05 다음 지문의 빈칸 ㉠, ㉡에 들어갈 단어가 바르게 연결된 것은?

현대 사회에서 많은 국가들이 정치적으로는 민주주의를, 경제적으로는 시장경제를 지향하고 있다. 이런 상황에서 경제활동의 주된 내용인 자원의 배분과 소득의 분배는 기본적으로 두 가지 형태의 의사 결정에 의해서 이루어진다. 하나는 시장 기구를 통한 시장적 의사 결정이며, 다른 하나는 정치 기구를 통한 정치적 의사 결정이다. 이와 관련하여 많은 사람들이 민주주의와 시장경제를 한 가지인 것처럼 이해하고 있거나 이 둘은 저절로 (㉠)되는 제도라고 인식하는 경우가 많다. 그러나 이 둘은 의사 결정 과정에서부터 분명한 차이를 보인다.

민주주의 사회에서 정치적 의사 결정은 투표에 의해서 이루어진다. 이 경우 구성원들은 자신의 경제력에 관계없이 똑같은 정도의 결정권을 가지고 참여한다. 즉, 의사 결정 과정에서의 민주적 절차와 형평성을 중시하는 것이다. 그러나 시장적 의사 결정에서는 자신의 경제력에 비례하여 차별적인 결정권을 가지고 참여하며, 철지히게 수요 공급의 원칙에 따라 의사 결정이 이루어진다. 경제적인 효율성이 중시되는 것이다.

정치적 의사 결정은 다수결과 강제성을 전제로 하지만 시장적 의사 결정은 완전 합의와 (㉡)을 근간으로 한다. 투표를 통한 결정이든 선거에 의해 선출된 사람들의 합의에 의한 결정이든 민주주의 제도하에서 의사 결정은 다수결로 이루어지며, 이 과정에서 반대를 한 소수도 결정이 이루어진 뒤에는 그 결정에 따라야 한다. 그러나 시장적 의사 결정에서는, 시장 기구가 제대로 작동하는 한, 거래를 원하는 사람만이 자발적으로 의사 결정에 참여하며 항상 모든 당사자의 완전 합의에 의해서만 거래가 이루어진다.

	㉠	㉡
①	상극	형평성
②	조화	경제성
③	조화	자발성
④	상극	자발성
⑤	조화	효율성

06 다음 중 빈칸에 들어갈 가장 알맞은 말을 고르면?

과학자는 미래를 정확하게 내다볼 수 있는 마법의 구슬을 가지고 있을 것이라는 생각은 과학 자체만큼이나 역사가 오래되었다. 수학자 라플라스(Laplace)는 다음과 같이 말했다. "주어진 순간의 모든 입자들을 상세하게 기술할 수 있는 지적인 존재라면 정확하게 미래에 대한 예측을 할 수 있다. 그에게는 불확실한 것이란 있을 수 없다. 그리하여 미래는 과거와 똑같이 그의 눈앞에 펼쳐진다."

뉴턴이 남긴 많은 미해결 문제를 해결하여 뉴턴역학의 지위를 공고히 하는 데 크게 기여하였던 라플라스는 "뉴턴은 천재이기도 하지만 운도 무척 좋은 사람이다. 우주는 하나뿐이므로."라고 말하여 뉴턴에 대한 부러움과 뉴턴이론에 대한 확신을 표시하였다. 그에게 뉴턴이론은 자연의 비밀을 풀어줄 열쇠였다. 뉴턴은 우주의 전 과정을 예측해 줄 열쇠를 손에 쥐고 있었기 때문이었다. 미래를 예측하기 위해서 이제 그에게 필요한 것은 주어진 순간의 모든 입자들의 위치와 운동량에 대한 완벽한 기술, 곧 초기조건에 대한 완벽한 정보뿐이었다. 그렇다. 분명히 현대의 천문학자들은 하늘의 운행을 예측할 수 있게 되었다. (   ) 하지만 물리학자들은 다른 쪽 탁구대로 넘어간 탁구공이 어디로 튈지조차 예언하지 못한다. 물리학자들이 정확하게 예측을 못하기도 한다는 사실은 최근 벌어진 사건에서 알 수 있다. 지구의 그림자가 달을 가리는 시간을 천문학자들은 정확하게 예측했지만 로스앤젤레스의 그리피스 공원 천문대에 모여든 수많은 관람객들은 그 장관을 볼 수 없었다. 하필 우연히 그 순간 남쪽에서 몰려온 구름이 달을 가렸기 때문이다.

① 뉴턴은 천재이지만 우주가 하나뿐이기 때문에 미래를 예측 가능한 것도 있었다.
② 탁구공이 어디로 튈지 예언하는 것에 비하면 일식을 볼 수 있는 시간은 더욱 예언하기 어렵다.
③ 일식과 월식, 행성의 움직임, 별과 별자리의 운행 등을 100년 후까지도 예측할 수 있었다.
④ 물리학자들은 세상을 구성하는 실제 문제를 이해하고, 데이터를 설명하는 이론을 만들어내지 못했다.
⑤ 과학자들은 구름의 움직임을 정확하게 예측해낼 수 있었다.

07 다음 글을 읽고 적절한 추론으로 옳은 것을 묶은 것은?

인공지능에 대한 관심이 최근에 드높다. 사실 인공지능에 대한 연구는 꽤 오래전부터 시작되었다. 1940년대에 이미 인공지능의 가능성이 논의되었고, 1950년대에는 학문분야로 정립되었다. 이렇게 시작된 인공지능 분야를 놓고 전문가들은 인공지능을 여러 단계로 정의하여 왔으며, 그 단계는 레벨1부터 레벨4에 이른다.

레벨1은 단순 제어프로그램을 지칭하는 것으로, 우리 생활에서 사용되는 에어컨, 청소기, 세탁기 등에 들어가는 수준의 인공지능을 말한다. PCB(Printed Circuit Board, 인쇄 회로 기판)에 들어가 있는 수준의 지능이다. 인공지능이란 이름이 거창하지만 사실은 인쇄 회로 기판에 해당하는 것이다. 이런 형태의 인공지능은 과거부터 널리 쓰이고 있다. 레벨2는 고전적인 인공지능으로서 다양한 행동 패턴을 처리할 수 있는 수준의 인공지능이다. 입출력 간의 관계가 복잡한 경우에도 간단한 추론이나 탐색을 할 수 있다. 이미 보유한 지시가 정부를 기반으로 일을 매끄럽게 처리하는 특징을 보인다. 로봇 청소기, 내비게이터, 고전적 퍼즐게임 등에 사용되는 인공지능이 여기에 해당한다. 레벨3은 데이터 학습을 통해 지식을 습득한 컴퓨터가 직접 추론함으로써 자동으로 판단하는 수준이다. 사람이 데이터를 제공한 바탕에서 인공지능이 움직이는 것이다. 대부분의 빅데이터 기반 패턴 인식과 기계번역은 현재 이 레벨3에 속한다. 인공지능의 가장 높은 단계인 레벨4는 딥 러닝(Deep Learning)을 기반으로 한다. 이는 기계학습을 응용하는 단계이다.

데이디 입력 값 자체를 인공지능 컴퓨터가 스스로 확인하고 학습한다. 그래서 '특징 표현 학습'이라 부르기도 한다. 레벨3과 레벨4가 구별되는 지점도 여기에 있다. 가령 영상 인식 기술에서 사물의 특징을 사람이 정의해주고 컴퓨터가 이를 기계학습으로 처리하면 레벨3이고, 컴퓨터가 사물의 특징 자체를 스스로 정의하고 처리하면 레벨4로 분류한다.

ㄱ. 추론은 레벨2와 레벨3 모두가 수행한다.
ㄴ. 레벨2와 레벨3은 데이터 자체를 필요하면 수정할 수 있는가 여부에서 차이가 난다.
ㄷ. 레벨4는 사물의 특징을 스스로 정의하는가 여부에서 다른 레벨과 차이가 난다.

① ㄱ   ② ㄴ
③ ㄱ, ㄷ   ④ ㄴ, ㄷ
⑤ ㄱ, ㄴ, ㄷ

08 주어진 개요를 읽고 가, 나에 들어갈 알맞은 단어를 고른 것은?

제목 : 한국의 수출 경쟁력 향상 전략

주제 : 수출 경쟁력 향상을 위해서는 (　㉮　)과/와 (　㉯　)을/를 동시에 강화하는 데 힘써야 한다.

서론 : 1. 2021 수출 실적과 수출 경쟁력의 상관관계

　　　2. 수출 경쟁력의 실태 분석

　　　　1) (　㉮　)

　　　　　ㄱ. 제조 원가 상승

　　　　　ㄴ. 고금리

　　　　　ㄷ. 환율에 따른 소비자 심리

　　　　2) (　㉯　)

　　　　　ㄱ. 연구 개발 소홀

　　　　　ㄴ. 품질 불량

　　　　　ㄷ. 납기 지연

　　　　　ㄹ. 고객 서비스 부족

결론 : 분석 결과의 요약 및 수출 경쟁력 향상 방안 제시

① ㉮ 비수출 경쟁력 요인　　　㉯ 비가격 경쟁력 요인

② ㉮ 비수출 경쟁력 요인　　　㉯ 수출 경쟁력 요인

③ ㉮ 수출 경쟁력 요인　　　　㉯ 가격 경쟁력 요인

④ ㉮ 가격 경쟁력 요인　　　　㉯ 비수출 경쟁력 요인

⑤ ㉮ 가격 경쟁력 요인　　　　㉯ 비가격 경쟁력 요인

09 일정한 규칙으로 수를 나열할 때, A에 들어갈 알맞은 수는?

| 10 | 3 | 7 | -4 | 11 | -15 | A |

① 18   ② 20

③ 22   ④ 24

⑤ 26

10 할아버지, 할머니, 아버지, 어머니, 자식 3명이 있다. 할아버지가 맨 앞에, 할머니가 맨 뒤에 위치하게 서는 경우의 수는?

① 100가지   ② 120가지

③ 140가지   ④ 160가지

⑤ 180가지

11 산을 올라갈 때에는 $a$km/h, 내려올 때에는 $b$km/h로 걸어갔다고 한다. 그런데 내려올 때에는 올라갈 때보다 3km가 너 긴 등산모에서 내려올 때와 올라올 때 같은 시간이 걸려 총 6시간이 걸렸다. b는 얼마인가?

① $(a+1)$km/h   ② $(a+2)$km/h

③ $(a+3)$km/h   ④ $2a$km/h

⑤ $3a$km/h

12 수학시험에서 찬영이는 101점, 지후는 105점, 이현이는 108점을 받았다. 인수의 점수까지 합친 평균이 105점일 때, 인수의 점수는?

① 105점   ② 106점

③ 107점   ④ 108점

⑤ 109점

13 A라는 직장인은 매일 출근 1시간 15분 전에 일어나 10분간 신문을 보고, 15분간 세수를 하며, 20분간 식사를 끝마친 후 집에서 출근한다. 회사의 출근 시간이 오전 10시라면 집에서 출발한 시간의 시침과 분침의 각도는?

① $85°$ ② $95°$

③ $105°$ ④ $125°$

⑤ 135

14 자판기에서 수금한 동전의 총 개수가 257개이다. 50원짜리 동전은 10원짜리 동전보다 15개가 적고, 100원짜리 동전은 10원짜리 동전보다 22개가 많으며, 500원짜리 동전의 합계금액은 12,500원이다. 50원짜리 동전의 합계 금액은?

① 1,500원   ② 2,000원

③ 2,250원   ④ 3,000원

⑤ 3,250원

15 다음 '애호박의 생산량'에 대한 자료에 대한 설명 중 적절하지 <u>않은</u> 것은?

구분	평년	'05	'06	'07	'08	'09	'10	전년비 (%)	평년비 (%)
생산량 (천 톤)	115.5	161.4	116.9	160.4	123.5	117.3	95.4	△18.7	△17.4
10a당 수량 (kg)	259	263	220	292	253	262	214	△18.3	△17.4
재배면적 (천ha)	44.6	61.3	53.1	54.9	48.8	44.8	44.6	△0.5	–

* 평년 : 최근 5개년 중 최고와 최저 연도의 수량을 제외한 나머지 3개년치의 평균 수량

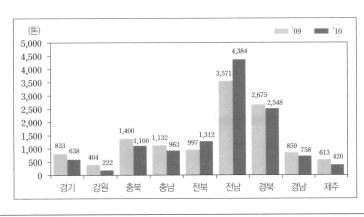

① '10년도 애호박 생산량은 95.4천 톤으로 전년의 117.3천 톤보다 18.7% 감소했다.

② '10년도에 강원 지역이 가장 낮은 애호박 생산을 하였다.

③ '06년도 애호박 생산량은 116.9천 톤으로 '05년도에서 '10년도까지의 생산량 중 5위이다.

④ '10년도 시도별 생산량은 전남(4.4천 톤) > 경북(2.5천 톤) > 전북(1.3천 톤) > 충북(1.1천 톤)이다.

⑤ 총 생산량은 ('09)117.3천 톤 → ('10)95.4천 톤(△0.5%)이다.

16 다음은 공인중개사 A의 중개수수료의 요금산정기준을 나타낸 표이다. B가 C에게 주택을 임대해주며 8,700만 원의 전세금을 받았다면, A가 B로부터 받을 수 있는 수수료는 최대 얼마인가?

종별	거래가액	수수료율	한도액
매매 · 교환	5,000만 원 미만	거래가액의 0.6% 이내	250,000원
	5,000만 원 이상 2억 원 미만	거래가액의 0.5% 이내	800,000원
	2억 원 이상 6억 원 미만	거래가액의 0.4%	–
매매 · 교환 이외의 임대차 등	5,000만 원 미만	거래가액의 0.5% 이내	200,000원
	5,000만 원 이상 1억 원 미만	거래가액의 0.4% 이내	300,000원
	1억 원 이상 3억 원 미만	거래가액의 0.3% 이내	–

① 130,000원　　　　　　　　　② 200,000원

③ 300,000원　　　　　　　　　④ 340,000원

⑤ 350,000원

17 "철수는 안경을 끼지 않았다."는 진술과 모순이 되는 진술을 이끌어내기 위해 필요한 전제를 〈보기〉에서 모두 고르면?

─────────| 보기 |─────────
ⓐ 철수는 농구를 좋아한다.
ⓑ 철수가 안경을 끼지 않았다면, 철수는 서울 출신이다.
ⓒ 철수가 농구를 좋아했다면, 철수는 서울 출신이 아니다.
ⓓ 철수가 염색을 했다면, 철수는 서울 출신이다.
ⓔ 철수는 농구를 좋아하지 않으면 염색을 했다.

① ⓑ, ⓒ　　　　　　　　　② ⓐ, ⓑ, ⓒ

③ ⓐ, ⓒ, ⓔ　　　　　　　　④ ⓑ, ⓒ, ⓓ

⑤ ⓑ, ⓓ, ⓔ

18 다음을 참이라고 가정할 때, 반드시 참인 것은?

> ㄱ. 모든 금속은 전기가 통한다.
> ㄴ. 광택이 난다고 해서 반드시 금속은 아니다.
> ㄷ. 전기가 통하지 않고 광택이 나는 물질이 존재한다.
> ㄹ. 광택이 나지 않으면서 전기가 통하는 물질이 존재한다.
> ㅁ. 어떤 금속은 광택이 난다.

① 전기도 통하고 광택도 나는 물질이 존재한다.
② 금속이 아닌 물질은 모두 전기가 통하지 않는다.
③ 광택을 내지 않고 금속인 물질이 존재한다.
④ 전기가 통하는 물질은 모두 광택이 난다.
⑤ 광택을 내지 않는 금속은 없다.

19 다음 제시된 조건에 따라 (가), (나)에 대하여 바르게 설명한 것을 고르시오.

> 다음 ⅰ~ⅳ에 따라 공사 지원자 A, B, C, D 중 합격자를 선택한다.
> ⅰ D는 선택되지 않는다.
> ⅱ B를 선택하거나 D를 선택한다.
> ⅲ C를 선택하지 않는다면 A를 선택한다.
> ⅳ B를 선택한다면 C를 선택하지 않는다.

> (가) : A와 B가 선택된다.
> (나) : C는 선택되지 않는다.

① (가)만이 항상 옳다.
② (나)만이 항상 옳다.
③ (가)와 (나) 모두 옳지 않다.
④ (가)와 (나) 모두 항상 옳다.
⑤ (가)와 (나) 모두 옳고 그름을 알 수 없다.

20 실험실에서 광자, 전자, 양성자, 중성자, K 입자를 발생시켰다. 만들어진 입자들의 종류를 구별하기 위하여 입자 검출장치 A, B, C를 차례로 지나가게 하였다. 〈보기〉의 진술이 모두 참이라고 할 때, 반드시 참이라고 볼 수 <u>없는</u> 것은?

─── | 보기 | ───

가. 같은 종류의 입자는 동일한 질량을 갖는다.

나. 가벼운 입자란 광자와 전자만을 말한다. 중성자와 양성자는 무거운 입자에 속한다.

다. 중성자와 광자의 전하는 0이고 양성자와 전자의 전하는 0이 아니다.

라. K입자 중에는 전하가 0인 것과 0이 아닌 것이 있다.

마. A는 전하가 0이 아닌 입자만을 휘게 한다.

바. B는 가벼운 입자만을 멈추게 한다.

사. C는 무거운 입자와 K 입자만을 멈추게 한다.

① 양성자는 A에서 휘고 C에서 멈춘다.

② 광자는 A에서 휘지 않고 B에서 멈춘다.

③ A에서 휘고 B에서 멈추었다면, 그것은 전자이다.

④ A에서 휘지 않고 C에서 멈추었다면, 그것은 중성자이다.

⑤ 위의 사실만으로는 K입자와 그 밖의 무거운 입자들을 구별할 수 없다.

[21~22] 다음은 프로축구경기 관람료와 콘텐츠 미디어팀의 팀원 구성원을 나타낸 것이다.

〈프로축구경기 관람료〉

좌석명	입장권 가격		회원권 가격	
	주중	주말/공휴일	주중	주말/공휴일
프리미엄석	70,000원		동일가격	동일가격
테이블석	40,000원			
블루석	12,000원	15,000원	9,000원	12,000원
레드석	10,000원	12,000원	7,000원	9,000원
옐로우석	9,000원	10,000원	6,000원	7,000원

* 회원권은 120,000원 가입비가 있다.

─── **콘텐츠 미디어 팀의 팀원 구성원** ───

나 부장, 정 부장, 송 대리, 유 대리, 황 대리, 사원 A씨, 사원 B씨, 인턴 C씨

21 콘텐츠 미디어팀의 팀원들이 함께 프로축구경기를 관람한다고 할 때의 설명으로 옳지 <u>않은</u> 것은?

① 연간 8회씩 프로야구를 주말에 레드석에서 관람하는 유 대리가 회원권 가입비 50% 할인 이벤트로 가입을 했을 때, 처음 1년 동안은 손해를 보게 된다.

② 황 대리는 프로야구를 연간 12회씩 3년 동안 주중에 옐로우석에서 관람한다고 하면, 회원권 가입 후 관람하는 것이 더 저렴하다.

③ 나 부장과 정 부장을 제외한 나머지 팀원들이 모두 회원권이 있다면 금요일에 나 부장과 정 부장은 테이블석에서, 나머지 팀원들은 레드석에서 볼 때 총 122,000원이 든다.

④ 인턴 C씨는 지난 달 주중에 프리미엄석으로 4회 관람하였고, 송 대리는 회원권을 가입해 주말과 공휴일에 블루석으로 6회 관람하였을 때, 송 대리가 구매한 것이 더 저렴하다.

⑤ 프리미엄석을 1년 동안 격주로 관람할 때 일반 입장권보다는 회원권 가격으로 사는 것이 더 저렴하다.

22 사원 B씨가 회원권을 30% 할인된 가격에 가입하여 주중에 블루석에서 프로축구를 관람한다면 처음 1년간 몇 회를 봐야 이익인가?

① 25회

② 26회

③ 27회

④ 28회

⑤ 29회

[23~24] 다음은 일반인을 대상으로 하는 글을 쓰는데 필요한 자료들이다. 〈보기 1〉과 〈보기 2〉를 읽고 물음에 답하시오.

──── | 보기 1 | ────

(가) 도서 자료

구분	하이브리드 자동차	전기차	수소차
연료	화석연료 + 전기	전기	수소
대당 온실가스 감축효과 (년)	0.7톤	2톤	2톤
특징	• 높은 연비 • 대기오염 물질 약 40% 감소 • 화석연료 사용	• 대기오염 물질 배출 없음 • 비싼 가격 • 충전소 부족	• 대기오염 물질 배출 없음 • 비싼 가격 • 충전소 부족

(나) 보도 자료

대기오염을 일으키는 주요 원인은 바로 자동차 배기가스입니다. 수도권 대기오염 물질의 절반 가까이가 자동차에 의해서 발생하고 있습니다. 이에 따라 친환경 자동차에 대한 관심이 커지고 있습니다. 약 5년 후에는 전 세계적으로 친환경 자동차 시장이 2.6배, 특히 전기차와 수소차 시장은 8.5배 성장하여, 친환경 자동차 산업이 경제의 새로운 성장 동력으로 떠오를 전망입니다. 그러나 친환경 자동차 산업이 활성화되려면 친환경 자동차에 대한 소비자들의 인식 개선이 선행되어야 할 것으로 보입니다.

(다) 통계 자료

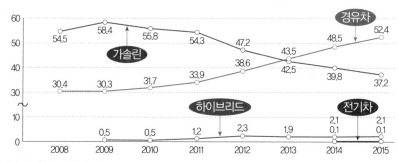

〈국내 자동차 연료별 신규 등록 비중 추이(%)〉

(라) 인터뷰 자료

나 하나 탄다고 환경이 개선되겠어요? 그리고 사고 싶어도 친환경 자동차의 가격이 여전히 일반 자동차에 비해 많이 비싸잖아요. 주위 사람들을 보면, 세금 감면이나 보조금 지원과 같은 친환경 자동차 구매 혜택이 적어 구매를 포기하는 경우가 많더라고요. 특히 전기 충전소나 정비 시설 등이 제대로 구축되지 않아 불편할 것 같아요.

┌─────── | 보기 2 | ───────┐

- 서론
- 본론
  1. 친환경 자동차의 종류와 특징 ································· ㉠
  2. 친환경 자동차 보급의 필요성
     가. 환경 개선 효과 ································· ㉡
     나. 자동차 산업 활성화 효과
  3. 친환경 자동차 보급 실태와 문제점 ················· ㉢
  4. 친환경 자동차 보급 확대 방안
     가. 정부의 적극적인 지원 ······················· ㉣
     나. 기업의 적극적인 투자와 기술 개발
     다. 소비자의 친환경 자동차에 대한 인식 전환 ········ ㉤
- 결론

23 〈보기 1〉을 활용하여 〈보기 2〉를 구체화하는 방안으로 적절하지 <u>않은</u> 것은?

① ㉠에서는 (가)를 활용하여, 친환경 자동차에 대한 독자의 이해를 돕기 위해 친환경 자동차의 종류와 장단점을 제시한다.

② ㉡에서는 (가), (나)를 활용하여, 친환경 자동차 보급이 확대되면 대기오염 물질이나 온실가스의 배출이 줄어들어 환경을 개선하는 효과가 있음을 언급한다.

③ ㉢에서는 (다), (라)를 활용하여, 친환경 자동차의 비싼 가격, 구매 지원 제도 및 관련 기반 시설 구축 미흡 등이 친환경 자동차 보급이 저조한 이유임을 설명한다.

④ ㉣에서는 (나), (다)를 활용하여, 정부가 대기오염 문제 개선을 위해 화석연료를 사용하는 자동차에 환경 부담금을 부과하여 친환경 자동차 비율을 높이는 방안을 제시한다.

⑤ ㉤에서는 (나), (다), (라)를 활용하여, 친환경 자동차가 환경 개선 효과가 있음에도 소비자들이 여전히 구입에 소극적이라는 점을 밝히고, 이에 대한 인식전환의 필요성을 강조한다.

24 〈보기 2〉의 서론을 〈조건〉에 따라 쓴 것으로 가장 적절한 것은?

────────── | 조건 | ──────────

- 〈보기 1〉의 작문 논지를 반영하여 문제의식을 드러낼 것.
- 구체적인 통계 수치와 비유적 표현을 활용할 것.

① 대기오염 물질의 1차적 주범, 일반 자동차 판매량은 왜 계속 늘어나는 것일까? 대기오염의 어두운 그림자로부터 탈출할 수 있는 방법과 친환경 자동차 산업의 명암을 살펴보자.

② 어느덧 인간을 둘러싼 환경이 우리의 목을 조이고 있다. 눈앞의 경제적 이익보다는 10년 후의 깨끗하고 아름다운 환경을 위해 친환경 자동차의 보급을 활성화할 수 있는 방안을 알아보자.

③ 대기오염 물질로 인해 우리의 하늘이 검게 물들고 있다. 그런데 친환경 자동차의 신규 등록 비율은 왜 2% 내외에 불과할까? 친환경 자동차 보급의 걸림돌은 무엇이고 이를 개선할 수 있는 방안은 무엇인지 알아보자.

④ 친환경 자동차 산업은 우리의 대기를 정화하고 우리경제에 새로운 활력이 될 수 있는 신 성장 산업이다.특히 친환경 자동차 산업은 5년 내에 2.6배나 성장할 것으로 보인다. 친환경 자동차 산업의 전망과 성장 가능성에 대해 알아보자.

⑤ 미래 사회 우리 경제의 새로운 성장 동력, 친환경 자동차 산업, 하지만 아직도 일반 자동차가 98% 내외의 판매량을 유지하고 있다. 이처럼 우리나라에서 친환경 자동차 판매가 부진한 이유는 무엇이고 이를 개선하기 위한 방안은 무엇인지 알아보자.

25 한국 ○○ 공사는 창립 20주년을 맞이하여 전략개발실의 직원 6명에게 3일의 휴가를 쓸 수 있도록 하였다. 다음 제시된 휴가 날짜 중 주어진 운영 규정에 어긋나는 날짜는?

────────── | 휴가 운영 규정 | ──────────

- 휴가는 3일을 반드시 붙여 써야 하고, 주말 및 공휴일은 휴가 일수에서 제외한다.
- 사무실에는 최소 4명이 근무하고 있어야 한다.
- 출장을 가기 전 또는 후 중 하루는(주중) 반드시 출근해야 한다.
- 휴가는 4월 1일~4월 14일 중에 모두 다녀와야 한다.

〈5월 10일~5월 23일〉

일	월	화	수	목	금	토
10	11	12	13	14	15	16
17	18	19	20	21	22	23

---| 전략개발실 휴가 일정표 |---

- 문 부장 : 5월 11일~5월 13일
- 윤 과장 : 5월 12일~5월 14일
- 강 대리 : 5월 20일~5월 22일
- 김 차장 : 5월 19일~5월 21일
- 이 대리 : 5월 18일~5월 20일
- 송 사원 : 5월 14일~5월 18일

① 5월 13일

② 5월 14일

③ 5월 18일

④ 5월 19일

⑤ 5월 20일

26 물적자원관리에 대한 설명으로 옳은 것은?

① 유사성의 원칙은 같은 품종을 같은 장소에 보관하는 것을 말하며, 이는 보관한 물품을 보다 쉽고 빠르게 찾을 수 있도록 하기 위해서 필요하다.

② 물품의 정리 시 회전대응 보관의 원칙은 입·출하의 다양성이 높은 품목을 출입구 가까운 곳에 보관하는 것을 말한다.

③ 물적자원의 활용은 관리와 다른 차원의 문제이므로, 관리가 반드시 전제되어야 이를 활용할 수 있는 것은 아니다.

④ 자원관리 단계의 순서는 '자원의 필요 확인하기 → 이용 가능 자원 수집하기 → 활용 계획 수립 → 수행하기'이다.

⑤ 한 가지 목적으로 물건을 구입하는 경우 물적자원을 적시에 활용하기 어렵다.

27 직장생활에서 프로젝트 수행 시 소요되는 직접비 항목으로 옳지 <u>않은</u> 것은?

① 여행(출장) 및 잡비

② 인건비

③ 시설비

④ 재료비

⑤ 광고비

28 다음은 도서를 기호화를 통해 분류한 서식이다. 아래 제시된 내용을 이와 같이 분류할 때, 대분류와 중분류, 소분류에 해당하는 항목을 모두 맞게 짝지은 것은?

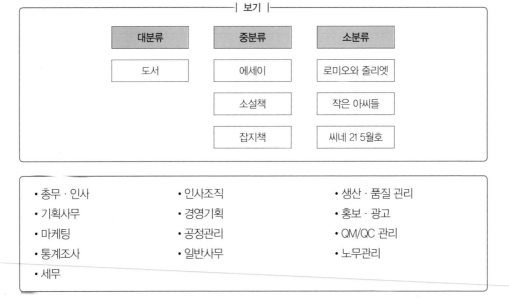

┤ 보기 ├

대분류	중분류	소분류
도서	에세이	로미오와 줄리엣
	소설책	작은 아씨들
	잡지책	씨네 21 5월호

- 총무 · 인사
- 기획사무
- 마케팅
- 통계조사
- 세무
- 인사조직
- 경영기획
- 공정관리
- 일반사무
- 생산 · 품질 관리
- 홍보 · 광고
- QM/QC 관리
- 노무관리

	대분류	중분류	소분류
①	기획사무	경영기획	노무관리
②	기획사무	홍보 · 광고	QM/QC 관리
③	기획사무	마케팅	통계조사
④	총무 · 인사	인사조직	세무
⑤	총무 · 인사	일반사무	공정관리

29 다음 주어진 대화와 자료를 읽고 이사원이 선택할 인쇄소와 지급해야 할 금액을 바르게 짝지은 것은?

> 윤과장 : 이사원! 축하해. 이번 신입사원 연수 준비 담당자로 지정되었어. 작년에 이사원이 신입이었는 데, 올해는 신입 담당자가 되었군. 시간 참 빠르네.
> 이사원 : 네 감사합니다. 열심히 하겠습니다!
> 윤과장 : 4개의 인쇄소 중 비용이 가장 저렴한 인쇄소를 선택하여 자료를 준비하라구. 알겠지? 참석 인원은 총 120명이야.
> 이사원 : 120명이요? 넵. 그럼 120명분을 준비하겠습니다. 총 몇 장을 인쇄할까요?
> 윤과장 : 표지 제외 120장이야. 자료의 앞과 뒤에 컬러 표지 한 장씩 처리해야 한다. 참고로 사원 전체 와 진행 요원 15명의 자료를 모두 준비해야 해.
> 이사원 : 어떤 제본 처리를 할까요?
> 윤과장 : 연수 자료는 무선제본 처리를 해야 한다.
> 이사원 : 네. 실수 없이 처리하도록 노력하겠습니다!

〈각 인쇄소의 비용 및 이벤트〉

구분	가 인쇄소	나 인쇄소	다 인쇄소	라 인쇄소
페이지당 비용	35원	47원	38원	45원
컬러 표지 한 장당 비용	500원	450원	550원	400원
무선제본 처리 비용	1,800원	1,200원	1,500원	1,000원
이벤트	5만 원 할인 쿠폰 지급	무선 제본 처리비용 무료	컬러 표지 비용 무료	전체 가격 10% 할인

① 가 인쇄소, 815,100원

② 나 인쇄소, 815,800원

③ 다 인쇄소, 815,800원

④ 다 인쇄소, 818,100원

⑤ 라 인쇄소, 814,800원

30 자기개발의 구성요소는 자아인식, 자기관리, 경력개발이다. 다음 중 성격이 <u>다른</u> 하나는?

① A는 회사에서 그동안 자신이 성취한 것을 재평가 해보기로 했다.

② B는 주변 지인들에게 '평소 나에 대해 어떻게 생각하느냐'하는 질문을 했다.

③ C는 자신에게 적합한 직업을 찾기 위해 전문가에게 면담을 요청했다.

④ D는 회사 홈페이지에 접속해 연간 보고서를 읽어보았다.

⑤ E는 일기 등을 통해 스스로를 성찰해 보는 시간을 가진다.

31 다음은 자기개발 관련 강연의 일부 내용이다. 다음 강연의 내용 가운데 옳지 않은 것은?

> 모두 아시다시피. ① 자기개발의 주체는 타인이 아니라 자기 자신입니다. 자신의 삶을 자기에게 부과된 임무의 관점에서 해석하지 않고, 임무를 부과한 사람의 관점에서 해석하려 하는 사람들이 있죠. 하지만 그건 타인에게 자신의 삶을 맡기는 일입니다. 또한 인생을 두 번째로 살고 있는 것처럼 사십시오. 그리고 지금 당신이 막 하려고 하는 행동이 첫 번째 인생에서 이미 그릇되게 했던 바로 그 행동이라고 생각하십시오. 그렇게 되면 사람은 첫째로 현재가 지나간 과거라는 생각을 하게 될 것이고, 둘째로 지나간 과거가 아직도 변경되고 수정될 수 있다는 생각을 하게 될 것입니다. ② 따라서 자기개발은 특정 상황이 아닌 본인의 생활 자체에서 이루어져야만 합니다. 이런 교훈은 인간으로 하여금 삶의 '유한성'은 물론, 그가 자신과 자신의 삶으로부터 성취해 낸 성과의 '궁극성'과도 대면하게 만듭니다.
>
> ③ 자기개발을 통해 지향하는 바와 선호하는 방법은 사람마다 다르기 때문에 다른 사람들이 어떻게 자신을 개발해 나가는지 관찰하고 살펴봐야 합니다. 그리고 또 한 가지 중요한 것은 자기개발이 절대 일시적인 것이 되어서는 안 된다는 점입니다. ④ 자기개발은 은퇴하기 전까지 이루어지는 과정입니다. 이 과정은 결국 삶과 세상 안에서 의미를 찾아내는 일까지 귀결됩니다. 삶에서 의미를 찾아내는 방법은 어떤 것 – 선이나 진리, 아름다움 – 을 체험하는 것, 자연과 문화를 체험하거나 다른 사람을 유일한 존재로 체험하는 것, 즉 믿던 고우던 상대방에게 자세를 낮추고 받아들이는 것을 말합니다. 이것은 누구에게는 필요하고 누구에게는 불필요한 행위가 아닙니다. ⑤ 여기 계신 모든 분들에게 필요한 것이죠.

32 다음은 식품회사 마케팅 직원들이 경력개발을 하는 이유에 대해 나눈 대화 내용이다. 다음 중 같은 이유를 이야기 하고 있는 사람끼리 묶인 것은?

> 대리A : 요즘 같은 사회에서는 경력개발을 꾸준히 하지 않으면 흐름을 따라갈 수 없는 것 같아요. 지식 정보가 워낙에 빠른 속도로 발전하고 있으니 말이죠.
> 사원B : 무엇보다도 조직 내부적으로 경영전략이 변하기 때문에 그에 대비해 경력개발에 힘써야 한다고 생각합니다.
> 사원C : 한편으로는 개인의 가치관이나 신념 변화에 따라서도 진로가 바뀔 수도 있으니 항상 경력개발에 힘써야겠죠.
> 과장D : 다 맞는 말이야. 하지만 요즘엔 승진 적체 현상이 많이 발생하고 있지. 직무 환경이 시시때때로 변하기도 하고. 조직에서도 인정받고 자기 입지를 확실히 다져놓기 위해서 경력개발은 필수적이라고 볼 수 있어.

① 대리A, 사원C
② 대리A, 사원B
③ 사원B, 과장D
④ 사원B, 사원C
⑤ 사원C, 과장D

33 한국○○재단에 근무 중인 이한덕 씨는 이직을 준비하고자 직무정보를 탐색하게 되었다. 그리고 경력목표를 설정하는데 도움이 될 수 있도록 자신의 능력, 흥미, 적성, 가치관 등을 파악하고 직무와 관련된 주변 환경의 기회와 장애요인에 대하여 정확하게 분석하고자 한다. 이한덕 씨가 자기 자신과, 직무 환경을 이해하며 탐색한 방법 두 가지 중 성격이 <u>다른</u> 하나는?

① 자기인식 워크숍에 참석한다.
② 전문기관의 전문가와 면담을 한다.
③ 직무 관련 설명 자료를 참고한다.
④ 표준화된 검사를 실시한다.
⑤ 일기 등을 통한 성찰 과정을 거친다.

34 대인관계에 대한 설명으로 옳지 <u>않은</u> 것은?

① 좋은 대인관계는 직장생활에서 협조적인 관계를 유지하고 조직 구성원들에게 도움을 줄 수 있다.
② 대인관계를 향상시키기 위해선 애기한 것을 바꾸어 고쳐 행동하지 않는 모습이 필수적이다.
③ 인간관계가 원활할 시에 조직내부 및 외부의 갈등을 원만히 해결하고 고객의 요구를 충족시켜줄 수 있다.
④ 대인관계 형성 시 가장 중요한 요소는 깊은 내면 또는 성품보다는 무엇을 말하느냐, 어떻게 행동하느냐이다.
⑤ 무심코 넘어갈 수 있지만 미래에 결정적일 수 있는 사소한 일에 대한 관심을 가져야한다.

35 효과적인 팀워크에 대해서 바르지 <u>않게</u> 설명한 것은?

① 팀 구성원이 공동의 목적을 달성하기 위하여 상호관계성을 가지고 서로 협력하여 업무를 수행하는 것을 말한다.
② 단순히 모이는 것을 중요시하는 것이 아니라 목표달성 의지를 가지고 성과를 내는 것이다.
③ 팀이 성과는 내지 못하면서 분위기만 좋은 것은 팀워크가 아니라 응집력이다.
④ 팀의 운영에 있어 창조적인 운영은 누구도 예측하지 못한 정황을 불러올 수 있으니 가급적 지양하는 것이 좋다.
⑤ 팀워크의 성공적인 결과를 위해서는 당연히 벌어질 수밖에 없는 팀 내의 의견 불일치를 건설적으로 해결해야 한다.

36 다음은 팀의 발전 과정에 대해 차례대로 설명해놓은 글이다. 각각의 단계들을 상징하는 용어를 바르게 짝지은 것은?

> 1. 이 단계는 팀이 구축되고 형성되는 단계로, 팀원들은 안전하고 예측 가능한 행동에 대한 지침이 필요하기 때문에 리더에게 상당히 의지하고, 팀에서 인정받기를 원한다.
> 2. 팀원들이 가제를 수행하기 위해 체계를 갖추게 되면서 필연적으로 마찰이 일어나며 리더십, 구조, 권한, 권위에 대한 문제 전반에 걸쳐서 경쟁심과 적대감이 나타난다.
> 3. 팀원 간에 응집력이 생기고 공동체 형성과 팀의 문제 해결에 더욱 집중하여 단결된 모습을 보인다.
> 4. 팀원들 간 조화를 이루고 팀원으로서의 충성심을 드러낸다. 전체적인 목표는 문제 해결과 일을 통한 생산성 향상이다.

① Performing - Norming - Storming - Forming
② Forming - Storming - Norming - Performing
③ Storming - Performing - Forming - Norming
④ Norming - Forming - Performing - Storming
⑤ Storming - Performing - Forming - Norming

37 멤버십이란 조직의 구성원으로서 자격과 지위를 갖는 것으로, 훌륭한 멤버십은 팔로워십(= 리더를 잘 따르는 것)의 역할을 충실하게 수행하는 것이다. 다음 주어진 글을 읽고 각각 멤버십의 유형을 알맞게 짝지은 것은?

A	자립적이며 조직이 자신을 인정하지 않으며 적절한 보상이 없다고 생각한다.
B	기쁜 마음으로 과업을 수행하며 획일적인 태도를 보인다.
C	조직에 운영방침에 민감하며 규정과 규칙을 중시한다. 사건을 균형 잡힌 시각으로 바라본다.
D	판단, 사고 시 리더에 의존한다. 지시가 있어야 행동할 수 있다.
E	독립적 · 혁신적 사고 측면에서 건설적 비판을 하며 자기 나름의 개성과 창조성을 지닌다.

	A	B	C	D	E
①	순응형	주도형	실무형	수동형	소외형
②	소외형	주도형	순응형	수동형	실무형
③	주도형	순응형	실무형	수동형	소외형
④	소외형	순응형	실무형	수동형	주도형
⑤	실무형	순응형	소외형	수동형	주도형

38 검색엔진의 유형으로 옳지 <u>않은</u> 것은?

① 페이지 랭크 방식 : 각각의 웹페이지마다 점수를 주어 우선순위를 주고 우선순위 랭크가 실시간으로 변화하여 예전 인덱스 방식의 검색엔진과 다르게 검색결과가 나타난다.

② 키워드 검색 방식 : 찾고자 하는 정보와 관련 키워드를 직접 입력해 검색엔진에 보내면 검색엔진이 키워드와 관련된 정보를 찾는다.

③ 주제별 검색 방식 : 인터넷상에 존재하는 웹 문서들을 주제, 계층별로 정리하여 데이터베이스를 구축한 후 이용한다.

④ 자연어 검색 방식 : 검색엔진에서 키워드만 입력하면 각 질문에 답이 들어 있는 사이트를 연결해 주는 방식으로 검색 결과가 지나치게 많아 비효율적인 검색이 될 수 있다.

⑤ 통합형 검색 방식 : 사용자가 입력한 검색어들을 다른 검색엔진에 보내고, 이를 통해 얻어진 검색 결과를 사용자에게 보여준다.

39 다음 중 인터넷과 관련하여 전자 우편에 쓰이는 프로토콜과 에이전트에 관한 설명으로 옳지 <u>않은</u> 것은?

① POP3는 메일 서버에 도착한 이메일을 사용자 컴퓨터로 가져올 수 있도록 메일 서버에서 제공하는 프로토콜이다.

② SMTP는 사용자의 컴퓨터에서 작성한 메일을 다른 사람의 계정이 있는 곳으로 전송해 주는 역할을 하는 프로토콜이다.

③ MIME은 웹 브라우저가 지원하지 않은 각종 멀티미디어 파일의 내용을 확인하고 실행시켜 주는 프로토콜이다.

④ IMAP은 분야별로 공통 관심사를 갖는 인터넷 사용자들이 같은 이메일 서버를 사용할 수 있도록 제공해 주는 프로토콜이다.

⑤ MTA는 메일이 최종 목적지에 도달할 수 있도록 한 도메인의 메일 시스템에서 다른 도메인의 메일 시스템에 있는 MTA로 라우팅하는 프로그램이다.

40 다음 정보검색 연산자에 대한 설명으로 옳지 <u>않은</u> 것은?

	기호	연산자	검색 조건
①	*,&	AND	두 단어를 포함하지 않은 모든 문서를 검색
②	|	OR	두 단어가 모두 포함되거나, 하나만 포함된 문서를 검색
③	–, !	NOT	'–'기호나 '!'기호 다음에 오는 단어를 포함하지 않은 문서를 검색
④	~, near	인접검색	앞/뒤의 단어가 가깝게 인접해 있는 문서를 검색
⑤	ADJ	ADJ	공백(띄어쓰기)과 순서를 체크하며 A와B를 동시에 포함하고 있는 문서를 검색

41 엑셀 고급 필터에서 다음과 같은 조건을 설정하였을 때, 이 조건에 의해 선택되는 데이터들로 옳은 것은?

wage	year	available hands
<1200	2021	
		> = 1000

① 임금이 1000미만인 데이터 중에서 년도가 2021이고 인원이 1200이상인 데이터
② 인원이 1200이상인 데이터 중에서 임금이 1000미만 이거나 년도가 2021인 데이터
③ 인원이 1000이상이거나 년도가 2021인 데이터 모두와 임금이 1200이하인 데이터
④ 임금이 1000미만이고 년도가 2021이거나 인원이 1200초과인 데이터
⑤ 임금이 1200미만이고 년도가 2021인 데이터이거나 인원이 1000이상인 데이터

42 엑셀에서 오류 표시와 설명이 적절히 짝지어지지 <u>않은</u> 것은?

① ##### : 셀 너비보다 큰 숫자, 날짜 또는 시간이 있거나 계산결과가 음수인 날짜와 시간이 있을 때
② #DIV/0 : 나누는 수가 빈 셀이나 0이 있는 셀을 참조하였을 때 (피연산자가 빈 셀이면 0으로 간주됨)
③ #N/A : 함수나 수식에 사용할 수 없는 값을 지정했을 때
④ #NAME? : 인식할 수 없는 텍스트를 수식에 사용했을 때
⑤ #VALUE! : 셀 참조가 유효하지 않을 때 (셀이 없어진 경우)

43 다음 중 각 부서와 업무 간의 연결이 적절하지 <u>않은</u> 것은?

① 회계부 – 경영계획 및 전략 수립, 경영정보 조사 및 기획보고, 경영진단업무, 종합예산수립 및 실적관리, 손익추정 등을 담당한다.
② 기획부 – 경영계획 및 전략 수립, 중장기 사업계획의 종합 및 조정, 경영정보 조사 및 기획보고, 경영진단업무, 종합예산수립 및 실적관리, 단기사업계획 종합 및 조정, 사업계획, 손익추정, 실적관리 및 분석 등을 담당한다.
③ 인사부 – 상벌관리, 인사발령, 교육체계 수립 및 관리, 임금제도, 복리후생제도 및 지원업무, 복무관리, 퇴직관리 등을 담당한다.
④ 영업부 – 판매 계획 및 판매예산 편성, 시장조사, 견적 및 계약, 외상매출금의 청구 및 회수, 거래처 불만처리 등을 담당한다.
⑤ 총무부 – 기구의 개편 및 조정, 업무분장, 인력수급계획 및 관리, 정원의 조정 종합, 노사관리 등을 담당한다.

44   조직에 대한 설명 중 적절하지 <u>않은</u> 것은?

① 비공식적 집단은 조직구성원들의 요구에 따라 자발적으로 형성된다.

② 공식적인 집단은 목표나 임무가 명확하고 구성원들이 인위적으로 결정된다.

③ 조직문화는 조직체의 구성원들이 공유하고 있는 가치관, 신념, 생활양식, 이데올로기, 규범, 전통 및 기술 등이 포함된 종합적인 개념이다.

④ 군대 같은 특수 조직은 유기적 조직으로 위아래의 엄격한 위계질서가 잡혀있다.

⑤ 비공식적 집단은 의사결정권한이 하부구성원에게 많이 위임된 형태로 업무가 공유 가능하며 비공식적인 상호의사소통이 이루어진다.

[45~46] 다음 글을 읽고 질문에 답하시오

> 정아영 씨는 최근 직장을 그만두고 지인들과 회사를 설립하였다. 정아영 씨가 직장을 그만두게 된 데에는 최고경영자의 경영이념이 자신의 이념과 상충되었기 때문이다. 이전 직장의 최고경영자는 신기술을 가장 빠르게 받아들이고 꾸준히 '기술적인 혁신'을 이룩할 것을 경영이념으로 삼았지만, 정아영 씨는 조직을 운영하는데 가장 기본이 되는 것은 사람이므로 '인간 존중'이 최우선이라고 생각하였다. 한편으로는 정아영 씨도 전 회사가 왜 기술적 혁신을 추구할 수밖에 없었는지가 이해되었다. 회사의 경영난은 어쩔 수 없는 기술적 혁신의 간절한 필요성을 불러오게 되었기 때문이었다. 그것만이 그 회사가 뚫을 수 있는 유일한 길이었다. 하지만 정아영 씨는 그 과정에서 개개인의 과중한 희생이 불가피하게 필요했음을 깨닫고 자신을 돌아보게 되었다. 그 성찰의 시간 속에서 여전히 기술 자원도 인적 자원도 모두 중요하게 생각되었지만 한 쪽의 편에 더 마음이 기울였던 정아영 씨는 자신의 신념을 위해 새 회사를 차려야겠다고 결심하고 회사를 나오게 되었다. 정아영 씨와 지인들은 새 회사에서 그러한 신념을 토대로 구체적인 경영전략을 수립하였다. 회사를 운영하기 위한 자금을 마련하여 법인으로 등록하고 근로자를 모집, 채용하게 되었다.

45   정아영 씨의 경영에 대한 설명으로 옳은 것은?

① 조직 변화를 위해 기술을 최우선의 가치로 선택하였다.

② 인적자원에는 지인들과 모집될 근로자가 속하며 근로자가 조직에서 오랫동안 주어진 업무를 수행하다보면 그 일은 하나의 부업이 된다.

③ 주로 외부경영활동을 통해 경영이 이루어진다.

④ 이 조직의 유형은 영리조직에 속하며 경영계획, 경영실행, 경영평가의 경영과정으로 이루어진다.

⑤ 경영계획 단계에서 목적 달성을 위한 활동과 조직구성원을 관리한다.

46 지문의 정아영 씨가 맡은 역할로 옳지 <u>않은</u> 것은?

① 조직의 유지와 발전을 책임지고 분쟁을 조정한다.

② 조직의 전략 관리 및 운영활동을 전반적으로 주관한다.

③ 조직의 변화 방향을 설정하고 대외적 협상을 주도한다.

④ 조직의 문제를 조정하며 이에 대한 의사결정을 독점한다.

⑤ 외부환경을 시시각각 모니터하며 이를 전달한다.

47 다음 설명에 해당하는 것으로 가장 알맞은 것은?

> • '인간과 인간 사이에서 지켜져야 할 도리를 바르게 하는 것'이라 할 수 있다.
> • 동양적 사고에서 이것은 전적으로 인륜(人倫)과 같은 의미이며, 엄격한 규율이나 규범의 의미가 배어
>   있는 느낌을 준다.
> • 서양에서는 여러 폴리스가 이루어진 고대 그리스에서 이 의식이 형성되었다. 고대 그리스는 폴리스
>   를 유지 · 발전하기 위해서 필요하고 바람직한 사항들을 인간의 가치 있는 자질이자 목표이며, 이것
>   이라고 하였다.

① 예의   ② 양심
③ 윤리   ④ 정의
⑤ 상생

48 윤리규범에 대한 설명으로 옳지 <u>않은</u> 것은?

① 어떤 행위는 마땅히 해야 할 행위, 어떤 행위는 결코 해서는 안 될 행위로서 가치를 인정받게
   된다.

② 모든 윤리적 가치는 시대와 사회상황에 따라 조금씩 다르게 변화된다.

③ 윤리의 형성은 공동생활과 협력을 필요로 하는 인간생활에서 형성되는 공동행동의 룰을 기반
   으로 규범이 형성된다.

④ 인간은 사회적 동물이기 때문에 어느 한 개인의 욕구는 개인의 행동여하에 따라 충족여부가
   결정된다.

⑤ 윤리적 인간은 공동의 이익을 추구하고 도덕적 가치 신념을 기반으로 형성된다.

49 다음 사례가 뒷받침되어 더욱 부각되는 직업윤리의 올바른 태도로 옳은 것은?

> 택시 운행을 하는 기사가 둘 있었다. A 기사는 가까운 거리를 가는 고객의 승차는 슬쩍 거부하고, 돈벌이가 됨직한 먼 거리의 승객을 어플로 찾아다녔다. 뿐만 아니라 외국인 고객이나 어리고 초행길인 것 같은 고객에게는 조금씩 거리를 늘려 추가 요금을 부과하는 버릇이 있었다. B 기사는 고객의 요청만 있으면 일의 크고 작음을 가리지 않고 곧 달려갔다. 또한 부당하게 좀 더 거리를 늘려서 요금을 받는 일도 없었다. A기사는 고객과 말다툼에 휩쓸려 신고 되는 일이 잦아 결국 택시 회사에서 계약을 파기하는 데까지 가게 되었다. 성실하게 영업을 하던 B기사는 고객 만족도 평가에서 우수함을 인정받아 택시 회사로부터 좀 더 좋은 조건으로 대우를 받게 되었다.

① 서비스 이용자에게 예절을 지키는 태도
② 택시기사의 업무 전문성의 원칙에 충실한 태도
③ 기사 개인의 경제적 보상을 중요시하는 태도
④ 도리(道理)를 알고 성실하게 업무를 수행하는 태도
⑤ 서비스 이용자와 서비스 제공자의 상하 관계를 엄격히 지키는 태도

50 매뉴얼은 우리가 직장생활에 필요한 기술을 선택하고 적용하는 데 있어 가장 기본적으로 활용하는 것으로, 그 기술에 해당하는 가장 기본적인 활용 지침을 작성해 놓은 것이라 할 수 있다. 다음 중 이러한 매뉴얼 작성을 위한 방법으로 적절하지 않은 것은?

① 매뉴얼 내용 서술에 애매모호한 단어 사용을 금지해야 하며, 추측성 기능의 내용 서술도 절대 금물이다.
② 의미전달을 명확하게 하기 위해 수동태 동사를 사용하며, 명령을 사용함에 있어서 단정적으로 표현하기보다 약한 형태로 표현해야 한다.
③ 사용자가 매뉴얼을 한번 본 후 더 이상 필요하지 않도록, 빨리 외울 수 있도록 배려하는 것이 필요하다.
④ 짧고 의미 있는 제목과 비고(note)를 통해 사용자가 원하는 정보의 위치를 파악할 수 있도록 해야 한다.
⑤ 한 문장은 통상 단 하나의 명령, 또는 밀접하게 관련된 몇 가지 명령만을 포함하여야 한다.

제 2 회

ncs

모듈형
모의고사

80문항/권장 풀이 시간 90분

제2회
NCS 모듈형 모의고사

정답 및 해설 249p

NATIONAL COMPETENCY STANDARDS

01 다음 용도에 맞는 문서로 옳은 것은?

> 황지성 부장 : "이 대리, 이번에 새로 시작할 사업에 대해 알고 있지? 시행할 수 있게 모레까지 간단하
> 게 (   ) 만들어서 제출하도록."
> 이영호 대리 : "네 알겠습니다. 이번 프로젝트 반드시 성공시키겠습니다."

① 비즈니스 레터   ② 보고서
③ 기안서   ④ 기획서
⑤ 공문서

02 밑줄 친 단어의 사용이 어법에 맞지 <u>않는</u> 것은?

① 큰일을 <u>치루었더니</u> 몸살이 났다.
② 솥에 쌀을 <u>안치러</u> 부엌으로 갔다.
③ 네가 여기에는 <u>웬일이니</u>?
④ 라면이 <u>불으면</u> 맛이 없다.
⑤ 알고도 모르는 <u>체하였다</u>.

03 다음 원인 분석 방법을 〈보기〉에 적용할 때, 갑 사무관의 몸무게가 감소한 원인으로 보기에 가장 적절한 것은?

┤ 원인 분석 방법 ├

원인이 될 수 있는 것들 중에서, 어느 하나가 변할 때 결과도 일정한 방식으로 변하고 그것이 변하지 않을 때는 결과도 변하지 않는다면, 그것을 원인으로 간주한다.

┤ 보기 ├

평소 70kg이 나가던 갑 사무관은 지난 몇 달간 하루 10시간씩 잠을 자고 밥을 끼니 당 3공기씩 4끼를 먹고 야식으로 라면 2개를 끓여 먹었으며 5분 이상 걷지 않았다. 몸이 이상해 지난 달 초 병원에 가서 몸무게를 달아보니 85kg이었다. 의사는 다른 이상은 없으나 건강을 위해 원래 몸무게를 유지할 것을 권유하였다. 의사의 권유에 따라 갑 사무관은 몸무게를 원상태로 돌리려고 생활 습관을 바꾸었다. 그 달 첫 두 주간 하루 8시간씩 자고 끼니 당 2공기씩 3끼 식사를 하고 야식으로 라면 1개를 끓여먹고 10분씩 걸었더니 몸무게가 80kg이 되었다. 다음 두 주간 하루 8시간씩 자고 끼니 당 1.5공기씩 3끼 식사를 하고 야식을 끊고 20분씩 걸었더니 몸무게가 77kg이 되었다. 이 달 들어 처음 두 주간 하루 7시간씩 자고 끼니 당 1.5공기씩 2끼 식사를 하고 야식 없이 30분씩 걸었는데 몸무게가 그대로였다. 최근 두 주간에는 하루 6시간씩 자고 끼니 당 1공기씩 2끼 식사를 하고 야식 없이 1시간씩 걸었는데 몸무게가 72kg이 되었다.

① 야식 양
② 수면 시간
③ 운동 시간
④ 끼니 당 밥공기 수
⑤ 목표를 향한 의지

[04~05] 다음 글은 대한민국 정책 브리핑의 일부를 발췌하여 개편한 글이다. 물음에 답하시오.

1. 탄소중립이란?

인간의 활동에 의한 온실가스 배출을 최대한 줄이고, 남은 온실가스는 흡수(산림 등), 제거(CCUS*)해서 실질적인 배출량이 0(Zero)이 되는 개념이다. 즉 배출되는 탄소와 흡수되는 탄소량을 같게 해 탄소 '순배출이 0'이 되게 하는 것으로, 이에 탄소 중립을 '넷 – 제로(Net – Zero)'라 부른다.

*CCUS (Carbon Capture,. Utilization and Storage) : 이산화탄소 포집, 저장, 활용 기술

2. 기후변화 대응의 필요성

지구 온난화로 폭염, 폭설, 태풍, 산불 등 이상기후 현상이 세계 곳곳에서 나타나고 있다. 높은 화석연료 비중과 제조업 중심의 산업구조를 가진 우리나라도 최근 30년 사이에 평균 온도가 1.4℃ 상승하며 온난화 경향이 더욱 심해졌다. 국제사회는 기후변화 문제의 심각성을 인식하고 이를 해결하기 위해 선진국에 의무를 부여하는 '교토의정서' 채택(1997년)에 이어, 선진국과 개도국이 모두 참여하는 '파리협정'을 2015년 채택했고, 국제사회의 적극적인 노력으로 2016년 11월 4일 협정이 발효됐다. 우리나라는 2016년 11월 3일 파리협정을 비준하였다. 파리협정의 목표는 산업화 이전 대비 지구 평균온도 상승을 2℃ 보다 훨씬 아래(well below)로 유지하고, 나아가 1.5℃로 억제하기 위해 노력해야 한다는 것이다. 지구의 온도가 2℃ 이상 상승할 경우, 폭염 한파 등 보통의 인간이 감당할 수 없는 자연재해가 발생한다. 상승 온도를 1.5℃로 제한할 경우 생물다양성, 건강, 생계, 식량안보, 인간안보 및 경제 성장에 대한 위험이 2℃보다 대폭 감소한다. 지구온도 상승을 1.5℃ 이내로 억제하기 위해서는 2050년까지 탄소 순배출량이 0이 되는 탄소중립 사회로의 전환이 필요하다.

따라서 1992년 기후변화협약(UNFCCC : United Nations Framework Convention on Climate Change) 채택 이후, 장기적 목표로서 (   )에 대한 논의가 대두됐다. EU 국가들은 1990대 중반부터 2℃ 목표를 강하게 주장해 왔으며, 2007년 기후변화에 관한 정부간 협의체 IPCC(Intergovernmental Panel on Climate Change) 제4차 종합평가보고서에 2℃ 목표가 포함됐다. 2℃ 목표는 2009년 제15차 당사국총회(COP15) 결과물인 코펜하겐 합의(Copenhagen Accord)에 포함되었으며, 이듬해 제16차 당사국총회(COP16)시 칸쿤 합의(Cancun Agreement) 채택으로 공식화됐다. 이후 2015년 파리협정에서 2℃ 보다 훨씬 아래(well below)로 유지하고, 나아가 1.5℃로 억제하기 위해 노력해야 한다는 목표가 설정됐다. IPCC는 2018년 10월 우리나라 인천 송도에서 개최된 제48차 IPCC 총회에서 치열한 논의 끝에 「지구온난화 1.5℃ 특별보고서*」를 승인하고 파리협정 채택 시 합의된 1.5℃ 목표의 과학적 근거를 마련했다. IPCC는 2100년까지 지구 평균온도 상승폭을 1.5℃ 이내로 제한하기 위해서는 전지구적으로 2030년까지 이산화탄소 배출량을 2010년 대비 최소 45% 이상 감축하여야 하고, 2050년경에는 탄소중립(Netzero)을 달성하여야 한다는 경로를 제시했다. 한편, 2℃ 목표 달성 경로의 경우, 2030년까지 이산화탄소 배출량을 2010년 대비 약25% 감축하여야 하며, 2070년경에는 탄소중립(Net – zero)을 달성해야 한다고 제시했다.

〈전지구 온도상승 1.5℃ VS 2℃ 주요 영향 비교〉

구분	1.5℃	2℃
생태계 및 인간계	높은 위험	매우 높은 위험
중위도 폭염일 온도	3℃ 상승	4℃ 상승
고위도 한파일 온도	4.5℃ 상승	6℃ 상승
산호 소멸	70~90%	99% 이상
기후영향 · 빈곤 취약 인구	2℃에서 2050년까지 최대 수억명 증가	
물부족 인구	2℃에서 최대 50% 증가	
대규모 기상이변 위험	중간 위험	중간~높은 위험
해수면 상승	0.26~0.77m	0.3~0.93m
북극 해빙 완전소멸 빈도	100년에 한번	10년에 한번

[출처] 대한민국 2050 탄소중립전략(LEDS), 대한민국 정책 브리핑, 2020.12.21

04 다음 지문의 빈칸에 들어갈 내용으로 가장 옳은 것은?

① IPCC 총회를 개최하여 학자들의 장을 마련해야 하는지
② 산업화 이전 대비 지구 평균기온 상승을 어느 수준으로 억제해야 하는지
③ 지구온난화 1.5℃ 특별보고서를 기획해야 하는지
④ 중위도 폭염일 온도가 1.5℃ 하락할 시에 어떻게 되는지
⑤ 지구 평균 기온 2℃가 상승할 시에 물 부족 인구수가 40% 이상 증가하는지

05 다음 글의 전개 방식으로 가장 적절한 것은?

① 문제의 발생 과정에 따라 예측되는 원인을 설명하고 그 해결안을 분석한다.
② 주장의 근거와 목표를 설정하고 해결 방안을 제시한다.
③ 문제 해결의 과정을 열거하고 이를 바탕으로 실제 사회 운동을 한다.
④ 현 문제에 대한 견해의 장단점을 비교하고 이를 절충하는 방안을 제시한다.
⑤ 개념을 정의한 후 그에 성공한 사례를 소개하고 글쓴이의 견해를 밝힌다.

06 다음 지문의 빈칸에 들어갈 말로 가장 옳은 것은?

제목 : 소비 생활과 인격

서론 : 소비 생활의 일반화

        1. 동 시대를 향유하는 생활인들의 소비 주체화

        2. 소비 생활과 관련된 다양한 정보의 범람

        3. 일상 속에서 소비에 할애되는 공간과 시간 증가

본론 : 1. 소비 현상에 나타난 현대인의 모습

        1) 부정적 모습 : 자아를 상실한 채 소비하는 모습

        2) 긍정적 모습 : 자아를 확립하여 소비하는 모습

        2. 소비에 다스림을 당하는 자아

        1) 충동적 소유욕으로 인해 소비 통제를 못하는 삶

        2) 허영적 과시욕으로 인해 소비 통제를 못하는 삶

        3. 소비를 다스리는 자아

        1) 생산성 향상을 위해 소비를 능동적으로 추구하는 사람

        2) 절약을 위해 소비를 적극적으로 억제하는 사람

결론 : (㉮)

    1) (㉯)

    2) (㉰)

① ㉮ 편리함을 추구하는 소비   ㉯ 지향소비 생활 자체가 곧 자아

   ㉰ 기술에 의존하는 소비 생활

② ㉮ 소비 습관의 교정   ㉯ 미덕의 발휘

   ㉰ 소비 습관의 효율적인 억제

③ ㉮ 주체성 있는 소비 철학 확립   ㉯ 소비 생활 자체가 곧 자아

   ㉰ 소비 생활의 건전한 자아 확립

④ ㉮ 편리성을 추구하는 소비 지향   ㉯ 소비 생활의 인적 편의성 추구

   ㉰ 절약하는 소비 생활

⑤ ㉮ 과소비 억제 생활   ㉯ 편리함을 추구하는 소비

   ㉰ 생산성 향상을 위한 소비

07 다음 지문의 제목으로 적절한 것은?

> 세계적인 마이크로크레디트 단체인 방글라데시의 '그라민은행'은 융자를 희망하는 최저 빈곤층 여성들을 대상으로 공동 대출 프로그램을 운영하고 있다. 이 프로그램은 다섯 명이 자발적으로 짝을 지어 대출을 신청하도록 해, 먼저 두 명에게 창업 자금을 제공한 후 이들이 매주 단위로 이루어지는 분할 상환 약속을 지키면 그 다음 두 사람에게 돈을 빌려 주고, 이들이 모두 상환에 성공하면 마지막 사람에게 대출을 해 주는 방식으로 운영된다. 이들이 소액의 대출금을 모두 갚으면 다음에는 더 많은 금액을 대출해준다. 이런 방법으로 '그라민은행'은 99%의 높은 상환율을 달성할 수 있었고, 장기 융자 대상자 중 42%가 빈곤선에서 벗어난 것으로 알려졌다.
>
> 마이크로크레디트는 아무리 작은 사업이라도 자기 사업을 벌일 인적 · 물적 자본의 확보가 자활의 핵심요건이라고 본다. 한국에서 이러한 활동을 펼치는 '사회연대은행'이 대출뿐 아니라 사업에 필요한 지식과 경영상의 조언을 제공하는 데 주력하는 것도 이와 관련이 깊다. 이들 단체의 실험은 금융 공공성이라는 가치가 충분히 현실화될 수 있으며, 이를 위해서는 사람들의 행동과 성과에 실질적인 영향을 미칠 유효한 수단을 확보하는 일이 관건임을 입증한 대표적인 사례라고 할 수 있다.

① 마이크로크레디트의 금융 공공성 실현
② 그라민은행의 융자 프로그램
③ 자영업의 성공 방법
④ 사회연대은행의 필요성
⑤ 다섯 명이 자발적으로 짝을 지은 대출

08 A, B에 들어갈 응대언어로 적절한 것은?

단계	응대언어	주요내용
1단계 : 불만접수	안녕하세요. 서류를 검토하는 동안 잠시만 기다려주십시오.	• 불만서류를 접수하고 의견을 청취 • 불만처리를 개시함
2단계 : 경청	〈 A 〉	• 진지한 표정, 고개를 끄덕임, 시선 맞춤, 말을 끊지 말 것, 경청하는 자세 • 공감하는 과정을 통해 고객의 불만과 감정을 줄이는 단계, 고객의 불만을 이해하고 있으며 염려하고 있음을 보여줌
3단계 : 인용여부 심사	선생님이 말씀하신 내용이 처리 가능한지 검토해보겠습니다.	• 불만내용을 검토하여 규정과 절차에 따라 공정하게 심사 • 고객에게 신뢰감을 심어줌
4단계 : 인용결정 안내	〈 B 〉	• 불만내용이 인용 불가함을 최대한 부드러운 언어로 통보 • 고객에게 공정하게 심사했음을 알림
5단계 : 비수용	〈고객 불만지속〉	• 고객 배려자세 유지 • 고객에게 신뢰감 유지
6단계 : 설득	예. 선생님의 입장은 충분히 이해합니다.	• 고객의 요구가 법규와 규정상 받아들일 수 없음을 최대한 공손하고 친절한 어조로 설명 • 고객에게 공정성 심어줌
7단계 : 비수용	〈고객 불만지속〉	• 고객 배려자세 유지 • 고객에게 신뢰감 유지

① A : 아뇨, 그 부분은 잘못 알고 계십니다.

　 B : 그럼 ~에 대해 상세히 말씀해 주시겠습니까?

② A : 아, 그렇군요.

　 B : 죄송하지만 회사 규정상 이 부분은 처리해드리기 어렵습니다.

③ A : 아뇨, 그 부분은 잘못 알고 계십니다.

　 B : 죄송하지만 회사 규정상 이 부분은 처리해 드리기 어렵습니다.

④ A : 아, 그렇군요.

　 B : 그럼 ~에 대해 상세히 말씀해 주시겠습니까?

⑤ A : 그럼 ~에 대해 상세히 말씀해 주시겠습니까?

　 B : 저희 마음대로 할 수 있는 일이 아닙니다. 법적으로 처리하십시오.

[09~11] 다음 지문을 읽고 물음에 답하시오.

테니스 선수 그라프는 1992년에 우승을 통해 거액을 벌었지만, 유독 숙적인 셀레스에게는 계속해서 패하였다. 그러나 이듬해 셀레스가 사고를 당해 더 이상 경기에 참여할 수 없게 되자, 그라프는 경기 능력에 큰 변화가 없었음에도 불구하고 이후 승률이 거의 두 배 이상 상승했다. 이에 따라 우승 상금은 물론 광고 출연 등의 부수적 이익 또한 전보다 크게 증가했다. 이러한 현상은 '위치적 외부성'의 개념으로 설명된다. 한 사람의 보상이 다른 사람의 행동에 영향을 받음에도, 그에 대한 대가를 받지도 지불하지도 않는 현상을 외부성이라고 한다. 특히 자신의 상대적 위치에 따른 보상이 다른 경쟁자의 상대적 성과에 부분적으로 의존하는 것을 ⓐ 위치적 외부성이라고 한다. 위치적 외부성이 작용할 경우에 자신의 상대적 위치를 향상시키는 모든 수단은 반드시 다른 경쟁자의 상대적 위치를 하락시킨다. 그라프의 사례는 경쟁자의 성과에 의해 자신의 위치적 보상이 크게 상승했음을 보여주는 좋은 예이다.

위치적 외부성이 개입되어 있는 상황에서 사람들은 자신의 위치를 높이는 행동을 하려고 한다. 예컨대 한 경쟁자가 성과를 향상시키기 위해 지출을 늘리면, 이는 다른 경쟁자들의 위치에 영향을 미치게 되므로 다른 경쟁자들 또한 지출을 늘리게 된다. 그러나 모든 경쟁자가 동시에 자신의 위치를 향상시키기 위해 지출을 반복적으로 늘린다면, 경쟁자 간의 실질적인 위치는 변하지 않을 가능성이 크다. 그리고 다른 경쟁자의 상대적인 성과에 따른 각 경쟁자의 위치적 보상 정도가 클수록 이와 같은 투자의 유인은 커진다.

위치적 외부성이 존재하면 사람들은 성과를 향상시키기 위해 경쟁적으로 투자를 늘린다. 그러나 경쟁자의 위치에 따른 이익이 한정되어 있고 투자의 결과 각자의 위치에 별 효과가 없다면 소모적인 지출일 가능성이 크다. 이와 같은 투자 행태를 군비 경쟁에 비유하여 '위치적 군비 경쟁'이라고 부른다. 위치적 군비 경쟁은 사회 전체의 입장에서 볼 때 경제적 비효율성을 가져오는데, 이는 개인의 유인과 사회 전체의 유인이 다른 데서 비롯된 것이다.

개인의 입장에서는 모든 의사 결정에 있어 자신의 이익을 사회 전체의 이익보다 우선시한다. 자본주의 사회에서 경쟁의 결과가 사회 전체에 다소간 기여할 수 있다면 모든 구성원이 개인의 이익을 위해 경쟁하는 것은 바람직한 현상이다. 하지만 경쟁이 과열되고 더 이상 사회 전체의 이익에 기여하지 못한다면, 개인의 이익만을 위한 과도한 투자는 자원 배분의 왜곡을 가져오는 비효율성을 야기한다. 더구나 개인 간에 위치적 외부성이 강하게 작용하면, 사회적 관점에서는 불필요한 경쟁으로 인해 초래되는 비효율성의 문제가 더욱 심각해진다. 사회가 이러한 심각성을 인식하는 단계에 이르면 경쟁을 자제시키려는 사회적 규범이 생겨나거나 경쟁을 제약하기 위한 구속력 있는 사회적 협약이 마련되기도 한다.

09 위 글의 내용으로 알 수 없는 것은?

① 위치적 외부성은 비슷한 수준의 경쟁자 사이에서 크게 작용한다.
② 위치적 외부성이 나타나면 경쟁자의 비용 지출이 수반될 수 있다.
③ 위치적 보상은 개인의 유인과 사회 전체의 유인의 차이가 클수록 증가한다.
④ 위치적 외부성으로 인한 경쟁의 결과가 경쟁자들 모두에게 이익이 되는 것은 아니다.
⑤ 위치적 외부성이 존재하면 사람들은 성과를 향상시키기 위해 경쟁적으로 투자를 늘린다.

10 ⓐ가 나타난 사례로 볼 수 <u>없는</u> 것은?

① 국회의원 선거에서 특정 후보의 사퇴가 나머지 후보들의 당선 여부에 지대한 영향을 미치기
도 한다.

② 프로 경기 식전 행사에서 유명 가수가 공연하면 관중이 크게 늘어 참가 선수들이 출전 수당을
더욱 많이 받게 된다.

③ 도서관을 이용하려는 사람이 많을 경우에는 좋은 좌석을 차지하기 위해서 도서관을 열기 전
에 줄을 길게 서기도 한다.

④ 밀폐된 공간에서 여러 사람이 동시에 이야기하면 상대방이 잘 알아듣지 못하므로, 모두가 남
보다 더 크게 이야기하려고 하기 때문에 결국 알아듣기가 더욱 힘들게 된다.

⑤ 한 명품의 가격이 오를 예정이라는 소식이 들리면 백화점 명품관은 오프닝 전부터 구매하고
자 하는 사람들로 북적인다.

11 이민형 대리는 집에서 회사까지 2km/h로 등교를 하고, 퇴근 후 회사에서 학원까지 3km/h로
걸어 총 5시간을 걸었다. 회사에서 학원까지의 거리는 집에서 회사까지의 거리보다 5km 더 멀
고, 집·회사·학원이 일직선상에 있다고 할 때, 집에서 학원까지의 거리는?

① 12km

② 13km

③ 15km

④ 19km

⑤ 21km

12 주머니 속에 빨간 구슬 12개와 흰 구슬 7개가 들어 있다. 동시에 2개의 구슬을 꺼낼 때 빨간 구
슬과 흰 구슬이 각각 1개씩 나올 확률은?

① $\dfrac{28}{57}$

② $\dfrac{15}{79}$

③ $\dfrac{68}{157}$

④ $\dfrac{98}{172}$

⑤ $\dfrac{72}{259}$

[13~14] 다음은 음주여부에 따른 대장암 발생 현황을 정리한 것이다. 자료를 참고하여 물음에 답하시오.

〈음주여부에 따른 대장암 발생 현황〉

구분		대장암 발생 여부		계
		발생	비발생	
음주여부	음주	300명	700명	1,000명
	비음주	300명	9,700명	10,000명
계		600명	10,400명	11,000명

* 기여율 $= \dfrac{A-B}{A} \times 100$ (위험요인에 노출된 사람 중에서 질병 발생률 중 몇 %가 위험요인에 기인한 것인가를 나타냄)
* A : 위험요인에 노출된 사람 중에서 질병 발생률(%)
* B : 위험요인에 노출되지 않은 사람 중에서 질병 발생률(%)

13 비음주자 대비 음주인의 대장암 발생률은?

① 5배　　　　　　　　　　② 10배

③ 15배　　　　　　　　　　④ 20배

⑤ 25배

14 음주의 대장암 발생 기여율은?

① 74%　　　　　　　　　　② 75%

③ 82%　　　　　　　　　　④ 85%

⑤ 90%

[15~16] 아래 표는 산업별 노동비용에 대한 것이다. 물음에 답하시오.

〈산업별 노동비용 추이〉

(단위 : 천 원, %)

산업	2021년	2022년	2023년	증감액	증감률
전산업	3,057	3,221	3,393	172	5.3
광업	3,070	3,305	3,506	202	6.1
제조업	3,238	3,357	3,610	253	7.5
전기, 가스 및 수도사업	5,145	5,555	5,788	233	4.2
건설업	2,730	3,037	3,329	292	9.6
도 · 소매업	2,844	2,993	3,237	244	8.2
숙박 및 음식점업	2,096	2,203	2,286	83	3.8
운수업	2,193	2,207	2,354	147	6.7
통신업	4,322	4,920	4,899	- 21	- 0.4
금융 및 보험업	5,144	5,664	6,179	515	9.1
부동산 및 임대업	1,943	2,138	2,371	233	10.9
사업서비스업	2,379	2,501	2,750		
오락, 문화 및 운동관련 서비스업	3,326	3,384	3,578	101	5.7
기타 공공, 수리 및 개인서비스업	2,198	2,356	2,450	94	4.0

15 2023년 세 번째로 높은 노동비용을 지출하고 있는 산업은?

① 통신업 ② 건설업
③ 운수업 ④ 금융 및 보험업
⑤ 전기, 가스 및 수도사업

16 2023년 사업서비스업의 전년도 대비 증감률은? (단, 소수점 이하는 반올림하여 정수로 표시함)

① 약 7% ② 약 8%
③ 약 9% ④ 약 10%
⑤ 약 11%

[17~18] 아래 표와 그래프는 국내 은행의 부실채권비율의 현황을 나타낸 것이다. 물음에 답하시오.

<국내 은행 부실채권비율 추이>

17 2020년도 부실채권규모의 전년도 대비 증감률은? (단, 반올림하여 소수점 첫째 자리까지 표시함)

① 약 23.8%   ② 약 23.7%

③ 약 23.6%   ④ 약 23.5%

⑤ 약 23.7%

18 2023년 국내 은행의 채권총액은? (단, 소수점 이하는 버림)

① 907조 원   ② 816조 원

③ 813조 원   ④ 792조 원

⑤ 746조 원

19 다음은 쇼핑몰 운영 형태에 따라 온라인 사업체의 수를 나타낸 표이다. 2023년 3월 기준으로 유투브 채널을 운영하지 <u>않은</u> 온라인 사업체의 수가 전년 동월 대비 4.4% 증가한 것이라면, 2022년 3월에 유투브 채널을 운영하지 <u>않은</u> 사업체의 수와 2023년 2월에 유투브 채널을 운영한 사업체의 수의 합은? (단, 소수점 이하는 반올림함)

구분	2023년		
	1월	2월	3월
온라인 사이트 운영	2,198	2,196	2,207
온라인 사이트/유투브 병행	2,306	2,322	2,317

① 약 4,419개   ② 약 4,430개

③ 약 4,435개   ④ 약 4,436개

⑤ 약 4,441개

20 다음은 우리나라 사교육비 조사 결과를 정리한 기사이다. 제시된 기사가 참고 했을 통계 자료 그래프의 내용이 옳지 않은 것은?

> ### 통계청, 부랴부랴 2차 초 · 중 · 고교 사교육비 조사 들어가
>
> 등록 : 2010 – 01 – 21 19 : 36 수정 : 2010 – 01 – 22 02 : 41
>
> 2010년 우리나라 초 · 중 · 고교 학생의 1인당 월평균 사교육비는 24만 원으로 2009년 대비 0.8% 감소하였다. (실질금액으로는 3.5% 감소) 가구의 소득수준이 높을수록 학생 1인당 월평균 사교육비 및 사교육 참여율이 대체로 높았다. 사교육 참여율은 73.6%로 전년 대비 1.4%p 감소하였다. 반면, 방과후학교 참여율은 55.6%로 전년 대비4.3%p 증가하고, EBS 교재구입 학생 비율도 20.8%로 3.6%p 증가한 것으로 나타났다. 사교육비 총액은 약 20조 9천억 원으로, 1인당 사교육비와 전체 학생 수 감소에 기인하여 전년 대비 3.5% 감소한 것도 역시 눈겨여 볼 바이다. 학생 1인당 사교육비와 사교육비 총액 모두 2007년 사교육비 조사시작 이래 처음 감소로 전환되었다. 여학생의 1인당 월평균 사교육비(24만 7천원) 및 참여율(74.9%) 모두 남학생(23만 4천 원, 72.4%)에 비해 높은 것으로 드러났다. 성적순위별 평균 사교육비는 성적 상위 10%이내가 하위 20%이내보다 12만 원 많은 것으로 분석되었다.
>
> …중략…
>
> 시민단체 사교육걱정없는세상은 이날 기자회견을 열고, 정시 확대 기조와 수시 부담을 유지하는 대입제도, 자사고 · 특목고의 일반고 전환 등 고교체제 개선에 대한 늑장 대응을 하지 말 것을 정부에 요구했다.
>
> 나대기 기자 lovemyself@hanly.co.kr

① 사교육비 규모

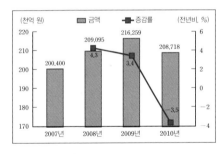

② 학생 1인당 사교육 참여율

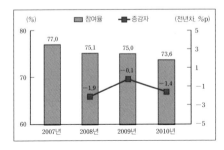

③ 성별 사교육비 및 참여율

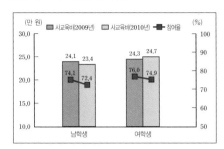

④ 가구소득 수준별 사교육비 및 참여율

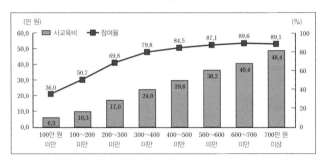

⑤ 성적순위별 평균 사교육비 및 참여율

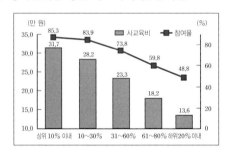

21 문제를 해결할 때 기본 요소나 필요한 분석적 사고에 대한 설명으로 옳은 것은?

① 사실 지향의 문제는 현상 및 원인분석 전에 지식과 경험을 바탕으로 일의 과정이나 결과, 결론을 가정한 다음 검증 후 사실일 경우 다음 단계의 일을 수행해야 한다.

② 문제해결을 위한 기본 요소 중에는 문제 해결자와 관련된 해방이 있다.

③ 전체를 각각의 요소로 나누어 그 요소의 의미를 도출한 다음 우선순위를 부여하고 구체적인 문제해결 방법을 실행하는 것이 요구된다.

④ 가설 지향의 문제는 기대하는 결과를 명시하고 효과적으로 달성하는 방법을 추후에 구상하고 실행에 옮겨야 한다.

⑤ 성과 지향의 문제는 일상 업무에서 일어나는 상식, 편견을 타파하여 객관적 사실로부터 사고와 행동을 출발해야 한다.

22 한 제품 회사에서 신제품을 개발하여 러시아 시장에 진출하고자 한다. 윤 부장은 하 대리에게 3C 분석 결과를 건네주며, 사업 기획에 반영할 수 있는 회사의 전략 과제가 무엇인지 파악해 보고하라는 지시를 내렸다. 다음 중 회사에서 해결해야 할 전략 과제로 적합하지 <u>않은</u> 것은?

Customer(고객)	Company(자사)	Competitor(경쟁사)
• 러시아 시장은 매년 10% 성장하는 추세 • 러시아 시장 내 제품의 규모는 급성장 추세 • 20~30대 젊은 층 중심 • 온라인 구매가 약 80% 이상 • 인간공학 지향	• 국내시장 점유율 부문 1위 • A/S 등 고객서비스 부문 우수 • 해외 판매망 취약 • 온라인 구매시스템 미흡 • 높은 생산원가 구조 • 높은 기술개발 및 경쟁력	• 러시아 기업들의 압도적 시장점유 • 러시아 기업들 간의 치열한 가격경쟁 • A/S 및 사후관리 취약 • 생산 및 유통 노하우 보유

① 원가 절감을 통한 생산비용 절감

② 젊은 층을 겨냥한 제품 확대

③ 기술향상을 통한 경쟁력 확보

④ 온라인 구매시스템의 보완 및 강화

⑤ 해외 판매망 구축을 위한 전략 강화

23 다음 밑줄 친 부분에 들어갈 문장으로 알맞은 것은?

> • A를 구매하는 사람은 B를 구매한다.
> • C를 구매하지 않는 사람은 B도 구매하지 않는다.
> • C를 구매하는 사람은 D를 구매하지 않는다.
> • 따라서 _____.

① A를 구매하는 사람은 D를 구매하지 않는다.

② A를 구매한 사람은 B, C, D를 모두 구매한다.

③ B를 구매하지 않는 사람은 C도 구매하지 않는다.

④ B를 구매하는 사람은 C를 구매하지 않는다.

⑤ C를 구매하는 사람은 A를 구매하지 않는다.

24 설을 맞아 승관이는 친척들을 방문하려 한다. 다음과 같은 조건이 있을 때 승관이 함께 방문할 수 있는 친척은?

┤ 조건 ├

㉠ 큰아버지와 형수는 함께 방문할 수 없다.

㉡ 고모와 형수는 함께 방문할 수 없다.

㉢ 큰어머니와 삼촌은 반드시 함께 방문해야 한다.

㉣ 큰어머니와 사촌 동생은 반드시 함께 방문해야 한다.

㉤ 할머니와 조카는 함께 방문할 수 없다.

㉥ 형수와 할아버지는 반드시 함께 방문해야 한다.

㉦ 조카와 삼촌은 반드시 함께 방문해야 한다.

㉧ 사촌 동생과 고모는 반드시 함께 방문해야 한다.

㉨ 작은아버지와 고모는 함께 방문할 수 없다.

① 큰어머니와 형수   ② 큰어머니와 고모

③ 형수와 사촌 동생   ④ 큰어머니와 할머니

⑤ 큰아버지와 할아버지

25 제시된 조건을 바탕으로 A, B에 대하여 옳게 해석한 것은?

┤ 조건 ├

• 마케팅 부서에 지원한 사람은 경영지원 부서에도 지원했다.

• 경영지원 부서에 지원하지 않은 사람은 개발 부서에도 지원하지 않았다.

• 개발 부서에 지원하지 않은 사람은 마케팅 부서에도 지원하지 않았다.

┤ 결론 ├

A : 경영지원팀에 지원하지 않은 사람은 마케팅 부서에도 지원하지 않았다.

B : 개발부서에 지원한 사람은 경영지원 부서에도 지원하였다.

① A만 옳다   ② B만 옳다

③ A가 맞을 때 B는 틀렸다.   ④ A, B 모두 옳다.

⑤ A, B 모두 틀렸다.

26 다음 중 비판적 사고를 개발하기 위한 태도로 적절하지 <u>않은</u> 것은?

① 결단성   ② 지적 회의성

③ 지속성   ④ 체계성

⑤ 주관성

[27~29] 한국 ○○ 진흥원은 전체 사내 동호회를 위해 단체티를 주문하려고 한다. 사원은 빨간색, 대리는 주황색, 과장 이상은 노란색을 입어야 한다. 단체티는 직원들이 선택한 종류로 맞춘다. 다음 질문들에 답하시오.

─── | 단체티 가격 안내 | ───

• 단체티 종류

구분	라운드 셔츠	줄무늬 티셔츠	나그랑 티셔츠	브이넥 티셔츠	버튼 티셔츠
기본 가격(원)	16,000	16,500	17,000	17,500	20,500

• 색상 (비용이 추가된다.)

구분	빨간색	주황색	노란색
가격(원)	5,000	7,000	10,000

• 단체티 종류당 구입 장수별 할인

구분	2장 이상 3장 이하	4장	5장 이상
할인율(%)	7	9	11

• 직원들이 고른 단체티 종류

구분	종류	구분	종류
오차장	라운드 셔츠	윤시원	라운드 셔츠
김사원	줄무늬 티셔츠	서대리	줄무늬 티셔츠
류부장	버튼 티셔츠	권사원	나그랑 티셔츠
강대리	브이넥 티셔츠	최대리	줄무늬 티셔츠
안사원	나그랑 티셔츠	문과장	버튼 티셔츠
황차장	라운드 셔츠	신대리	브이넥 티셔츠
임과장	줄무늬 티셔츠	고부장	버튼 티셔츠
백차장	버튼 티셔츠	정사원	나그랑 티셔츠
한대리	버튼 티셔츠	조차장	라운드 셔츠
손부장	브이넥 티셔츠	양과장	줄무늬 티셔츠

27 사원과 과장의 단체티를 구매하는 데 드는 총 비용은?

① 167,842원 ② 173,134원
③ 181,524원 ④ 183,670원
⑤ 190,815원

28 과장급 이상의 구매 비용으로 옳은 것은?

① 260,350(원)　　　　　　　　② 270,340(원)

③ 271,540(원)　　　　　　　　④ 282,510(원)

⑤ 283,210(원)

29 사원의 단체티 색이 주황색으로 변경된다고 하였을 때, 사원과 대리의 단체티 구매 비용으로 옳은 것은?

① 232,410(원)　　　　　　　　② 233,530(원)

③ 245,320(원)　　　　　　　　④ 246,350(원)

⑤ 251,250(원)

30 외교통상부의 황 사무관은 중동 정세와 관련하여 여러 쟁점들(a~h)에 대한 6개국의 입장을 표와 같은 방식으로 정리하여 〈보기〉와 같은 결론을 도출해 놓고 퇴근했다. 다음 날 아침에 출근해 보니 잉크가 번져서 표의 몇 군데 글씨를 정확히 알아볼 수 없었다. 이를 다시 복구하려고 할 때 해당 칸에 들어갈 수치로 옳은 것은?

국가 ＼ 쟁점	a	b	c	d	e	f	g	h
이스라엘	1	1	1	1	1	1	1	0
이집트	1	1	㉠	1	㉡	㉢	0	1
팔레스타인	1	1	1	1	0	1	0	1
요르단	1	1	1	1	0	㉣	0	1
시리아	1	1	1	0	0	0	0	㉤
사우디아라비아	1	1	1	1	1	1	0	1

* 0은 반대하는 입장, 1은 반대하지 않는 입장을 나타낸다.

┤ 보기 ├

- a, b, c 는 모두 같은 값을 가지므로 국가 간 입장 차이를 고려하는 데 제외해도 된다.
- e, f, g 만으로는 요르단과 시리아의 입장을 구별할 수 없다.
- e, f, h 만을 고려하면 모든 국가의 입장을 각각 달리 구별할 수 있다.

	㉠	㉡	㉢	㉣	㉤
①	1	1	1	0	0
②	1	0	0	0	1
③	1	1	1	1	0
④	0	1	0	0	1
⑤	1	1	0	0	0

31 다음 예산관리의 구성요소에 관한 설명 중 옳지 <u>않은</u> 것은?

① 직장생활에서 프로젝트 수행 시 소요되는 직접비용에는 재료비, 원료와 장비, 인건비, 광고비 등이 포함된다.
② 간접비용은 제품 생산에 직접 관련되지 않는 비용으로, 상황에 따라 매우 다양하게 나타날 수 있다.
③ 크게는 사업, 기업 등의 예산관리는 실행과정에서 적절히 예산을 통제해주어야 한다.
④ 직접비용 중 일반적으로 인건비의 차지하는 비중이 전체 비용 중 가장 크다.
⑤ 예산의 구성요소는 일반적으로 직접비용과 간접비용으로 구분되는데, 직접비용은 제품 생산이나 서비스 창출을 위해 직접 소비된 비용을 말한다.

32 예산관리에 대한 내용으로 옳지 <u>않은</u> 것은?

① 예산은 사업이나 활동을 하기 위해 필요한 비용을 미리 계산하는 것을 말한다.
② 예산은 넓은 의미에서는 개인 및 조직의 수입과 지출에 관한 것도 포함된다.
③ 예산은 비용 산정 + 예산 수립 + 예산 집행 + 예산 통제의 과정을 거친다.
④ 책정비용보다 실제비용이 많을 시 경쟁력이 손실된다.
⑤ 책정비용보다 실제비용이 많을 시 적자가 발생된다.

33 시간계획에 있어 명심할 사항으로 옳지 <u>않은</u> 것은?

① 해당 기간에 예정된 행동을 모두 리스트화한다.
② 적절한 시간 프레임을 설정하고 특정의 일을 하는데 소요되는 꼭 필요한 시간만을 계획에 삽입한다.
③ 자기 외의 다른 사람(비서, 부하, 상사)의 시간 계획을 감안하여 계획을 수립한다.
④ 시간계획 자체가 중요한 것이 아니라 목표달성을 위해 필요한 것이므로, 정확하게 작성하여야 한다.
⑤ 자기의 사무를 분할하여 일부를 부하에게 위임하고 그 수행 책임을 지운다.

34 다음에서 설명하는 자원 관리과정을 모두 맞게 짝지은 것은?

> ㉠ 업무나 활동의 우선순위를 고려하는 것이 중요한 단계이다. 실제 활동을 추진하는데 자원이 부족한
> 경우 우선순위가 높은 것에 중점을 두고 계획하는 것이 바람직한 단계라 할 수 있다.
> ㉡ 업무 추진 시 어떤 자원이, 얼마만큼 필요한지를 파악하는 단계이다. 실제 업무 수행에서는 구체적
> 으로 어떤 활동을 하며, 여기에는 어느 정도 자원이 필요한지를 파악하는 것이 중요하다.

	㉠	㉡
①	자원의 확인	자원의 개발
②	자원의 탐색	자원의 효율성 높이기
③	자원의 확인	자원 활용 계획 수립
④	자원의 확보	자원의 형평성 조사
⑤	자원의 탐색	자원의 개발

[35~36] 한국 ○○ 공단의 윤시원 차장은 회사에서 출발하여 차를 타고 A~E를 거쳐 다시 회사로 돌아오려고 한다. 다음은 각 지점 당 연결망 지도를 나타낸 자료이다. 주어진 자료를 보고 물음에 답하시오. (단, A~E를 모두 거쳐야 하고, 같은 곳은 한 번만 지날 수 있다.)

〈각 지점당 연결망 지도〉

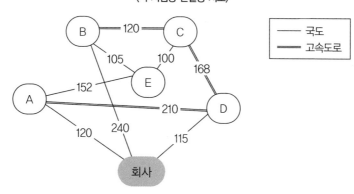

* 연결선 위의 숫자는 각 지점 간 거리(단위 : km)

35 윤시원 차장이 최단 거리로 출장을 간다고 할 때, 이동할 거리는?

① 780km

② 783km

③ 790km

④ 793km

⑤ 802km

36 윤시원 차장이 최단 거리로 출장을 갔을 때, 주유비를 고르면? (단, 출장을 가는 데 필요한 만큼만 주유하고, 0.1L 단위도 가능하다.)

〈도로별 연비〉

(단위 : km/L)

고속도로	20
국도	12

* 연비는 휘발유 1L당 자동차가 달릴 수 있는 거리를 나타낸다.
* 휘발유의 가격은 1,800원/L이다.

① 99,720원　　　　　　　　　② 99,860원

③ 99,970원　　　　　　　　　④ 100,120원

⑤ 102,140원

37 직장을 다니는 사람은 일반적으로 평생 동안 '직업선택 – 조직입사 – 경력초기 – 경력중기 – 경력말기'의 경력 단계를 거친다. 다음 설명 중 옳은 것은?

① 경력중기 단계는 자신이 선택한 일자리를 얻고 직무를 선택하는 과정이다.

② 조직입사 단계에서는 자신의 장단점과 적성 등에 대한 탐색과 원하는 직업에 대한 탐색이 동시에 이루어진다.

③ 경력말기에는 자신의 적성에 맞는 일자리를 찾고 새로운 환경에 대처하는 데 어려움을 겪는다.

④ 직업선택 단계는 그동안 성취한 것을 재평가하고 생산성을 유지하는 단계이다.

⑤ 경력초기 단계는 직무와 조직의 규범에 대해서 배우게 된다.

38 다음 자기개발의 특징에 대해서 옳지 않게 말하고 있는 사람은?

① "자기개발의 주체는 타인이 아닌 자기 자신이야."

② "자기개발은 생활하는 가운데에서 이루어져야만 해."

③ "과제 발견 → 비전 및 목표 수립 → 수행 및 피드백의 과정으로 이루어져."

④ "장기목표는 자신의 욕구, 가치, 흥미, 적성 및 기대, 직무의 특성 등을 고려해야 해."

⑤ "회사 내의 경력기회 및 직무 가능성에 대해 충분히 알지 못하기 때문에 자기개발 계획 수립은 어려워."

39 직장인 이민형 씨는 조하리의 창에 의거하여 자신과 다른 사람의 두 가지 관점을 통해 파악해 보는 자기인식 또는 자기 이해의 모델을 찾고자 수련을 시작했다. '내가 아는 나를 확인'하기 위하여 스승인 달마 선사가 그에게 질문할 것으로 옳지 <u>않은</u> 것은?

> 조하리의 창 이론은 조셉 러프트(Joseph Luft)와 해리 잉햄(Harry Ingham)이라는 두 심리학자가 1955년에 한 논문에서 개발했다. 조하리(Johari)는 두 사람 이름의 앞부분을 합성해 만든 용어다. 우리가 우울할 때와 즐거울 때에 세상은 달리 보인다. 프레임은 한마디로 세상을 보는 하나의 창이라 할 수 있다. 조하리의 창(Johari's window)은 나와 타인과의 관계 속에서 내가 어떤 상태에 처해 있는지를 보여주고 어떤 면을 개선하면 좋을지를 보여주는 분석틀이다. 조하리의 창은 크게 4가지로 이뤄진다. 자신도 알고 타인도 아는 '열린 창', 자신은 알지만 타인은 모르는 '숨겨진 창', 나는 모르지만 타인은 아는 '보이지 않는 창', 나도 모르고 타인도 모르는 '미지의 창'이다. 이 네 가지의 창을 잘 이해하고 활용하면 타인과 좋은 관계를 맺는 데 도움을 받을 수 있다. 이 4가지 영역에 할애되는 공간은 우리가 살면서 계속 변화한다. 만약, 내가 상대방에게 마음을 열고 나의 마음속 깊은 이야기들을 하기 시작한다면 내 마음의 숨겨진 영역은 줄어드는 동시에 열린 공간은 늘어간다. 기업에 있어서도 소비자 또는 투자자와 얼마나 소통하고 있는지를 알고 싶다면 이를 이용하여 분석해볼 수 있다.

① "내가 관심을 가지고 열정적으로 하는 일은 무엇인가?"
② "내가 생각하는 바람직한 상사, 동료 및 부하직원은 어떻게 행동하는가?"
③ "오늘 하고 있는 일을 그만둔다면, 어떤 일을 새로 시작할까?"
④ "직장생활에서 어떤 목표를 가지고 있는가? 이것들은 가치가 있는가?"
⑤ "사회에서 일을 할 때 고객에게 비춰지는 나는 아름다운가?"

40 다음 중 경력개발 계획 수립의 단계에서 환경 탐색의 방법으로 옳지 <u>않은</u> 것은?

① 제한된 시간 내에 특정 직무와 직업에 대한 서명 자료를 조사하고 분석한다.
② 다니고 있는 회사의 연간 보고서 문건들을 검토한다.
③ 전직 및 경력 상담회사 및 기관을 방문한다.
④ 직업관련 홈페이지 탐색을 통해 가능한 최대의 DB를 모은다.
⑤ 자기인식 관련 워크숍에 참여하여 정보들을 얻고 연구한다.

41 자기개발의 구성요소는 자아인식, 자기관리, 경력개발이다. 다음 중 성격이 <u>다른</u> 하나는 무엇인가?

① A씨는 회사 홈페이지에 접속해 연간 보고서를 쭉 읽어보았다.
② B씨는 자신에게 적합한 직업을 찾기 위해 전문가에게 면담을 요청했다.
③ C씨는 회사에서 그동안 자신이 성취한 것을 재평가 해보기로 했다.
④ D씨는 주변 지인들에게 '평소 나에 대해 어떻게 생각하느냐'하는 질문을 했다.
⑤ E씨는 자신이 가장 좋아하는 것이 무엇인지를 생각하고 새롭게 자격증 공부를 시작했다.

42 경영지원팀 담당자인 히나 씨는 아래와 같은 수행해야 될 업무 리스트를 작성한 뒤 우선순위에 따라 구분하고자 한다. 다음 중 히나 씨가 해야 할 내용에 대한 설명으로 적절한 것은?

| 2021년 8월 12일 목요일 경영지원팀 업무 리스트 |

- 회사창립기념일(11월 1일) 행사 준비
- 수요일 신입사원 서류 합격자 면접 준비 및 면접 참석자 확인
- 마케팅팀 비품 주문 (화요일에 배송 완료되도록 발주 요망)
- 이번 주 토요일 개최되는 사내 체육대회 참가자 및 불참자 확인
- 경영지원팀 미팅 장소 및 비용 확인 (수요일까지 완료할 것)
- 영수증 관리 대장 용지가 부족하므로 새로 인쇄 (13일까지)

① 회사창립기념일은 회사 전체 차원의 행사이므로 중요도가 높아 가장 긴급히 진행한다.

② 체육대회 불참자 확인을 늦어도 17일까지는 완료해야 한다.

③ 경영지원팀의 미팅은 19일까지 장소를 선정하여야 한다.

④ 신입사원 면접 대상자에게 다음 주 금요일까지 유선 상으로 통보하고 관련 준비 사항을 점검한다.

⑤ 영수증 관리 대장 용지를 먼저 인쇄하고 다른 업무를 해야한다.

43 다음 중 업무 성과를 높이기 위한 구체적인 전략과 방안으로 옳지 <u>않은</u> 것은?

① 다른 사람과 다른 방식으로 일한다.

② 자기자본이익률(ROE)을 높인다.

③ 업무를 하나하나 세분하여 처리한다.

④ 역할 모델을 설정한다.

⑤ 지속적인 성찰을 통해 노하우를 쌓는다.

44 다음 팀워크의 촉진 방법 중, 동료의 피드백을 장려하는 단계에서 차례대로 순서를 연결한 것은?

> ㉠ 뛰어난 수행에 대해 인정해줘라.
> ㉡ 즉각적인 피드백을 제공하라.
> ㉢ 행동과 수행을 관찰하라.
> ㉣ 명확하고 간명한 목표와 운선순위를 설정하라.

① ㉢ - ㉠ - ㉡ - ㉣   ② ㉠ - ㉡ - ㉢ - ㉣

③ ㉡ - ㉣ - ㉠ - ㉢   ④ ㉢ - ㉡ - ㉠ - ㉣

⑤ ㉣ - ㉢ - ㉡ - ㉠

45 다음 시나리오가 해당되는 팀의 발전 과정은?

> 오 과장 : 장그래, 지금 뭐하는 거야?
>
> 장 계약인턴 : 네. 지금 폴더들을 정리하고 있었습니다. 누구나 보시기 편하게끔 폴더를 만들어보았습니다.
>
> 오 과장 : 너 회사 폴더 양식 못 봤어?
>
> 장 계약인턴 : 네? 폴더 양식이 뭔가요…?
>
> 오 과장 : 얼핏 보면 업무 플로우도 한 눈에 보이고, 구체적으로 짜여 있어서 네 폴더가 효과적이긴 하네. 근데, 넌 회사를 혼자만 다니나보다.
>
> 장 계약인턴 : 네……?
>
> 오 과장 : 짐 싸서 집에나 가. 어디 아무것도 모르는 검정고시 출신이 이 기업 로비 안을 들어 오냐!
>
> 장 계약인턴 : 가르쳐주실 수 있잖아요. 저는 모르니까, 과장님은 아니까 가르쳐 주실 수 있는 거잖아요.
>
> 오 과장 : 배움에도 자격이 있는 거다.

① 캄브리아기　　　　　　　　　② 형성기

③ 격동기　　　　　　　　　　　④ 성취기

⑤ 규범기

46 신송희 대리는 ○○회사 우수 사원 선정 업무를 담당하게 되어 각 팀별로 팀장에게 추천하는 후보와 그 이유를 작성하여 업로드 해줄 것을 요청했다. 다음 중 신송희 대리가 채택하기에 가장 적절하지 <u>않은</u> 사원은?

> 개발 부서 : A는 매 아침마다 진행되는 미팅 때 항상 20분씩 일찍 와서 미팅 자료를 출력하여 배분하는 적극적인 모습을 보였습니다.
>
> 마케팅 부서 : B는 프로젝트를 진행하면서 생기는 여러 잡일들을 미루지 않고 맡아주었고 팀의 의견차가 있을 때도 잠깐 화를 내기는 했지만 곧 소통될 수 있도록 협조하였습니다.
>
> 관리 부서 : C는 내부 토론 때마다 빠지지 않고 능동적으로 움직이는 모습을 보여주었고 현실적인 판단에 입각했을 때 아닌 것은 아니라는 소신을 보여주었습니다.
>
> 전략 부서 : D는 팀원이 부족하고 업무가 과중하여 기한을 놓칠지언정 과격하게 항의하기보다는 배려하는 마음으로 팀장의 지시에 순종하며 일을 처리하였습니다.
>
> 영업 부서 : E는 거래처에 대한 상황 맞춤형 서비스 정신으로 영업 실적을 유지하고 향상시키려 노력해왔습니다. 물론 실적은 그렇게 크게 오르지 못했지만요.

① A　　　　　　　　　　　　　② B

③ C　　　　　　　　　　　　　④ D

⑤ E

47 다음 글에서 나타난 협상의 차원에 해당되는 것은?

> 직원들과 사장이 임금문제로 갈등상태에 있을 때 그들은 서로 커뮤니케이션 과정을 거치게 된다. 이 때
> 때로는 이성적으로 때로는 감성적으로 커뮤니케이션을 하게 된다. 커뮤니케이션이 원활하고 상대방 설
> 득이 원활하게 진행될 때, 임금협상도 원활히 진행되고 좋은 결과를 산출하게 될 것이다. 그러나 서로가
> 상대방에 대한 분노와 증오로 가득차서 서로가 상대방을 적으로 단정하고 차단하고 단절할 때 임금협상
> 은 더 이상 진전되지 못할 것이다. 그러므로 협상이란 설득을 목적으로 하는 커뮤니케이션인 것이다.

① 의사소통 차원   ② 시기질투 차원
③ 지식과 노력 차원   ④ 의사결정 차원
⑤ 교섭 차원

48 팀에서 특정한 갈등 해결 모델을 사용하는데 서로가 동의할 때 팀 내의 갈등이 감소하기 마련이
다. 다음 모델의 단계를 순서대로 연결한 것은?

> ㉠ 본격적인 논의 전 두 사람의 입장을 명확히 정리하기
> ㉡ 긍정적인 접근 방식 가지고 논의할 것을 사전 약속하기
> ㉢ 해결책 제시 및 조합하기
> ㉣ 충실한 사전 준비
> ㉤ 평가 및 해결책 선택하기
> ㉥ 윈 – 윈(win – win)에 기초한 입장과 기준에 상호 동의하기

① ㉠ – ㉢ – ㉣ – ㉡ – ㉥ – ㉤
② ㉡ – ㉠ – ㉥ – ㉢ – ㉣ – ㉤
③ ㉣ – ㉠ – ㉥ – ㉡ – ㉢ – ㉤
④ ㉣ – ㉡ – ㉠ – ㉥ – ㉢ – ㉤
⑤ ㉡ – ㉠ – ㉢ – ㉥ – ㉣ – ㉤

49 협상에서 주로 나타나는 실수와 그 대처방안이 바르게 짝지어지지 <u>않은</u> 것은?

① 협상 타결에 초점을 맞추지 못하는 것 – 협상의 모든 단계에서 협상의 종결에 초점을 맞추고,
항상 종결을 염두에 둔다.
② 설정한 목표와 한계에서 벗어나는 것 – 한계와 목표를 잃지 않도록 그것을 기록하고, 기록된
노트를 협상의 길잡이로 삼는다.
③ 협상의 통제권을 잃을까 두려워하는 것 – 협상은 통제권을 확보하는 것이 아니라 함께 의견
차이를 조정하면서 최선의 해결책을 찾는 것이다. 통제권을 잃을까 염려되는 경우 그 사람과

의 협상 자체를 고려해보며, 자신의 한계를 설정하고 그것을 고수하여 그런 염려를 하지 않도록 한다.

④ 상대방에 대해서 너무 많은 염려를 하는 것 – 협상 상대가 협상에 대하여 책임을 질 수 있고 타결권한을 가지고 있는 사람인지 확인하고 협상을 시작한다. 상급자나 최고책임자는 협상의 세부사항을 잘 모르기 때문에 올바른 상대가 아니다.

⑤ 특정 입장만 고집하는 것(입장협상) – 상대방이 특정 입장만 내세우는 입장협상을 할 경우에는 조용히 그들의 준비를 도와주고, 서로 의견을 교환하면서 상대의 마음을 열게 한다.

50 상대방을 설득시키기 위해 활용할 수 있는 전략 중 다음 사례에서 A와 C에게 가장 효과적으로 받아들여진 B의 전략에 적절하게 해당하는 것은?

> A : 저희는 이번에 미국에서 상반기에 출시한 'JAK1'의 도입을 반대합니다. 기존에 있던 치료제도 충분히 쓸 만 한데, 추가 예산을 늘려서 굳이 이 치료제를 국내로 들여와야 하는 이유를 모르겠습니다.
>
> B : 물론 현재 류마티스 관절염 치료에 가장 널리 쓰이는 것은 휴미라(성분명 아달리무밥, 애브비)나 뛰어난 안전성을 자랑하는 오렌시아(성분명 아바타셉트, BMS)도 있지만 JAK1은 이를 대조군으로 비교했을 때 우월합니다. JAK 억제제는 JAK1, JAK2, JAK3 TYK2 등 야누스 인산화 효소(Janus Kinase) 등 염증 매개 물질의 신호를 차단합니다.
>
> C : 자료요청 하겠습니다. 아직 확실하지 않은 것을 너무 과장해서 말씀하시는 것 아닙니까?
>
> B : 예. 자료화면 보시겠습니다. 보시는 바와 같이 이들을 대조군으로 단독요법은 물론 MTX 병용요법까지 비교 연구를 진행했습니다만, 낮은 질병 활성도(DAS28 – CRP≤3.2)와 개선된 임상적 관해(DAS28 – CRP⟨2.6)도달율에서 우월성을 입증했습니다. 휴미라와 비교해도 관해율이 더 높고 효과가 개선되었습니다.
>
> A : 하지만 그건 임상 연구일 뿐이고요, 저희가 사전 조사한 결과 JAK1의 통증, 피로, 신체기능 관련 설문장애지수(Health Assessment Questionnaire – Disability Index, HAQ – DI)는 좀 떨어지는 것으로 나타났는데요?
>
> B : 아닙니다. 이번 2021년 상반기에 진행된 설문 조사에서는 타 제품 대비 평가 결과의 호응도가 훨씬 올라간 것을 저희가 확인하였습니다. 이 결과는 분명 현재 여러분에게도 큰 자산이 될 만한 수치입니다.
>
> A : 그렇단 말이죠. 제시된 그래프가 신빙성 있어 보이긴 하군요. 비록 대상포진이나 정맥혈전색전증 등의 JAK 이상반응이 걱정되긴 하지만 조금 더 회의를 진행해보죠. 저희가 높은 관해율과 통증 개선 효과에 가장 주력하고 있긴 합니다.

① 반항심 극복 전략　　　　② 권위 전략
③ See – Feel – Change 전략　　④ 호혜관계 형성 전략
⑤ 사회적 입증 전략

51 상대방을 설득시키는 방법은 상대에 따라, 상황에 따라 매우 다양하다. 상대방을 설득시키기 위해 활용할 수 있는 전략 중 다음 사례에서 설명하는 전략에 해당하는 것은?

> 고객 : 이 코트는 울100%라고 표시되어 있는데, 제가 보기엔 원단이 그렇게 고급스러워 보이진 않네요. 여기 보푸라기 보이시죠? 그리고 소매 부분에 실밥이 약간 터진 것 같은데요. 가격은 터무니없이 비싼 것 아닌가요?
>
> 직원 : 고객님, 이 코트는 표기된 대로 울100%가 맞습니다. 정말 소매 부분에 실밥이 약간 터졌네요. 정말 예리하시네요. 이 제품은 새로운 것으로 다시 가져다 두겠습니다. 가격이 좀 비싸긴 하죠? 그런데 이게 올해 초에 출시된 신상품이라 가격대가 좀 센 편이에요. 그래도 요즘 가장 잘나가는 제품 중 하나입니다. 고객 분들께서도 많이 찾으시구요.
>
> 고객 : 그렇군요. 아 그런데 이 아이보리 색상은 때가 탄 것처럼 보이고 디자인이 굉장히 애매하네요.
>
> 직원 : 정말 때가 탄 것처럼 보이네요. 고객님 말씀처럼 디자인이 좀 특이해서 애매해 보인다고 하시는 분들이 많더라구요. 그래도 요즘 유행하는 디자인이라 많이들 찾으시곤 합니다.

① 연결 전략   ② 사회적 입증 전략
③ 일관성 전략   ④ 희소성 해결 전략
⑤ 호혜관계 형성 전략

52 다음 엑셀에 대한 설명으로 옳지 않은 것은?

① 조건이 하나이면 SUMIF함수를, 조건이 두 개 이상이면 SUMIFS 함수를 사용한다.
② 입력행은 프로시저에서 선언해주는 변수 같은 것이며, 폼에 사용자가 값을 입력했을 때 엑셀로 들어갈 행을 지정해주는 것이다.
③ SUM함수는 지정된 셀 범위의 합산을 구하는 함수다.
④ Ctrl + F3는 창 이동 단축키이다.
⑤ Round 함수는 숫자를 지정한 자릿수로 반올림하는 함수다.

53 다음의 엑셀 표를 기준으로, = IF(D1>E4,71,45)를 입력했을 때의 값은?

	C	D	E
1	15	65	80
2	73	51	20
3	65	53	21.5
4	449	357	210

① 1   ② 71

③ 65   ④ 45

⑤ 210

54 다음 엑셀 시트의 데이터를 이용하여 = HLOOKUP("1분기실적",A2 : C7,3) 수식의 결과 값으로 옳은 것은?

	A	B	C
1			(단위 : 천만 원)
2	지역	1분기실적	2분기실적
3	동대문	264	810
4	영등포	153	273
5	남성	1,250	950
6	관악	652	753
7	도봉산	1,351	1,210

① 264   ② 273

③ 1,250   ④ 153

⑤ 1,210

55 다음의 엑셀 표를 바탕으로 = IF(A1〈B1, IF(B1〈C1,"A","B"),"C") 의 값은?

	A	B	C
1	25	35	45
2	50	60	70
3	85	92	105
4	70	80	90

① 45

② 60

③ A

④ B

⑤ C

56 다음 엑셀 시트에서 수식 = DMIN(A1 : C6,2,E2 : E3)을 실행하였을 때의 결과 값으로 옳은 것은?

	A	B	C	D	E
1	이름	키	몸무게		
2	김태용	165	67		몸무게
3	황인준	170	69		> = 60
4	박준영	177	78		
5	김도훈	162	58		
6	이지하	180	80		

① 165

② 170

③ 177

④ 162

⑤ 180

57 다음 엑셀시트에서 제품번호의 첫 번째 문자가 'S'인 매출액 [B2 : B6]의 합계를 구하는 배열 수식으로 옳은 것은?

	A	B
1	제품번호	매출액
2	A2016	21245
3	S5524	26951
4	W1233	8045
5	K1706	14915
6	S3888	12658

① = {SUM((LEFT(A2 : A6,1) = "S"),B2 : B6)}

② = {SUM(LEFT(A2 : A6,1 = "S")*B2 : B6)}

③ {= SUM((LEFT(A2 : A6,1) = "S")*B2 : B6)}

④ {= SUM(LEFT(A2 : A6,1 = "S"),B2 : B6)}

⑤ {= SUM((LEFT(A2 : A61) = "S")*B2 : B6)}

[58~59] 다음 제시된 제조음료를 만드는 회사의 제품 코드 생성표를 보고 물음에 답하시오.

> 시리얼 넘버 생성 방법 : (제조 연도) – (생산 라인) – (제품 종류 번호) – (생산 번호)
> **예** 2023년 4월 8일 서울 3 공장에서 15,017번째로 만들어진 아이스 아메리카노의 시리얼 넘버
> Y040823 – P03 – E0321 – L015017

〈제품 코드 생성표〉

제조 연도	생산 라인			제품 종류 번호			생산 번호
예 2023년 9월 5일에 생산 → Y090523	서울	01	P01	찬	초코라떼	E0321	23,300번째 생산 → L023300
		02	P02		카페라떼	E0331	
		03	P03		밀크티	E0341	
	경기	01	Q01	따뜻한	초코라떼	H0321	
		02	Q02		카페라떼	H0331	
		03	Q03		밀크티	H0341	

58 다음 주어진 시리얼 넘버에 대해 추론한 것으로 옳지 <u>않은</u> 것은?

> Y010722 – Q02 – H0341 – L011040

① 이 제품은 경기 02공장에서 생산되었다.

② 이 제품은 2022년 1월 7일에 만들어졌다.

③ 이 제품은 차가운 음료이다.

④ 'L011040'을 통해 이 제품은 11,040번째 생산됨을 알 수 있다.

⑤ 이 제품은 밀크티이다.

59 ○○청의 회계팀이 9월 하계미팅을 위하여 음료들을 구매했다. 다음 구입 목록들에 대하여 올바르게 파악한 것은?

┤ 음료 구입 목록 ├

- Y071722 – P01 – H0321 – L001040
- Y070822 – P02 – E0341 – L022405
- Y082622 – P02 – E0321 – L014012
- Y090122 – P01 – H0341 – L008553
- Y080422 – P02 – E0321 – L024550
- Y082722 – P03 – E0331 – L000912
- Y073022 – P01 – H0331 – L000118
- Y090122 – P02 – E0331 – L032004
- Y070422 – P01 – H0321 – L003042
- Y080822 – P02 – E0321 – L031042

① 구입한 음료 중 2019년에 생산된 것도 있다.
② 같은 날짜에 생산된 음료는 없다.
③ 구입한 음료들은 모두 경기공장에서 생산된 제품이다.
④ 찬 음료는 4잔, 따뜻한 음료는 6잔이다.
⑤ 하계미팅을 기준으로 3개월 이내에 생산된 제품들이다.

60 다음 지문에서 권유하고 있는 집단의 유형은?

> 최근 맥킨지 컨설턴트들이 펴낸 '직원의 지력을 움직여라'는 지식경영의 핵심인 CoP를 활성화할 것을 촉구하고 있다. 이것은 자본이 아닌 직원이 가지고 있는 지적 역량을 극대화할 때 기업 성과가 높아진다고 분석하고 있다.
> 따라서 이 책의 저자인 로웰 브라이언 맥킨지 뉴욕사무소는 디렉터와 클라우디아 조이스 맥킨지 뉴욕사무소 파트너는 '디지털 시대 기업은 직원들끼리 직무에 필요한 지식을 공유할 수 있도록 비공식 네트워크 체제를 구축해 이 네트워크가 경쟁력을 발휘할 수 있도록 하라.'고 권고하고 있다.
> 실질적인 가치는 지식을 관리하는 것보다 직원들이 지식을 창출하고 효율적으로 교류할 수 있도록 하는 데서 탄생하기 때문이다.

① 공식적인 집단
② 비공식적인 집단
③ 영리집단
④ 비영리집단
⑤ 지식인 집단

61 다음 지문의 이태용 씨가 말하는 업무성과가 높은 이유가 중요해진 이유로 옳지 <u>않은</u> 것은?

> 이태용 씨는 입사동기에 비해 승진속도가 빠르다. 조직 내에서도 이태용 씨는 환경의 변화방향을 읽고 능동적으로 업무를 추진하는 것으로 알려져 있다. 그러나 이태용 씨의 입사동기인 P씨는 오늘도 부장님으로부터 한소리 들었다. "도대체 자네는 왜 다 지난 계획들만 작성해 오는 건가! 이건 예전에 우리조직에서 검토한 것들이네!" P씨는 이태용 씨를 만나 하소연을 했다. "도대체 뭐가 잘못된 건지 모르겠어. 나는 조직의 내 · 외부 환경을 면밀하게 분석하고 우리 조직의 문제점도 잘 알고 있다고 생각하는데 말이야."
> 이태용 씨는 자신의 업무성과가 높은 이유를 설명해주었다. "조직의 내 · 외부 환경을 면밀하게 분석한다고? 자네는 한 가지 빠뜨린 게 있어. 국제적인 동향을 보면 우리나라 산업의 방향이 보이지. 국제동향을 분석하고 이를 업무에 적용하도록 노력해봐."

① 다국적 내지 초국적 기업의 등장
② 정치적인 전망이나 산업에 대한 조직들의 태도 변화
③ 범지구적 시스템과 네트워크의 등장
④ 개인으로 운영 · 관리하던 사기업들의 공영화 추세
⑤ 범세계적 시장의 확장

62 다음은 국제기구 및 협정에 대한 설명이다. 설명 중 옳지 <u>않은</u> 것은?

① APEC : 아시아태평양경제협력체. 환태평양 지역의 경제협력과 무역증진을 목적으로 결성되었다.
② WTO : 세계무역기구. 전 세계적 경제 협력 기구로 세계 무역 분쟁을 조정하고 반덤핑 규제 따위의 법적인 권한과 구속력이 있다.
③ NAFTA : 북미자유무역협정. 미국 · 캐나다 · 멕시코 등 북미지역의 무역 방해요인을 제거하고, 유럽통합에 대응하기 위해 결성한 협정이다.
④ RCEP : 아시아 인프라 투자은행. 중국이 추진하고 있는 아시아지역 국제금융기구로 아시아의 인프라 건설자금 지원을 목적으로 미국이나 유럽의 IMF, WB, ADB 등을 견제하기 위해 만들어졌다.
⑤ FTA : 재화나 서비스의 이동을 자유화시키는 양국간 또는 지역간 체결하는 특혜무역협정이다.

63 이 대리는 입사한지 얼마 되지 <u>않은</u> 강 사원에게 기안문 작성방법에 대해 알려주려고 한다. 다음에 제시된 작성법을 읽고, 이대리와 강 사원의 대화 중 옳지 <u>않은</u> 것은?

| 기안문 작성법 |

1. 구성
  (1) 두문 : 기관명, 수신, 경유로 구성된다.
  (2) 본문 : 제목, 내용, 붙임(첨부)로 구성된다.
  (3) 결문 : 발신명의, 기안자 및 검토자의 직위와 직급 및 서명, 결재권자의 직위와 직급 및 서명, 협조자의 직위와 직급 및 서명, 시행 및 시행일자, 접수 및 접수일자, 기관의 우편번호, 도로명 주소, 홈페이지 주소, 전화, 팩스, 작성자의 전자우편 주소, 공개구분(완전공개, 부분공개, 비공개)으로 구성된다.
2. 일반 기안문 결재방법
  (1) 결재 시에는 본인의 성명을 직접 쓴다. 전자문서의 경우에는 전자이미지 서명을 사용한다.
  (2) 전결의 경우에는 전결권자가 '전결' 표시를 하고 서명을 한다.
  (3) 전결을 대결하는 경우에는 전결권자의 란에는 '전결'이라고 쓰고 대결하는 자의 란에 '대결'의 표시를 하고 서명한다. 결재하지 않는 자의 서명란은 별도로 두지 않는다.

---

① 이 대리 : "주소는 반드시 도로명 주소를 써야 합니다."
② 강 사원 : "기안문 작성 시 공개구분을 꼭 표시해야 하는군요."
③ 이 대리 : "업무는 부장님이 A 과장님께 위임하셨으니, 과장님이 '[과장] 전결 A'로 해야 합니다."
④ 강 사원 : "A 과장님이 휴가로 부재중인 경우 이 대리님이 전결 서명을 하시겠군요."
⑤ 이 대리 : "결문에서 작성자의 자택 도로명 주소는 쓰지 않아도 됩니다."

64 다음 중 조직에서의 업무 배정에 관한 설명으로 옳지 <u>않은</u> 것은?

① 업무는 조직 전체의 목적 달성을 위해 효과적으로 분배되어야 한다.
② 업무의 실제 배정은 일의 동일성이나 유사성, 관련성에 따라 이루어진다.
③ 직위는 조직의 업무체계 중에서 하나의 업무가 차지하는 위치이다.
④ 조직의 수직적 체계에 따라 최고경영자와 중간경영자, 하부경영자로 구분된다.
⑤ 업무를 배정한다는 것은 조직을 가로로 분할하는 것을 의미한다.

[65~66] 다음은 조직이 변화하는 한 사례이다. 지문을 읽고 이어지는 질문에 답하시오.

공학기계를 제작하는 ○○회사에서 근무하고 있는 황인준 부장은 지난 달 보너스를 받았다. 경쟁업체의 도약으로 하마터면 망할 뻔 했던 회사를 살려낸 것이다. 처음 공학기계 제작의 신기술이 세계적으로 알려졌을 때, 황인준 부장을 제외한 다른 사람들은 이를 잘 알지 못했고 황인준 부장은 신기술 도입의 중요성을 인지하고 이를 사내에 소개하였다. 또한 경쟁업체에서 이미 신기술의 확보를 위해 노력하고 있다는 자료도 공유하였다. 그러나 회사의 다른 사람들은 새로운 기술이 도입될 경우, 기술을 새로 배워야 하는 번거로움과 라인의 변경 등에 따른 추가비용의 부담이 발생한다는 이유로 도입을 꺼려하였다. 당시 사내 미팅에서 황인준 부장의 손을 들어준 사람은 세 명에 불과했다. 그러나 황인준 부장은 경쟁업체가 이를 받아들일 경우 회사에 막대한 손실을 끼칠 것이라는 구체적인 예상결과를 제시하였고, (   )에 따른 조직변화 방향을 수립하였다. 예상했던 대로 얼마 지나지 않아 경쟁 업체에서는 신기술을 일찌감치 받아들이고 새로운 공장 라인을 구축하며 획기적인 발전을 이루었다. 그러나 이에 대해 대비를 하고 철저하게 준비하였던 ○○회사는 계속해서 동종업계 1위 자리를 고수할 수 있었다.

65 위 지문의 빈칸에 들어갈 조직변화의 유형은?

① 제품과 서비스　　　　② 전략과 구조
③ 기술　　　　　　　　④ 문화
⑤ 규칙 및 규정

66 지문의 조직변화의 과정과 그에 대한 설명으로 옳지 <u>않은</u> 것은?

① 환경인지 변화 : 신기술의 발명
② 환경인지 변화 : 경쟁사의 신기술 도입
③ 조직변화 방향 수립 : 자사의 신기술 도입
④ 조직변화 실행 : 신기술 예산결과 제시
⑤ 변화결과 평가 : 동종업계 1위 자리 고수

67 다음 중 근면에 대한 특성이 나머지와 다른 하나는?

① 무역부를 담당하고 있는 A과장은 중국어가 약해 업무에 어려움이 있다. A과장은 중국어 실력 향상을 위해 새벽반을 신청해 하루도 빠지지 않고 공부하고 있다.

② 평소 잦은 음주와 운동 부족으로 어려움을 겪던 마케팅부의 B과장은 회사 임직원들이 모임을 만들어 하는 헬스모임에 참여하기로 하였다.

③ 새로운 팀장의 지시로 이번 주까지 마감해야 하는 일을 맡게 된 C대리는 매일 야근을 통해 주어진 업무를 완료하고자 노력하고 있다.

④ D대리는 최근 맡은 프레젠테이션에서 좋은 평가를 받기 위해 노력하고 있는데, 준비를 보다 철저히 하여 완성도를 높이기 위해 야근도 마다하지 않고 있다.

⑤ E사원은 평소 CAD프로그램을 다루는 것에 어려움을 느껴, 업무 스킬 향상을 위해서 인터넷 강의를 들으며 퇴근 후 공부를 하고 있다.

68 다음 제시문의 내용에서 가장 잘못된 전화예절로 옳은 것은?

(따르릉)

안녕하십니까. 박 차장님 되시지요? 음성 메시지 남기겠습니다. 다름이 아니라 이번 ○○그룹 신제품 출시 행사의 정확한 날짜와 시간을 말씀 드리려 합니다. 메모 가능하시다면 기록하시면 되겠습니다. 행사는 20**년 12월 3일 오전 10시입니다. 양 사장님께도 전달해주시고 꼭 참석 부탁드립니다. 감사합니다.

① 용건을 제대로 이야기하지 않았다.

② 상대방이 통화를 할 수 있는 상황인지를 고려하지 않았다.

③ 전화를 끊기 전 끝맺음 인사를 하지 않았다.

④ 발신자가 누구인지 밝히지 않았다.

⑤ 상대방에게 호감이 갈 수 있는 단어를 구사하지 않았다.

69 다음 중 사회에서 휴대전화 예절로 옳은 것은?

> ㉠ 공공장소나 대중교통 수단을 이용할 때는 휴대폰을 사용하지 않는다.
> ㉡ 요금이 과금 될 소지가 있는 국제 통화 등은 판단 아래 일단 법인 전화로 한다.
> ㉢ 사무 업무 중에서는 벨소리를 진동으로 교체한다.
> ㉣ 정보화 시대이기 때문에 업무 시간에 계속 SNS를 확인한다.
> ㉤ 공공장소에서 통화를 할 때에는 주위에 방해가 되지 않게 조용한 목소리로 통화한다.

① ㉠, ㉢   ② ㉡, ㉤
③ ㉢, ㉤   ④ ㉠, ㉡, ㉢, ㉤
⑤ ㉡, ㉢, ㉣, ㉤

70 공공의 이익은 되지만 자신이 속한 지역에는 이익이 되지 않을 일은 반대하는 행동을 나타내는 현상의 용어는?

① 핌피 현상   ② 3D 기피 현상
③ 님비 현상   ④ 님트 현상
⑤ 눔프 현상

71 내용 중에서 기업이 사회적 책임을 준수하는 행동이 <u>아닌</u> 것은?

> 기업이 전통적인 운영 목표인 이윤 추구를 위한 생산·영업 활동을 하면서 동시에 환경 경영, 윤리 경영, 사회 공헌과 같이 지역사회와 사회 전체에 이익을 줄 수 있는 활동을 병행하는 것을 말한다.
> 이러한 기업의 사회적 책임 활동들을 통해 기업은 경제, 환경, 사회적 측면에서 성과를 창출하여 지속 가능한 기업의 가치를 증진할 수 있게 된다. 경제 성장이나 지역 사회에 대한 기여, 문화 예술의 창달, 국민 보건에의 공헌, 소비자 보호, 공해 대책 마련 등이 있다. 기업 윤리란 경제 사회의 한 구성원으로서 기업에 부여된 도덕적 책임을 의미하는 것으로서 사회적 비용 유발 행위(환경오염) 근절, 공정한 경쟁, 절차적 정의, 준수 등을 지키는 것이다. 기업 윤리는 기업의 도덕성 판단, 기업의 경영 방식·정책을 평가하는 기준이 된다.
>
> – 통합논술 개념어 사전, 2007. 12. 15. 한림학사

① 취약 계층에 일자리와 사회복지 서비스를 제공하여 사회적 공익 활동을 펼친다.
② 영업 활동을 통해 얻은 수익의 일부를 사회적 목적을 위해 재투자한다.
③ 사회적 목적의 재투자를 넘어 영업 활동을 통해 창출되는 이익을 지역공동체에 기부한다.
④ 지식 기반 경제에서 요구하는 전문 인력의 확보와 교육을 엄격하게 실시한다.
⑤ 주주와 노동자, 그리고 소비자 등 기업 이해관계자들의 의견과 평가를 경영의 의사 결정 과정에 반영한다.

72 다음 글을 읽고 밑줄 친 단어에 해당되지 <u>않는</u> 유형은?

> 경영이념은 경영자의 가치관이나 태도를 반영하여 형성되는 궁극적인 경영목적을 가리킨다. 이에 반해 경영윤리는 주로 수단의 선택에 좌우되는 가치전제이며, 더욱이 이것은 하나의 문화나 사회에서 일반적으로 인정된 행동기준이다. <u>경영윤리</u>에 반하는 기업행동은 기업의 각 이해집단이나 일반사회의 불신감·반발·저항, 협력에서의 이탈 등을 일으키기 쉽다. 이에서 벗어나 '목적을 위해서 수단·방법을 가리지 않는다.'는 경영행동을 취한다면 사회적 협동체계에 불신이 생겨 와해시키는 원인이 된다.

① 능률향상을 위한 노동 강화를 피할 것
② 공해(公害) 등의 사회적 비용을 항상 고려할 것
③ 인사에 있어서 정실(情實)을 공고히 하고 객관적 공정을 기할 것
④ 품질의 부당표시, 강매(强賣) 등의 불공정 거래를 하지 말 것
⑤ 분식결산(粉飾決算)으로 이해관계자를 기만하지 말 것

73 다음은 직장 내 괴롭힘 판단 및 예방·대응에 관한 고용부의 매뉴얼이다. '직장 내 괴롭힘'에 해당한다고 보기 <u>어려운</u> 것은?

> 직장 내 괴롭힘의 개념은 사용자 또는 근로자가 직장에서의 지위 또는 관계 등의 우위를 이용하여, 업무상 적정범위를 넘어 다른 근로자에게 신체적·정신적 고통을 주거나 근무 환경을 악화시키는 행위이다.
> 이러한 직장 내 괴롭힘에 해당하는지는 ▷당사자의 관계 ▷행위가 행해진 장소 및 상황 ▷행위에 대한 피해자의 명시적 또는 추정적인 반응의 내용 ▷행위의 내용 및 정도 ▷행위가 일회적 또는 단기간의 것인지 또는 계속적인 것인지 여부 등의 구체적인 사정을 참작하여 종합적으로 판단하여야 한다. 여기에 객관적으로 피해자와 같은 처지에 있는 일반적이고도 평균적인 사람의 입장에서 신체적·정신적 고통 또는 근무환경 악화가 발생할 수 있는 행위가 있고, 그로 인하여 피해자에게 신체적·정신적 고통 또는 근무환경의 악화라는 결과가 발생하였음이 인정되어야 한다.

① 사적 심부름 등 개인적인 일상생활과 관련된 일을 하도록 지속적, 반복적으로 지시 당했다.
② 다른 근로자들과는 달리 특정 근로자의 일하거나 휴식하는 모습만을 지나치게 감시하였다.
③ 정당한 이유 없이 업무와 관련된 중요한 정보제공이나 의사결정 과정에서 배제시켰다.
④ 시간 내 업무 능력이 부족하다는 평가를 이유로 근무 시간 이후에도 업무를 처리할 것을 강요 당했다.
⑤ 업무에 필요한 주요 비품을 주지 않거나, 인터넷·사내 네트워크 접속을 차단당했다.

74 다음 지문의 송사장과 같이 기술 적용 시 고려해야 될 것에 대한 설명으로 옳지 <u>않은</u> 것은?

> USB 저장 메모리를 생산하는 중소기업 ○○사의 사장 송씨. 그는 최고의 품질을 만들어 내기 위해 고민하고 있다. 그가 고민하고 있는 것은 시간은 오래 걸리지만 안정성이 보장되고 견고한 종전의 방법을 그대로 고수할 것인지, 아니면 동종 업계에서 선두를 달리기 위해, 품질은 조금 떨어지지만 시간을 절약하고 대량 생산을 할 수 있는 신기술을 적용할 것인지 고민하고 있다. 그는 USB 저장 메모리를 생산하기 위한 기술을 적용하기 위해 관련 시장의 분위기, 원재료 가격 등 다양한 여건을 고려하고 있다.

① 기술 적용에 따른 비용이 많이 드는지 확인해야 한다.
② 기술은 회사의 성과 향상에 도움이 될 수 있을지 예측해야 한다.
③ 기술이 단순한 기술인지 미래에 또 다른 기술로 응용 가능성이 있는지를 검토해야 한다.
④ 기술의 수명 주기가 단기간에 진보하거나 변화할 수 있도록 검토해야 한다.
⑤ 타 기업이 모방하기 어려운 기술인지 확인해야 한다.

75 전통적으로 인류의 4대 핵심기술이 상호 의존적으로 결합되는 것(NBIC)은 융합기술(CT)이라 정의된다. 다음 중대 핵심기술인 융합기술에 해당되지 <u>않는</u> 것은?

① 정보기술   ② 생명공학기술
③ 우주항공기술   ④ 나노기술
⑤ 인지과학

76 다음은 ○○ 그룹의 (   ) 기술 개발 사례이다. 이 기술에 대한 설명으로 옳지 <u>않은</u> 것은?

> ──────| 기술 개발 사례 |──────
>
> ○○ 그룹은 지속가능한 기술을 다수 개발했다. (   ) 기술은 1987년 세계경제발전위원회의 보고서가 "환경보호와 경제적 발전이 반드시 갈등 관계에 있는 것만은 아니다"라면서 널리 퍼지게 되었다. 즉 지구촌의 현재와 미래를 포괄하는 개념으로 지금 우리의 현재 욕구를 충족시키지만, 동시에 후속 세대의 욕구 충족을 침해하지 않는 발전을 의미한다. 우선 잉크, 도료, 코팅에 쓰이던 유기 용제를 물로 대체한 수용성 수지를 개발했다. 이 신제품은 휘발성 유기화합물의 배출이 없었기 때문에 대기오염 물질을 줄이는 친환경 제품으로 평가받으며, 인쇄성, 전이성, 관택성이 우수하고 휘발분 함량이 낮아 거품 발생이 적기 때문에 작업성이 우수한 특징을 가지고 있다. 또한, 2003년부터는 기존에 소각 처리해야 했던 석유화학 옥탄올 공정을 변경하여 폐수처리로 전환하고 공정 최적화를 통해 화약 제조 공정에 발생하는 총 질소의 양을 원칙적으로 감소시키는 공정 혁신을 이룸으로써 연간 4천 톤의 오염 물질 발생량을 줄였으며 60억 원의 원가도 절감했다.

① 자원이 사용되고 그것이 재생산되는 비율의 조화를 추구하는 기술

② 이용 가능한 자원과 에너지를 고려한 기술

③ 자원의 질을 생각하는 기술

④ 자원이 생산적인 방식으로 사용되는가를 고려한 기술

⑤ 새로운 자원 발견을 고려한 기술

77 산업재산권이란 산업 활동과 관련된 사람의 정신적 창작물이나 창작된 방법에 대해 인정하는 독점적 권리이다. 이는 새로운 발명과 고안에 대하여 그 창작자에게 일정기간 동안 독점 배타적인 권리를 부여하는 대신, 일정 존속기간이 지나면 이용 · 실시하도록 함으로써 기술진보와 산업발전을 추구하는 권리라 할 수 있다. 다음에 제시된 설명에 해당하는 산업재산권은?

> • 이 권리는 발명처럼 고도하지 않은 것으로, 물품의 형상, 구조 및 조합이 대상이다.
> • 기술적 창작 수준이 소발명 정도인 실용적인 창작을 보호하기 위한 제도이다.
> • 이 권리는 설정등록일 후 출원일로부터 10년간 권리를 인정받을 수 있다.

① 특허권 　　　　　　　　　　　　　② 상표권

③ 실용신안권 　　　　　　　　　　　④ 의장권

⑤ 서비스표권

78 다음 사례에서 A와 B가 하는 일은?

> • A사는 세계 최고의 복사기 회사로 전체 매출의 90% 이상을 차지하고 있었는데, 일본의 한 회사의 복사기가 낮은 가격을 무기로 시장에서 돌풍을 일으키게 되어 매출이 40%대로 추락하게 되었다. 이에 A사는 새롭게 떠오른 일본 회사와 제품을 참조해 자사 제품에 응용함으로써 생산성과 품질향상에 성공하였고, 생산 비용도 절감함으로써 다시 시장 점유율을 끌어 올리게 되었다.
> • B씨는 네덜란드의 한 기관에서 특수 작물 재배기법에 관한 교육을 받았다. B씨는 한국에 돌아온 후, 네덜란드에서 배운 기법을 단순 적용한 것이 아니라 우리나라 실정에 맞는 재배기법으로 변형하여 엄청난 수익을 얻을 수 있었다.

① 차용 　　　　　　　　　　　　　　② 모방

③ 벤치마킹 　　　　　　　　　　　　④ 심사

⑤ 표절

79 다음에 제시된 설명이 네트워크 혁명의 3가지 법칙 중 해당하는 것은?

> • 네트워크 혁명은 사람을 연결하고 정보를 교환하며, 교환한 정보를 지식으로 만드는 방법, 값싼 물건을 찾고 주문을 하는 방법, 광고를 하고 소비자를 끄는 방법 등에 혁명적인 변화가 생기고 있음을 의미하는 것으로, 인터넷이 상용화된 1990년대 이후에 시작되어 그 효과가 다양한 형태로 나타나고 있다.
> • 창조성은 네트워크에 접속되어 있는 다양성에 지수함수로 비례한다는 법칙이다.
> • 다양한 사고를 가진 사람이 네트워크로 연결되면 그만큼 정보교환이 활발해져 창조성이 증가한다는 내용을 가지고 있다.

① 메트칼퍼(R. Metcalfe)의 법칙   ② 코어스(Coase's Law)의 법칙
③ 카오(J. Kao)의 법칙   ④ 무어(G. Moore)의 법칙
⑤ 해당 없음

제2회
NCS
모듈형
모의고사

80 융합기술의 활용목적별 분류를 바르게 고른 것은?

> ㉮ 이종 신기술 또는 신기술과 학문이 결합하여 새로운 기술을 창조하거나 융합기술을 촉진하는 유형
> ㉯ 경제 · 사회 · 문화적 수요에 따른 신산업 · 서비스 구현을 위해 이종신기술과 제품/서비스가 결합하는 유형
> ㉰ 신기술과 기존 전통산업이 결합하여 현재의 시장 수요를 충족시킬 수 있는 산업 및 서비스를 고도화하는 유형

① ㉮ 신산업창출형 ㉯ 원천기술창조형 ㉰ 산업고도화형
② ㉮ 원천기술창조형 ㉯ 신산업창출형 ㉰ 산업고도화형
③ ㉮ 원천기술창조형 ㉯ 산업고도화형 ㉰ 신산업창출형
④ ㉮ 산업고도화형 ㉯ 원천기술창조형 ㉰ 신창업창출형
⑤ ㉮ 신산업산출형 ㉯ 산업고도화형 ㉰ 원천기술창조형

제 **3** 회

ncs

피셋형
모의고사

25문항/권장 풀이 시간 30분

제3회
NCS 피셋형 모의고사

NATIONAL COMPETENCY STANDARDS

● 정답 및 해설 267p

01 다음에 제시된 단어와 비슷한 의미를 지닌 단어는?

> 편중(偏重)

① 향념(向念)
② 편향(偏向)
③ 편력(遍歷)
④ 공정(公廷)
⑤ 편의(便宜)

02 다음의 전산팀 담당자가 참고해야할 자료로 가장 알맞은 것은?

> 전산팀 담당자 이태형씨는 이번에 대규모 신입 직원 채용과 관련하여 회사의 사내 업무 프로그램의 교육을 담당하게 되었다. 그는 프로그램의 기능과 사용 방법, 에러 시 A/S 요령, 보수 및 유지관리, 컴퓨터의 폐기와 프로그램 설치 삭제와 관련된 모든 정보를 교육하고 시범하는 업무를 맡았다. 이 외에도 그는 블록체인팀의 서브 업무도 때에 따라서 수행하고 있다.

① 회사 정관
② 일용 대장
③ 전산팀 기획서
④ 자사 홈페이지 약관
⑤ 전산팀 매뉴얼

03 다음 글의 제목으로 옳은 것은?

국민건강보험공단은 11월 17일부터 건강보험 고지·안내문을 네이버와 협력하여 「디지털 전자문서 발송시스템구축」사업을 시작한다고 밝혔다.

공단은 전 국민에게 다양한 건강보험 고지·안내문을 종이 우편물로 행정안전부의 주민등록주소 또는 본인이 신청한 주소로 발송해 왔으나, 종이 우편물은 인쇄 및 발송에 따르는 비용과 시간, 분실 등으로 원하는 때에 전달받지 못하는 불편함이 있었고, 지속적으로 늘어나는 단독세대와 빈번한 주소이전, 부재 등으로 반송이 증가해왔다.

이러한 불편을 해결하고자 공단은 네이버와 전자문서 서비스 분야 협업을 통해 올해 12월까지 모바일을 활용한 전자문서 발송시스템을 구축하여 시범운영 하고, 2021년부터 「디지털 고지·안내문 발송서비스」를 단계적으로 확대 시행하기로 하였다.

이번 사업은 5년 동안 단계별로 고지·안내방식 전환 및 발송을 목표로 디지털 발송서식 전환, 업무 프로세스 표준화, 발송시스템 구축, 대국민 참여 안내 등으로 진행될 예정이며, 네이버 전자문서 서비스를 통한 건강보험 고지·안내문 발송으로 모바일에서 국민들은 언제 어디서나 공단의 전자문서를 손쉽게 열람하고 건강검진 대상 확인, 환급금 조회와 신청까지 원스톱으로 해결할 수 있게 된다.

공단은 '정부혁신 종합 추진 계획' 및 언택트 시대에 맞춘 이러한 공공서비스 개선 사업이 민간과 공공기관의 협업으로 국민의 알권리 충족과 다양한 건강보험 정보를 보다 안전하고 편리하게 이용할 수 있는 전환점이 될 것으로 기대하고 있다.

전자문서는 블록체인 기술 적용 등 보안이 강화된 인증서로 본인인증 절차를 거쳐 열람할 수 있고, 고지·안내문에 담긴 개인정보와 민감정보는 공단 모바일('The 건강보험')로 연동하여 확인하도록 하여 이용자의 개인정보를 안전하게 보호할 수 있도록 추진하고, 모바일로 발송되는 전자문서에 대한 국민들의 관심과 참여를 높이기 위해 네이버와 함께 다양한 홍보도 계획하고 있다.

① 계속해서 증가하는 1인 가구, 이사 늘어나
② 건강보험 고지·안내, 종이 아닌 모바일로
③ 새로운 앱으로 개인정보와 민감정보를 보호하세요!
④ 블록체인 기술, 건강보험공단에서 새로운 인증서 선보인다
⑤ 전자문서 서비스 분야 단계별 확대할 것

[04~06] 다음 글을 읽고 물음에 답하시오.

1894년, 화성에 고도로 진화한 지적 생명체가 존재한다는 주장이 언론의 주목을 받았다. 이러한 주장은 당시 화성의 지도들에 나타난, '운하'라고 불리던 복잡하게 얽힌 선들에 근거를 두고 있었다. 화성의 '운하'는 1878년에 처음 보고된 뒤 거의 30년간 여러 화성 지도에 계속해서 나타났다. 존재하지도 않는 화성의 '운하'들이 어떻게 그렇게 오랫동안 천문학자들에게 받아들여질 수 있었을까?

19세기 후반에 망원경 관측을 바탕으로 한 화성의 지도가 많이 제작되었다. 특히 1877년 9월은 지구가 화성과 태양에 동시에 가까워지는 시기여서 화성의 표면이 그 어느 때보다도 밝게 보였다. 영국의 아마추어 천문학자 그린은 대기가 청명한 포르투갈의 마데이라 섬으로 가서 13인치 반사 망원경을 사용해서 화성을 보이는 대로 직접 스케치했다. 그린은 화성 관측 경험이 많았으므로 이전부터 이루어진 자신의 관측 결과를 참고하고, 다른 천문학자들의 관측 결과까지 반영하여 당시로서는 가장 정교한 화성 지도를 제작하였다.

그런데 이듬해 이탈리아의 천문학자인 스키아파렐리의 화성 지도가 나오면서 이 지도의 정확성이 도전받았다. 그린과 같은 시기에 수행한 관측을 토대로 제작한 스키아파렐리의 지도에는, 그린의 지도에서 흐릿하게 표현된 지역에 평행한 선들이 그물 모양으로 교차하는 지형이 나타나 있었기 때문이었다. 스키아파렐리는 이것을 '카날리(canali)'라고 불렀는데, 이것은 '해협'이나 '운하'로 번역될 수 있는 용어였다.

⊙ 질지적 측면에서 보면 그린이 스키아파렐리보다 우위를 점하고 있었다. 우선 스키아파렐리는 전문 천문학자였지만 화성 관측은 이때가 처음이었다. 게다가 그는 마데이라 섬보다 내기의 청명도기 떨어지는 자신의 천문대에서 관측을 했고, 배율이 상대적으로 낮은 8인치 반사 망원경을 사용했다. 또한 그는 짧은 시간에 특징만을 스케치하고 나중에 기억에 의존해 그것을 정교화했으며, 자신만의 관측을 토대로 지도를 제작했던 것이다.

그런데도 승리는 스키아파렐리에게 돌아갔다. 그가 천문학계에서 널리 알려진 존경받는 천문학자였던 것이 결정적이었다. 대다수의 천문학자들은 그들이 존경하는 천문학자가 눈에 보이지도 않는 지형을 지도에 그려 넣었으리라고는 생각하기 어려웠다. 게다가 스키아파렐리의 지도는 지리학의 채색법을 그대로 사용하여 그린의 지도보다 호소력이 강했다. 그 후 스키아파렐리가 몇 번 더 '운하'의 관측을 보고하자 다른 천문학자들도 '운하'의 존재를 보고하기 시작했고, 이후 더 많은 '운하'들이 화성 지도에 나타나게 되었다.

일단 권위자가 무엇인가를 발견했다고 알려지면 그것이 존재하지 않는다는 것을 입증하기란 쉽지 않다. 더구나 관측의 신뢰도를 결정하는 척도로 망원경의 성능보다 다른 조건들이 더 중시되던 당시 분위기에서는 이러한 오류가 수정되기 어려웠다. 성능이 더 좋아진 대형 망원경으로는 종종 '운하'가 보이지 않았는데, 놀랍게도 '운하' 가설 옹호자들은 이것에 대해 대형 망원경이 높은 배율 때문에 어떤 대기 상태에서는 오히려 왜곡이 심해서 소형 망원경보다 해상도가 떨어질 수 있다고 '해명'하곤 했던 것이다.

04 ㉠의 근거로 적절하지 <u>않은</u> 것은?

① 보이는 대로 직접 그림
② 지리학의 방식대로 채색함
③ 더 높은 배율의 망원경을 사용함
④ 다른 관측자의 관측 결과를 반영함
⑤ 마데이라 섬보다 대기의 청명도가 높은 천문대에서 관측함

05 윗글의 사례와 〈보기〉의 유사점이 <u>아닌</u> 것은?

| 보기 |

17세기 초 갈릴레이는 당시로서는 배율이 가장 높은 망원경을 사용하여 달을 관측한 뒤, 달에서 산과 계곡을 발견했다고 보고했다. 갈릴레이는 이 발견을 토대로 전통적으로 믿어 왔던 아리스토텔레스의 견해에 도전했다. 아리스토텔레스의 견해에 따르면 달은 천상계의 물체이므로 완전한 구형이어야 했던 것이다. 당시 아리스토텔레스의 추종자들은 갈릴레이의 망원경이 달을 있는 그대로 보여 준다는 것을 믿을 수 없다고 주장했다. 이러한 반대는 더 높은 배율의 망원경이 개발되고, 아리스토텔레스의 천상계의 완전성 개념이 무너질 때까지 수십 년간 지속되었다.

① 천상계의 완전성 개념이 논란이 된 점
② 망원경에 대한 불신이 개입된 점
③ 관측 결과의 수용 문제를 다루고 있다는 점
④ 천체의 지형에 대한 관측을 소재로 한다는 점
⑤ 모두 틀림

06 윗글의 제목으로 가장 적절한 것은?

① 천문학과 지리학의 만남 : 화성 지도
② 설명과 해명 : 그린과 스키아파렐리
③ 과학의 신화 : 화성 생명체 가설
④ 과학사의 그늘 : 화성의 운하
⑤ 지성과 이성 : 과학의 그림자

07 어느 증권 회사의 승진 시험은 2번까지 기회가 주어지는데, 1차 시험은 모두 치러야 하고, 1차 시험을 통과하지 못한 지원자는 2차 시험을 치러야만 한다. 이 승진 시험에 지원하는 4명의 지원자가 1차 시험을 치렀을 때 각 지원자가 1차 시험을 통과할 확률은 $\frac{1}{3}$이고, 2차 시험을 치렀을 때 각 지원자가 2차 시험을 통과할 확률은 $\frac{1}{2}$이라고 하자. 4명의 지원자 중에서 2명만 합격할 확률이 $\frac{q}{p}$일 때, p + q의 값을 구하면? (단, p, q는 서로소인 자연수이다.)

① 35   ② 36

③ 37   ④ 39

⑤ 42

[08~10] 다음은 폐기물 매립지 주변(3~5km 거리까지)의 거주민 1,375명을 대상으로 특정 질환 환자 수를 파악한 것이다. 표를 참고하여 물음에 답하시오.

(단위 : 명)

구분	매립지와의 거리			
	1km 미만	1~2km 미만	2~3km 미만	3~5km 미만
거주민	564	428	282	101
호흡기 질환자 수	94	47	77	15
피부 질환자 수	131	70	102	42

구분	연령			
	19세 이하	20~39세	40~59세	60세 이상
거주민	341	405	380	249
호흡기 질환자 수	76	41	49	67
피부 질환자 수	35	71	89	150

구분	거주기간			
	1년 미만	1~5년 미만	5~10년 미만	10년 이상
거주민	131	286	312	646
호흡기 질환자 수	15	23	41	154
피부 질환자 수	10	37	75	223

* 환자수 = 호흡기 질환자 수 + 피부 질환자 수 (단, 위의 2가지 질환을 동시에 앓지 않는다고 가정)

08 다음 표에 대한 설명으로 옳지 <u>않은</u> 것은?

① 매립지 주변 거주민 중에서 환자의 비율은 약 42%이다.

② 거주연령 별 거주민 대비 세 번째로 인구가 많은 것은 19세 이하다.

③ 40~59세 연령대의 피부 질환자 수는 2~3km 미만 호흡기 질환자 수보다 많다.

④ 거주기간별 거주민 대비 피부 질환자의 비율이 가장 높은 것은 5~10년 미만이다.

⑤ 20~39세 연령의 호흡기 질환자 수는 5~10년 미만 거주한 호흡기 질환자 수와 동일하다.

09 연령별 거주민 대비 환자의 비율에서 19세 이하와 60세 이상인 연령의 차이는? (단, 계산 과정에서 소수점 이하는 반올림함)

① 51%   ② 52%

③ 53%   ④ 54%

⑤ 55%

10 매립지와의 거리별 거주민 대비 환자의 비율에서 1km 미만인 곳과 3~5km 미만인 곳의 차이는? (단, 계산 과정에서 소수점 이하는 반올림함)

① 14%   ② 15%

③ 16%   ④ 17%

⑤ 18%

11 다음 표는 한국과 일본의 교통사고를 비교한 것이다. 한국의 2023년 교통사고 1건당 부상자 수를 소수점 둘째 자리에서 반올림한 것을 A명이라고 하고, 2019년을 기준으로 2023년 한국의 교통사고 발생건수 감소율을 소수점 둘째 자리에서 반올림한 것을 B%라고 할 때, A와 B를 더한 값은?

〈한국과 일본의 교통사고 비교〉

(단위 : 건, 명)

구분	발생건수		사망자 수				부상자 수			
			인원		인구 10만 명당		인원		인구 10만 명당	
	한국	일본	한국	일본	한국	일본	한국	일본	한국	일본
2019	260,579	947,169	8,097	8,747	16.9	6.8	386,539	1,180,955	831.8	927.7
2020	230,953	936,721	7,222	8,326	15.5	6.5	348,184	1,167,855	717.6	916.4
2021	240,832	947,993	7,212	7,702	15.0	6.0	376,503	1,181,431	785.6	925.0
2022	220,755	952,191	6,563	7,358	13.6	5.8	346,987	1,183,120	719.9	926.6
2023	214,171	933,828	6,376	6,871	13.2	5.4	342,233	1,156,633	708.6	905.3

① 19.4
② 20.6
③ 21.2
④ 21.8
⑤ 22.4

12 다음 표는 반도체시스템공학과 대학생 368명의 'VLSI 설계' 및 'MRAM의 기초' 시험결과의 분포를 나타낸 표이다. VLSI 설계 시험에서 20점미만을 받은 학생들의 MRAM의 기초 시험 평균 점수의 범위를 맞게 표시한 것은? (단, 소수점 둘째 자리에서 반올림함)

〈VLSI 설계 및 MRAM의 기초 시험결과 점수의 분포 교차도〉

VLSI(점) / MRAM(점)	0~9	10~19	20~29	30~39	40~49	50~59	60~69	70~79	80~89	90~100
0~9	2	4	4							
10~19	3	8	6	4			2			
20~29		7	18	14			1	1		
30~39			35	22	16	19				
40~49				37	13	21				
50~59			2	26	4	11	18	4		
60~69			17	1		1	3	17	6	

구분									
70~79						2	7	4	1
80~89							2	1	3
90~100									1

① 약 9.4~약 15.0

② 약 10.4~약 19.4

③ 약 10.4~약 19.5

④ 약 10.5~약 19.7

⑤ 약 10.5~약 20.1

13 다음은 산업체 기초 통계량을 나타낸 것이다. 이 자료에 대한 설명으로 옳게 얘기하고 있는 사람은?

제3회
NCS
피셋형
모의고사

구분	사업체(개)	종사자(명)	남자(명)	여자(명)
농업	200	400	250	150
어업	50	100	35	65
제조업	900	3,300	1,500	1,800
광업	300	600	500	100
숙박업	100	250	50	200
건설업	150	350	300	50
도매업	300	1,000	650	350
계	2,000	6,000	3,285	2,715

영호 : "남성고용비율이 가장 낮은 산업은 어업이야."

지민 : "여성고용비율이 가장 높은 산업은 도매업이야."

희수 : "건설업에서 여성이 차지하는 비율은 제조업에서 남성이 차지하는 비율보다 높아."

민형 : "여성고용비율이 뒤에서 세 번째로 높은 산업은 어업이야."

태양 : "광업에서 남성이 차지하는 비율은 농업에서 여성이 차지하는 비율보다 높아."

① 영호

② 지민

③ 희수

④ 민형

⑤ 태양

[14~15] 다음은 취업자 및 취업자 증감률에 관한 표이다. 물음에 답하시오.

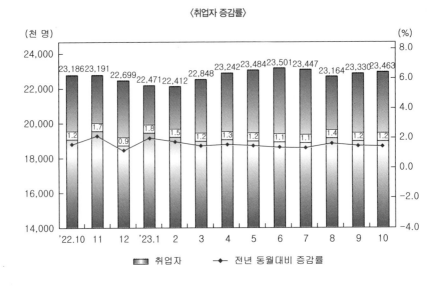

〈취업자 증감률〉

14 다음 중 그래프에 대한 설명으로 옳은 것을 모두 고르면?

ⓐ 23년 2월부터 6월까지 제시된 기간의 각 월마다 취업자 수는 승가 추세를 보이다가 이후에는 증감 추세가 일정하지 않다.

ⓑ 23년 7월 취업자 수는 7개월 전 대비 약 2.1% 증가하였다.

ⓒ 취업자가 가장 많은 달의 전년도 동월의 취업자 수는 천 단위 미만을 절삭하면 약 23,245,000명이다.

ⓓ 23년 11월 취업자 수의 전월 대비 증감률이 −2.0%라고 가정하면 23년 11월의 취업자 수는 약 22,500천 명 미만이다.

① ⓐ, ⓑ

② ⓑ, ⓒ

③ ⓒ, ⓓ

④ ⓐ, ⓒ

⑤ ⓑ, ⓓ

15 2023년 3월부터 2023년 7월까지 전체 취업자 수의 평균이 2022년 9월의 취업자 수와 같다고 가정할 때 2022년 9월의 취업자 수 대비 2023년 6월 취업자 수의 증가율은 몇 %인가? (단, 소수점 둘째 자리 아래는 생략한다.)

① 0.84%

② 0.91%

③ 0.94%

④ 1.01%

⑤ 1.21%

16 민형, 재현, 윤오, 정우, 진수 다섯 명이 A, B, C, D, E 다섯 개의 보물 상자를 각 한 개씩 나누어 가졌다. 진수가 가진 보물 상자는?

- 민형은 A, B, E 상자를 가지고 있지 않다.
- 재현은 B, D, E 상자를 가지고 있지 않다.
- 윤오는 A, C, E 상자를 가지고 있지 않다.
- 정우는 B, C 상자를 가지고 있지 않다.
- 진수는 D, E 상자를 가지고 있지 않다.
- 정우가 A 상자를 가지고 있지 않으면, 재현도 A 상자를 가지고 있지 않다.

① A
② B
③ C
④ D
⑤ E

17 어느 부처의 시설과에 A, B, C, D, E, F의 총 6명의 직원이 있다. 이들 가운데 반드시 4명의 직원으로만 팀을 구성하여 회의에 참석해 달라는 요청이 있었다. 만일 E가 불가피한 사정으로 그 회의에 참석할 수 없게 된 상황에서 아래의 조건을 모두 충족시켜야만 한다면 구성될 수 있는 팀의 경우의 수는?

조건1 : A 또는 B는 반드시 참석해야 한다. 하지만 A, B가 함께 참석할 수 없다.
조건2 : D 또는 E는 반드시 참석해야 한다. 하지만 D, E가 함께 참석할 수 없다.
조건3 : 만일 C가 참석하지 않게 된다면 D도 참석할 수 없다.
조건4 : 만일 B가 참석하지 않게 된다면 F도 참석할 수 없다.

① 팀이 구성될 수 없다.
② 1팀
③ 2팀
④ 3팀
⑤ 4팀

18 어느 회사에는 사내 동호회가 A부터 G까지 있다. 신입 사원 '갑'은 사내 동호회에 가입하려고 한다. 가입 개수의 제한은 없으며 '갑'은 다음 조건을 모두 따라야 한다. 여기서 E에 가입하는 것이 의무화될 때, '갑'의 선택 내용 중 옳은 것은?

> ㄱ. A에 가입하면 B에 가입한다.
> ㄴ. C와 D 중 하나만 가입한다.
> ㄷ. E에 가입하면 B에는 가입하지 않는다.
> ㄹ. D에 가입하면 F에 가입하지 않는다.
> ㅁ. A, F, G 중 최소한 두 가지는 반드시 가입한다.

① 갑은 A에 가입한다.
② 갑은 B에 가입한다.
③ 갑은 C에 가입한다.
④ 갑은 D에 가입한다.
⑤ 갑은 어디에도 가입하지 못한다.

19 다음은 복통 발생과 그 원인에 대한 기술이다. 복통의 원인이 생수, 냉면, 생선회 중 하나라고 할 때, 아래의 진술 중 반드시 참인 것은?

> ㄱ. 갑돌이는 생수와 냉면, 그리고 생선회를 먹었는데 복통을 앓았다.
> ㄴ. 을순이는 생수와 생선회는 먹지 않고 냉면만 먹었는데 복통을 앓지 않았다.
> ㄷ. 병돌이는 생수와 생선회는 먹었고 냉면은 먹지 않는데 복통을 앓았다.
> ㄹ. 정순이는 생수와 냉면은 먹었고 생선회는 먹지 않았는데 복통을 앓지 않았다.

① ㄴ, ㄹ의 경우만 고려한다면 냉면이 복통의 원인이다.
② ㄱ, ㄴ, ㄹ의 경우만 고려한다면 냉면이 복통의 원인이다.
③ ㄱ, ㄷ, ㄹ의 경우만 고려한다면 생수가 복통의 원인이다.
④ ㄴ, ㄷ, ㄹ의 경우만 고려한다면 생선회가 복통의 원인이다.
⑤ ㄱ, ㄴ, ㄷ, ㄹ 모두를 고려한다면 생수가 복통의 원인이다.

20 최근 한 동물연구소에서 기존의 동물 분류 체계를 대체할 새로운 분류군과 분류의 기준을 마련하여 발표하였다. 〈발표 내용〉을 토대로 판단할 때 반드시 거짓인 서술은?

| 발표내용 |

1. 이 분류 체계는 다음과 같은 세 가지 분류의 기준을 적용한다.
   (가) 날 수 있는 동물인가, 그렇지 않은가? (날 수 있는가의 여부는 정상적인 능력을 갖춘 성체를 기준으로 한다.)
   (나) 벌레를 먹고 사는가, 그렇지 않은가?
   (다) 장(腸) 안에 프로모넬라가 서식하는가? (이 경우 '프리모'라 부른다.) 아니면 세콘데렐라가 서식하는가? (이 경우 '세콘도'라 부른다.) 둘 중 어느 것도 서식하지 않는가? (이 경우 '눌로'라고 부른다.) 혹은 둘 다 서식하는가? (이 경우 '옴니오'라고 부른다.)
2. 벌레를 먹고 사는 동물의 장 안에 세콘데렐라는 도저히 살 수가 없다.
3. 날 수 있는 동물은 예외 없이 벌레를 먹고 산다. 그러나 그 역은 성립하지 않는다.
4. 벌레를 먹지 않는 동물 가운데 눌로에 속하는 것은 없다.

---

① 동고비새는 날 수 있는 동물이므로 옴니오에 속한다.
② 날 수 있는 동물 가운데는 세콘도가 없다.
③ 벌쥐가 만일 날 수 있는 동물이라면 그것은 프리모이다.
④ 플라나리아는 날지 못하고 벌레를 먹지도 않으므로 세콘도이다.
⑤ 벌레를 먹는 동물 중에 날지 못하는 것이 적어도 한 종류는 있다.

21 다음 여권 발급제도에 관련된 설명으로 옳은 것은?

병역미필자 여권 발급제도 개선 안내(하반기 시행 예정)

2020 – 03 – 30

외교부는 3.26.(목) 정부가 발표한 "청년의 삶 개선방안"의 일환으로, 18세 이상 37세 이하의 모든 병역미필자에게 5년 유효기간의 복수여권을 발급하는 방안을 마련하고, 관련 여권법령 개정을 통해 올 하반기 중에 시행할 계획이다.

* 정세균 국무총리 주재 국정현안점검조정회의, "25세 이상 병역미필 청년 단수여권제도 폐지" 과제를 포함한 "청년의 삶 개선방안" 발표 (3.26)

지금까지 병역미필자가 18~24세인 경우 24세 한도, 25~37세인 경우 국외여행허가기간에 따라 1년 내외의 제한된 유효기간을 부여해 온 현행 여권제도를 개선하여, 앞으로는 18~37세 모든 병역미필자에게 일괄적으로 5년 복수여권을 발급하게 되는 것이다.

현행 제도 하에서는 6개월 미만의 국외여행허가를 받은 25세 이상의 병역미필자는 1년 유효기간의 단수여권을 발급받게 되는데, 여권 수수료(20,000원) 및 사진 비용을 고려하면, 단수여권을 2회만 신청해도 10년 유효기간의 복수여권 수수료(53,000원)와 맞먹는 비용을 부담하는 셈이 되며, 프랑스 등 일부 국가는 단수여권을 불인정하거나 입국심사를 까다롭게 진행하는 경우가 있다.

〈병역미필자의 여권 유효기간 비교〉

구분	현행			개선안
18~24세	24세 한도(최장 5년) 복수여권 (단, 24세 7월 이후 신청 시 1년 단수여권)			5년 복수여권
25~37세	국외여행허가기간	6개월 미만	1년 단수여권	
		6개월~1년	1년 복수여권	
		1년 초과	해당기간까지 복수여권	

* 병역미필자를 제외한 성인에게는 10년 유효기간의 복수여권 발급

한편, 기존 병역 미필자에 대한 병무청 국외여행허가제도 및 여권 신청 시 국외여행허가 여부 확인 절차는 유지되며, 이와 함께 국외여행허가를 받지 아니하거나 허가기간을 도과한 채 국외체류 중인 자에 대해서는 여권 행정제재를 위한 근거를 신설할 예정이므로, 여권 유효기간 연장이 곧 병역미필자의 미귀국 사례 증가 요인이 되지는 않을 것으로 예상된다. 이번 병역미필자에 대한 여권발급 제도 개선안은 제한된 유효기간의 여권을 발급받던 모든 병역미필자(수혜대상 56만 명(20~24세 : 43만 명, 25~37세 : 13만 명))에 대해 5년 복수여권을 발급함으로써 해외 출입국 편익을 증진시키는데 크게 기여할 것으로 기대된다. 외교부는 국민 불편을 해소하고 청년 권익을 보호하는 적극행정 차원에서 이번 개선안을 마련하였는바, 앞으로도 국민 중심의 여권행정서비스 개선과 확충을 위한 노력을 지속해 나갈 예정이다.

① 여권 발급제도 개선 전에는 24세가 된지 11개월이 지난 병역미필자에게는 국외여행허가기간이 6개월 이상이면 1년 단수여권이 발급되었다.
② 여권 발급제도 개선 전 25세 이상의 병역 미필자가 국외여행허가기간이 1년 초과일 경우 1년 단수여권이 발급된다.
③ 여권 발급제도 개선 전에 2회만 여권발급을 신청해도 10년 유효기간의 복수여권 수수료와 맞먹는 비용을 부담하는 이는 6개월 미만의 국외여행허가를 받은 25세 이상의 병역미필자이다.
④ 여권 발급제도 개선 전에 1년까지 국외여행허가를 받은 25세 이상의 병역미필자에게는 1년 단수여권이 발급되었다.
⑤ 여권 발급제도 개선 후에는 여권 유효기간 연장이 병역 미필자의 미귀국 사례 증가 요인이 될 것이다.

[22~23] 다음 표는 육아휴직 이용과 인력대체 현황이다. 물음에 답하시오.

[표1] 〈성별 육아휴직 이용인원 현황(2021년~2023년)〉

(단위 : 명)

구분	2021년		2022년		2023년	
	대상인원	이용인원	대상인원	이용인원	대상인원	이용인원
남성	18,620	25	15,947	50	15,309	55
여성	9,749	578	8,565	894	9,632	1,133
전체	28,369	603	24,512	944	24,941	1,188

* 육아휴직 이용률(%) = $\dfrac{육아휴직 이용인원}{육아휴직 대상인원} \times 100$

[표2] 〈육아휴직 이용과 인력대체 현황(2023년)〉

(단위 : 명)

구분	대상 인원	이용 인원	대체 인원
A회사	14,929	412	155
B회사	10,012	776	189
계	24,941	1,188	344

* 육아휴직 이용률(%) = $\dfrac{육아휴직 대체인원}{육아휴직 이용인원} \times 100$

22 [표1]에 대한 설명으로 〈보기〉 중 옳은 것을 고르면?

┤ 보기 ├

ⓐ 2022년 여성의 육아휴직 이용률은 약 10.4%이다.

ⓑ 2023년의 전체 육아휴직 이용률은 2021년에 비해 2배 이상이다.

ⓒ 전체 육아휴직 이용인원 중 남성의 비중은 매년 증가하였다.

ⓓ 2021년과 2023년을 비교하였을 때 육아휴직 이용률의 증가폭은 남성이 여성보다 크다.

① ㄱ, ㄴ   ② ㄱ, ㄹ
③ ㄴ, ㄹ   ④ ㄴ, ㄷ
⑤ ㄷ, ㄹ

23 [표2]와 인적 자원 관리에 대한 설명으로 옳지 <u>않은</u> 것을 고르면?

① 대체인력은 사장이 자신의 인맥을 활용하여 채용할 수 있다.

② 전체 육아휴직 대상 인원 중 A회사의 비율은 약 60%이다.

③ 육아휴직 복지는 인적자원관리에 속한다.

④ 전체 육아휴직 인력대체율은 약 30%를 넘지 못한다.

⑤ 육아휴직 이용률은 A회사가 B회사보다 높다.

[24~25] 다음은 3개의 생산 공장에서 생산하는 음료수의 1일 생산량을 나타낸 것이다. 물음에 답하시오.

〈생산 공장에서 생산하는 음료수의 1일 생산량〉

(단위 : 개)

구분	A음료수	B음료수	C음료수
(가)공장	15,000	22,500	7,500
(나)공장	36,000	48,000	18,000
(다)공장	9,000	14,000	5,000

24 3개 공장의 A음료수 1일 생산량에서 (가)공장이 차지하는 생산량 비율은?

① 15% ② 20%

③ 25% ④ 30%

⑤ 35%

25 3종의 음료수에 대한 각 공장의 생산 비율 중 B음료수의 생산 비율이 가장 낮은 공장은?

① (가)공장 ② (나)공장

③ (다)공장 ④ 모두 같음

⑤ 정답 없음

제 **4** 회

피셋형

모의고사

50문항/권장 풀이 시간 50분

제4회
NCS 피셋형 모의고사

정답 및 해설 275p

[01~02] 다음은 창업의 그늘에 대한 문서이다. 이어지는 질문에 답하시오.

> 서론 : 자영업자의 수는 증가했으나 상인들에게 실질적인 소득이 돌아가지 않는 '자영업 대란'이 이어지고 있다.
>
> 본론 : 1. 자영업 대란의 원인
>   1) 계속된 내수 발전은 자영업 대란의 직접적인 원인이 되고 있다.
>   2) 재진입이 어려운 정규직 노동시장, 정부의 근시안적 정책, 자영업의 문화의 부재, 허술한 자영업 인프라 등은 자영업 대란에 봉합적으로 영향을 미친다.
>   2. 자영업 창업의 현황
>   1) 자영업자의 비중은 원래 GDP(1인당 국외 종 생산)가 높을수록 낮이저야 하지만, 우리나라의 자영업자 비중은 IMF 이후 높아지고 있다.
>   2) 규직으로 재취업하지 못한 명예퇴직자들이 자영업에 뛰어들고 있으나 결과는 좋지 않다.
>   3) 취업난으로 인해 젊은이들마저 자영업에 뛰어들고 있다.
>   3. 정부의 근시안적 정책
>   1) 정부는 IMF 이후 실업률의 통계상 감소에 주력하여 자영업의 창업을 위한 자금을 지원했다.
>   2) 창업 자금으로 빌린 돈을 갚지 못해 신원불량자가 되는 사례가 증가하고 있다.
>   4. 시대의 흐름을 거스르는 우리나라의 자영업
>   1) 소득 수준이 높아지고 정보화가 진전되자 사람들은 유명한 가게를 찾아다니게 되었다.
>
> 결론 : 창업과 관련한 시류를 제대로 읽는 것이 중요하다.

01 위 문서에서 틀린 글자는 모두 몇 개인가?

① 2개　　　　　　　　　　② 3개

③ 4개　　　　　　　　　　④ 5개

⑤ 6개

제4회 NCS 피셋형 모의고사 ncs

02 위 문서와 관련된 내용으로 적절하지 <u>않은</u> 것은?

① 취업 · 노동 시장 환경 등이 자영업의 대란의 원인이다.

② 허술한 자영업 인프라를 일으키기 위하여 정부는 자영업 지원금을 지원하는 등의 대책을 세웠다.

③ 창업 자금을 빌려주는 일은 갚을 능력이 없는 사람들에게 신용불량자가 되게끔 만드는 요인 중 하나다.

④ 자영업자 비중이 높아지기 때문에 우리나라의 GDP는 점점 낮아지고 있다고 볼 수 있다.

⑤ 계속된 내수 발전에도 불구하고 자영업자의 수가 대폭 증가하였다.

03 다음 지문의 순서는 섞여 있다. 원래의 순서를 바르게 연결하면?

[가] 노동이 생산의 주역이 아니라 소비가 생산의 주역이 되는 시대가 된 것이다. 서비스 경제가 활성화 되면서 차츰 상품의 가치는 교환가치와 사용가치를 넘어서 새로운 의미를 지니게 되었는데, 그것 이 바로 기호 가치이다. 상품을 사용하는 가치보다는 이미지를 소비하는 행위를 중요시하게 된 것 이다. 이러한 결과 근래에 와서는 상품의 질보다는 브랜드나 이미지를 선호하게 되었다.

[나] 산업혁명 이전의 상품은 대부분 가내수공업 형태로 생산되는 것이었다. 사람들은 자신에게 필요한 것들을 직접 만들어 사용했으며 최소한의 것만 서로 교환했다. 가격은 교환을 위한 최소한의 의미 만을 지닌 것이었다. 그러나 산업혁명의 결과 제품의 생산이 일대 혁신을 맞게 되면서 본격적으로 소비사회에 들어가게 된다. 소비사회로 접어들면서 상품의 교체 주기가 빨라졌고, 매일 같이 신제 품이 출시되며 사람들은 그 제품을 소비하기 위해 노동을 한다.

[다] 가격의 의미는 시대를 거쳐 가며 다양한 의미를 지니게 되었다. 하지만 이는 현재 상품을 구입할 때에도 언제나 유용한 판단의 기준이 된다. 만약 향수를 산다면, 직접 만들어 쓸 것인지, 구매할 것 인지를 일차적으로 판단하게 된다. 그리고 이때 지불하는 가격은 구매하는 의도와 기호에 따라 의 미를 지니게 된다. 비브랜드 제품을 저렴하게 구입하는 사람은 사용가치에 더 큰 비중을 둔 것이 며, 브랜드 제품을 구입하는 사람은 기호 가치에 비중을 둔 것이다.

[라] 자본주의 사회에서 살아가는 우리는 돈으로 상품을 사고판다. 아무리 사고 싶은 물건이 있어도 돈 이 없으면 살 수가 없다. 그리고 같은 제품이라도 누가, 어느 곳에서 파느냐에 따라 다른 값을 지불 한다. 각각의 제품은 생산비용과 판매비용 등이 모두 다르기 때문이다. 하지만 요즘은 아무리 이러 한 가격 차이를 인정한다고 하더라도 너무 가격 차이가 큰 것들이 있다. 소위 말하는 이미지와 브 랜드의 가격 차이 때문인데, 과연 이러한 가격차는 합당한 것일까?

[마] 앞으로도 사회는 이미지의 중요성이 더 부각될 것이다. 그리고 기호 가치에 비중을 두어 소비하는 사람들이 더 많아질 것이다. 소비를 하는 것은 자신이기 때문에 뭐라 할 사람은 없지만, 화폐와 상 품이 생겨나게 된 근본 이유를 생각한다면 지나치게 기호가치에 비중을 두기 보다는 사용가치에 비중을 둔 합리적 소비가 더 많아져야 할 것이다.

제**4**회
NCS
피셋형
모의고사

① 라 – 나 – 가 – 다 – 마
② 다 – 나 – 라 – 마 – 가
③ 라 – 가 – 다 – 마 – 나
④ 마 – 가 – 나 – 라 – 다
⑤ 가 – 다 – 라 – 나 – 마

107

04 다음 지문의 제목으로 적절한 것은?

빛의 정체에 대해 알기 위해서는 전자기 이론에 대한 이해도 필요하다. 이는 빛이 전자기파의 일종이기 때문이다. 전자기파의 존재는, 전류(전기장)가 자기장을 만들어 냄을 밝혀낸 앙페르의 실험과 자기장에서 전류가 만들어짐을 확인한 패러데이의 실험, 그리고 이를 집대성한 맥스웰의 이론을 통해서 추론이 가능해졌다. 앙페르는 나란히 놓인 도선에 전류를 통과시키면 자기장이 형성된다는 것과 도선을 원통형으로 감아서 만든 코일—이를 '솔레노이드'라고 한다—에 전류를 흘리면 자성이 강한 자석이 됨을 확인하였고, 패러데이는 전류가 흐르지 않는 코일에 자석을 통과시키면 자석의 자기장의 변화에서 전류가 생겨남을 확인하였다. 전기장은 자기장을 만들어내고, 또 자기장은 다시 전기장을 만들어내는 것이다. 맥스웰은 이러한 실험의 결과들을 정리하여 '맥스웰의 방정식'이라는 이론을 세웠으며, 이 이론을 통해서 전자기파의 존재가 추론될 수 있었다.

도선에 갑자기 전류를 통하게 하거나 전류의 세기를 변화시키면 그 주변에 자기장이 생겨나는데, 이 자기장은 2차적인 전기장을 만들어내고, 이것이 다시 2차적인 자기장을 만든다. 이처럼 전기장이 자기장을 만들고 그 자기장이 다시 전기장을 만드는 과정이 반복되면서 파동으로 퍼져나가는 것이 바로 전자기파이며, 맥스웰은 이 파동의 속도가 빛의 속도와 동일하다는 계산을 해낸 후 "빛 자체도 일종의 전자기파이다."라는 천재적인 결론을 내린다. 소리처럼 물질이 실제로 떨리는 역학적 파동과는 달리, 빛은 전기장과 자기장의 연속적인 변화를 반복하면서 전파해 가는 전자기 파동인 것이다. 이후 과학자들에 의해 전자기파가 매질 없이도 전파된다는 것까지 확인되면서, 햇빛이 텅 빈 우주 공간을 건너올 수 있는 이유를 알게 되었다.

① 앙페르가 밝혀낸 전류가 자기장을 만드는 방법에 대하여
② 앙페르의 실험과 패러데이의 실험 결과로 빛이 전자기파의 일종이라는 사실이 밝혀지다
③ 충격! 태양에서 오는 열의 입자가 물질의 온도를 높이다!
④ 전자기파 연구의 큰 획을 그은 맥스웰의 이론
⑤ 맥스웰과 앙페르의 솔레노이드 대체법은?

05 다음 서식에서 틀린 단어 수는 모두 몇 개인가? (단, 띄어쓰기가 틀린 것은 제외한다.)

본 부동산에 대하여 임대인과 임차인은 합의에 의하여 다음과 같이 전세계약을 체결한다.

부 동 산 전 세 계 약 서

No. _____

부동산의 표식	소재지							
	구조		용도		면적			

전세보증금		원정 ₩ _____

제1조 부동산의 임대차에 한하여 임차인은 임대차 보증금을 다음과 같이 체불하기로 한다.

계약금	
중도금	
잔금	

제2조 임대인은 위 부동산을 임대차 목적대로 사용·수익할 수 있는 상태로 ____ 년 __ 월 __ 일까지 임차인에게 인도하며, 임대차 기간은 인도일로부터 ____ 년 __ 월 __ 일까지로 한다.

제3조 임차인은 임대인의 동의 없이 위 부동산의 용도나 구조를 변경하거나 전대, 임차권 양도 또는 담보제공을 하지 못하며 임대차 목적 이외의 용도로 사용할 수 없다.

제4조 임차인의 차임연체액이 2기의 차임액에 달하거나 제3조를 위반하였을 때 임대인은 즉시 본 계약을 해지 할 수 있다.

제5조 임대차계약이 종료된 경우에 임차인은 위 부동산을 원상으로 희복하여 임대인에게 반환한다. 이러한 경우 임대인은 보증금을 임차인에게 반환하고, 연체 임대료 또는 손해배상금이 있을 때는 이들을 제하고 그 잔액을 반환한다.

제6조 임차인이 임대인에게 중도금(중도금이 없을 때는 잔금)을 지불하기 전까지, 임대인은 계약금의 배액을 상환하고, 임차인은 계약금을 포기하고 본 계약을 해제할 수 있다.

제7조 임대인 또는 임차인이 본 계약상의 내용에 대하여 이행이 있을 경우 그 상대방은 서면으로 최고하고 계약을 해제 할 수 있다. 그리고 계약 당사자는 계약해제에 따른 손해배상을 각각 상대방에 대하여 청구할 수 있다.

제4회
NCS
피셋형
모의고사

특약사항
1. 현 시설 상태에서 임대차 계약을 체결하며, 등기부등본 상에 하자가 없음을 확인함.
2. 임차인은 시설물 파손 시 원상복구하기로 함. (단, 자연마모는 제외)
3. 잔금 시까지의 각종 공과금은 임대인 부담으로 한다.
4. 본 특약사항에 기재되지 않은 사항은 민법상 계약에 관한 규정과 부동산 관례에 따른다.

임대인	주소					인
	주민등록번호		전화		성명	
임차인	주소					인
	주민등록번호		전화		성명	
중개업자	주소					
	등록번호		사무소명칭			인
	전화번호		대표자 명			

① 3개　　　　　　　　　　② 4개

③ 5개　　　　　　　　　　④ 6개

⑤ 7개

06 다음 글의 순서로 옳은 것은?

1950년대 프랑스의 영화 비평계에는 작가주의라는 비평이론이 새롭게 등장했다. 작가주의란 감독을 단순한 연출자가 아닌 '작가'로 간주하고, 작품과 감독을 동일시하는 관점을 말한다. 이 이론이 대두될 당시, 프랑스에는 유명한 문학 작품을 별다른 손질 없이 영화화 하거나 화려한 의상과 세트, 인기 연극 배우에 의존하는 제작 관행이 팽배해 있었다. 작가주의는 이렇듯 프랑스 영화에 만연했던 문학적, 연극적 색채에 대한 반발로 주창되었다.

(가) 그러나 작가주의적 비평가들은 할리우드라는 가장 산업화된 조건에서 생산된 상업적인 영화에서도 감독 고유의 표지를 찾아낼 수 있다고 보았다. 작가주의적 비평가들은 제한적인 제작 여건이 오히려 감독의 도전 의식과 창의성을 끌어낸 사례들에 주목한 것이다. 그에 따라 B급 영화와 그 감독들마저 수혜자가 되기도 했다.

(나) 작가주의는 상투적인 영화가 아닌 감독 개인의 영화적 세계와 독창적인 스타일을 일관되게 투영하는 작품들을 옹호한다. 감독의 창의성과 개성은 작품 세계를 관통하는 감독의 세계관 혹은 주제 의식, 그것을 표출하는 나름의 이야기 방식, 고집스럽게 되풀이되는 특정한 상황이나 배경 혹은 표현 기법 같은 일관된 문체상의 특징으로 나타난다는 것이다.

(다) 작가주의적 비평가들에 의해 복권된 대표적인 할리우드 감독이 바로 스릴러 장르의 거장인 히치콕이다. 히치콕은 제작 시스템과 장르의 제약 속에서도 일관된 주제 의식과 스타일을 관철한 감독으로 평가받았다. 히치콕은 관객을 요인에 빠뜨린 뒤 막바지에 진실을 규명하여 충격적인 반전을 이끌어 내는 그만의 이야기 도식을 활용하였다. 또한 그는 관객의 오인을 부추기는 '맥거핀' 기법을 자신만의 이야기 법칙을 만들어 가는 데 하나의 극적 장치로 종종 활용하였다. 즉 특정 소품을 맥거핀으로 활용하여 확실한 단서처럼 보이게 한 다음 일순간 허망한 것으로 만들어 관객을 당혹스럽게 한 것이다.

(라) 한편, 작가주의적 비평은 영화 비평계에 중요한 영향을 끼쳤는데, 그 중에서도 주목할 점은 할리우드 영화를 재발견한 것이다. 할리우드에서는 일찍이 미국의 대량 생산 기술을 상징하는 포드 시스템과 흡사하게 제작 인력들의 능률을 높일 수 있는 표준화 · 분업화한 방식으로 영화를 제작했다. 이에 따라 재정과 행정의 총괄자인 제작자가 감독의 작업과정에도 관여하게 되었고, 감독은 제작자의 생각을 화면에 구현하는 역할에 머물렀다. 이는 계량화가 불가능한 창작자의 재능, 관객의 변덕스런 기호 등의 변수로 야기될 수 있는 흥행의 불안정성을 최소화하면서 일정한 품질의 영화를 생산하기 위함이었다.

이처럼 할리우드 영화의 재평가에 큰 영향을 끼쳤던 작가주의의 영향력은 오늘날까지도 이어지고 있다. 예컨대 작가주의로 인해 '좋은' 영화 혹은 '위대한' 감독들이 선정되었고, 이들은 지금도 영화 교육 현장에서 활용되고 있다.

* B급 영화 : 적은 예산으로 단시일에 제작되어 완성도가 낮은 상업적인 영화.

① (다) – (나) – (가) – (라)　　② (다) – (가) – (라) – (나)

③ (나) – (라) – (가) – (다)　　④ (나) – (라) – (다) – (가)

⑤ (가) – (나) – (라) – (다)

07 다음 글을 읽고 적절하지 <u>않은</u> 반응을 보인 이는?

대기업의 고객만족 콜센터에서 상담원으로 8년째 근무하고 있는 김 모 씨(30세 · 남)는 매일 아침마다 극심한 두통에 시달리며 잠에서 깬다. 김씨는 "욕설을 듣지 않는 날이 손에 꼽을 정도다"라며, "물론 보람을 느낄 때도 있지만, 대부분 자괴감이 드는 날이 많다"고 '감정노동자'들의 고충을 호소하였다.

이처럼 콜센터 안내원, 호텔관리자, 스튜어디스 등 직접 사람을 마주해야 하는 서비스업 종사자의 감정노동 스트레스는 심각한 수준으로 나타났다. 특히 텔레마케터의 경우 730개 직업 가운데 감정노동 강도가 가장 높았다. 최근 지방자치단체와 시민단체, 기업 등을 중심으로 감정노동자 보호를 위한 대안들이 나오고 있지만 서비스업 종사자들이 느끼는 감정노동의 현실이 개선되기까지는 여전히 많은 시간이 걸릴 것으로 보인다.

문제는 감정노동자들의 스트레스가 병으로도 이어질 수 있다는 점이다. 산업안전보건공단에 따르면 감정노동자들 중 80%가 인격 모독과 욕설 등을 경험했고, 38%가 우울증을 앓고 있는 것으로 조사됐다. 이는 심한 경우 불안장애증상이나 공황장애 등의 질환으로 발전할 수 있어 전문가들은 감정노동자들에게 각별한 주의를 요하고 있다.

하지만 이런 현실에 비해 아직 우리 사회의 노력은 많이 부족하다. 많은 감정노동자들이 스트레스로 인한 우울증과 정신질환을 앓고 있지만, 재계의 반대로 '산업재해보상보험법 시행령 및 시행규칙 개정안'은 여전히 공중에 맴돌고 있는 상태이다. 서비스업 특성상 질병의 인과관계를 밝혀내기 어렵기 때문에 기업들은 산재보험료 인상으로 기업의 비용이 부담된다며 반대의 목소리를 내고 있다.

A : 감정노동자들의 대부분이 인격 모독과 욕설 등을 경험하다니 엄청나.
B : 지방자치단체나 기업의 반대로 산업재해보상보험법령이 개정되지 않는다니 안타까운걸.
C : 텔레마케터가 감정노동으로 인한 스트레스가 가장 심한 직업 유형이네.
D : 감정노동자들이 겪는 스트레스는 심각한 정신 질환을 유발하는구나.

① A
② B
③ C
③ D
⑤ 없음

제4회
NCS
피셋형
모의고사

08 다음 글에 대한 설명으로 옳지 <u>않은</u> 것은?

우리의 이해가 향상된다는 것은 언제나 우리가 새로운 것을 배운다는 것을 의미하지는 않는다. 우리는 이미 막대한 양의 정보를 가지고 있고, 많은 경우 우리가 가지고 있는 것으로부터 무엇을 만들어 낸다. 중요한 것은 이러한 정보들 중에서 무엇이 주목할 만한 가치가 있고 무엇이 무시할 만한가 하는 것이다. 그러나 우리는 보통의 경우에 어떤 것을 주목하고 어떤 것은 무시하는지를 의식하지 않으며, 우리에게 익숙한 기준과 범주를 자연스럽게 적용한다. 예를 들어 식료품점에서 설탕을 볼 때 우리는 그것에 '음식을 달콤하게 해 주는 것'이라는 기준이나 범주를 별다른 의식 없이 적용한다. 그렇지만 익숙한 범주들을 이처럼 의식 없이 적용할 때 이해가 항상 만족스럽지는 않으며, 때로 그것은 진부하고 무익해 보이기도 한다.

우리의 이해는 종종 재편성(realignment), 즉 기존의 범주에 대해 의문을 제기하고 그것의 대안을 개발하고 향유할 때 향상된다. 이러한 재편성은 새로이 경계선을 긋거나 기존의 선을 지우거나 재배치하는 것 등을 통해서 이루어진다.

첫째, 고래를 물고기가 아니라 포유류로 분류함으로써 우리의 이해가 향상되는 것처럼, 원래 같은 종류라고 여겼던 것이 다른 종류에 속한다고 인식하는 경우이다. 이는 새로이 경계선을 긋는 것이다. 동일한 것이라 여겼던 권태와 단조로움 사이에 선을 그어 이들 사이의 미묘한 차이를 알게 되거나, 뇌막염을 바이러스성 뇌막염과 박테리아성 뇌막염으로 구분하여 이들 사이에 차이가 있음을 알게 되는 경우이다.

둘째, 어떤 질병으로 고통받는 사람들에게서 공통적으로 나타나는 질병의 증상을 파악함으로써 의학이 발전하는 것처럼 서로 무관한 것이라 여겼던 것들이 관련 있는 것으로 인식되는 경우이다. 이는 기존의 선을 지우는 것이다. 나비류 연구가들이 겉으로 보이는 애벌레와 나비의 명백한 차이들을 무시하고 이들을 같은 종류로 봄으로써 관련 학문의 진보를 가져온 경우이다.

셋째, 새로운 방법을 통해서 오래된 자료들로부터 새로운 것을 보는 경우이다. 이는 정보들의 재배치를 의미하는데, 통계학이 데이터 분석을 통해 의미 있는 것들을 새롭게 추출하면서 사회학 발전을 가져오는 경우이다.

① 윗글은 다양한 예를 제시하며 주요 개념을 설명하고 있다.
② 인간은 별 다른 의식 없이 기존의 범주와 기준을 적용한다.
③ 기존의 기준이나 범주에 새로이 경계선을 그은 예로 권태와 단조로움의 구분을 들 수 있다.
④ 같은 종류라고 여겼던 것을 다른 종류에 속한다고 인식한 예로 애벌레와 나비의 구분을 들 수 있다.
⑤ 데이터 분석을 통해 의미 있는 것들을 새롭게 배우고 익힘으로써 학문은 발전한다.

[09~10] 다음은 한 공기업의 신규채용에 관한 사항을 일부 발췌, 개정한 것이다. 지문을 읽고 주어
진 질문에 답하시오.

○○교통공단은 '안전한 도로교통의 중심, 배려하는 교통문화의 동반자'라는 비전을 공유할 역량 있는
인재를 국가직무능력표준(NCS) 중심의 블라인드 채용을 통하여 다음과 같이 공개모집합니다.

1) 공통 지원자격

　　연령 제한 없음(단, 입사예정일 현재 공단 정년인 만 60세 미만인 자)

　　최종 합격자 발표 후 입사예정일로부터 근무가능한 자

　　남자의 경우 병역을 필하였거나, 면제자(고졸전형 모집분야는 제외)

　　공단 인사규정 제18조에 따른 결격사유가 없는 자

　　〈결격사유〉

　　1. 피성년후견인 및 피한정후견인

　　2. 파산선고를 받고 복권되지 아니한 사람

　　3. 금고 이상의 실형을 선고받고 그 집행이 종료되거나 집행을 받지 아니하기로 확정된 후 5년을 경
　　　 과하지 아니한 사람

　　4. 금고 이상의 형을 선고받고 그 집행유예 기간이 끝난 날부터 2년이 지나지 아니한 사람

　　　　4의2. 금고 이상의 형의 선고유예를 받은 경우에 그 선고유예 기간 중에 있는 사람

　　　　4의3. 「성폭력범죄의 처벌 등에 관한 특례법」 제2조에 규정된 죄를 범한 사람으로서 100만원 이
　　　　　　　상의 벌금형을 선고받고 그 형이 확정된 후 3년이 지나지 아니한 사람

　　　　4의4. 미성년자에 대한 다음 각 목의 어느 하나에 해당하는 죄를 저질러 파면·해임되거나 형 또
　　　　　　　는 치료감호를 선고받아 그 형 또는 치료감호가 확정된 사람 (집행유예를 선고받은 후 그
　　　　　　　집행유예기간이 경과한 사람을 포함한다.)

　　　　　　　가. 「성폭력범죄의 처벌 등에 관한 특례법」 제2조에 따른 성폭력범죄

　　　　　　　나. 「아동·청소년의 성보호에 관한 법률」 제2조 제2호에 따른 아동·청소년 대상 성범죄

　　5. 법률에 의하여 공민권이 정지 또는 박탈된 자

　　6. 병역을 기피한 자 또는 불명예 제대자

　　7. 징계에 의하여 파면의 처분을 받은 날로부터 5년, 해임의 처분을 받은 날로부터 3년이 경과하지
　　　 아니한 자

제4회
NCS
피셋형
모의고사

2) 경력직 세부 응시지격

모집군	모집전형	모집분야	채용직급	세부 응시자격
경력	일반	교통안전	6급	• 학력, 전공제한 없음 • 자동차운전면허증(1종 보통 이상) 소지자로 도로교통안전시설(장비) 설계 · 감리 · 검사 · 개선 · 운영 관련 실무경력 7년 이상인 자
			7급	• 학력, 전공제한 없음 • 자동차운전면허증(1종 보통 이상) 소지자로 도로교통안전시설(장비) 설계 · 감리 · 검사 · 개선 · 운영 관련 실무경력 2년 이상인 자
		편성제작	6급	• 학력, 전공제한 없음 • 지상파방송사 PD · 기자 또는 한국기자협회 언론사 기자 실무경력 5년 이상인 자
		방송기술	6급	• 학력, 전공제한 없음 • 지상파방송사 엔지니어 실무경력 5년 이상인 자
		교통정보	6급	• 학력, 전공제한 없음 • IT 개발 · 관리 · 운영 또는 지상파방송사 교통정보 관련 실무경력 5년 이상인 자
		면허실무	6급	• 학력, 전공제한 없음 • 자동차운전면허증(2종 보통 이상) 소지자로서 자동차운전면허시험 관련 실무경력 9년 이상인 자
			7급갑	• 학력, 전공제한 없음 • 자동차운전면허증(2종 보통 이상) 소지자로서 자동차운전면허시험 관련 실무경력 3년 이상인 자

3) 퇴직공직자 취업제한

　공단은 「공직자 윤리법」에 따라 '15.3.31. 취업제한기관으로 고시함

　재산등록의무자로 입사예정일 기준 3년 이내 퇴직공무원은 공단에서 '취업예정확인서'를 발급받아 공직자윤리 위원회의 취업심사를 득해야 함

　* 공단 발급 '취업예정확인'는 공직자윤리위원회 심의서류로 공단 임용과는 무관함.

　퇴직공무원(재산등록의무자)으로 공직자윤리위원회 취업심사를 득하지 않고 최종합격 또는 임용된 경우, 「공직자 윤리법」 제17 · 18조에 의해 그 최종합격 · 임용이 취소될 수 있음

09 다음 중 채용 안내 사항을 바르게 이해한 것은?

① 입사 예정일에 만 60세가 되는 사람은 해당 공기업에서 근무할 수 있다.

② 최종 합격 발표일과 입사 예정일에 차이가 있다.

③ 응시자격이 없어도 지원자격에 해당하는 사항이 있으면 근무할 수 있다.

④ 퇴직공직자는 공직자윤리위원회 취업심사를 득하지 않아도 최종합격 시엔 취소될 수 없다.

⑤ 교통정보로 취업하기 위해서는 7급 공무원 신분이 유지되고 있어야만 한다.

10 다음 중 지원 불가 사유에 해당하는 반응은?

① IT 개발·관리·운영에서 실무경력이 5년 이상이지만 자동차 운전 면허증이 없으니 교통정보 경력에 지원해야겠어.

② 자동차운전면허증(2종 보통 이상) 소지자이고 자동차운전 면허시험 관련 실무경력이 9년 이상이니 면허실무 7급갑 경력에 지원해야지.

③ 도로교통안전시설(장비) 설계·감리·검사·개선·운영 관련 실무경력 7년 이상이고, 금고 이상의 실형을 선고받고 집행 받지 않기로 확정된 후 딱 4년차니까 교통안전 6급에 지원하겠어.

④ 한국기자협회 언론사 기자 실무경력 5년 이상이고 그동안 파산선고를 받았지만 복권되었으니 편성제작 경력직에 지원해야겠다.

⑤ 징계에 의하여 파면의 처분을 받은 날로부터 5년, 해임의 처분을 받은 날로부터 3년이 경과했으니 이제 내 면허 시험 실무 경력 4년을 가지고 면허실무 경력직에 응시해야겠어.

제4회
NCS
피셋형
모의고사

11 다음 중 승무원 고객응대 매뉴얼의 안내 사항을 바르게 이해한 것은?

> • 불만고객이 원하는 건 단순한 불만의 해결이 아닌 이해와 공감입니다.
> • 따뜻한 말 한마디로 고객은 만족할 수 있습니다.
> • 인사는 구호가 아니라 자연스러운 마음의 표현입니다. 친절한 인사로 고객을 맞이합시다.

(1) 승객 연령별 요금적용 기준

구분	대상	증빙자료
어린이	만 6세 이상~만 13세 미만의 자 또는 초등학생	
청소년	만 13세 이상~만 19세 미만 청소년	학생증, 청소년증, 주민등록증 등 연령을 확인할 수 있는 자료
일반인	만 19세 이상 청소년 증빙자료가 없을 경우	

• 만 19세 이상 성인 보호자가 동반하는 만 6세 미만 소아 2인은 무임승차 가능(3인부터는 어린이 요금 적용)
• 어르신교통카드, 복지교통카드는 시내버스 이용 시 정상요금 징수(도시철도에 한해 무임승차)
• 부산 시내버스는 탑승자의 신분이 아닌 연령에 따라 요금을 차등 적용함
(2) 어린이 교통카드 및 청소년 유금징수 관련
• 어린이 교통카드는 생년월일 정보가 입력되어 있어 사용자 연령이 만 13세가 될 경우 자동으로 청소년 교통 카드로 전환되어 청소년 요금이 징수됨
• 어린이가 중학교에 진학하는 3월과 청소년이 고등학교를 졸업하는 2월에 복장(교복)과 외모 등으로 신분을 파악하여 잘못된 요금을 징수하는 행위 다발(반드시 신분이 아닌 연령 확인 후 규정된 요금징수)
(3) 국가유공자 무임승차 증명서
• 국가유공자 증서 소지자 본인에 한해서 일반시내버스 무임승차 가능
  (단, 국가유공자 1급에 해당하는 경우 동반 1인 포함 무임승차 가능)
• 국가유공자 복지카드는 교통카드 기능이 있어 본인 확인과정 없이 일반시내버스 무임승차 가능
• 국가유공자 무임승차는 일반시내버스에 한함(좌석버스, 마을버스는 정상요금 징수)

출처 : 세익여객지부

① 만 19세 이상 성인 보호자가 동반하는 만 6세 미만의 소인은 전부 무임승차가 가능하다.
② 어린이 교통카드 및 청소년 요금징수와 관련하여 반드시 신분을 확인하고 규정된 요금을 징수해야 한다.
③ 학생증, 청소년증, 주민등록증 등 연령을 확인할 수 있는 자료여야 증빙자료로 쓸 수 있다.
④ 국가유공자는 본인 확인과정을 거쳐야 일반시내버스 무임승차가 가능하다.
⑤ 국가유공자 1급에 해당하는 경우 동반 1인 중에서 어린이는 무임승차가 불가능하다.

12 다음 글에 따를 때, '역설'을 발생시키는 것을 아래 〈보기〉에서 모두 고르면?

참이라고 가정하면 거짓이 되고 거짓이라고 가정하면 참이 되는 문장을 역설적이라고 한다. 아마도 가장 오래된 역설은 기원전 6세기의 크레타 철학자 에피메니데스가 말했다고 전해지는 "모든 크레타인은 거짓말쟁이다."일 것이다. 또한 기원전 4세기의 에우불리데스는 "내가 지금 하는 말은 거짓이다."라고 했다고 한다. 이런 유형의 역설을 통상 의미론적 역설이라 하는데 '참이다', '거짓이다', '정의 가능하다'와 같은 의미론적 개념들이 포함되어 있다는 것이 특징이다. 그런 의미론적 개념들이 명시적으로 드러나 있지는 않지만 "이 명령을 따르지 말라."는 명령 또한 변형된 형태로서 역설적인 상황을 초래한다. 의미론적 역설 가운데 다음 그렐링의 역설은 특히 흥미롭다. '그 스스로에게 참인'이라는 뜻의 'homological'을 '동술적'이라고 번역하고, '그 스스로에게 참이 아닌'이라는 뜻의 'heterological'을 '이술적'이라고 번역해 보자. 이를테면 '검은'이라는 표현은 검다는 뜻을 가지며 실제로도 현재 검게 표기되어 있다는 점에서 그 스스로에 대해서도 그 뜻이 참되게 적용된다. 이런 의미에서, '검은'은 동술적이다. 한편, '긴'이라는 단어는 길다는 뜻이지만 그 자체로서는 한 글자짜리의 짧은 단어이므로 그 뜻이 자기 자신에게는 참되게 적용되지 않는다는 의미에서 이술적이다. 그밖에도 '한글', 'English'는 동술적이며, '영어', 'Korean'은 이술적이다. 그렐링의 역설은 "'이술적이다'가 이술적이다."는 문장이 역설적이라는 것이다.

───────── | 보기 | ─────────

㉠ 이 문장은 거짓이다.
㉡ '맛있다'는 이술적이다.
㉢ '시끄럽다'는 동술적이다.

① ㉠   ② ㉡

③ ㉢   ④ ㉠, ㉡

⑤ ㉠, ㉢

13 다음은 교육부가 도입을 검토 중인 고교학점제 종합 추진 계획에 관한 설명이다. 2025년에 나타날 수 있는 상황과 가장 거리가 먼 것은?

> 교육부(부총리 겸 교육부장관 유은혜)는 '모든 학생의 성장을 돕는 포용적 고교교육 실현'을 비전으로 한 고교학점제 종합 추진계획을 2월 17일(수)에 발표하였다.
>
> 유은혜 부총리 겸 교육부장관은 고교학점제 연구학교인 경기 갈매고등학교를 방문하여 2025년 고등학교 입학생부터 전면 시행될 고교학점제의 구체적 추진 내용을 발표하고, 현장간담회를 진행하였다.
>
> 고교학점제는 학생이 공통과목 이수 후, 진로 · 적성에 따라 과목을 선택하여 이수하고, 이수기준에 도달한 과목에 대해 학점을 취득 · 누적하여 졸업하는 제도이다. 고교학점제 도입은 고교체제 개편(2025년 외고 · 자사고 등 일반고 전환)과 더불어 우리나라 고등학교 교육의 근본적인 패러다임 전환을 위한 핵심 국정과제로, 인공지능 등 4차 산업혁명으로 인한 급격한 사회 변화, 감염병 발생, 학령인구 급감 등 불확실한 환경 속에서 학생 한 명, 한 명이 자신의 진로와 적성을 찾아 자기주도적 인재로 성장할 수 있도록 지원하는 취지를 담고 있다.
>
> 고교학점제는 2018학년도부터 연구 · 선도학교를 중심으로 학생 선택형 교육과정 운영과 지역 단위 고교학점제의 모형을 만들어 왔으며, 2020년부터 산업수요 맞춤형 고등학교(51개교, 이하 마이스터고)에 우선 도입하여 운영 중이다.
>
> 출처 : 교육부(www.moe.go.kr)

① 고교학점제는 이수기준에 도달한 과목에 대해 학점을 취득 · 누적하여 졸업하는 제도이다.

② 앞으로는 일반계고에서도 학생이 원할 경우, 진로 · 적성에 따라 다양한 과목을 선택할 수 있다.

③ 소속 학교에서 개설되지 않는 과목은 다른 학교와의 온 · 오프라인 공동교육과정을 통해 수강할 수 있으며, 지역 대학이나 연구기관을 활용한 수업을 통해 학교에서는 배울 수 없는 다양한 과목도 이수할 수 있다.

④ 학생들이 최소 학업성취수준에 도달하여 과목을 이수할 수 있도록 지원하는 책임교육이 강화된다.

⑤ 학급 기반의 담임제 운영은 여러 학생이 함께하는 다인 중심으로 변화된다.

[14~15] 다음 지문을 읽고 질문에 답하시오.

일반적으로 국가의 힘은 한 국가의 경제적 · 군사적 · 정치적 힘의 크기로 표현될 수 있다. 이러한 국가의 힘이 국가 간의 협상에 미치는 영향에 관해서는 두 가지 의견이 대립되고 있다. 하나는 현실주의적 입장이고, 다른 하나는 자유주의적 입장이다.

현실주의적 입장에서는 국가 간의 협상에 있어서 협상력은 기본적으로 국가의 힘에 의하여 좌우 된다고 본다. 이들의 견해에 따르면 소위 강대국과 개도국의 협상에서는 강대국이 항상 유리한 위치에 있을 수밖에 없다. 강대국은 자신들이 가지고 있는 압도적인 힘을 이용하여 협상에 대한 개도국의 기대를 자신들에게 유리한 방향으로 바꿀 수 있기 때문이라는 것이다.

그러나 자유주의적 입장은 이와 다르다. 자유주의적 입장은 협상의 결과를 설명하기 위해서는 먼저 협상의 구조적인 면과 절차적인 면을 동시에 고려해야 한다고 본다. 이들은 구조적인 면에 대하여 다음과 같이 설명한다. 상대국과 개도국이라는 일반적인 힘이 중요한 것이 아니라 특정 협상의 주체와 관련된 힘이 중요하다는 것이다. 특정 주체와 관련된 힘이란 협상 테이블에 오른 아주 구체적인 협상의 대상과 관련된 힘을 의미한다. 대부분의 경우 이 힘은 협상 대상과 관련된 자원, 즉 해당 산업의 규모 · 고용 · 국가 경제상의 위치 · 상대국에 대한 시장 접근도 등에서 나온다. 다시 말해 강대국이 가진 국가 전체의 경제력은 개도국보다 월등할지 모르나 특정 산업에 있어서는 그렇지 않을 수 있다는 것이다. 예컨대, 미국은 쿠바보다 힘센 나라지만 궐련의 생산에 있어서는 쿠바보다 떨어지고, 마찬가지로 고무의 생산에 있어서는 말레이시아에 떨어진다.

협상의 절차적인 면이란 협상의 전술을 의미한다. <u>협상의 전술이란 협상 과정에서 자신의 자원을 효과적으로 사용하기 위하여 동원하는 협상을 고의로 기피하거나 연기하기, 다른 협상 의제와 연결시켜 처리할 것을 주장하기, 자국 내부의 사정을 내세워 호소하기 등과 같은 방법을 의미한다.</u>

자유주의적 입장은 구조와 절차의 두 측면을 고려하여 "협상력을 결정하는 주요 변수는 구조적 요소로써 가지는 '특정 주제와 관련된 힘'과 절차적 요소로써 가지는 '협상전술'이다."라고 결론을 짓는다. 이에 따라 약소국도 강대국과의 협상에서 유리한 고지를 차지하거나 협상에서 이길 수 있다는 것이다. 메리스 로버트라는 학자는 사례 분석을 통하여 이러한 결론을 적절하게 뒷받침한 바 있다. 그는 자원과 전술을 적절히 조화시킬 경우 약소국도 강대국과의 협상에서 이길 수 있지만, 이 두 가지 요소 중 하나라도 빠질 경우 협상에서 이기는 것은 매우 어려운 일이라고 밝혔다.

자유주의적 입장대로 약소국이 강대국과의 협상에서 이기지 말라는 법은 없을 것이다. 그런 점에서 자유주의적 입장은 수긍할 만하다. 다만 자유주의적 입장을 따른다 하더라도 특정 주제와 관련된 힘과 강력한 전술은 단지 실제 협상에 임하는 협상가의 개인적 능력에 좌우되는 것이 아니다. 협상 주제와 관계된 힘과 협상의 전술은 협상에 임하는 국가가 자신의 내부에서 어떠한 국민적 합의 혹은 성과를 만들어내느냐에 달려 있다. 다시 말해 이 두 요인은 고정된 것이 아니라 국내의 협의 과정을 통해 향상시킬 수 있는 것이다. 그러한 의미에서 약소국은 강대국과의 협상을 시작하기 전에 내부의 협의 과정을 통해 자신의 협상력을 제고할 필요가 있다.

14 다음 중 지문의 밑줄 친 협상의 전술의 방법으로 한 말로 적절하지 <u>않은</u> 것은?

① "우리 쪽에서 가지고 있는 샘플의 퀄리티에 비해서 그쪽이 요구하는 가격은 너무 낮다고 생각합니다. 우리 샘플과 타 경쟁사와의 비교 분석이 들어간 제안서를 다시 검토 부탁드립니다."

② "그쪽의 요구는 우리나라 정서에 큰 영향을 미칩니다. 이대로 진행하면 우리나라에 폭동이 일어날 수 있습니다."

③ "당신들이 요구한 조건으로는 협상이 어려워질 것 같습니다. 이 문제에 대해서는 차후 다시 협상해야 할 것 같습니다."

④ "이 제안이 주는 기대효과는 저희 쪽에서도 매우 매력적입니다. 타 회사에서 선점하기 전에 빠른 기일 내에 계약을 체결하는 것이 어떻습니까?"

⑤ "우리 수출품에 매길 관세 비율에 대한 결정은 그쪽에서 우리나라에 수출하려는 상품에 대한 관세와 함께 결정해야 한다고 봅니다."

15 다음은 지문을 보고 회사에서 토론을 한 내용이다. 지문을 가장 잘 이해한 사람은?

> 가 : 우리 기업이 이번 협상에 참여할 기업보다 규모도 크고 힘이 세니깐 자유주의적 입장에서 밀어 붙이면 무조건 유리하게 되겠는데?
>
> 나 : 저도 그렇게 생각합니다. 특히 협상을 고의로 피하면서 시간을 끌면 원하는 방향으로 갈 수 있을 것 같아요.
>
> 다 : 네 맞아요! 자유주의적 입장에선 특정 주제와 관련된 힘과 강력한 전술은 단지 실제 협상에 임하는 협상가의 개인적 능력에 좌우되는 것이니까요.
>
> 라 : 저는 글쎄요. 그 회사가 규모는 비록 작아도 이 산업에 대한 자원을 많이 확보하고 있는데, 좀 더 준비를 하는 것이 어떻겠습니까?
>
> 마 : 그게 좋을 것 같아요. 저희는 자원과 협상 전술 중 하나에 포커스를 맞추고 효율적으로 협상을 이끌어야 한다고 생각합니다.

① 가   ② 나
③ 다   ④ 라
⑤ 마

16 다음 중 위 글의 제목으로 적절한 것은?

국민건강보험공단은 건강보험 진료데이터를 활용하여2015년부터 2019년까지 최근 5년 간 '골절' 질환의 건강보험 진료현황을 발표하였다.

최근 5년 동안 건강보험가입자 중 '골절' 질환으로 진료 받은 인원은 2015년 217만 명에서 2019년 243만 명으로 25만 명이 증가하였고(11.6%), 연평균 증가율은 2.8%로 나타났다. 남자에 비해 여성 골절 진료인원이 증가추세가 월등히 높았고, 특히 2018년부터 여성골절 진료인원이 남성보다 더 많아진 것으로 나타났다.

2019년 기준 골절 질환으로 진료 받은 인원을 연령별로 살펴보면, 전체 진료인원(243만명) 중 50대가 17.6%(42만 8천명)로 가장 많았고, 60대가 17.0%(41만 3천명), 70대가 13.0%(31만 6천명)의 순으로 나타났다. 남성의 경우 50대 17.0%, 10대 15.1%, 60대 및 40대가 각각 14.7%, 13.9%를 차지하였으며, 여성의 경우는 60대가 차지하는 비율이 19.3%로 가장 높았고, 50대 및 70대가 각각 18.2%, 16.7%를 차지하였다.

국민건강보험 일산병원 정형외과 김성훈 교수는 50대~60대 환자가 가장 많은 이유에 대해 "골밀도의 감소도 있지만 골밀도의 감소는 연령이 높을수록 더 뚜렷하고, 아마도 50대~60대 연령층에서 활동량은 많으나 근력과 유연성의 감소 등으로 인해 낙상이나 스포츠 손상의 위험이 높기 때문이다."라고 설명하였다.

환자수가 많은 50~60대의 입원 진료인원을 5년간 월별로 살펴보면, 입원환자가 1월이 가장 많았고, 다음으로 10월 및 12월에 상대적으로 입원환자가 많았다.

인구 1천 명당 골절 진료인원을 연도별로 살펴보면, 2019년 47.2명으로 2015년 43.1명 대비 9.5% 증가 하였으며, 특히 여성(48.0명)은 2015년 대비 16.2%로 높은 증가율을 보였다. 인구 1천 명당 골절 진료인원을 연령대별로 살펴보면, 전체적으로 연령 증가에 따라 증가하여 80대 이상이 인구 1천 명당 129.4명으로 가장 높았고, 이는 가장 낮은 20대(24.6명) 보다 5.3배 높은 수치이다.

40대 까지는 남성 비율이 여성보다 높으나, 50대 이후는 여성이 남성에 비해 높은 것으로 나타났다. 다만, 10대의 경우 남성이 여성에 비해 2.3배로 월등히 높았다.

① 겨울철 한파 뒤 빙판길, 50대~60대 환자 위협하는 '골절' 주의
② 골다공증, 조기에 진료 받아야 예방 가능하다
③ 다음 주부터 한파주의보, 겨울철 질환 조심하세요!
④ 연령별 근력과 유연성, 노력여하에 따라 달라질 수 있어
⑤ 40대부터 남성 골밀도의 감소 현저히 높아져…

17 다음은 문화산업 관련 고용 현황에 대하여 조사한 결과이다. 표를 분석한 것으로 옳지 <u>않은</u> 것은?

〈문화산업 관련 고용 현황〉

(단위 : 명)

구분 \ 연도	2019	2020	2021	2022	2023
계	364,331	425,274	463,233	458,926	455,757
(산업전체대비, %)	(1.72)	(1.92)	(2.09)	(2.03)	(1.99)
출판	236,652	244,002	234,790	225,086	214,904
만화	–	–	2,557	9,185	9,048
음악	50,507	56,067	62,555	66,870	65,346
게임	6,709	33,870	39,104	47,051	60,669
영화	6,471	6,568	38,108	31,898	29,078
애니메이션	8,591	9,338	5,385	3,600	3,580
방송	30,095	31,934	31,645	30,530	29,634
광고	25,396	28,919	31,479	28,854	29,625
캐릭터	–	14,576	6,257	8,286	8,825
기타	–	–	11,353	7,566	5,048

① 2023년을 기준으로 산업에 종사하는 사람의 수는 약 22,902,362명이다.

② 2019년 대비 2023년의 음악 산업 종사자 증가율은 약 29.380%이다.

③ 2021년 대비 2022년의 문화산업 종사자의 증가율이 가장 높은 산업은 게임 산업이다.

④ 음악 산업 종사자의 수는 2022년까지 꾸준히 증가하였다.

⑤ 방송 산업 종사자 수는 광고 산업 종사자 수보다 매년 항상 많았다.

[18~19] 다음은 어느 온라인 뷰티 쇼핑몰의 지불결제 수단별 거래액에 대하여 통계 낸 결과이다. 자료를 참고하여 주어진 물음에 답하시오. (단, %p란 퍼센트 사이의 차이를 말한다.)

〈지불결제 수단별 거래액 구성비〉

(단위 : %, %p)

구분	2022년 1월	2023년 1월	전월차(%p)	
			2022년 1월	2023년 1월
계	100.0(%)	100.0(%)		
온라인 입금	28.5	30.0	2.0	1.0
신용카드	67.8	65.7	0.7	−1.2
전자화폐	0.8	0.8	0.2	0.1
기타	2.9	3.5	0.1	0.1

18 2022년 12월의 거래액 중 신용카드가 차지하는 비율은?

① 66.9%
② 68.9%
③ 71.2%
④ 73.4%
⑤ 76.9%

19 전년 동월과 비교했을 때, 2023년 1월의 거래액 중 온라인 입금이 차지하는 비율의 증가%p는?

① 1.5%p
② 1.8%p
③ 2.0%p
④ 2.2%p
⑤ 3.5%p

[20~22] 다음은 우리나라의 돼지고기와 쇠고기 수입 현황을 조사한 결과이다. 표를 참고하여 물음에 답하시오.

〈수입 현황〉

(단위 : 톤)

구분	2019년	2020년	2021년	2022년	2023년
돼지고기	131,529	129,438	186,682	278,849	324,848
쇠고기	358,236	363,952	175,949	196,363	218,019

〈돼지고기 국가별 수입 현황〉

(단위 : 톤)

구분	2019년	2020년	2021년	2022년	2023년
미국	17,335	14,448	23,199	62,760	85,744
캐나다	39,497	35,595	40,469	57,545	62,981
칠레	3,475	15,385	23,257	32,425	31,621
덴마크	21,102	19,430	28,190	25,401	24,005
프랑스	111	5,904	14,108	21,298	22,332
네덜란드	2,631	5,824	8,910	10,810	12,092
폴란드	1,728	1,829	4,950	7,867	11,879

20 2019년부터 우리나라에 대한 돼지고기 수출량이 꾸준히 증가한 나라들에서 2023년 한 해 동안 수입한 돼지고기의 양은?

① 46,303톤
② 47,296톤
③ 52,047톤
④ 65,724톤
⑤ 74,568톤

21 쇠고기 수입량이 감소한 해부터 2023년까지 수입된 쇠고기의 양은?

① 560,127톤
② 571,526톤
③ 581,698톤
④ 590,331톤
⑤ 598,365톤

22 2019년 대비 2023년 우리나라의 쇠고기 수입량 감소율은?

① 약 20%
② 약 26%
③ 약 31%
④ 약 39%
⑤ 약 46%

23 다음 자료를 바탕으로 A, B, C의 열차 운임의 합계를 구하면?

───────| 정보 |───────

17일(월) 대구에서 열리는 환경 보존 세미나가 있어 국회 직원들이 기차를 타고 대구에 가게 되었다. A 는 17일 당일 광명역에서 동대구역으로 가는 기차표를 9일 전에 예매하였다. B는 17일 당일에 광명역 에서 동대구행 기차표를 구매하였다. C는 대구에 있는 친지 방문을 위해서 16일(일)에 서울역에서 동대 구역으로 가는 기차표를 전월 30일에 예매하였다. 단, 환경 보존 세미나는 공휴일에 열리지 않는다.

[표1] 〈열차 운임표〉

→ 역간운임(원)

서울	8,000	12,000	21,000	28,000	30,000	34,000
22.0	광명	10,000	19,000	27,000	28,000	32,000
96.0	74.0	천안 안산	8,000	16,000	18,000	23,000
159.8	137.8	63.8	대전	8,000	10,000	15,000
247.3	225.3	151.3	87.5	김천	8,000	8,000
270.2	248.2	174.2	110.4	22.9	구미	8,000
319.8	297.8	223.8	160	72.5	49.6	동대구

↓ 역간거리(km)

[표2] 〈열차 할인율〉

구분		열차출발일	
		월~금요일	토·일·공휴일
승차권 구입시기	열차출발 2개월 전부터 30일 전까지	20% 할인	10% 할인
	열차출발 29일 전부터 15일 전까지	15% 할인	7% 할인
	열차출발 14일 전부터 7일 전까지	10% 할인	4% 할인

① 91,580원
② 91,870원
③ 92,420원
④ 92,680원
⑤ 93,578원

24 다음은 정부위원회의 여성참여율에 대하여 조사한 결과이다. 2021년의 남성위원 수를 바르게 구한 것은?

연도 구분	2015	2016	2017	2018	2019	2020	2021	2022	2023
총 위원 수	15,296	14,944	16,255	16,393	16,926	16,113		19,969	19,873
여성위원 수	1,896	2,635	3,842	4,547	5,093	5,095	5,617	6,470	6,688
여성위원 비율	12.4	17.6	23.6	27.7	30.1	31.6	32.2	32.4	33.7
증감률	1.3	5.2	6.0	4.1	2.4	1.5	0.6	0.2	1.3

① 약 11,827명
② 약 11,831명
③ 약 11,914명
④ 약 12,513명
⑤ 약 12,627명

[25~26] 다음은 우리나라 어업의 6개 업종별로 지난 1년 동안 어선 1척당 어업비용과 경상이익을 조사한 결과이다. 표를 참고하여 물음에 답하시오.

〈어업 업종별 비용 현황〉

업종	어업비용(천 원)	연료비(천 원)	어업비용 중 연료비 비율(%)	경상이익(천 원)
대형기선저인망	1,832	530	28.9	160
대형트롤	1,942	428	22.0	144
대형선망	6,311	1,095	17.4	841
기선권현망	1,462	225	15.4	102
근해안강망	292	51	17.5	10
근해자망	182	16	8.8	9
평균	1,600	320	20.0	159

* 평균은 6개 업종 내 어선의 수를 고려하여 계산한 수치임
* 어업 비용 안에 연료비가 포함됨

25 연료비가 20% 상승할 경우, 어업비용 평균의 상승률은?

① 3%
② 4%
③ 5%
④ 6%
⑤ 7%

26 대형트롤 어업의 경상이익이 적자로 돌아서기 시작하는 연료비 상승률은? (단, 소수점 넷째 자리에서 반올림함)

① 약 31.638%   ② 약 31.647%

③ 약 32.634%   ④ 약 33.645%

⑤ 약 33.656%

27 다음은 2023년 1월부터 2023년 6월까지의 특허 심사건수 및 등록률에 대한 자료이다. 이 자료를 분석한 것으로 옳지 <u>않은</u> 것은?

[표1] 〈특허 심사건수 및 등록률 추이〉

(단위 : 건, %)

구분	2023. 1	2023. 2	2023. 3	2023. 4	2023. 5	2023. 6
심사건수	840	860	920	945	1,000	1,225
등록률	55.0	51.5	58.0	61.0	63.0	67.5

[표2] 〈특허 심사건수 증감 및 등록률 증감 추이(전년 동월대비)〉

(단위 : 건, %)

구분	2023. 1	2023. 2	2023. 3	2023. 4	2023. 5	2023. 6
심사건수 증감	125	100	130	145	190	325
등록률 증감	1.3	− 1.2	− 0.5	1.6	3.3	4.2

* 등록률 = $\frac{등록건수}{심사건수} \times 100$

① 2023년 3월의 심사건수 및 등록률의 전월대비 증가폭은 심사건수 60건, 등록률 6.5(%p)이다.

② 2023년 6월 심사건수의 전월대비 증가율은 22.5%이다.

③ 2022년 1월부터 6월까지의 기간 중 등록률이 가장 낮았던 시기는 2월이다.

④ 2023년 6월의 심사건수는 2023년 2월의 심사건수의 2배가 안 된다.

⑤ 2022년 1월부터 6월까지의 기간 중 심사건수가 두 번째로 높았던 시기는 4월이다.

28 통계청에서 A국의 석유 관련 보고용 자료로 발표하였다. 석유관리원의 김민형 팀장이 자료를 읽고 판단하고 추론한 내용으로 옳은 것을 모두 고르면?

[표1] 〈A국의 석유 생산〉

연도	생산(백만 톤)	세계 점유율(%)	소비(백만 톤)	세계 점유율(%)
2014	160.1	4.1	173.8	6.2
2015	160.2	4.2	197	6.4
2016	160.2	4.2	197	6.7
2017	162.6	4.3	196	6.8
2018	164.8	4.2	209	7.0
2019	166.9	4.5	209.6	7.0
2020	174.1	4.6	223.6	7.2
2021	180.8	4.5	247.4	7.4
2022	183.5	4.6	271.7	7.6
2023	185.2	4.6	318.9	8.5

[표2] 〈A국의 1인당 석유 소비량〉

1인당 석유 소비량(kg)	2021년	2022년	2023년
A국	204.2	244.8	246.6

ㄱ. 2017~2020년의 A국 석유 생산량 중 2019년도의 석유 생산량이 차지하는 비율은 약 25(%)이다.

ㄴ. 2023년 A국의 인구수는 약 12.9억 명으로 추론된다.

ㄷ. 석유생산 세계 점유율이 나날이 늘어가고 있기 때문에 더 많은 이익을 위하여 친환경 프로젝트를 발굴하는데 힘써야 한다.

ㄹ. 표에 나와 있는 자원은 사람들이 가공하여 사용하는 인공자원이다.

① ㄱ, ㄴ
② ㄱ, ㄹ
③ ㄴ, ㄹ
④ ㄱ, ㄴ, ㄹ
⑤ ㄴ, ㄷ, ㄹ

29 다음은 공공도서관 현황에 대하여 조사한 결과이다. 사서 자격증 보유자를 각 공공도서관에 똑같이 배치한다고 했을 때, 2023년을 기준으로 1관당 배치되는 사서의 수는? (단, 소수점 첫째 자리에서 반올림함)

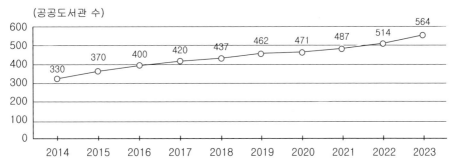

〈공공도서관 수〉

〈공공도서관의 운영 실태 및 현황〉

구분	2014	2015	2016	2017	2018	2019	2020	2021	2022	2023
공공도서관 수(관)	330	370	400	420	437	462	471	487	514	564
1석당 인구 수(명)	217	202	203	200	197	196	206	196	188	191
1인당 책 수(권)	0.25	0.39	0.46	0.52	0.56	0.64	0.71	0.79	0.94	1.01
자료 수(천 권)	16,795	18,528	21,932	25,163	26,971	32,251	35,850	40,755	45,411	49,343
직원 수(명)	5,112	5,001	4,932	4,768	4,968	5,368	5,539	5,664	5,840	6,223
사서자격증보유자(명)	1,961	1,976	1,696	1,735	1,789	1,958	2,023	2,179	2,324	2,560
운영예산(천 원)	156,717	140,825	164,226	186,448	231,516	300,714	354,576	345,624	360,109	418,714
이용자 수(천 명)	53,301	67,337	80,913	84,740	87,877	97,606	117,611	133,208	154,712	174,833
이용책 수(천 권)	54,760	82,245	98,662	101,608	108,727	110,074	179,668	172,698	213,489	265,501

① 약 3명
② 약 4명
③ 약 5명
④ 약 6명
⑤ 약 7명

30 다음은 연도별 65세 이상 의료보장 적용인구 현황을 나타낸 표이다. 2023년과 2022년의 서울 전체 인구수의 차이는?

〈65세 이상 의료보장 적용인구 현황〉

시도별	성별	2022년		2023년	
		전체 인구수(명)	65세 이상 인구수(명)	전체 인구수(명)	65세 이상 인구수(명)
서울	여성	5,144,429	693,261	5,158,922	710,991
	남성	4,973,919	546,883	4,923,643	561,150
부산	여성	1,763,972	288,297	1,771,723	300,574
	남성	1,728,585	217,783	1,733,167	228,182

① 32,783명　　　　② 33,783명
③ 34,783명　　　　④ 35,783명
⑤ 35,853명

31 다음 표는 2023년 교원 1인당 학생 수에 관한 것이다. 이에 대한 〈보기〉의 설명 중 적절한 것은?

〈재적학생 수와 교원 수〉

(단위 : 명)

행정구역별	재적학생 수(A)	교원 수(B)
계	2,870,133	182,379
서울특별시	1,479,479	93,406
부산광역시	575,598	33,971
대구광역시	401,417	27,013
인천광역시	413,639	27,989

* 교원1인당 학생수 = A÷B

| 보기 |

ㄱ. 교원 1인당 학생 수 지표가 가장 높은 지역은 서울특별시이다.
ㄴ. 교원 1인당 학생 수 지표가 가장 낮은 지역은 인천광역시이다.
ㄷ. 교원 1인당 학생 수 지표가 20이 넘는 지역이 있다.

① ㄱ　　　　② ㄴ
③ ㄱ, ㄴ　　　　④ ㄱ, ㄷ
⑤ ㄱ, ㄴ, ㄷ

32 다음 〈보기〉는 특허출원에 관한 계산식에 의하여 산출된 세 가지 사례를 나타낸 것이다. 계산식을 참고해 계산한 면당 추가료와 청구항당 심사 청구료의 가격을 알맞게 짝지은 것은?

〈특허출원 수수료 사례〉

구분	사례 A	사례 B	사례 C
	대기업	중소기업	개인
전체면수(장)	20	20	40
청구항수(개)	2	3	2
감면 후 수수료(원)	70,000	45,000	27,000

─| 보기 |─

- 특허출원 수수료 : 출원료 + 심사청구료
- 출원료 : 기본료 + (면당추가료×전체면수)
- 심사청구료 : 청구항당 심사청구료×청구항수

※ 특허출원 수수료는 개인은 70%, 중소기업은 50%가 감면되지만 대기업은 감면되지 않는다.

	면당 추가료	청구항당 심사 청구료
①	1,000원	15,000원
②	1,500원	10,000원
③	1,000원	20,000원
④	1,500원	20,000원
⑤	1,800원	25,000원

제4회
NCS
피셋형
모의고사

33 다음 표는 특정 연도 각국의 에너지 소비 현황이다. 이 표에 대한 설명으로 적절한 것을 고르면?

〈각국의 에너지 소비 현황〉

국가	에너지 – GNP 탄성치	에너지원 단위	화석연료 의존 비율(%)	1인당 TC
A	2.66	0.59	80.8	1.8
B	0.84	0.26	76.0	2.4
C	0.86	0.43	64.3	5.8
D	0.46	0.40	71.5	2.8

* 에너지 – GNP 탄성치 = 에너지소비증가율/경제성장률
  에너지원 단위 : GNP $1,000을 생산하는데 드는 에너지의 양
  화석연료 의존 비율 : 전체 에너지 소비에서 화석연료가 차지하는 비율
  TC(탄소톤) : 이산화탄소 배출량 측정단위

① GNP 대비 에너지 소비량이 적을수록 에너지 – GNP 탄성치도 커진다.

② 대기 중 이산화탄소 오염도는 C국이 가장 높다.

③ 동일한 GNP를 생산하는데 있어서 B국은 다른 국가보다 더 적은 에너지가 든다.

④ D국의 에너지 소비 증가율이 가장 낮다.

⑤ 비(非)화석연료가 화석연료보다 이산화탄소를 더 많이 배출한다.

34 다음 표는 ○○ 식품회사의 신제품 4종(a~d)에 대한 30명의 소비자들이 투표한 제품 조사결과이다. 예상되는 최종 신제품은?

─────| 정보 |─────

1. 소비자들을 번호를 매겨 그룹으로 묶는다.
2. 각 그룹은 그룹 내의 선호도 조사에서 가장 많은 득표를 하여 1순위로 뽑힌 제품에 그룹 전원이 한 제품에 모두 표를 준다.
3. 1차 투표에서 득표수가 많은 상위 두 제품을 선택한다.
4. 이 두 제품만을 대상으로 따졌을 때, 2차 투표를 진행한다.
5. 2번 과정과 똑같이 더 표를 많이 받은 제품에게 그룹 전원이 모두 표를 준다. 가장 많이 득표한 제품을 2022년 상반기 최종 신제품으로 출시한다.

예 1차 투표 시 1번~7번(7명)의 투표자들은 1순위가 a이므로 a에게 7표를 모두 준다.
모든 투표가 진행되면 각 그룹마다 표의 수를 더한다.
b와 d가 득표수가 가장 많은 상위 두 제품일 경우 2차 투표에 올린다.
2차 투표 시 17번~22번(6명)의 투표자들은 b와 d를 비교했을 때 d의 순위가 더 높으므로 d에게 6표를 준다.

〈제품 조사결과〉

조사대상자(총 30명)	1순위	2순위	3순위	4순위
1번~7번(7명)	a	d	b	c
8번~16번(9명)	b	a	c	d
17번~22번(6명)	c	d	b	a
23번~26번(4명)	c	b	a	d
27번~28번(2명)	d	a	b	c
29번~30번(2명)	d	c	b	a

① a
② b
③ c
④ d
⑤ a, b

35 다음 표는 관료제의 특성과 성공이유 및 실패이유를 요약하고 있다. 〈보기〉는 실패이유의 극복 방안을 해당 순서대로 나열한 것이다. 바르게 서술한 것을 〈보기〉에서 모두 고르면?

특성	성공이유	실패이유	극복방안
명령 계층구조	• 단순한 대규모 질서 확보 • 부서장의 하급자 통제를 통한 질서 확립	• 복잡성을 다룰 수 없음 • 지배(domination)방식은 조직 지능을 확보하는 최선의 방안이 못됨	ㄱ
전문화/ 기능별 조직	• 분업을 통한 효율성 • 집중된 지능	• 기능 간 조정 결여 • 지속적 · 수평적 조정 결여	ㄴ
계급승진	• 충성심 확보 • 관리자/전문가 엘리트 집단의 지속성	• 동기부여 부족 • 더 교육받은 사람들은 빠른 승진을 기대함	ㄷ
비정의적 관계	• 정실 · 족벌주의 억제 • 엄격한 기강 확립	• 정보 집약 업무에는 심층관계가 요구됨	ㄹ

───────| 보기 |───────

ㄱ. 비전과 가치를 통한 자율적 업무수행을 강조

ㄴ. 개방적 직제의 설치를 통한 기능별 전문가 유치

ㄷ. 능력중심의 보상제도 채택

ㄹ. 개인중심의 사고방식 강화

① ㄱ, ㄴ   ② ㄱ, ㄷ

③ ㄷ, ㄹ   ④ ㄱ, ㄴ, ㄷ

⑤ ㄴ, ㄷ, ㄹ

[36~37] 다음 자료를 바탕으로 물음에 답하시오.

───────| 정보 |───────

• 2020 F − 1 자동차 경주 대회는 연 19회의 그랑프리 대회를 통하여 획득한 점수를 합산하여 시상한다.

• 2020 코리아 그랑프리 대회는 올해 F − 1 자동차 경주 대회의 17번째 그랑프리 대회이다.

• 누적 점수가 높은 순으로 드라이버 순위를 선정한다.

• 각각의 그랑프리 대회에서 드라이버는 순위별로 다음의 점수를 부여받는다.

  1위 : 25, 2위 : 18, 3위 : 15, 4위 : 12, 5위 : 10, 6위 : 8, 7위 : 6, 8위 : 4, 9위 : 2, 10위 : 1, 11위 이하 : 0

• 동명이인의 드라이버는 없으며, 각각의 드라이버는 매 그랑프리 대회에 한 번씩만 출전한다.

[표1] 〈2020 코리아 그랑프리 대회 개최 전 상위권 드라이버 순서〉

순위	드라이버	누적 점수(점)
1	웨버	220
2	마사	207

3	슈마허	206
4	해밀턴	199
5	알론소	190
6	마사	172
7	로스버그	171
8	쿠비차	157
9	버튼	54
10	수틸	47

* 1~10위의 드라이버는 모두 2020 코리아 그랑프리 대회에 출전함.

[표2] 〈2020 코리아 그랑프리 대회 점수 결과〉

순위	드라이버	1위와의 기록 차이 (초)
1	알론소	—
2	해밀턴	+ 14.9
3	마사	+ 30.8
4	슈마허	+ 39.6
5	쿠비차	+ 47.7
6	리우찌	+ 53.5
7	바리첼로	+ 69.2
8	가무이	+ 77.8
9	하이트펠트	+ 80.1
10	훌켄버그	+ 80.8

* 알론소의 2020 코리아 그랑프리 대회 기록 : 2시간 48분 20.810초

36 2020 코리아 그랑프리 대회에 출전한 드라이버 중 이름이 확인 가능한 드라이버의 수는?

① 11명
② 12명
③ 13명
④ 14명
⑤ 15명

37 2020년 F − 1 자동차 경주 대회의 18번째 그랑프리 대회 개최 전 누적 점수가 1위일 드라이버는?

① 해밀턴
② 슈마허
③ 알론소
④ 웨버
⑤ 마사

38 보기의 내용을 참고하여, 윤호가 농민이 아닌 경우에 다음 중 반드시 참인 것은?

---| 보기 |---

- A, B, C, D 네 개의 구역이 있으며, A 구역에는 군인, B구역에는 농민 또는 노동자, C 구역에는 행정 관료, 그리고 D구역에는 기업가가 산다.
- A 구역 사람은 모두 B 구역 사람만을 좋아하고, D 구역 사람을 존경하는 사람은 모두 A구역 사람들 뿐이다.
- 아파트에 거주하는 모든 사람은 D 구역 사람을 좋아하고, 자가용으로 출퇴근하는 모든 사람은 모두 부자이다.
- C 구역 사람이나 D 구역 사람은 모두 부자이다.
- C 구역 사람은 모두 아파트에 거주한다.

① A 구역 사람은 윤호를 좋아하지 않는다.

② 만일 윤호가 기업가를 존경한다면 윤호는 행정관료를 좋아한다.

③ 만일 윤호가 부자도 아니고 군인도 아니라면 윤호는 노동자이다.

④ 만일 윤호가 자가용으로 출퇴근한다면, 윤호는 아파트에 거주한다.

⑤ 만일 윤호가 C 구역 사람이라면, 윤호는 D 구역 사람을 좋아하지 않는다.

[39~40] 다음 표는 전국 성인남녀 1,200명을 대상으로 조사하여 신문과 TV에서 제품 광고를 본 후 응답자들이 선호 기업을 바꾼 경우만을 나타낸 것이다. 표를 바탕으로 물음에 답하시오.

〈제품 광고에 따른 선호 기업 변화〉

(단위 : 명)

광고 후 선택 기업 \ 광고매체 \ 광고 전 선택기업	A기업		B기업		C기업		전체
	신문	TV	신문	TV	신문	TV	
A기업	–	–	6	16	12	52	86
B기업	11	29	–	–	9	28	77
C기업	9	25	5	8	–	–	47
전체	20	54	11	24	21	80	210

* 이득이란 선호 인구가 늘어난 것을 의미하며, 손해란 선호 인구가 줄어든 것을 의미한다.

39 신문과 TV 광고를 합해서 볼 때 가장 큰 손해를 본 기업과 신문 광고를 통해 가장 큰 이득을 본 기업을 알맞게 짝지은 것은?

	신문과 TV 광고	신문 광고
①	A	A
②	A	B
③	B	C
④	C	B
⑤	C	A

40 TV광고 후 가장 큰 이득을 본 기업과 가장 큰 손해를 본 기업을 알맞게 짝지은 것은?

	큰 이득	큰 손해
①	A	B
②	A	C
③	B	C
④	A	C
⑤	A, C(공동)	B

41 다음 포유동물에 대한 진술이 모두 참이라고 가정했을 때, 꼬리가 <u>없는</u> 포유동물 A에 관한 설명 중 반드시 참인 것은?

> • 모든 포유동물은 물과 육지 중 한 곳에서만 산다.
> • 물에 살면서 육식을 하지 않는 포유동물은 다리가 없다.
> • 육지에 살면서 육식을 하는 포유동물은 모두 다리가 있다.
> • 육지에 살면서 육식을 하지 않는 포유동물은 모두 털이 없다.
> • 육식동물은 모두 꼬리가 있다.

① A는 털이 있다.

② A는 다리가 없다.

③ 만약 A가 물에 산다면, A는 다리가 있다.

④ 만약 A가 털이 있다면, A는 다리가 없다.

⑤ 만약 A가 육지에 산다면, A는 다리가 있다.

42 다음 자료는 연도별 주요 인구지표를 나타낸 것이다. 표에 대한 〈보기〉의 해석 중 옳은 것으로만 짝지어진 것은?

〈연도별 주요 인구지표〉

구분	2020	2021	2022	2023
총부양비	37.1	37.6	38.6	39.6
유소년부양비	17.5	17.1	16.9	16.6
노년부양비	19.6	20.4	21.7	23.0
노령화지수	111.9	119.4	129.0	138.8
생산가능인구(명)	37,645,085	37,589,552	37,358,309	37,132,956
성비	100.5	100.5	100.4	100.4

── | 지표 설명 | ──

- 성비 = 남자인구/여자인구×100
- 총부양비 = 유소년부양비 + 노년부양비
- 유소년부양비 = 유소년인구/생산가능인구×100
- 노년부양비 = 고령인구/생산가능인구×100
- 노령화지수 = 고령인구/유소년인구×100
- 유소년인구(0~14세), 생산가능인구(15~64세), 고령인구(65세 이상)

── | 보기 | ──

ㄱ. 늘 여자인구보다 남자인구가 많다.
ㄴ. 고령인구보다 유소년인구가 언제나 많다.
ㄷ. 유소년인구와 고령인구는 증가하고 있다.
ㄹ. 총 부양비와 노령화지수는 모두 증가하고 있다.

① ㄱ, ㄴ   ② ㄱ, ㄹ
③ ㄴ, ㄷ   ④ ㄴ, ㄹ
⑤ ㄷ, ㄹ

[43~44] 다음 제시된 자료들은 K전력회사의 주택용 전기요금 산정과 관련된 것들이다. 이를 참고하여 물음에 답하시오.

[표1] 기본요금(원/호)

주택용 전력(저압)			주택용 전력(고압)		
1단계	100kWh 이하 사용	400	1단계	100kWh 이하 사용	400
2단계	101~200kWh 사용	890	2단계	101~200kWh 사용	710
3단계	201~300kWh 사용	1,560	3단계	201~300kWh 사용	1,230
4단계	301~400kWh 사용	3,750	4단계	301~400kWh 사용	3,090
5단계	401~500kWh 사용	7,110	5단계	401~500kWh 사용	5,900
6단계	500kWh 초과 사용	12,600	6단계	500kWh 초과 사용	10,480

*저압 : 표준전압 220V, 380V
*고압 : 표준전압 3,300V 이상, 66,000V 이하

[표2] 전력량요금(원/kWh)

주택용 전력(저압)			주택용 전력(고압)		
1단계	처음 100kWh까지	59.1	1단계	처음 100kWh까지	56.1
2단계	다음 100kWh까지	122.6	2단계	다음 100kWh까지	96.3
3단계	다음 100kWh까지	183.0	3단계	다음 100kWh까지	143.4
4단계	다음 100kWh까지	273.2	4단계	다음 100kWh까지	209.9
5단계	다음 100kWh까지	406.7	5단계	다음 100kWh까지	317.1
6단계	500kWh 초과	690.8	6단계	500kWh 초과	559.5

*전기요금계 : 기본요금 + 전력량요금
*부가가치세 : 전기요금계 × 0.1
*전력산업기반기금 : 전기요금계 × 0.04
*청구금액 : 전기요금계 + 부가가치세 + 전력산업기반기금
※ 전기요금계, 부가가치세, 전력산업기반기금, 청구금액에서 10원 미만은 절사함

43 다음은 K전력회사의 고객상담 게시판에 올라온 문의 내용이다. 이 고객에게 청구될 전기요금으로 옳은 것은?

> 고객 문의 : 청구요금을 확인해 주세요.
>
> ---
>
> 안녕하세요. 저는 주거용 주택에 거주하고 있고, 이번 한 달간 120kWh를 사용했습니다. 저희 집의 표준 전압은 220V입니다. 이번 달에 전기요금이 얼마나 나올지 계산 부탁드립니다.

① 10,540원   ② 13,300원

③ 16,500원   ④ 19,550원

⑤ 20,160원

44 다음과 같은 문의를 한 고객이 지불해야 할 전력산업기반기금으로 옳은 것은?

> 고객 문의 : 전력산업기반기금이 무엇인가요?
>
> ---
>
> 안녕하십니까. 전기요금 청구서에서 '전력산업기반기금'이라는 게 있던데 정확히 무슨 기금인가요? 그리고 제가 8월 한 달간 350kWh의 전력을 사용했고 표준 전압이 3,300V라면 이번 달 '전력산업기반기금'은 얼마나 청구되는 겁니까? 빠른 답변 바랍니다.

① 1,650원   ② 1,720원

③ 2,320원   ④ 2,870원

⑤ 3,450원

45 다음 표는 줄기세포 치료제 시장 현황에 관한 자료이다. 이에 대한 〈보기〉의 설명 중 옳은 것을 모두 고르면?

〈줄기세포 치료제 시장 현황〉

치료분야 ＼ 구분	환자수(명)	투여율(%)	시장규모(백만 달러)
자가면역	5,000	1	125
암	8,000	1	200
심장혈관	15,000	1	375
당뇨	15,000	5	1,875
유전자	500	20	250
간	400	90	900
신경	5,000	10	1,250
전체	48,900	–	4,975

* 모든 치료분야에서 줄기세포 치료제를 투여한 환자 1명당 투여비용은 동일함

* 시장규모 = 줄기세포 치료제를 투여한 환자수 × 환자 1명당 투여비용

* 투여율(%) = $\dfrac{\text{줄기세포 치료제를 투여한 환자수}}{\text{환자수}} \times 100$

───────| 보기 |───────

ㄱ. 투여율에 변화가 없다고 할 때, 각 치료분야의 환자수가 10% 증가하면 줄기세포 치료제를 투여한 전체 환자수도 10% 증가한다.

ㄴ. 줄기세포 치료제를 투여한 환자 1명당 투여비용은 250만 달러이다.

ㄷ. 투여율에 변화가 없다고 할 때, 각 치료분야의 환자수가 10% 증가하면 전체 줄기세포 치료제 시장규모는 55억 달러 이상이 된다.

ㄹ. 다른 치료분야에서는 환자수와 투여율의 변화가 없다고 할 때 유전자 분야와 신경 분야의 환자수가 각각 2,000명씩 증가하고 이 두 분야의 투여율이 각각 절반으로 감소하면, 전체 줄기세포 치료제 시장규모는 변화가 없다.

① ㄱ, ㄷ
② ㄴ, ㄷ
③ ㄴ, ㄹ
④ ㄱ, ㄴ, ㄷ
⑤ ㄱ, ㄴ, ㄹ

제**4**회
NCS
피셋형
모의고사

46 신입사원 채용지침과 지원자의 성적은 다음과 같다. 이에 따라 선발될 수 있는 사람(들)은 누구인가?

> ㄱ. 모든 조건에 우선하여 어학 성적이 90점 이상인 어학 우수자를 최소한 한 명은 선발해야 한다.
> ㄴ. 최대 3명까지만 선발할 수 있다.
> ㄷ. A를 선발할 경우 D를 같이 선발해야 한다.
> ㄹ. A를 선발할 수 없는 경우 C도 선발할 수 없다.
> ㅁ. D를 선발할 경우 B와 C를 선발해야 한다.
> ㅂ. B를 선발하면 F를 선발해야 한다.
> ㅅ. 합격한 사람이 불합격한 사람보다 학업성적의 평균이 나쁘면 안 된다.
> ㅇ. 어느 점수든 70점 미만이 있으면 선발할 수 없다.

지원자	어학성적	학업성적	적성
A	95	90	80
B	80	90	75
C	80	80	75
D	70	95	75
E	95	95	90
F	85	90	70
G	85	85	65

① E   ② B, F

③ B, D, E   ④ B, E, F

⑤ A, D, G

47 아래의 두 가지 조건을 모두 충족하는 상황은 다음 중 어느 것인지 고르면?

> 조건1 : 첫 번째 목표의 달성률이 높아질수록 두 번째 목표의 달성률은 낮아진다.
> 조건2 : 두 번째 목표의 달성이 첫 번째 목표의 달성에 저해되지 않는다.
> 다만, 첫 번째 목표를 달성하기 위해 사용된 수단만이 두 번째 목표를 달성하는 데 사용된다.

① 어느 우체국에서 고객의 급행우편배달 수요를 억제하기 위해 급행우편에 대해 매우 비싼 할증금을 부과하였다. 한편 그 우체국은 할증금을 급행우편배달 서비스 수준의 향상을 위해 사용하기로 했다.

② 어느 도시에서 자가용 승용차의 도심 진입을 억제하기 위해 현재 유일한 도심 진입로인 A터널에 한해서만 혼잡통행료 징수제도를 시행하기로 하였다. 한편 이 도시의 시장은 징수된 혼잡통행료를 새로운 도심 진입로인 B터널의 조속한 건설을 위해 사용하기로 결정하였다.

③ 어느 피자 배달점에서 매상을 늘리기 위해 열 번 주문한 고객에게는 한 번의 공짜 주문이 가능하도록 하였다. 한편 이 피자 배달점에서는 이러한 방법을 통해 늘어난 이익금을 불우 이웃을 돕기 위해 성금으로 기탁하기로 하였다.

④ 정부는 담배 소비를 억제하기 위해 담배 가격을 대폭 인상하였다. 한편 정부는 추가 이익금을 인체에 무해한 담배를 개발하기 위한 연구기금으로 사용하기로 했다.

⑤ 정부는 고가의 외제 승용차의 구매를 억제하기 위해 수입 외제차에 대한 관세를 높이기로 하였다. 한편 정부는 이를 통해 거두어들인 세금을 결식아동의 복지수준을 향상시키기 위해 사용하기로 하였다.

48 성대리는 연구용역비를 조사비, 인건비, 재료비, 운영비, 홍보비, 기타비 등 총 6개 항목으로 나누어 산출하여 보고서를 작성했다. 그러나 며칠 뒤 예산 담당부서에서 다음과 같은 지침에 따른 예산 변경을 요구해왔다. 이 지침에 근거해서 성대리가 내린 판단 중 옳지 <u>않은</u> 것을 고르면?

제4회
NCS
피셋형
모의고사

──────────┤ 지침 ├──────────
1. 어떤 항목은 증액이나 감액 없이 현상 유지될 수 있다.
2. 인건비와 조사비는 동시에 삭감하거나 동시에 증액해야 한다.
3. 재료비와 홍보비는 동시에 삭감할 수 없다.
4. 운영비와 기타비는 동시에 증액할 수 없다.
5. 증액이 가능한 항목은 최대 2개이며, 적어도 3개 항목은 반드시 삭감해야 한다.

① "운영비를 증액하면, 조사비를 증액할 수 없구나."
② "홍보비를 증액하면, 인건비를 증액할 수 없네."
③ "인건비를 증액하면, 기타비를 반드시 삭감해야 하는구나."
④ "조사비를 증액하면, 운영비를 반드시 삭감해야 하는 건가 보다."
⑤ "기타비를 증액하면, 홍보비를 증액할 수 없는 것 같아."

49 한국○○공단은 11.01.(목)~11.17.(토)에 공사를 계획하고자 한다. 다음 중 11월 8일에 진행할 공사를 고르면?

〈11월 달력〉

일	월	화	수	목	금	토
				1	2	3
4	5	6	7	8	9	10
11	12	13	14	15	16	17

───┤ 한국○○공단 대전지사 별관 신설에 따른 공사 계획 예고 ├───

한국○○공단 대전지사(별관)는 11.01.(목)~11.17.(토) 기간 동안 여러 가지 공사를 진행하려고 합니다.

- 공사 기간은 누수공사 4일, 전기공사 2일, 가스공사 4일, 난방공사 2일 동안 진행할 예정이다.
- 전기공사와 난방공사는 업무에 방해가 안 되도록 주말에만 2일 연달아 진행할 예정이다.
- 누수공사와 가스공사는 평일에만 4일 연달아 진행할 예정이다.
- 전기공사는 업체 측 사정으로 7일 이후 가능하다.
- 누수공사보다 가스공사를 더 빨리 진행할 예정이다.
- 모든 공사는 하루에 한 가지만 진행할 예정이다.
- 매주 월요일은 전체 회의로 모든 공사를 진행하지 않을 예정이다.

설치계획을 위와 같이 예고하오니 설치에 대하여 의견이 있으신 분은 10.31.까지 대전지사 경영복지부로 연락주시기 바랍니다.

2023.10.01. 대전지사 경영복지부

① 전기공사
② 누수공사
③ 난방공사
④ 가스공사
⑤ 공사 없음

50 다음 표는 1,000명의 화물운전자들에게 5개 제조회사에서 생산되는 타이어제품에 대한 소비자 선호도를 조사한 결과를 정리한 것이나, 데이터 작업자의 실수로 일부 자료가 삭제되었다. 소비자 선호조사는 1,000명의 화물운전자들에게 5개 제조사 타이어제품 중 1개 제품을 1차 선택하게 한 후, 2일 동안 사용한 후에 다시 1개 제품을 2차 선택하도록 수행되었다. 이 자료에 대한 설명으로 옳은 것을 〈보기〉에서 모두 고르면?

〈5개 제조사 타이어제품에 대한 소비자 선호조사 결과〉

(단위 : 개)

1차 선택 ＼ 2차 선택	A사	B사	C사	D사	E사	계
A사		17	15	23	10	185
B사	22	89	11		14	
C사	17	11		13	12	188
D사	15		21	111	21	202
E사		18	13	15		257
계	185	169			257	1,000

| 보기 |

ㄱ. 5개 제조사 타이어제품 중 1차에서 가장 많이 선택된 제품을 나열하면 E사 – D사 – C사 – A사 – B사 제품의 순이다.

ㄴ. 5개 제조사 타이어제품 중 1차와 2차에 걸쳐 동시에 가장 많이 선택된 제품을 나열하면 E사 – C사 – A사 – B사 – D사 제품의 순이다.

ㄷ. 1차에서 B사 제품을 선택하였고 2차에서 D사 제품을 선택한 화물운전자의 수는 1차에서 D사 제품을 선택하였으나 2차에서 B사 제품을 선택한 화물운전자의 수보다 더 크다.

① ㄱ
② ㄷ
③ ㄱ, ㄴ
④ ㄱ, ㄷ
⑤ ㄱ, ㄴ, ㄷ

제**4**회
NCS
피셋형
모의고사

제 5 회

피듈형

모의고사

50문항/권장 풀이 시간 50분

제5회
NCS 피듈형 모의고사

정답 및 해설 289p

NATIONAL COMPETENCY STANDARDS

01 다음은 문서의 이해를 위한 절차이다. 빈칸에 들어갈 내용으로 가장 알맞은 것을 순서대로 나열한 것은?

---

1. 문서가 작성된 의도와 주제 확인하기
2. 문서가 제시하고 있는 (a)와/과 문제를 파악하기
3. 문서를 통해 작성자의 (b) 및 내게 요구하는 행동에 관한 내용을 분석하기
4. 문서에서 이해한 목적의 (c)을/를 위해 할 행동을 생각하고 결정하기

---

	a	b	c
①	출처	욕구	달성
②	정보	수준	이유
③	설정	수준	가치관
④	설정	지원	개념
⑤	정보	욕구	달성

02 당신은 한 대기업의 마케팅 부서 신입이다. 하루는 마케팅 팀장이 상반기 문건들을 넘겨주면서 "오늘 회의에 필요한 것만 간추려 분류해봐"라는 요청을 하였다. 팀장이 요청한 업무를 처리하기 위해 신입인 당신에게 필요한 능력으로 가장 알맞은 것은?

① 자신의 생각과 감정을 언어로 표현하는 능력

② 다른 사람의 말을 주의 깊게 듣고 공감하는 능력

③ 외국어로 된 간단한 자료를 이해하거나 의사표현을 이해하는 능력

④ 한 가지 방식만 고수하지 않는 타인에 대한 수용 능력

⑤ 구체적인 정보를 획득 · 수집하고 종합하기 위한 능력

03 다음 주어진 어구의 밑줄 친 부분과 같은 뜻으로 사용된 것은?

> 전해지는 이야기에 따르면, 중국 양나라의 주흥사가 무제의 명령에 따라 천자문을 하룻밤 동안 만들며 머리가 백발이 되었다고 한다.

① 외할머니에게 이 정결한 치성 바위에 얽혀 있는 이야기를 들었다.

② 성악설을 옹호하는 사람들은 인간의 본성은 천성적으로 착하다고 이야기한다.

③ 슬플 땐 같은 취미를 가진 사람들과 이야기를 하는 것이 도움 된다.

④ 동생들이 나를 빼고 한동안 쑥덕쑥덕 이야기를 하더니 잠이 들었다.

⑤ 내가 가수 A에게 청혼하겠다고 이야기하자 엄마는 내 등을 찰싹 때렸다.

[04~05] 다음은 채권과 물권에 대해 설명한 글이다. 물음에 답하시오.

물권은 직접성, 지배성, 배타성을 가져 특정한 물건을 사용자가 직접 지배하여 배타적 이익을 얻는 권리를 말한다. 물권의 종류와 내용은 법률이 정하는 것에 한하여 인정되고, 당사자가 그 밖의 물권을 자유롭게 창설하는 것을 금하는 근대 사법(私法)의 원칙이다.

물권의 종류 중에서 점유권은 소유권과 관계없이 물건을 사실상 지배하는 경우를 말한다. 여기서 소유권이란 법의 범위 내에서 해당 물건을 소유, 수익, 처분할 수 있는 권리를 말한다. 그 나머지는 용익물권과 담보물권으로 크게 두 가지로 나뉠 수 있는데, 용익물권은 '지상권', '지역권', '전세권'으로 세부적으로 나뉠 수 있다. 지상권은 타인의 토지에서 건물 및 기타 공작물이나 수목을 소유하기 위하여 그 토지를 사용할 수 있는 권리를 말한다. 지역권은 설정행위에서 정한 특정 목적을 위하여 타인의 토지를 자신의 편익에 이용할 수 있는 권리이다. 전세권은 일정 금액을 지급하고 타인의 부동산을 특정 용도에 따라 사용 또는 수익할 수 있는 권리이다. 반면 채권은 계약자유의 원칙이 적용되므로 이를 자유로이 창설할 수 있다. 채권이란 정부, 회사, 개인은 일반 대중 투자자들로부터 장기의 자금을 조달하여야 할 때가 있는데, 이때 차용증서를 발행하게 될 때 이를 채권이라고 말한다. 이 채권의 소멸원인으로는 변제(辨濟), 상계(相計), 경개(更改), 혼동(混同), 면제(免除), 해지(解止)가 있다.

변제(辨濟)란 채무의 내용인 급부를 실현하는 채무자 또는 기타 제삼자의 행위로서, 이행과 같은 뜻이다. 상계(相計)는 채권자와 채무자가 서로 같은 종류의 채권과 채무를 가지는 경우에 일방 당사자의 의사표시로 쌍방의 채권과 채무를 대등액에서 소멸시키는 것이다. 경개(更改)는 채무의 중요한 부분을 변경하여 신채무를 성립시킴과 동시에 구채무를 소멸케 하는 유상계약이다. 혼동(混同)은 병존시켜둘 필요가 없는 2개의 법률상의 지위가 동일인에게 귀속하는 것으로 물권·채권·채무의 소멸 원인이 된다. 면제(免除)는 채무자에 대한 채권자의 일방적 의사표시에 의해 채권을 무상으로 소멸시키는 것이며 해지(解止)는 계속적 계약관계의 효력을 장래에 향하여 소멸시키는 계약 당사자의 일방적 의사표시이다.

담보물권 역시 저당권, 유치권, 질권으로 나뉠 수 있다. 저당권은 채무자 또는 보증인이 채무의 담보로 제공한 부동산이나 기타의 목적물을 인도받지 않고 관념상으로만 지배하여, 채무자의 변제가 없는 경우 그 목적물로부터 우선변제를 받을 수 있는 권리를 말한다. 유치권이란 타인의 물건을 점유한 자가 그 물건에 관하여 생긴 채권을 가지는 경우, 변제를 받을 때까지 그 물건을 유치할 수 있는 권리이다. 질권은 채무자의 물건을 담보로 취득하지 않을 경우 그 물건이 형성해 있거나 약정된 목적물에서 우선변제받을 수 있는 권리이다.

04 타인의 부동산을 특정 용도에 따라 수익할 수 있는 권리는?

① 유치권   ② 채권

③ 지상권   ④ 전세권

⑤ 지역권

05 위에서 제시된 자료에 대한 설명 중 옳은 것은?

① 일방 당사자의 의사표시로 쌍방의 채권과 채무를 대등액에서 소멸시키는 혼동(混同)은 병존시켜둘 필요가 없는 법률상 지위가 동일인에게 귀속하는 것으로 물권의 소멸 원인이 된다.

② 계약자유의 원칙이 적용되는 저당권은 채무자 또는 보증인이 부동산이나 기타의 목적물을 인도받지 않는다.

③ 정부가 일반 대중 투자자들로부터 장기의 자금을 조달하여야 할 때 발행하는 채권의 종료 원인 중 하나인 변제(辨濟)는 채무의 내용인 급부를 실현하는 채무자 또는 기타 제삼자의 행위로서, 이행과 같은 뜻이다.

④ 담보물권은 타인의 물건을 점유한 자가 그 물건에 관하여 생긴 채권을 가지는 경우, 변제를 받을 때까지 그 물건을 유치할 수 있는 권리를 포함한다.

⑤ 타인의 토지에서 건물 및 기타 공작물이나 수목을 소유하기 위해 등장한 점유권은 소유권과 관계없이 물건을 사실상 지배하는 경우를 말한다.

[06~07] 다음 지문은 백범 김구 선생의 「나의 소원」 전문 중의 일부다. 물음에 답하시오.

나는 오늘날의 인류의 문화가 불완전함을 안다. 나라마다 안으로는 정치상, 경제상, 사회상으로 불평등, 불합리가 있고, 밖으로는 국제적으로는 나라와 나라의, 민족과 민족의 시기(猜忌), 알력(軋轢), 침략(侵略), ㉠ 그러나 그 침략에 대한 보복(報復)으로 작고 큰 전쟁이 그칠 사이가 없어서 많은 생명과 재물을 희생하고도 좋은 일이 오는 것이 아니라 인심(人心)의 불안(不安)과 도덕(道德)의 타락(墮落)은 갈수록 더하니, 이래 가지고는 전쟁이 끊일 날이 없어, 인류는 마침내 멸망하고 말 것이다. 그러므로 인류 세계에는 새로운 생활원리(生活原理)의 발견(發見)과 실천(實踐)이 필요하게 되었다. ⓐ 이야말로 우리 민족이 담당한 천직이라고 믿는다.

㉡ 이러하므로, 우리 민족의 독립이란 결코 삼천 리 삼천만만의 일이 아니라, 진실로 세계 전체의 운명에 관한 일이요, 그러므로 우리나라의 독립을 위하여 일하는 것이 곧 인류를 위하여 일하는 것이다.

만일 우리의 오늘날 형편이 초라한 것을 보고 자포자기(自暴自棄)를 발하여, 우리가 세우는 나라가 그처럼 위대한 일을 할 것을 의심한다면, 그것은 스스로 모욕(侮辱)하는 일이다. 우리 민족의 지나간 역사가 빛나지 아니함이 아니라, 그것은 아직 서곡(序曲)이었다. 우리가 주연배우(主演俳優)로 세계 역사의 무대(舞臺)에 나서는 것은 오늘 이후다. ㉢ 삼천 만의 우리 민족이 옛날의 그리스 민족이나 로마 민족이 한 일을 못한다고 생각할 수 있겠는가!

제5회
NCS
피듈형
모의고사

㉣ 오직 사랑의 문화, 평화의 문화로 우리 스스로가 잘 살고 인류 전체가 의좋게 즐겁게 살도록 하는 일을 하자는 것이다. 내가 원하는 우리 민족의 사업은 결코 세계를 무력(武力)으로 정복(征服)하거나 경제력(經濟力)으로 지배(支配)하려는 것이 아니다. 어느 민족도 일찍이 그러한 일을 한 이가 없었으니 그것은 공상(空想)이라고 하지 마라. 일찍이 아무도 한 자가 없기에 우리가 하자는 것이다. 이 큰 일은 하늘이 우리를 위하여 남겨놓으신 것임을 깨달을 때에 우리 민족은 비로소 제 길을 찾고 제 일을 알아본 것이다.

나는 우리나라의 청년 남녀(靑年男女)가 모두 과거의 조그맣고 좁다란 생각을 버리고, 우리 민족의 큰 사명에 눈을 떠서 제 마음을 ㉤ 닫고 제 힘을 기르기로 낙을 삼기를 바란다. 젊은 사람들이 모두 이 정신을 가지고 이 방향으로 힘을 쓸진대 30년이 못하여 우리 민족은 청출어람(靑出於藍)하게 될 것을 나는 확신(確信)하는 바이다.

06 다음 ㉠~㉤을 바르게 고친다고 할 때 적절하지 않은 것은?

① 앞 문장과의 연결성을 고려하여 ㉠을 '그리고'로 고친다.
② 앞 단락과의 연결성을 고려하여 ㉡을 '하지만'으로 고친다.
③ 잘못된 띄어쓰기가 사용되었으므로 ㉢을 '삼천만'으로 고친다.
④ 글의 흐름을 고려하여 ㉣을 바로 뒤의 문장과 순서를 바꾼다.
⑤ 글쓴이의 의도를 적절히 고려하여 ㉤을 '닦고'로 수정한다.

07 윗글에서 지은이가 생각하는 ⓐ의 의미로 적절한 것은?

① 세계에서 제일 풍족한 나라를 만드는 일
② 민주적인 정치 제도의 기틀을 마련하는 일
③ 일제의 침략에 맞서 정신적으로도 무력으로도 투쟁하는 일
④ 사랑과 평화의 문화를 실현하는 일
⑤ 빨갱이를 처단하는 일

08 다음 ㉠~㉤을 문맥상 바르게 고쳐 쓴다고 할 때 적절하지 <u>않은</u> 것은?

> 권위와 권위주의는 자주 혼동되어 사용된다. 독재주의라는 말로 대치될 수 있는 권위주의가 개념도 의미도 다른 권위와 단지 언어적 기호 내지 상징이 같다는 이유로 오용되고 있는 것이다.
>
> 정치력이나 경제력에 바탕을 둔 ㉠ 자유주의와는 달리 권위는 인품과 도덕성, 실질적인 능력에서 비롯된다. 그것은 어디까지나 개인적이다. 권위나 지위가 역할에 따른 것이라 할지라도 그것은 우연히 이루어진 것이 아니라 연륜과 성실한 노력과 두뇌와 인격과 학식과 기량을 통해 획득된 것이다. 만일 우리 사회에서 권위나 위신까지도 인정되지 않는다면 질서나 선의의 경쟁은 깨지고 인격의 도야나 진지한 노력도 사라질 것이다. ㉡ 그러나 우리가 말하는 권위는 강요되거나 조작되는 것이 아니다. 그 어떤 지위나 책임을 가진 사람이 하는 말에 귀 기울이지 않는 태도에는 사회의 약속이나 규범, 인간의 도리마저 인정하지 않는 "내게 이익이 있고 내가 편하며 원하는 일이라면 남이야 어찌 되든 상관할 바 아니다."라는 발상이 포함되어 있다. 얼핏 대단히 편해 보이는 그것은, 결국 자기 자신에게도 불리한 결과를 ㉢ 낫게 될 것이다. 왜냐하면 사회는 혼자가 아닌 남과 더불어 어울려 살아가는 곳이기 때문이다.
>
> 과거 우리의 권력 구조나 체계의 정통성·정당성, 권력의 장악, 부의 축적에서 합법적이고 정당한 절차와 과정을 거치지 않은 경우도 있었다. 정치권에서 주로 논의되던 권력의 정통성 시비에서 비롯된 권위주의의 청산은 권위와 권위주의의 혼동 속에서 무분별하게 확산되었고, (㉣) 권위마저도 설 땅을 잃게 되었다. 그러나 지식과 학문의 사회에서 지적·인격적 권위가 인정되지 않는다면 교육은 존립할 수 없게 된다.
>
> 권위가 지배와 복종의 관계를 의미하는 것은 아니다. 어떤 의미에서 그것은 분업과 ㉤ 협력의 관계이다. 권위를 지나치게 기계적이고 획일적으로 생각하는 것은 옳지 않다. 오늘날에는 대중매체를 통한 상징 조작의 문제가 가끔 지적된다. 즉, 지도자들은 스스로의 권위와 위신을 일반 대중에게 심어주기 위해 대중매체를 통한 상징 조작에 노력을 기울인다.

① 내용의 개연성을 파악하면 잘못된 어휘가 쓰였으므로 ㉠을 '권위주의'로 고쳐 쓴다.

② 글 전체의 문맥을 고려하여 ㉡을 글 맨 아래로 옮긴다.

③ 맞춤법 규정에 맞추어 ㉢을 '낳게'로 고쳐 쓴다.

④ 앞뒤로 이어지는 내용을 고려하여 ㉣에 '결국'을 넣는다.

⑤ 글쓴이가 주장하고 있는 바를 살펴어 ㉤을 '갈등'으로 고쳐 쓴다.

09 교과목별 실제 필요교실 수를 제안하려고 한다. 교실의 효율적 이용을 위해 최소한의 필요 교실 수를 제안하되 이용률이 70%를 넘지 않도록 해야 한다. 또한 모든 교실은 매일 오전 9시부터 오후 5시까지 주당 총 40시간 단위가 가동된다. 이용률이 100%일 때 소요교실 수가 가장 많은 교과목과 '소비와 경제'의 실제 필요교실 수를 바르게 짝지은 것은?

〈교과목별 수업 관련 자료〉

교과목	예상 수강학생 수(명)	주당 수업시간 수(시간)	수업당 적정학생 수(명)
소비와 경제	450	8	30
확률과 통계	330	8	30
생태와 환경	220	4	20

* 이용률 100% 시 소요교실 수 = $\dfrac{\text{예상수강학생 수}}{\text{수업당 적정학생 수}} \times \dfrac{\text{주당 수업시간 수}}{\text{주당 교실가동시간 수}}$

* 이용률 = $\dfrac{\text{이용률 100%시 소요교실 수}}{\text{실제 필요교실 수}} \times 100$

① 생태와 환경, 약 3개
② 소비와 경제, 약 3개
③ 소비와 경제, 약 5개
④ 확률과 통계, 약 5개
⑤ 확률과 통계, 약 7개

10 다음은 2020~2023년 외국 기업의 국내 투자 현황에 대한 자료이다. 이 자료를 알맞게 분석한 것은?

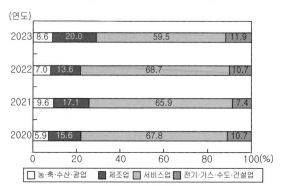

〈외국 기업 국내 투자 건수의 산업별 비율〉

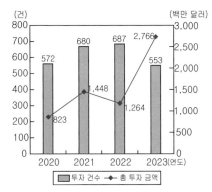

〈외국 기업의 국내 서비스업 투자 건수 및 총 투자 금액〉

① 외국 기업 국내 투자 건수 중 각 산업이 차지하는 비율의 순위는 매년 동일하다.

② 외국 기업 국내 투자 건수 중 제조업이 차지하는 비율은 매년 증가하였다.

③ 외국 기업의 국내 서비스업 투자 건당 투자 금액은 매 해 증가하였다.

④ 외국 기업 국내 투자 건수는 2022년이 2021년보다 적다.

⑤ 2020년 외국 기업의 국내 농 · 축 · 수산 · 광업에 대한 투자 건수는 50건 이상이다.

11 다음은 OECD 7개국의 생산직 노동자의 시간당 임금과 단위노동 비용지수를 정리한 표이다. 다음 중 옳은 것은?

〈국가별 생산직 노동자의 시간당 임금과 단위노동 비용지수〉

	시간당 임금($)				단위노동 비용지수			
	2020년	2021년	2022년	2023년	2020년	2021년	2022년	2023년
미국	18.64	19.11	19.72	20.32	92.4	91.1	91.7	91.4
영국	16.75	17.04	20.24	18.35	105.2	102.8	98.4	95.5
한국	5.67	7.35	8.48	8.09	63.7	71.7	70.2	64.7
프랑스	17.49	17.17	15.66	15.88	83.2	79.6	63.2	62.5
독일	26.28	23.66	22.99	22.86	90.3	86.6	76.9	76.2
일본	18.29	20.89	22.00	19.59	93.1	105.7	100.4	93.6
스웨덴	22.02	21.61	16.45	16.14	66.6	64.3	53.0	48.2

① 2021년에 비해 2023년에 단위노동 비용지수가 가장 큰 비율로 감소한 국가는 스웨덴이다.

② 각 나라 전체의 시간당 임금을 다 통틀어서 시간당 평균임금이 가장 많았던 나라는 스웨덴이다.

③ 2020년과 비교하여 2023년에 시간당 임금이 감소한 국가는 모두 유럽에 위치하고 있다.

④ 2022년 생산직 노동자의 시간당 임금이 가장 높은 국가는 미국이고, 가장 낮은 국가는 독일이다.

⑤ 2021년 단위노동 비용지수가 가장 높은 나라는 미국이다.

12 다음은 국제 부패인식지수(CPI)에 대한 3가지 자료이다. 이를 바탕으로 설명한 내용이 적절하지 <u>않은</u> 것은?

[자료1] 〈부패인식 응답 비율 : '부패하다' 응답 비율〉

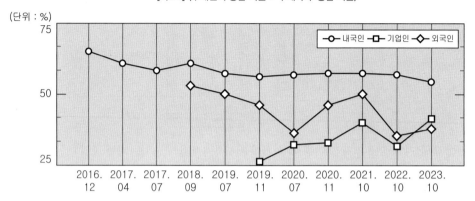

[자료2] 〈우리나라의 부패인식지수(CPI)〉

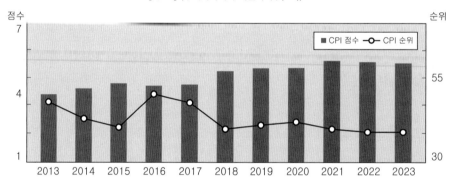

[자료3] 〈OECD 주요 국가별 CPI 현황〉

구분		뉴질랜드	덴마크	핀란드	영국	미국	프랑스	스페인	한국	폴란드	이탈리아	그리스
2023	1(위)	1	3	20	22	25	30	39	41	67	78
	9.3(점)	9.3	9.2	7.6	7.1	6.8	6.1	5.4	5.3	3.9	3.5
2022	1	2	6	17	19	24	32	39	49	63	71
	9.4	9.3	8.9	7.7	7.5	6.9	6.1	5.5	5.0	4.3	3.8

① 우리나라의 CPI 점수가 처음으로 5점을 초과한 것은 2018년이다.

② OECD 주요 국가들 중 CPI점수가 9점을 넘은 국가 수는 2022년보다 2023년에 증가하였다.

③ 외국인이 내국인이나 기업인보다 부정부패에 민감하게 반응하는 경향이 있다.

④ 2018년 9월 이후 우리나라가 부패하다고 응답한 내국인의 비율이 점차 감소하는 추세이다.

⑤ 외국인에 비해 내국인이 한국이 부패하다고 인식하고 있다.

13 다음은 국제 여객·화물 수송량을 나타낸 자료이다. 이 표를 활용하여 2주 차 인턴이 작성하고 있는 문서의 ⓐ~ⓔ 중 팀장에게 지적받을 것은?

〈국제 여객·화물 수송량〉

(단위 : 여객(천 명), 화물(천 톤))

구분		2017년	2018년	2019년	2020년	2021년
여객	해운	2,534	2,089	2,761	2,660	2,881
	항공	35,341	33,514	40,061	42,649	47,703
	합계	37,875	35,603	42,822	45,309	50,584
화물	해운	894,693	848,299	966,193	1,069,556	1,108,538
	항공	2,997	2,872	3,327	3,238	3,209
	합계	897,690	851,171	969,520	1,072,794	1,111,747

2023년 05월 20일

국제 여객·화물 관련 자료 보고

작성자 : 미래대책 기획팀 인턴 홍혜지

안녕하세요, 이희원 팀장님. 좋은 하루 보내고 계신가요?ᴸᴸ

일전에 말씀하셨던 자료 취합하여 보내드립니다. 〈붙임〉을 확인해주시기 바랍니다.

팀장님께서 특별히 검토하라 하신 사항을 관련된 자료를 참고하여 제 선에서 정리해보았습니다.

ⓐ 먼저 해운의 화물 수송량과 여객의 항공 수송량은 2018년 이후 지속적으로 증가하여 긍정적인 전망을 보였습니다. 2022년 전까지는 국내외로 계속해서 많은 교류가 있었음을 보여주는 것 같습니다. 보고서에 쓸 내용은 아니지만 저도 안타까웠네요. ⓑ 2019년과 2021년 해운 여객 수송량의 평균은 2,821,000명으로 나타났습니다. 또한 ⓒ 2020년 항공 화물 수송량은 전년에 비해 3% 이상 변동되었습니다. ⓓ 여객의 수송은 항공이 절대적인 비중을 차지하며, 화물의 수송은 해운이 절대적 비중을 차지하고 있습니다. 마지막으로 ⓔ 2021년 국제 여객·화물 총 수송량은 2년 전과 4년 전 대비 모두 증가하였습니다. 2022년 이전에 세상이 멀쩡히 돌아갔을 때 꾸준히 수송량이 증가했던 추세를 보아, 코로나만 끝나면 대한민국 경기도 분명 순식간에 되살아나리라 기대합니다.

〈붙임.〉

① ⓐ

② ⓑ

③ ⓒ

④ ⓓ

⑤ ⓔ

14 연속하는 세 정수 A, B, C 각각의 제곱수의 합이 341이상 431이하일 때, 가장 큰 수는?

① 10

② 11

③ 12

④ 13

⑤ 14

15 다음은 학력과 성에 따른 월평균 임금의 추이를 나타내고 있다. 1995년 대비 2020년의 대졸 이상자 월평균 임금의 상승률을 ㉮%라고 하고, 1995년 대비 2020년의 전체 여자 월평균 임금 상승률과 전체 남성의 월평균 임금 상승률의 차이를 약 ㉯%라고 할 때, ㉮에서 ㉯를 뺀 값은? (단, 계산 중 소수점 아래는 반올림 없이 생략한다.)

〈월평균 임금 추이〉

(단위 : 천 원)

구분 \ 연도	1995년	2000년	2005년	2010년	2015년	2020년
전체	47	151	269	502	928	1,314
남자	60	193	328	588	1,050	1,474
여자	25	86	158	324	628	954
중졸 이하	32	113	204	408	782	1,042
남자	42	149	259	498	932	1,217
여자	22	77	138	285	540	755
고졸	56	156	257	465	861	1,186
남자	62	181	300	538	976	1,328
여자	38	100	167	326	614	886
대졸 이상	120	338	552	812	1,264	1,789
남자	124	349	565	833	1,298	1,882
여자	77	211	412	594	986	1,396

① 29

② 30

③ 31

④ 33

⑤ 36

[16~17] 다음 표와 그림은 소비자 물가 동향에 관한 자료이다. 다음 물음에 답하라.

[자료1] 〈6년 동안 소비자 물가 전월비〉

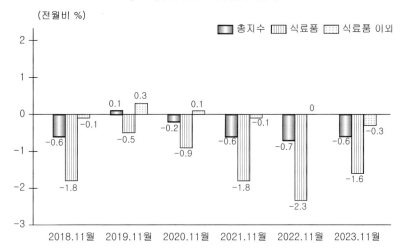

* 전월비 : 생산량이나 판매량 등이 지난달에 비해 증가했는지, 아니면 줄어들었는지 조사한 것

[자료2] 〈2023년 11월 주요 품목 물가 등락률〉

	등락률		전월대비 주요 등락품목
	전월비	전년동월비	
식료품	-1.6	-1.7	부추(27.3), 오이(25.2), 감자(7.2), 양파(6.5), 배추(- 53.9), 무(- 39.1), 감(- 32.7), 시금치(- 22.3), 풋고추(- 21.4), 파(- 11.0), 돼지고기(- 7.2)
교육	0.0	5.0	보습학원비(0.1)
교통 · 통신	-0.3	0.7	기차료(9.5), 전철료(3.2), 시내버스료(일반 : 1.9), 이동전화기(- 7.7), 경유(- 2.0), 휘발유(- 1.9)
교양오락	0.0	-1.1	생화(10.4), TV(- 1.5)
보건의료	- 0.2	1.6	피부질환제(일반 : 0.4), 인삼(-3.7)
가구집기 · 가사용품	0.3	2.1	산후조리원 이용료(1.6), 가루비누(1.5)
피복 및 신발	1.0	3.1	여자 코트(8.7), 남자 구두(2.8), 여자 자켓(2.4)
광열 · 수도	-2.9	4.7	도시가스(- 6.0), 등유(- 2.8), LPG(취사용 : -2.3)
주거비	0.1	1.6	이삿짐 운송료(0.3), 전세(0.2)
기타 잡비	0.3	3.7	금반지(2.8)

16 전월비는 바로 전월을 기준으로 금월의 증가 정도를 비교하기 위한 비율이다. 다음 자료에 대한 설명으로 옳은 것끼리 짝지어진 것은?

> ㄱ. 2019년 11월부터 2023년 11월까지 식료품 이외 품목의 전월비는 지속적으로 하락했다.
> ㄴ. 피부질환제의 전년동월비 등락률은 보습학원비의 전월비 등락률보다 높다.
> ㄷ. 식료품 중 전월대비 가장 큰 등락률을 보인 품목은 배추이다.
> ㄹ. 2023년 11월에 돼지고기를 구워먹기 위해 부추를 3,000원에 구입했는데, 전월인 10월에도 같은 양의 부추를 사서 먹었다면 2,453원이다.

① ㄱ, ㄴ   ② ㄴ, ㄷ
③ ㄴ, ㄹ   ④ ㄷ, ㄹ
⑤ ㄴ, ㄷ, ㄹ

17 2020년 10월 동안 470,000원어치의 식료품들을 구입하고 다음 달 11월에도 같은 식료품들을 구입한다면 지불한 금액은 얼마인지 구하시오.

① 456,760원   ② 457,760원
③ 465,770원   ④ 465,780원
⑤ 475,680원

18 다음은 SWOT분석에 의한 발전전략의 수립 방법을 나열한 것이다. 관련된 것을 모두 바르게 나타낸 것은?

> ㉠ 외부 환경의 기회를 활용하기 위해 강점을 이용하는 전략
> ㉡ 외부 환경의 위협을 회피하기 위해 강점을 이용하는 전략
> ㉢ 자신의 약점을 극복함으로써 외부 환경의 기회를 활용하는 전략
> ㉣ 외부 환경의 위협을 회피하고 자신의 약점을 최소화하는 전략

	㉠	㉡	㉢	㉣
①	ST전략	WO전략	SO전략	WT전략
②	SO전략	ST전략	WO전략	WT전략
③	WT전략	ST전략	WO전략	SO전략
④	WO전략	ST전략	SO전략	WT전략
⑤	SO전략	SW전략	WO전략	WT전략

19 다음과 같은 사례에서 이슈를 명확히 파악하기 위해 요구되는 능력으로, 사고의 전개에 있어 전후 관계가 일치하고 있는가를 살피고 아이디어를 평가하는 것을 의미하며, 이를 통해 보다 짧은 시간에 사고할 수 있고 다른 사람을 공감시켜 움직일 수 있게 하는 능력은 무엇인가?

> ⓐ : 우리가 제안할 수 있는 일이란 어떤 것일까? 작은 업무 개선이라도 좋지 않을까?
>
> ⓑ : 일전에 어떤 경영자와 이야기했을 때, "이익을 내게 할 수 있었음에도 회사 안에서, 담당할 사람이 없다는 이유로 착수하지 못한 일이 있었어. 그것을 찾아내서 구체적으로 제안할 걸"이라는 말을 들었는데….
>
> ⓒ : 그렇지만 같은 제안이라도 제안하는 사람에 따라 받아들여질지 어떨지 분명하지가 않아. 어떤 친구에게 기회가 돌아가도록 상사로 하여금 생각이 들게 하려면, 기본적인 일을 실수없이 처리하고, 새로운 관점의 제안을 들고 왔을 때, 가능하지 않을까?
>
> ⓑ : 아마도 젊을 때는 모두 틀에 짜인 일을 하게 되는 경우가 많아서 귀찮다고 생각하는 일이 많겠지? 그래서 모순점이 생기는 것은 아닐까? "더욱 일을 하고 싶어 하는 마음"을 가지고 있으면서도 사람은 귀찮은 일을 하지 않으려고 하지.
>
> ⓒ : 그렇게 생각하면 충분히 그럴 수 있다고 생각하는데, 스스로 아주 귀찮아한다든지, 누구든 했으면 좋겠다고 생각하는 일을 "간단한", "누구라도 할 수 있는" 일로 바꿔갈 수 있는 계획을 생각한다면 좋지 않을까?

① 비판적 사고력　　　　　　　② 객관적 사고력

③ 직관적 사고력　　　　　　　④ 논리적 사고력

⑤ 창의적 사고력

20 서로 배타적이며 중복되지 않게 문제를 분류할 수 있도록 하는 기법으로, 어떤 사항과 개념을 중복 없이, 그리고 전체로서 누락 없는 부분집합으로 파악하는 것을 무엇이라 하는가?

① MECE 사고　　　　　　　　② SWOT 분석

③ 3C 분석　　　　　　　　　④ SMART 기법

⑤ NM법

21 다음 중 문제해결의 방법에 대한 설명 중 옳지 <u>않은</u> 것은?

① 최근 많은 조직에서는 보다 생산적 결과를 가져오고 주제에 대한 공감을 이룰 수 있도록 능숙하게 도와주는 퍼실리테이터를 활용하고 있다.

② 퍼실리테이션(facilitation)에 의한 문제해결에서 코디네이터는 권위나 공감에 의지하여 의견을 중재하고, 타협과 조정을 통하여 해결을 도모한다.

③ 하드 어프로치에 의한 문제해결방법은 생각을 직설적으로 주장하고 논쟁이나 협상을 통해 서로의 의견을 조정해 가는 방법이다.

④ 소프트 어프로치에서는 문제해결을 위해 직접적인 표현은 바람직하지 않다고 여기며, 무언가를 시사하거나 암시를 통해 의사를 전달한다.

⑤ 퍼실리테이션에 의한 문제해결은 구성원이 자율적으로 실행하는 것이며, 제3자가 합의점이나 줄거리를 준비해놓고 예정대로 결론이 도출되어가는 것이어서는 안 된다.

22 SMART기법의 5가지 항목 중 적절하지 <u>않은</u> 것은?

① 업무가 평가 가능해야 한다.

② 업무 과제 성격과 관련되어 있어야 한다.

③ 업무 마감일을 설정해야 한다.

④ 업무 목표를 구체화해야 한다.

⑤ 업무에 의지를 세우고 발전해야만 한다.

23 다음은 18세기 유럽의 두 화학자들 간에 벌어진 가상 대화이다. 두 사람의 보고와 주장이 모두 맞다고 가정할 경우, 〈보기〉 중 반드시 거짓인 주장만으로 짝지어진 것은?

> A : 이번 실험은 숯이 탈 경우 숯에서 다량의 플로지스톤이 방출된다는 사실을 뚜렷이 보여주었습니다. 플로지스톤이 방출되었다면 숯이 타고 남은 재는 무게가 숯보다 당연히 줄어들었을 수밖에 없지요.
>
> B : 그렇습니다. 물론 녹슨 철(鐵)이 녹슬기 전의 상태보다 더 무겁다는 실험 결과들이 몇 차례 보고된 바 있는데, 그것이 사실이라면 좀 복잡한 논의가 필요하겠죠.
>
> A : 그건 이렇습니다. 만일 철이 녹스는 것 역시 플로지스톤의 방출 과정이라는 견해가 옳다면, 금속의 플로지스톤은 음(陰)의 무게를 갖는다는 결론이 나옵니다. 즉 금속의 경우엔 플로지스톤이 적을수록 무게가 더 커지는 것이죠.
>
> B : 그렇게 볼 수도 있지만 철이 녹슬 때 늘어났다는 무게가 워낙 작기 때문에 실험의 신빙성은 대단히 의심스럽지 않은가요?

| 보기 |

ㄱ. 철이 녹스는 현상은 플로지스톤과 연관성이 있다.

ㄴ. 플로지스톤은 음(－)의 무게만을 지녔다.

ㄷ. 철이 녹슬 때 미세하게나마 무게가 증가한다는 실험 결과는 신뢰할 수 없다.

ㄹ. 플로지스톤 이론은 실험 결과와 잘 맞지 않으므로 다른 이론을 모색해야 한다.

ㅁ. 금속의 플로지스톤과 숯의 플로지스톤은 서로 다른 성질을 지니고 있음에 틀림없다.

① ㄱ, ㄴ   ② ㄱ, ㄷ

③ ㄴ, ㄹ   ④ ㄷ, ㄹ

⑤ ㄹ, ㅁ

24 다음 글의 상황에서 〈보기〉의 사실을 토대로 신입사원이 김 과장을 찾기 위해 추측한 내용 중 반드시 맞는 것은?

김 과장은 오늘 아침 조기 축구 시합에 나갔다. 그런데 김 과장을 한 번도 본 적이 없는 같은 회사의 어떤 신입 사원이 김 과장에게 급히 전할 서류가 있어 직접 축구 시합장을 찾았다. 시합은 이미 시작되었고, 김 과장이 현재 양 팀의 수비수나 공격수 중 한 사람으로 뛰고 있다는 것은 분명하다.

| 보기 |

ㄱ. A팀은 검정색 상의를, B팀은 흰색 상의를 입고 있다.

ㄴ. 양 팀에서 축구화를 신고 있는 사람은 모두 안경을 쓰고 있다.

ㄷ. 양 팀에서 안경 쓴 사람은 모두 수비수이다.

① 만약 김 과장이 공격수라면, 안경을 쓰고 있다.

② 김 과장은 흰색 상의를 입고 있거나 축구화를 신고 있다.

③ 만약 김 과장이 B팀의 공격수라면, 축구화를 신고 있지 않다.

④ 만약 김 과장이 검정색 상의를 입고 있다면, 안경을 쓰고 있다.

⑤ 만약 김 과장이 A팀의 수비수라면, 김 과장은 검정색 상의를 입고 있으며 안경도 쓰고 있다.

[25~26] 아래의 내용은 한 항공사에서 부서배치를 위해 신입사원 A~G를 대상으로 실시한 시험의 결과이다. 이 내용을 참고하여 다음 물음에 답하시오.

〈신입사원 시험 결과〉

(단위 : 점)

구분	1차 시험	2차 시험	3차 시험	희망 부서
A	8	8	4	토목관리팀
B	7	8	6	전력관리팀
C	3	8	6	공항운영팀
D	9	6	7	전산관리팀
E	7	9	4	공항운영팀
F	7	6	7	전산관리팀
G	8	7	5	전력관리팀

〈부서별 결원 현황〉

(단위 : 명)

부서	결원 수	부서	결원 수
경영관리팀	2	토목관리팀	1
전력관리팀	1	전산관리팀	1
경영지원팀	1	공항운영팀	2

25 신입사원들 중 1명을 다음 제시된 기준에 따라 핵심인재로 선정한다고 할 때, 해당자는 누구인가?

- 1차 시험 점수는 20점 만점으로 환산한다.
- 2차 시험 점수는 30점 만점으로 환산한다.
- 3차 시험 점수는 40점 만점으로 환산한다.
- 환산 점수가 가장 높은 사람이 핵심 인재로 선정한다.
- 시험에서 4점 이하를 받은 자는 선정 대상에서 제외된다.

① B
② D
③ E
④ F
⑤ G

26 1~3차 시험의 점수를 환산한 점수의 합계가 높은 순서대로 희망 부서에 배치한다고 할 때, 다음 중 자신의 희망 부서에 배치되지 못하는 신입사원은 누구인가?

① A   ② B
③ D   ④ E
⑤ G

27 다음 제시문에서 설명하는 시간 자원의 낭비요인에 가장 적절하게 해당하는 것은?

> 시간이라는 것은 누구에게나 하루 24시간이 주어진다. 혜화 씨는 이것을 중요한 자원으로 인식하여 회사를 다니며 퇴근시간 이후와 주말에 매일 학대받은 아이들의 보호소에서 봉사활동을 하고 있다. 혜화 씨는 어려운 사람들을 돕고자 하는 어린 시절의 욕구를 직장인이 되어 실현하는 중이다. 승리 씨는 돈을 많이 버는 사람이 되어야겠다는 어린 시절의 욕구를 성공적인 취직과 경제활동을 통해 실현하였다. 그는 퇴근 후와 주말에 오로지 최고 사양의 게임들 속에서 산다. 게임을 할 때도 철저하게 계획을 세워 시간을 정해두고 다른 시간에는 주식 투자를 한다. 그러나 그는 봉사한 적이 단 한 번도 없으며 오롯이 타인을 위해 자신의 시간을 쓴 적 없다. 어떤 것이 시간을 값지게 만들어주는지에 대해서 누군가 알려준 적이 없었기 때문이었다. 간혹 들어도 승리 씨는 내가 하고 싶어서 하는 건데 훈수나 두는 말들이라고 생각하곤 하였다.

① 비계획적 행동   ② 생산성 향상
③ 노하우 부족   ④ 자원 능력주의
⑤ 자원에 대한 인식 부재

28 일의 우선순위를 결정하는 기법은 다양하지만 일반적으로 일의 중요성과 긴급성을 바탕으로 구분하는 경향이 있는데, 스티븐 코비(Stephen R. Covey)는 시간관리 매트릭스를 4단계로 구분하였다. 다음 중 긴급하지만 중요하지 않은 일에 해당하는 것은?

① 일부 보고서 및 회의   ② 중장기 계획
③ 인간관계 구축   ④ 오후 계약 일정
⑤ 기간이 정해진 프로젝트

29 시간관리 매트릭스 4단계에서 중요성은 결과와 연관되고 사명 · 가치관 · 목표에 기여하는 정도를 의미하며, 긴급성은 즉각적인 처리가 요구되고 눈앞에 보이며, 심리적으로 압박감을 주는 정도를 의미한다고 한다. 직장인 대상이라는 가정 하에 긴급하지 않지만 중요한 일을 고르면?

① 인기 있는 야외 활동　　② 눈앞의 급박한 상황
③ 잠깐의 급한 질문　　④ 우편물 받기
⑤ 새로운 기회 발굴

30 다음 중 예산관리 과정이라는 큰 카테고리 안에 포함되지 <u>않는</u> 것은?

① 비용 산정　　② 예산 편성
③ 예산 통제　　④ 생활비 수립
⑤ 예산 평가

31 다음은 예산의 항목을 파악하는데 효과적인 방법을 설명한 것이다. 빈칸에 들어갈 적절한 단어로 옳은 것은?

> (　　　　)는 과제 및 활동의 계획을 수립하는데 있어서 가장 기본적인 수단으로 활용되는 그래프로, 필요한 모든 일들을 중요한 범주에 따라 체계화시켜 구분해 놓은 그래프를 말한다.

① 과업세부도　　② 계획균형도
③ 예산배정그래프　　④ 예산검토그래프
⑤ 예산특정그래프

32 다음 글과 〈11월 광고 자료〉를 근거로 판단할 때, 홍팀장이 선택할 11월의 광고수단은?

> 김사원 : 팀장님, 말씀하셨던 광고 자료 가져왔습니다.
> 홍팀장 : 그래. 이제 그 자료를 가지고 회의를 할 건데, 간단하게 정리해보자고. 우리에게 주어진 예산은 월 3천만 원이야. 그러면 이 한정된 예산을 가지고 월별 광고효과가 가장 큰 광고수단 하나만 선택해야 해.
> 김사원 : 예산관리의 차원에서, 광고효과는 어떻게 계산할 수 있을까요?
> 홍팀장 : 광고효과 = 총 광고 횟수×회당 광고노출자수÷광고비용이야. 참고로 광고비용이 예산을 초과하면 해당 광고수단은 선택하지 않을 거니까 자료를 보고 잘 계산해봐야지. 우리 회사는 광고수단을 한 달 단위로 선택하니까, 다음 달엔 또 바뀔 거야. 그럼 보자……

〈11월 광고 자료〉

광고수단	광고 횟수	회당 광고 노출자 수	광고비용(천 원)
TV	월 3회	100만 명	30,000
버스	일 1회	10만 명	20,000
KTX	일 70회	1만 명	35,000
지하철	일 60회	2천 명	25,000
포털사이트	일 50회	5천 명	30,000

① TV
② 버스
③ KTX
④ 지하철
⑤ 포털사이트

33 촬영팀 한 팀장이 1박 2일로 출장을 다녀왔다. 한 팀장은 출장 기간에 지출한 목록을 다음과 같이 표로 정리하여 영수증과 함께 총무팀 안 대리에게 제출하였다. 안 대리는 상사로부터 직접비용만 계산하라는 지시를 받았다. 보기를 참고하여 다음 중 안 대리가 계산한 비용은?

| 보기 |

직접비용은 제품 생산 또는 서비스를 창출하기 위해 직접 소비된 비용을 말하며, 간접비용은 제품을 생산하거나 서비스를 창출하기 위해 소비된 비용 중에서 직접비용을 제외한 비용으로, 제품 생산에 직접 관련되지 않은 비용을 말한다. 이러한 기준을 통해 제시된 비용을 직접비용과 간접비용으로 구분하면 다음과 같다.

- 직접비용 : 건물임대료, 시설비, 출장 교통비, 장비 구입비, 장비 대여료
- 간접비용 : 건물관리비, 보험료, 통신비, 광고비, 사무 비품비

날짜	결제 시간	지출 내역	금액 (원)
3월 12일	10 : 30	고속열차 티켓	51,200
	11 : 10	볼펜 구입비	8,700
	13 : 15	점심 식사비	9,000
	14 : 05	지하철비	1,250
	15 : 08	카메라 필름 구입비	10,200
	18 : 30	저녁 식사비	8,500
	20 : 40	버스비	1,250
	22 : 10	숙박비	70,000
3월 13일	09 : 00	아침 식사비	7,000
	10 : 00	택시비	12,500
	10 : 45	핸드폰 요금 결제비	30,250
	11 : 14	점심 식사비	8,000
	13 : 25	촬영 조명 대여비	25,000
	14 : 15	버스비	1,700
	18 : 20	고속열차 티켓	51,200
	19 : 15	편의점	2,100

① 144,100원
② 154,300원
③ 175,350원
④ 186,800원
⑤ 256,800원

34 다음 중 경력개발능력이 필요한 이유 중에서 개인차원의 요구에 해당하지 <u>않는</u> 것은?

① 가치관과 신념 변화　　　　　　② 삶의 질 추구

③ 능력주의 문화　　　　　　　　④ 전문성 축적

⑤ 성장 요구 증가

35 매슬로우(A. H. Maslow)가 제시한 인간 욕구 5단계에 따르면 자기실현의 욕구는 최상의 욕구로서, 기본적인 욕구들이 충족된 다음에야 추구될 수 있다. 다음 중 자기실현의 욕구에 해당하는 것은?

① 마케팅 부서의 재하 씨는 주변 동료들과 자식들에게 인정받고 싶어 18일간 야근을 하며 최종 마케팅 기획안을 완성했다.

② 식품개발 팀장 민설 씨는 같은 부서의 팀원들과 두루두루 친하게 지내고자 이번 하반기에 회식자리를 마련할 계획이다.

③ 기획팀 슬기 씨는 다니고 있던 회사의 경영 상태와 재정이 불안정한 것을 가장 먼저 알아챈 후 이직을 결심했다.

④ 유통 부서의 정우 씨는 성실하게 회사를 다니는데, 현재의 회사가 오래도록 버텨서 자신의 집안과 조상님들을 안정적으로 모실 수 있기를 바라기 때문이다.

⑤ 개발팀의 윤성 씨는 자신의 업무 스킬이 미숙하다는 판단이 들어 이에 필요한 자격증을 따기 위해 학원에 가서 수강신청을 했다.

제**5**회
NCS
피듈형
모의고사

36 다음 글에서 윤승아 씨의 자기개발을 방해하는 장애요인인 것 중 가장 적절한 것은 무엇인가?

> 상담사님, 문의 좀 드릴게요. 저는 한 유명한 회사에 다니고 있는 윤승아입니다.
>
> 4년간 취업 준비만 하고 있을 때는 무조건 합격만 하면 제 인생이 장밋빛이 될 것이라고 생각했어요. 지나가는 버스 광고에 프린트되어 있는 최고의 강사들의 얼굴을 보며 그들이 내 시궁창 같은 인생을 책임져줄 것이라고 기대감을 품었죠. 합격을 하고 적성에 잘 맞지는 않아도 일을 하면서 행복했어요. 하지만 이제는 제가 정말 이 직무를 원하는지도 돌아볼 시간이 필요한 것 같아요. 분명 승진도 하고 인정받으면 모든 게 나아질 것이라고 생각했지만 전혀 그렇지가 않습니다. 제가 왜 살아가는지에 대한 어떤 성찰 없이 공부와 일만 하며 살아간 것이 제 불행의 가장 큰 요인이었겠죠.
>
> 돌이켜보면 저는 대학을 다닐 때, 계속 새로운 시도를 하고 개척해나가는 정신에 감명을 받고 그 모험들을 좋아했던 것 같아요. 하지만 부모님과 타인의 시선이 두려워서 말을 꺼내지는 못했죠. 실패할 것 같았어요.
>
> 그로부터 시간이 오래 지나 이제야 저는 안 맞는 한 분야에서 기계처럼 반복되는 삶을 살아가는 것에 회의감을 느끼고, 저에게 잘 맞는 환경에 나아가고 싶다는 생각이 들어요. 충분한 돈을 받고 있지만 그것과는 전혀 별개로 이 삶이 제 삶이 아닌 것 같아요. 하지만 이런 시도가 처음이라 뭘 어디서 어떻게 해야 할지를 모르겠어요. 일찍이 자기를 인식했다면 더 좋았을 것이라는 생각도 듭니다. 두서가 없지만 저는 도움이 필요합니다.

① 성공하고자 하는 욕구와 감정이 작용하기 때문이다.

② 제한적으로 사고하기 때문이다.

③ 신체적 장애에 부딪히기 때문이다.

④ 자기개발 방법을 모르기 때문이다.

⑤ 인간관계를 고려하지 못했기 때문이다.

37 제시된 내용을 읽고 B의 협상에서의 태도에서 나타나는 실수의 대처방안으로 가장 알맞은 것은?

> A : 안녕하세요. ○○로지컬 이석용 팀장입니다. 저희가 이번에 보내주신 디자인 시안이 미팅 때 통과
> 되지 않아 이번 주문을 취소하려고 합니다. 정 안 되면 원 계약금의 일부만 송금하겠습니다.
> B : 예? 이미 모든 가안을 완성하였기 때문에 취소는 불가능합니다. 일부도 불가능합니다.
> A : 그런 게 어디 있습니까? 저희는 이번 프로젝트가 너무 중요합니다. 내가 전에 10년간 그쪽 업계에
> 서 일해 봐서 잘 알아요. 관행대로 취소해주세요.
> B : 그럴 수 없습니다. 이미 만들어놓은 디자인을 취소할 수는 없습니다. 우리가 손해 볼 금액을 당신
> 이 책임질 거야? 어?
> A : 아니 이 사람이? 그쪽에서 우리 회사를 위해 고민하는 모습만 보였어도 다시 생각해보려고 했는
> 데, 그 태도가 불쾌해서 조금은 협상해보려던 마음이 다 식어버리는군요. 저희는 이익 단체이기 때
> 문에 저희 회사의 이익을 가장 최우선할 수밖에 없습니다. 없던 일로 해주십시오. 이곳에 다시는
> 주문 안 합니다.

① 상대방이 원하는 것을 얻게 될까봐 염려하지 말고, 협상을 타결 짓기 전에 자신과 상대방이
각기 만족할만한 결과를 얻었는지, 협상 결과가 현실적으로 효력이 있었는지를 확인한다.
② 협상의 모든 단계에서 협상의 종결에 초점을 맞추고, 항상 종결을 염두에 둔다.
③ 상대방이 특정 입장만 내세울 경우에는 일단 자신의 주장을 앞세우기보다는 그들의 준비를
도와주고, 서로 의견을 교환하면서 상대의 마음을 열게 한다.
④ 협상에서 통제권을 잃을까 염려되는 경우 그 사람과 협상 자체를 할지 말지를 고려해보며, 자
신의 한계를 설정하고 그것을 고수하여 그런 염려를 하지 않도록 한다.
⑤ 협상 상대가 협상에 대하여 책임을 질 수 있고 타결권한을 가지고 있는 사람인지 확인하고 협
상을 시작한다. 상급자나 최고책임자는 협상의 세부사항을 잘 모르기 때문에 올바른 상대가
아니다.

38 코칭에 대한 다음 설명 중 가장 적절한 것끼리 짝지은 것은?

> 가. 책임감과 자신감 넘치는 리더. 직원들의 상승된 수용성과 복종 등은 모두 코칭이 조직에게 주는 혜
> 택에 해당한다.
> 나. 코칭은 직장 내 직원들의 사기를 진작하고 신뢰감을 형성하는데 필요한 수단이다.
> 다. 코칭은 리더나 관리자가 직원들을 코치하는 관점이 더욱 강조되고 있다.
> 라. 코칭은 리더가 정보를 하달하고 의사결정의 권한을 가지고 있다는 것을 수용하는 접근법을 취한다.
> 마. 코칭은 직원들과 의견을 나누고 효과적 해결책을 이끌어 내는 커뮤니케이션 수단이다.

① 가, 다 　　　　　　　　　② 나, 마
③ 나, 다, 마 　　　　　　　④ 가, 나, 다
⑤ 가, 다, 마

39　다음의 사례를 보고 나눈 대화의 내용 중 옳지 <u>않은</u> 것은?

> 헨리포드(Henry Ford)는 자동차 왕으로 불리는 미국의 자동차 회사 '포드'의 창설자이다. 그는 1913년 조립 라인 방식에 의한 양산체제인 포드시스템을 확립하였고 컨베이어벨트를 고안하는 등 수많은 기술 혁신을 일으켰다. 또한 합리적 경영방식을 도입해 포드를 미국 최대의 자동차 제조업체로 키워냈다. 포드 자동차회사는 T형 포드로 미국 최대의 자동차 제조업체가 되어, 시장 점유율 1위 자리에 올랐다. 그러나 강하고 편협한 그의 개성 탓에 말년에 경영의 파탄을 가져왔다. 그는 제품의 다변화 제안을 묵살하였을 뿐 아니라 노조설립을 방해하기 위해 지나치게 노조방해 공작에 집착하였다. 그 결과 노동조합운동의 반대로 인해 경영이 악화되었고, 1920년대 말에는 경쟁사인 제너럴모터스사(GM)에 1위 자리를 빼앗기게 되었다.

① A : 이 사례는 권위주의적 리더십의 단면을 확실하게 보여주는 것 같아.

② B : 포드가 자동차의 대중화를 이끌어낸 선구자라는 점에서는 칭찬받을 만 해.

③ C : 포드는 집단의 비전보다는 개인의 비전을 더 중시했다고 생각해.

④ D : 조립 라인 방식에 의한 양산체제는 만들어냈지만 효율적인 개인의 관리는 어려웠군.

⑤ E : 만약 포드가 탁월한 부하 직원들을 거느리고 있었다면 이러한 통치 방식이 효과적이었을 수도 있어.

40　다음 SQL문의 INSERT를 이용해서 [학생] 테이블에 학번 : "2141042", 이름 : "구정우", 학년 : "1"인 자료를 삽입하려고 한다. (㉠) 안에 들어갈 내용으로 옳은 것은?

> INSERT INTO 학생(학번,이름,학년) (　㉠　)
> ("2141042","구정우","1");

① VALUES　　　　　　　　　　② INTO

③ WHERE　　　　　　　　　　④ FROM

⑤ HOW

[41~42] 다음 회사의 사원 번호 부여 방식을 참고하여 물음에 답하시오.

> **예** 서울지사 신성장기술부 4직급 김도영
>
> D40 – BE06 – 0100 – ○○○
>
> (지사 코드) – (부서 코드) – (직급 코드) – (직원 고유 번호)

[표1] 〈자사코드〉

지역	코드	지역	코드
서울	A10	충북	D40
경기	B20	전북	E50
인천	C30	부산	F60

[표2] 〈부서코드〉

부서	코드	부서	코드
기획부	KE01	신성장기술부	BE04
유통부	GE02	영업본부	OE05
협력부	SE03	미래기획부	JE06

[표3] 〈직급코드〉

직급	코드	직급	코드
1직급	0010	4직급	0100
2직급	0011	5직급	0111
3직급	0012	6직급	0112

* 직원 고유 번호 : 입사 후 이름의 '가나다 순'으로 번호 매김

41 신입사원 승연 씨는 다음과 같은 사원 번호를 부여받았다. 이에 대한 설명으로 옳은 것을 고르면?

> B20 – GE02 – 0112 – 175

① 승연 씨는 서울지사에서 일한다.

② 승연 씨는 고유 번호를 통해 전체 신입사원의 수를 알 수 있다.

③ 승연 씨는 직급은 5급이다.

④ 승연 씨는 '이'씨임을 알 수 있다.

⑤ 승연 씨는 유통부에서 일한다.

42 다음 중 같은 지사 같은 직급에서 일하는 사원들로만 바르게 묶인 것을 고르면?

이름	사원 번호	이름	사원 번호
이민형	A10 – SE03 – 0011 – 105	송강	B20 – KE01 – 0010 – 030
김나영	C30 – JE06 – 0012 – 098	차재희	A10 – KE01 – 0111 – 178
윤예빈	C30 – BE04 – 0112 – 042	서영호	D40 – GE02 – 0112 – 056
최창섭	F60 – BE04 – 0011 – 135	서주혜	E50 – JE06 – 0100 – 071
이동준	E50 – OE05 – 0012 – 244	황인준	F60 – GE02 – 0111 – 095
정재현	D40 – SE03 – 0111 – 032	박주원	D40 – OE05 – 0112 – 112

① 송강, 차재희   ② 김나영, 윤예빈

③ 정재현, 박주원   ④ 서영호, 박주원

⑤ 이동준, 서주혜

43 다음 설명에 해당하는 용어로 가장 알맞은 것은?

> • 한 문화권에 속한 사람이 다른 문화를 접하게 되었을 때 체험하는 것이다.
> • 다른 문화권이나 하위문화 집단에서 기대되는 역할을 잘 모를 때 겪게 되는 혼란이나 불안을 의미하기도 한다.
> • 문화는 종종 전체의 90%가 표면 아래 감추어진 빙하에 비유되는데, 우리가 눈으로 볼 수 있는 음악, 음식, 예술, 의복, 디자인, 건축, 정치, 종교 등과 같은 문화는 10% 밖에 해당되지 않는 것이다. 따라서 개인이 자란 문화에서 체험된 방식이 아닌 다른 방식을 느끼게 되면 의식적 혹은 무의식적으로 이질적으로 상대 문화를 대하게 되고 불일치, 위화감, 심리적 부적응 상태를 경험하게 된다.

① 문화충격   ② 문화지체

③ 문화상대주의   ④ 문화융합

⑤ 제국주의

44 당신은 ○○기업에 입사하여 다음과 같은 전달사항을 각 부서에 전달하라고 지시받았다. 전달사항을 전하기 위해 당신이 가야할 부서는?

> "먼저 ㉮에 가서 이달 노사와 퇴직관리에 관한 사항을 금요일까지 올리라고 전하고 ㉯에 가서 이번 달 중장기 사업계획을 종합하고 거래처의 불만처리 사항을 정리해서 다음 주에 회의를 갖자고 전하세요."

① ㉮ 총무부   ㉯ 기획부
② ㉮ 영업부   ㉯ 회계부
③ ㉮ 인사부   ㉯ 총무부
④ ㉮ 총무부   ㉯ 기획부
⑤ ㉮ 인사부   ㉯ 기획부

45 A의 회사는 지난 몇 년간 실적부진을 겪고 있다. 이를 해결하기 위해 A를 비롯한 회사의 임직원들이 모여 대책회의를 개최하였는데, 여기서 사원들은 회사의 문제점을 파악하고 구체적 해결책을 모색해보는 시간을 가졌다. 다음 중 각 사원들의 문제제기와 해결책으로서 가장 적절하지 않은 것은 무엇인가?

① 업무계획을 보다 세부적으로 세우고, 그것을 매일 확인해가는 방식으로 일하는 것이 필요하다고 생각합니다. 지금의 회사는 구체적인 계획에 따르기보다 관행적으로 혹은 즉흥적으로 업무를 처리하는데, 이것이 문제의 시작이라 생각합니다.

② 사실 근본적으로 판단할 때, 직원들이 자신의 부서 외에는 관심이 없는 것 같습니다. 이번 회의를 계기로 각 부서들의 소통을 강화하고, 다른 부서의 업무도 이해할 수 있도록 하는 노력이 필요하다고 생각합니다.

③ 부서별로 추구하는 목표가 다르다 보니까 전체적 성과는 떨어질 수밖에 없습니다. 전체 목표를 명확히 설정하고, 부서 간 주기적인 회의를 통해 그 과정을 점검할 수 있도록 해야 합니다.

④ 회사 내 주된 업무 플로우에 대한 전반적 인식이 부족해 문제 해결이 어려워 보입니다. 서로 아이디어와 정보들을 공유하여 더욱 효율적인 시스템으로 운영하면 어떨까 싶습니다.

⑤ 회사의 업무과정이 너무 유기적이어서 독립성이 부족하다는 것이 문제라 생각합니다. 직원들의 업무상 독자성을 강화하여, 맡은 업무는 어려움이 있다 하더라도 담당자가 끝까지 해내고 또 책임질 수 있도록 해야 합니다.

제**5**회
NCS
피듈형
모의고사

46 윤리의 기능으로 옳은 것은?

① 사회적 평가과정에서 형성된 사회현상이다.

② 실제 이성적이고 논리적인 문제 상황의 해결에는 아무런 도움이 되지 않는다.

③ 비합리적으로 수정된 관습이기도 하다.

④ 일상생활에서 타인과의 의견대립 시 자신의 의견이 더 옳음을 증명할 수 있는 근거가 된다.

⑤ 윤리는 실제 도덕규범이 되는 원리까지는 도달하지 못한다.

47 다음 속담에 제시된 태도에 대한 설명 중 가장 옳지 않은 것은?

> 책임을 지고 일을 하는 사람은 회사, 공장, 기타 어느 사회에 있어서도 꼭 두각을 나타낸다. 책임 있는 일을 하도록 하자. 일의 대소를 불문하고 책임을 다하면 꼭 성공한다.
>
> – 데일 카네기 –

① 책임이란 모든 결과는 나의 선택으로 말미암아 일어났다고 생각하는 태도이다.

② 부정적인 사고방식 보다는 긍정적인 사고방식을 선택했을 때 책임을 지겠다는 태도 역시 가능해진다.

③ 책임감이 없으면 회사에서 불필요한 존재로 인식된다.

④ 공동체를 유지하는 것은 서로가 서로에게 부여된 책임을 다해야만 가능하다.

⑤ 책임을 질 수 없다면 그 상황을 회피하는 것이 더 나은 방법이 되기도 한다.

48 다음 글에서 나오는 회사 인사 담당자와 산드라의 상황을 설명하는 것으로 적절하지 않은 것은?

> 영화 〈내일을 위한 시간〉에서 주인공 산드라는 깊은 우울증을 앓는 근로자다. 그녀는 복직을 앞두고 있었으나 회사는 내부 규정에 입각하여 그녀를 다시 복직하지 않으려 한다. 그리고 동료들에게 산드라와 일하지 않는 대신 보너스 금액을 주겠으니 월요일 아침에 산드라의 복직 투표에서 회사의 손을 들어줄 것을 요구한다. 생계를 유지하는데 큰 어려움을 느껴 일자리를 되찾고 싶은 산드라는 주말 동안 16명의 동료를 찾아가 설득하려 한다. 하지만 16명에게는 보너스 금액을 받아야만 하는 다양한 사정들이 있다. 마음을 바꿔 그녀를 지지해주는 동료도 나타나지만 그렇지 않은 쪽의 반발도 거세다. 눈부신 주말 거리의 햇살과는 다르게 산드라의 눈 밑 다크서클은 짙어져간다. 마침내 월요일이 되고 산드라의 복직에 대한 찬반 투표가 열린다. 산드라를 지지하는 표가 더 많아서 그녀의 복직이 결정된다. 회사 인사 담당자는 산드라를 불러 복직을 축하한다고 말하며, 산드라를 채용하는 대신 다른 직원을 해고하기로 결정되었다고 말한다. 산드라는 곧바로 복직을 포기하고는 환하게 웃으며 깨끗해진 얼굴로 남편에게 전화를 건다.

① 산드라는 싸우는 과정에서 자신의 윤리적인 힘을 확인한 덕분에 자신이 치유되었음을 느낀다.

② 회사 인사 담당자는 개인윤리보다 우선하여 객관성의 원칙을 지키려 한 것이다.

③ 산드라에 대한 회사의 해고는 부당하다고 보기 어렵다.

④ 회사 인사 담당자는 직분의식을 가지고 맡은 역할을 수행했다.

⑤ 산드라는 사회적 책임을 다하고자 하는 직업윤리를 개인윤리만큼 중요시 여겼다.

49 다음 벤치마킹의 주요 단계들 중 직·간접적인 벤치마킹을 진행한 이후에 이루어지는 단계는 무엇인가?

① 개선계획 수립　　　　　　② 대상 결정

③ 측정범위 결정　　　　　　④ 목표와 범위 결정

⑤ 초기 시장 조사

50 기술혁신의 전 과정이 성공적으로 수행되기 위해서는 핵심적 역할이 혁신에 참여하는 핵심 인력들에 의해 수행되어야 한다. 기술혁신의 전 과정이 성공적으로 수행되기 위해 필요한 다섯 가지 핵심적인 역할과 각 역할에서의 혁신 활동 및 필요한 자질·능력은 다음과 같다. 이를 참고하여 역할 중 높은 수준의 기술적 역량과 원만한 대인 관계 능력이 자질로서 필요한 것은 무엇인가?

	혁신 활동
아이디어 창안 (idea generation)	• 아이디어를 창출하고 가능성을 검증 • 일을 수행하는 새로운 방법 고안 • 혁신적인 진보를 위한 탐색
챔피언 (entrepreneuring or championing)	• 아이디어의 전파 • 혁신을 위한 자원 확보 • 아이디어 실현을 위한 헌신
프로젝트 관리 (project leading)	• 리더십 발휘 • 프로젝트의 기획 및 조직 • 프로젝트의 효과적인 진행 감독
정보 수문장 (gate keeping)	• 조직외부의 기술정보를 내부 구성원들에게 전달 • 조직 내에서 정보원 기능을 수행
후원 (sponsoring or coaching)	• 혁신에 대한 격려와 안내 • 불필요한 제약에서 프로젝트 보호 • 혁신에 대한 자원 획득을 지원

① 후원(sponsoring or coaching)

② 정보 수문장(gate keeping)

③ 아이디어 창안(idea generation)

④ 프로젝트 관리(project leading)

⑤ 챔피언 (entrepreneuring or championing)

제 6 회

ncs

피둘형

모의고사

80문항/권장 풀이 시간 90분

제6회
NCS 피듈형 모의고사

정답 및 해설 302p

01 직장생활에서 사용되는 문서의 종류 중 다음 (가)와 (나)에 해당하는 것을 알맞게 짝지은 것은?

> (가) 기업에서 년, 월 등의 단위로 사안의 수입과 지출의 현황을 보고하는 문서
> (나) 민법법인의 설립에 관련하여 등기권리자가 제출 가능한 문서

	(가)	(나)
①	영업보고서	설립등기신청서
②	결산보고서	설립등기신청서
③	접수보고서	설립인가신청서
④	접수보고서	설립창업 등기계획서
⑤	영업보고서	설립인가신청서

02 다음 제시된 단어와 반대되는 의미를 지닌 단어를 고르시오

> 기공(起工)

① 준공(竣工)　　　　　　　　② 착공(着工)

③ 가공(加工)　　　　　　　　④ 시공(施工)

⑤ 시공(時空)

03 단어의 상관관계를 이해한 뒤 빈칸에 들어갈 알맞은 단어를 고르시오.

> 시계 : 시침 = 단어 : (   )

① 구   ② 문장
③ 절   ④ 띄어쓰기
⑤ 형태소

04 이 중 협상에서 경청의 성공적 요인에 대한 지식을 가장 옳게 이해하고 있는 사람은?

- 수용 : 난 짐작하기라고 생각해. 얘기 중인 상대방의 목소리 톤이나 얼굴 표정, 자세 등을 중요하게 생각하여 상대방에게서 자신의 생각에 맞는 단서를 찾아 현재 자신의 행동 양식이 올바른가를 확인하려 끊임없이 노력하는 것이지.
- 지민 : 대화가 너무 사적이거나 위협적인 경우에, 상대방의 부정적인 감정을 회피하기 위해서는 핀트가 잘못 나가는 걸 감수하고서라도 유머를 사용하거나 비위를 맞춘다면 상대방의 진정한 고민을 들을 수 있지 않을까? 협상을 한다 하더라도 업무 바깥의 진정한 고민을 듣게 되면 협상도 수월하게 풀릴 지도 몰라.
- 지성 : 나는 상대의 말에 가급적 빠르게 동의를 내려, 상대방의 걱정이나 불안에 대해 지지 또는 동의하는데 치중해야 하는 게 상대를 배려하는 경청이라고 생각해. 그렇게 해서 상대방이 우리 회사에게 반대 입장을 밝힐 시간을 조금만 주면 좋을 것 같은데?
- 진수 : 다들 잘 몰라서 하는 얘기야. 내 얘기나 들어봐. 당연히 중요한 건 내가 심각하게 얘기를 하고 있는 상대를 향해 허리를 펴고 정면으로 눈을 맞추며 대화하는 것 아니겠어? 우호적인 눈의 접촉을 통해 내가 관심 있다는 걸 어필하고, 함께 의논을 할 준비가 되었다는 걸 자세로 보여주는 거지.
- 성찬 : 그렇게 눈을 맞추면 심각한 얘기를 하고 있는 상대방이 너무 부담스럽게 느낄 수도 있을 것 같지 않아? 내 생각에는 우리 회사를 위해 자존심을 세워서라도 필요할 때에는 고함을 지르거나 여러 증거들을 맞춰서 변명을 해야 하는 상황이 있을 수도 있는 것 같아. 그건 이익창출을 해내야만 하는 사회 직업인으로서의 윤리 의식을 다 했다고 봐야하는 것 아닐까?

① 수용   ② 지민
③ 지성   ④ 진수
⑤ 성찬

제**6**회
NCS
피듈형
모의고사

NCS 공기업 통합 모의고사_피듈형

05 다음 문장들을 읽고 순서에 맞게 배열한 것을 고르시오.

1. 문제는 어휘의 이질화를 어떻게 극복할 것인가에 귀착된다. 우리가 가장 먼저 밟아야 할 절차는 이질성과 동질성을 확인하는 일이다. 이러한 작업은 언어·문자뿐만 아니라 모든 분야에 해당된다. 동질성이 많이 확인되면 통합이 그만큼 쉬워지고 이질성이 많으면 통합이 어렵다.

2. 남북의 언어가 이질화되었다고 하지만 사실은 그 분화의 연대가 아직 반세기에도 미치지 않았다. 맞춤법과 같은 표기법은 원래 하나의 뿌리에서 갈라졌기에 우리의 노력 여하에 따라서는 동질성의 회복이 생각 밖으로 쉬워질 수 있다.

3. 이질성의 극복을 위해서는 이질화의 원인을 밝히고 이를 바탕으로 해서 그것을 극복하는 단계로 나아가야 한다. 극복의 문제도 점차적으로 단계를 밟아야만 한다. 일차적으로는 서로 적응의 과정이 필요하고, 그 다음으로는 최종적으로 선택의 절차를 밟아야 한다.

4. 적응의 과정은 북쪽의 문헌이나 신문을 본다든지 텔레비전, 라디오를 시청함으로써 이루어질 수 있는 극복의 원초적인 단계이다. 선택은 전문 학자들의 손을 거쳐 이루어지거나 장기적으로 언어 대중의 손에 맡기는 것이 최상의 길이다.

① 2 - 3 - 1 - 4
② 1 - 2 - 4 - 3
③ 4 - 3 - 1 - 4
④ 3 - 4 - 2 - 1
⑤ 2 - 1 - 3 - 4

06 다음 지문을 읽고 바르게 해석한 사람은?

고려 시대에 철제품의 생산을 담당한 것은 철소였는데, 기본적으로 철산지나 그 인근의 채광과 제련이 용이한 곳에 설치되었다. 철소 설치는 몇 가지 요소가 갖춰져야 유리하였다. 철소는 철광석을 원활하게 공급받을 수 있고, 철을 제련하는 데 필수적인 숯의 공급이 용이해야 하며, 채광·선광·제련 기술을 가진 장인 및 채광이나 숯을 만드는 데 필요한 노동력이 존재해야 했다. 또한 철 제련에 필요한 물이 풍부하게 있는 곳이어야 했다.

망이와 망소이가 봉기를 일으킨 공주 명학소는 철소였다. 그러나 다른 철소와는 달리 그곳에서는 철이 생산되지 않았다. 철산지는 인근의 마현이었다. 명학소는 제련에 필요한 숯을 생산하고 마현으로부터 가져온 철광석을 가공하여 철제품을 생산하는 곳이었다. 마현에서 채취한 철광석은 육로를 통해 명학소로 운반되었고, 이곳에서 생산된 철제품은 명학소의 갑천을 통해 공주로 납부되었다. 갑천의 풍부한 수량은 철제품을 운송하는 수로로 적합했을 뿐 아니라, 제련에 필요한 물을 공급하는 데에도 유용했다.

182 · NCS 공기업 모듈형+피셋형+피듈형

그러나 명학소민의 입장에서 보면 마현에서 철광석을 채굴하고 선광하여 명학소로 운반하는 작업, 철광석 제련에 필요한 숲을 생산하는 작업, 철제품을 생산하는 작업, 생산된 철제품을 납부하는 작업에 이르기까지 감당할 수 없는 과중한 부담을 지고 있었다. 이는 일반 군현민의 부담뿐만 아니라 다른 철소민의 부담과 비교해 보아도 훨씬 무거운 것이었다. 더군다나 명종 무렵에는 철 생산이 이미 서서히 한계를 드러내고 있었음에도 할당된 철제품의 양이 줄어들지 않았다. 이러한 것이 복합되어 망이와 망소이는 봉기하게 된 것이다.

1176년(명종 6) 정월공주 명학소에서 망이·망소이가 무리를 모아 봉기하여 공주를 함락시켰다. 고려 정부는 선유하였지만 백성들이 응하지 않음으로써 실패하였다. 이에 대장군 정황재에게 3천명의 군사를 주어 난을 진압하도록 했지만, 난민에게 패배하고 말았다. 1177년 정월에는 망이·망소이가 강화를 요청함으로써 난이 일단 진정되는 듯하였다. 정부는 이들을 회유하기 위해 처형하지 않고 오히려 곡식을 주어 향리로 호송하였다.

그러나 한 달 뒤에 망이·망소이 등은 재차 봉기해 가야사를 침구했고, 3월에는 홍경원을 불태우고 개경까지 진격하기로 결정하였다. 이때 이들이 개경 정부에 전달한 글에 의하면 다시 봉기하게 된 이유는 난이 진정된 이후 정부에서 다시 그들의 가족들을 가두었기 때문이었다. 이들은 아주를 함락시키고, 청주를 제외한 청주목 관내의 모든 군현을 점령하였다. 정부는 강경책을 펼쳐 같은 해 5월에 충순현에서 명학소로 강등시키고 군대를 파견해 이들을 토벌하였다. 비록 난은 실패하였으나 고려시대의 신분질서에 대한 해방운동이라는 점에서 현재에도 그 업적이 인정되며, 이후 조선 대에 들어서 향·소·부곡 등의 특수행정구역이 소멸되는 데에도 영향을 미쳤으리라 보고 있다.

재현 : "명학소는 물이 적고 숯을 생산할 수 없는데도 철소가 설치되는데 영향을 받았어."

유진 : "망이와 망소이의 난은 가야사까지는 가지 못하고 실패로 돌아갔어."

아영 : "망이와 망소이는 철제품 생산 기술자였던 것 같아."

민형 : "철제품을 철소에서 만들었기 때문에 마현은 철소로 지정 되었어."

재민 : "정부는 망이의 가족들을 가두어 다시금 망이와 망소이가 봉기하도록 만들었어."

① 재현
② 유성
③ 아영
④ 민형
⑤ 재민

07 다음 글의 밑줄 친 부분에 들어갈 진술로 가장 적절한 것은?

최근 들어 도시의 경쟁력 향상을 위한 새로운 전략의 하나로 창조 도시에 대한 논의가 활발하게 진행되고 있다. 창조 도시는 창조적 인재들이 창의성을 발휘할 수 있는 환경을 갖춘 도시이다. 즉 창조 도시는 인재들을 위한 문화 및 거주 환경의 창조성이 풍부하며, 혁신적이고도 유연한 경제 시스템을 구비하고 있는 도시인 것이다.

창조 도시의 주된 동력을 창조 산업으로 볼 것인가 창조 계층으로 볼 것인가에 대해서는 견해가 다소 엇갈리고 있다. 창조 산업을 중시하는 관점에서는, 창조 산업이 도시에 인적 · 사회적 · 문화적 · 경제적 다양성을 불어넣음으로써 도시의 재구조화를 가져오고 나아가 부가가치와 고용을 창출한다고 주장한다. 창의적 기술과 재능을 소득과 고용의 원천으로 삼는 창조 산업의 예로는 광고, 디자인, 출판, 공연 예술, 컴퓨터 게임 등이 있다.

창조 계층을 중시하는 관점에서는, 개인의 창의력으로 부가가치를 창출하는 창조 계층이 모여서 인재 네트워크인 창조 자본을 형성하고, 이를 통해 도시는 경제적 부를 축적할 수 있는 자생력을 갖게 된다고 본다. 따라서 _____ 창조계층에는 과학자, 기술자, 예술가, 건축가, 프로그래머, 영화 제작자 등이 포함된다.

창조성의 근본 동력을 무엇으로 보든, 한 도시가 창조 도시로 성장하려면 창조 산업과 창조 계층을 유인하는 창조 환경이 먼저 마련되어야 한다. 창조 도시에 대한 논의를 주도한 랜드리는, 창조성이 도시의 유전자 코드로 바뀌기 위해서는 다음과 같은 환경적 요소들이 필요하다고 보았다. 개인의 자질, 의지와 리더십, 다양한 재능을 가진 사람들과의 접근성, 조직문화, 지역 정체성, 도시의 공공 공간과 시설, 역동적 네트워크의 구축 등이 그것이다.

창조 도시는 하루아침에 인위적으로 만들어지지 않으며 추진 과정에서 위험이 수반되기도 한다. 창조 산업의 산출물은 그것에 대한 소비자의 수요와 가치 평가를 예측하기 어렵다. 또한 창조 계층의 창의력은 표준화되기 어렵고 그들의 전문화된 노동력은 대체하기가 쉽지 않다. 따라서 창조 도시를 만들기 위해서는 도시 고유의 특성을 면밀히 고찰하여 창조 산업, 창조 계층, 창조 환경의 역동성을 최대화할 수 있는 조건이 무엇인지 밝혀낼 필요가 있다.

① 창조 도시가 가져오는 경제적인 이점에 대하여 논의해야 한다.

② 도시는 창조 계층의 산업을 끌어들이는데 어려움을 겪는다.

③ 창조 계층을 끌어들이고 유지하는 것이 도시의 경쟁력을 높이는 관건이 된다.

④ 창조 계층은 위험성이 있는 일을 선호하는 경향이 있다.

⑤ 창조 도시는 창조 계층의 수요를 파악하여 가치 평가를 해야 한다.

08 다음은 가사근로자 근로조건 보호에 관련된 기사 내용이다. 다음 글에서 <u>잘못 쓰인 글자</u>는 몇 개인가?

---

(1) 최소근로시간
- 가사근로자법 정부안은 사회보험, 퇴직금 적용 등 가사근로자의 기본적인 근로조건을 보호하고자 「근로기준법」에서 규정하지 않는 1주 15시간 이상의 최소근로시간을 보장하도록 규정하고 있음.
- 다만, 가사근로자가 건강 등 개인사정으로 1주 15시간 이상을 근무하기 어렵거나 가사서비스 제공기관에 심각한 경영위기가 발생한 경우 등 예외적인 경우까지 최소근로시간을 보장하도록 하는 것이 불합리한 측면이 있어 제한적으로 예외사유를 정하고 있음.
- 근로자의 명시적 의사가 있는 경우, 경영상 부가피한 경우에는 정부안에는 최소근로시간을 보장하지 않은 가사서비스 제공기관에 시정명령과 인증취소를 할 수 있는 근거가 포함되어 있어 이를 통해 최소근로시간이 실질적으로 준수될 수 있도록 할 계획임.

(2) 휴게시간
- 정부안에 따르면 입주 가사근로자에게는 「근로기준법」에서 정한 휴게시간이 적용되며, 방문 가사근로자는 휴게시간은 가사서비스 제공기관과 이용자 간 이용계약에 포함하여 보호하고 있음
- 근로시간이 4시간인 경우에는 30분 이상, 8시간인 경우에는 1시간 이상
- 정부안은 휴게시간을 강제할 경우, 가사근로자가 가정에 머물러야 할 시간이 늘어나고, 가정 내에서 제대로 된 휴식을 취하기 어려운 현실 등을 고려할 때 가사근로자가 오히려 불리할 수 있으며, 영유아, 환자 등에 대한 돌봄 서비스의 경우, 돌봄 대상자의 안전에 위험이 되는 결과로 이어질 수 있어 일율적으로 휴게시간을 부여하는 것이 곤란한 가사서비스의 특성을 고려하여 마련하였음. 향후 표준이용계약서 마련 등을 통해 가사서비스 업무 특성에 맞는 휴게시간이 현장에서 적용될 수 있도록 유도할 예정임

[출처] 대한민국 정책브리핑(www.korea.kr)

---

① 2개　　　　　　　　　　② 3개
③ 4개　　　　　　　　　　④ 6개
⑤ 7개

[09~11] 다음 보기를 읽고 물음에 답하시오.

아리스토텔레스의 『시학』은 서구에서 최초의 문학 이론서라고 알려져 있다. 모든 시초에는 뒷날의 발전 가능성이 ⓐ잠재해 있는 법이지만 『시학』의 경우는 각별히 그러하다. ㉠『시학』에서 맹아의 형태로 내재되어 있던 중요 쟁점들이 뒷날 많은 문학 이론가들에 의해서 싹을 틔우게 되었기 때문이다. 비극이 주된 관심의 대상인 이 『시학』에서 가장 중요한 쟁점이 되어 온 것은 바로 카타르시스이다. 아리스토텔레스는 비극이 연민과 공포를 불러일으키는 사건을 통해서 이런 감정들의 카타르시스를 성취한다고 하면서 카타르시스에 대해 언급하고 있다. 우리에게 일반적으로 정화(淨化)의 의미로만 알려져 있는 이 카타르시스는 이른바 정화이론(淨化理論)과 조정이론(調整理論)의 둘로 나누어 살펴보아야 올바른 이해에 도달할 수 있다.

먼저 정화이론에서는 카타르시스를 재귀적 과정으로 파악한다. 즉 비극은 연민과 공포를 불러일으킨 뒤에 이들 감정을 마음 밖으로 몰아내는 것으로 이해하고, 그러한 정화의 효과가 발생하는 것을 카타르시스라고 본다. 플라톤은 『국가』에서 비극이 연민을 환기하여 구경꾼들을 겁쟁이로 ⓑ전락시킨다고 비판했는데 아리스토텔레스는 플라톤의 이러한 문학 비판에 동의하지 않는다. 비극이 연민과 공포를 불러일으키는 것은 사실이나 이를 밖으로 몰아내기 위해서 그런다는 아리스토텔레스의 주장은 플라톤의 비판에 대한 직접적인 답변처럼 보이기도 한다. 그런데 여기에서 문제가 되는 것은 이러한 '정화'가 어떻게 작용하느냐 하는 것이다. 르네상스 시대부터 『시학』의 해석자들은 아리스토텔레스가 염두에 두고 있는 것이 고대 의학에서 쓴 동류요법(同類療法)의 개념이었다고 설명한다. 즉 열병은 열기로 다스리고 한기는 한기로 다스린다는 이열치열(以熱治熱)이 그것이다. 이러한 동류요법에 의한 카타르시스 해석 즉 정화이론은 20세기에 들어와서 프로이트의 영향력이 커짐과 동시에 널리 받아들여지게 된다. 프로이트는 환자들의 고통스러운 어린 시절의 경험을 최면을 통해 회상시킴으로써 신경증의 증상을 감소시킬 수 있다는 것을 발견하였다. 그의 이러한 정신분석법은 어린 시절의 고통스러운 경험을 불러들여 몰아내는 정화와 연관되어 있다.

하지만 조정이론에서는 이러한 정화이론에 반론을 펼친다. 즉 비극은 연민과 공포를 불러일으킨 뒤에 이들 감정을 밖으로 몰아내는 것이 아니라 그 감정들을 적절히 제어할 수 있게 해 주는 것으로 이해하고, 그런 조정의 효과가 발생하는 것을 카타르시스라고 본다. 플라톤은 감정이 이성에 대한 위협이라고 생각하였으나 아리스토텔레스는 감정이 이성 못지않게 인간의 중요한 일부라고 생각했다. 감정은 그 자체가 해로운 것이 아니며 적절히 통제되지 못할 때에만 해롭다고 ⓒ간주했다. 이처럼 조정이론은 감정의 몰아내기라는 개념을 동반하지 않는다. 연민은 흔히 좋은 감정으로 파악되며 적절한 공포는 건강에 좋은 것이 된다. 이 조정이론은 정신의 건강이 양극단 사이의 중용에 있다고 본 아리스토텔레스의 『니코마코스 윤리학』에서 그 논거를 ⓓ원용한 것이다. 이 윤리학에 기초한 조정이론에 따르면 카타르시스는 일종의 정신적, 도덕적인 길들이기가 된다. 이를 통해 비극을 구경하는 이들은 연민이나 공포와 같은 감정의 적절한 효용을 배우게 된다.

이러한 조정이론은 다시 두 가지의 관점으로 나누어 이해할 수 있다. 먼저 르네상스 시기에 카스텔베트로를 ⓔ위시한 몇몇은 비극이 감정을 단련시켜 준다고 하였다. 싸움터에서 병사들이 동료의 죽음을 빈번하게 목격하게 되면서 죽음의 공포를 극복하게 되듯이 구경꾼들은 비극 속에서 끔찍하고 보기 딱한 사건을 구경함으로써 가파른 삶의 실상에 익숙해진다는 것이다. 한편 18세기 독일의 레싱 같은 비평가는 비극이 감수성을 예민하게 함으로써 구경꾼의 심성을 부드럽게 순화시켜 준다고 주장하였다. 이 둘은 모두 조정이론이라는 점에서는 비슷하나 세부적인 설명에서는 서로 다른 관점을 보이고 있다.

플라톤이 비극의 가치를 공격한 것에 대한 답변으로서, 또 비극을 올바로 이해하기 위한 하나의 관점으로서 아리스토텔레스의 『시학』에서 논의된 카타르시스는 오늘날까지 논쟁적이면서도 설득력 있는 쟁점으로 이어져 오고 있다.

09 윗글의 전개과정을 고려하여 ㉠을 가장 잘 이해한 것은?

① 아리스토텔레스가 『시학』에서 언급한 화두인 카타르시스가 후대 이론가들의 여러 논의로 파생되면서 비극의 가치가 재조명될 수 있었다는 의미로 이해할 수 있겠군.

② 비극의 효용을 부정하는 플라톤과 그 반대의 입장을 취하는 아리스토텔레스 사이의 논쟁이 후대의 이론가들에 의해 더욱 심화되었다는 의미로 이해할 수 있겠군.

③ 비극의 향유자가 경험하는 카타르시스의 작용 원리를 후대 이론가들이 고전 의학이나 특정 윤리학으로 확대 적용함으로써 비극의 효용성을 강화했다는 의미로 이해할 수 있겠군.

④ 아리스토텔레스가 정의한 카타르시스의 개념을 후대의 몇몇 이론가들이 다양한 관점에서 재해석하여 중세와 르네상스의 사상적 가교 역할을 했다는 의미로 이해할 수 있겠군.

⑤ 아리스토텔레스가 정화와 조정의 두 관점으로 해석한 카타르시스의 개념을 후대 이론가들이 통합시킴으로써 『시학』의 학문적 위상을 높였다는 의미로 이해할 수 있겠군.

10 ⓐ～ⓔ의 사전적 의미로 적절하지 않은 것은?

① ⓐ : 겉으로 드러나지 않고 속에 잠겨 있거나 숨어있음.

② ⓑ : 나쁜 상태나 타락한 상태에 빠짐.

③ ⓒ : 확실하게 알아보거나 상태가 다르다고 봄.

④ ⓓ : 주장을 세우기 위해 어떤 문헌 내용을 끌어다 씀.

⑤ ⓔ : 여럿 가운데 어떤 대상을 첫째 또는 대표로 삼음.

11 〈보기〉는 '카타르시스'와 관련된 과제 발표 수업의 일부이다. 윗글을 바탕으로 학생들의 발표 내용을 설명한 것으로 적절하지 <u>않은</u> 것은?

---| 보기 |---

선생님 : 자, 지난 시간에는 카타르시스에 대해 함께 공부를 했습니다. 그리고 과제로 셰익스피어의 유명한 비극 작품 「리어왕」을 각자 읽어 오라 했었는데요. 그러면 오늘은 「리어왕」을 읽고 난 후에 개인이 느낀 감상을 카타르시스의 관점에서 자유롭게 이야기해 보도록 합시다.

민 형 : 셋째 딸 코델리아가 왕으로부터 부당한 버림을 받는 장면에서는, 제가 어릴 적에 아버지에게 억울하게 혼이 났던 일이 생각나면서 갑자기 눈물이 났습니다. 그런데 눈물이 그치고 나니 이상하게도 십 년 묵은 체증이 싹 사라지는 듯한 느낌을 받았습니다.

동 혁 : 질투에 눈이 먼 첫째 딸이 둘째 딸을 독살한 후 가책을 느껴 자살하는 장면을 보면서, 인생이 헛된 야망으로 허무하게 끝이 날 수도 있음을 알게 되었습니다. 그리고 죽음이란 것이 항상 우리 곁에 맴돌고 있다는 점을 염두에 두고 의연하게 삶을 영위해 나가야겠다고 생각했습니다.

지 성 : 리어왕과 그 딸들이 겪은 비극적인 가족사를 접하면서 가족에 대한 사랑의 소중함을 느꼈습니다. 그러면서 그동안 가족들에게 퉁명스러웠던 내 모습을 되돌아보게 되었고, 부모님과 누나, 형을 대하는 마음가짐이 훨씬 더 부드러워졌습니다.

① '민형'이 코델리아에게서 자신이 어릴 적 겪었던 일을 떠올리며 마음이 정화되는 느낌을 받은 것은 동류요법과 관련된 카타르시스를 경험한 것으로 볼 수 있겠군.

② '지성'이 비극적인 이야기를 접하고 이전과 달리 가족들을 대하는 심성이 부드럽게 순화되는 느낌을 받은 것은 레싱이 주장한 카타르시스를 경험한 것으로 볼 수 있겠군.

③ '민형'이 코델리아에 대한 연민의 감정이 마음속에 환기된 후 이것을 마음 밖으로 몰아내는 경험을 한 것은 카타르시스의 재귀적 과정을 보여 주는 것으로 볼 수 있겠군.

④ '동혁'이 두 자매의 비극적인 죽음에서 삶의 허무함을 느끼고 이것이 누구에게나 일어날 수 있는 것임을 인식한 것은 카스텔베트로가 주장한 카타르시스를 경험한 것으로 볼 수 있겠군.

⑤ '동혁'이 의연하게 삶을 영위해 나가고자 하는 것은 연민과 공포의 감정을 배제하는 과정을 통해 카타르시스를 느끼며 도덕적으로 길들여진 결과라고 볼 수 있겠군.

12 다음 중 내용을 읽고 주제로 하기에 알맞은 것은?

> 화이트(H. White)는 19세기의 역사 관련 저작들에서 역사가 어떤 방식으로 서술되어 있는지를 연구했다. 그는 특히 '이야기식 서술'에 주목했는데, 이것은 역사적 사건이 경과 과정이 의미를 지닐 수 있도록 서술하는 양식이다. 그는 역사적 서술의 타당성이 문학적 장르 내지는 예술적인 문체에 의해 결정된다고 보았다. 이러한 주장에 따르면 역사적 서술의 타당성은 결코 논증에 의해 결정되지 않는다. 왜냐하면 논증은 지나간 사태에 대한 모사로서의 역사적 진술의 '옳고 그름'을 사태 자체에 놓여 있는 기준에 의거해서 따지기 때문이다.
>
> 이야기식 서술을 통해 사건들은 서로 관련되면서 무정형적 역사의 흐름으로부터 벗어난다. 이를 통해 역사의 흐름은 발단 · 중간 · 결말로 인위적으로 구분되어 인식 가능한 전개 과정의 형태로 제시된다. 문학 이론적으로 이야기하자면, 사건 경과에 부여되는 질서는 '구성(plot)'이며 이야기식 서술을 만드는 방식은 '구성화(emplotment)'이다. 이러한 방식을 통해 사건은 원래 가지고 있지 않던 발단 · 중간 · 결말이라는 성격을 부여받는다. 또 사건들은 일종의 전형에 따라 정돈되는데, 이러한 전형은 역사가의 문화적인 환경에 의해 미리 규정되어 있거나 경우에 따라서는 로맨스 · 희극 · 비극 · 풍자극과 같은 문학적 양식에 기초하고 있다.
>
> 따라서 이야기식 서술은 역사적 사건의 경과 과정에 특정한 문학적 형식을 부여할 뿐만 아니라 의미도 함께 부여한다. 우리는 이야기식 서술을 통해서야 비로소 이러한 역사적 사건의 경과 과정을 인식할 수 있게 된다는 말이다. 사건들 사이에서 만들어지는 관계는 사건들 자체에 내재하는 것이 아니다. 그것은 사건에 대해 사고하는 역사가의 머릿속에만 존재한다.

① 이야기식 역사 서술이란 사건들 사이에 내재하는 인과적 연관을 찾아내는 작업이다.
② 이야기식 역사 서술은 문학적 서술 방식을 원용하여 역사적 사건의 경과 과정에 의미를 부여한다.
③ 역사적 사건에서 객관적으로 드러나는 발단에서 결말까지의 일정한 과정을 서술하는 일이 역사가의 임무이다.
④ 역사의 의미는 절대적인 것이 아니라 현재 시점에서 새롭게 규정되는 것이다.
⑤ 역사가가 속한 문화적인 환경은 역사와 문학의 기술 내용과 방식을 규정한다.

제6회
NCS
피듈형
모의고사

13 다음은 한국환경공단의 고객응대서비스 매뉴얼이다. 이를 참고하여 신입사원에게 상사인 김 대리가 조언한 내용으로 옳지 <u>않은</u> 것은?

전화응대	• 친절하고 밝은 목소리로 먼저 인사말과 소속, 이름을 말하겠습니다. • 고객님의 입장에서 성실하게 경청하고 정확하게 상담하여 드리겠습니다. • 부득이 다른 직원에게 전화를 연결할 경우에는 부서명, 이름 및 전화번호를 안내한 후 연결하겠습니다. • 찾으시는 담당자가 부재중인 경우에는 다른 직원이 부재사유를 알려드리고 용건 등을 메모해서 담당자가 직접 고객님께 연락드리도록 하겠습니다.
인터넷 (홈페이지) 응대	• 공단 홈페이지(http : //www.Keco.or.kr)를 통하여 공단의 서비스에 대한 최신 정보를 자세하게 소개하여 쉽게 이용하실 수 있도록 하겠습니다. • 홈페이지 "K - ECO 민원"게시판을 통해 제기된 일반민원(진정, 건의, 질의)에 대해서는 7일 이내에, 법령질의에 대해서는 14일 이내에 답변해 드리겠으며 확인절차 등으로 인해 처리기한 이상이 소요될 경우 그 사유와 진행사항을 유선 또는 이메일로 먼저 안내해 드리겠습니다. • 홈페이지에 해당 업무별 직원 연락처를 게시하여 고객들이 신속하고 용이한 문의가 가능하도록 실천하겠습니다.
내방 고객응대	• 고객님을 방문하기 전, 전화 등을 통하여 방문목적을 설명 드리고 고객님의 일정을 최대한 고려하여 방문일정을 정하겠습니다. • 업무 처리 후, 그 결과를 정확하게 설명해 드리겠으며, 사후 관리를 위하여 담당자의 명함을 전달하겠습니다.
고객사 방문응대	• 고객님을 방문하기 전, 전화 등을 통하여 방문목적을 설명 드리고 고객님의 일정을 최대한 고려하여 방문일정을 정하겠습니다. • 업무 처리 후, 그 결과를 정확하게 설명해 드리겠으며, 사후 관리를 위하여 담당자의 명함을 전달하겠습니다.
고객참여 및 의견제시	• 우리 공단은 고객님의 의견을 성실 선반에 반영하기 위하여 고객 센터세노를 운영하고 있습니다. 서비스에 대한 개선의견이 있으시면 언제든지 홈페이지, 전화, 서면, 방문 등을 통하여 의견을 제시하여 주시기 바랍니다. • 부당한 권한 행사, 금품 및 향응 요구 등 부정부패한 직원은 공단 홈페이지, 서면(우편, Fax), 방문 등을 통해 신고해 주시면, 조사 후 적절한 조치를 취하겠습니다.
사회적 책임	• 공단은 기관의 특성에 부합하는 봉사활동을 적극 실시하겠습니다. • 공단은 정보공개 제도를 운영하여 청구인의 공개청구에 대해 10일 이내에 성실하게 답변 드리겠습니다.
잘못된 서비스 시정	• 공단의 잘못된 서비스로 인해 발생한 고객님 불편 및 불만사항에 대해 정중한 사과와 함께 시정조치를 실시하겠습니다. • 직원이 불친절 및 불만족 서비스 제공시 3일 이내에 정중한 사과와 함께 시정조치를 이행하고, 필요시 해당 직원에 대한 교육을 실시하겠습니다. • 서비스 품질의 향상을 위하여 매년 1회 이상 고객만족도 조사 및 고객현장 이행실태에 대한 점검을 실시하고, 그 결과를 홈페이지에 공표하겠습니다.

① "고객님을 방문하기 전, 전화 등을 통하여 방문목적을 설명 드리고 고객님의 일정을 최대한 고려하여 방문일정을 정해야 합니다."

② "확인절차 등으로 인해 처리기한 이상이 소요될 경우 그 사유와 진행사항을 유선 또는 이메일로 먼저 안내해 드려야 해요."

③ "우리 공단은 잘못된 서비스를 제공하지 않기 위해 매년 1회 이상 고객 만족도 조사 및 현장 점검을 실시하고 있습니다."

④ "홈페이지 고객 응대에서 'K - ECO 민원'게시판에 제기된 법령질의에 대해서는 반드시 14일 이내에 답변해 드려야 합니다."

⑤ "직원이 불친절할 경우 3일 이내에 정중한 사과와 함께 시정조치를 이행하고, 필요시엔 해당 직원에게 교육을 실시하고 있습니다."

14 다음은 N국의 세율 체계에 관한 자료이다. 〈보기〉에서 자료에 대한 설명으로 맞는 것끼리 짝지어진 것은?

> N국에서는 가구주만 소득이 있는 경우와 가구주와 배우자 모두 소득이 있는 경우 적용되는 세율 체계가 다르다. 부부 중 가구주만 소득이 있는 경우에는 [표1]과 같이 소득수준이 증가함에 따라 더 높은 소득세율을 적용하는 단일누진세율방식을 택하고 있다. 한편, 가구주와 배우자 모두 소득이 있는 경우에는 [표2]와 같이 15,000달러와 60,000달러를 기준으로 그 범위 내에 속하는 소득에 대해 각각 다른 소득세율을 부과하는 한계소득세율방식을 적용한다.

[표1] 〈단일누진세율체계〉

(단위 : 달러, %)

소득수준	소득세율	납세액
0 ~ 15,000	10	소득액×0.1
15,000 초과 ~ 60,000	15	소득액×0.15
60,000 초과	25	소득액×0.25

[표2] 〈한계소득세율 체계 및 적용례 (부부합산소득이 100,000달러인 경우)〉

(단위 : 달러, %)

소득구간	과세대상소득	소득세율	납세액
0 ~ 15,000	15,000	10	1,500
15,000 초과 ~ 60,000	45,000	15	6,750
60,000 초과	40,000	25	10,000
총 납세액			18,250

─| 보기 |─

ⓐ 가구주만 60,000달러를 버는 경우 내야 하는 세금은 9,000달러이다.

ⓑ 부부합산 소득이 15,000달러 이하일 때 단일누진세율 체계를 적용하는 경우와 한계소득세율 체계를 적용할 때 내야 할 세금은 둘 다 1,500달러이다.

ⓒ 가구주 혼자 100,000달러를 버는 경우, 부부합산소득이 100,000달러인 맞벌이 가구와 비교했을 때 더 내야 하는 세금은 6,700달러이다.

① ⓐ
② ⓑ
③ ⓐ, ⓑ
④ ⓐ, ⓒ
⑤ ⓑ, ⓒ

[15~16] 다음 표를 참고하여 물음에 답하시오.

〈산업재해 현황〉

(단위 : 명, %)

연도 구분	2015	2016	2017	2018	2019	2020	2021	2022	2023
전체 재해율	0.68	0.74	0.73	0.77	0.77	0.90	0.85	0.77	0.77
전체 재해율 증감률	−0.16	8.8	−1.4	5.5	0.0	16.9	−5.6	−9.4	0.0
300인 미만 사업장 재해율	0.87	0.99	0.92	0.97	0.92	1.02	0.96	0.93	0.91
전년대비 300인 미만사업장 재해율 증감률	−13.9	13.6	−7.1	5.4	−5.2	10.9	−5.9	−3.1	−2.2
사고성 사망만인율	2.19	1.96	1.49	1.47	1.30	1.45	1.47	1.26	1.14
전년대비사고사망만인율 증감률	−12.0	−10.5	−24.0	−1.3	−11.6	11.5	1.4	−14.3	−9.5
사망자 수	2,212	2,291	2,528	2,748	2,605	2,923	2,825	2,493	2,453
전년대비 사망자 수 증감률	−19.3	3.6	10.3	8.7	−5.2	12.2	−3.4	−11.8	−1.6
업무상 질병자 수	1,838	2,732	4,051	5,653	5,417	9,130	9,183	7,495	10,235
전년대비 질병자 수 증감률	−13.3	48.6	48.3	39.5	−4.2	68.5	0.6	−18.4	36.6

15 사망자 수가 전년에 비해 가장 많이 증가한 해와 가장 많이 감소한 해를 찾아 그 사망자 수를 더한 것으로 바른 것은?

① 5,135명
② 5,451명
③ 4,470명
④ 4,705명
⑤ 3,897명

16 2014년의 업무상 질병자 수를 바르게 구한 것은?

① 약 2,098명
② 약 2,120명
③ 약 2,278명
④ 약 9,523명
⑤ 약 13,820명

17 다음은 2023년 N 도시의 연령별 인구 구조에 관한 자료이다. 이를 바탕으로 2038년의 인구 분포를 예측한 결과로 옳은 것은? (단, 소수점 셋째 자리에서 반올림함)

〈N 도시 연령별 인구 구조(2023)〉

(단위 : 명)

연령대	남성	여성
0~14세	1,650	1,920
15~29세	1,500	1,600
30~44세	1,250	1,280
45~59세	990	1,040
60세 이상	800	1,050
합계	6,190	6,890

* N 도시의 전 · 출입자와 사망자는 없고, 출생자만 있다고 가정함.

* 2038년 15~29세 성별 인구대비 0~14세 성별 인구의 비율 $\left(\dfrac{0{\sim}14세\ 남(여)\ 인구}{15{\sim}29세\ 남(여)인구}\right)$ 은 2023년과 동일하다고 가정함.

① 30~44세 여성 인구수는 전년에 비해 줄어들었다.

② 총 인구에서 차지하는 인구 비중이 가장 높은 연령대는 60세 이상일 것이다.

③ 총 인구가 2023년에 비해 약 24%가량 증가할 것이다.

④ 60세 이상 인구에서 남성이 차지하는 비율은 2023년에 비해 감소할 것이다.

⑤ 총 인구에서 여성이 차지하는 비율은 2023년에 비해 증가할 것이다.

제**6**회
NCS
피듈형
모의고사

[18~19] 다음은 각 산업의 부가가치율, 연구개발 투자율 및 연구개발 투자규모를 나타낸 그래프이다. 이를 참고하여 물음에 답하시오.

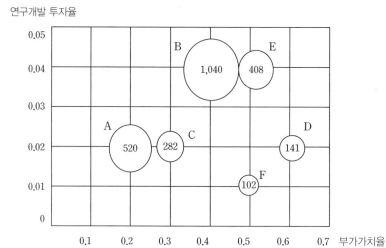

* 원의 크기와 숫자는 연구개발 투자규모를 나타내며, 숫자 단위는 십억 원이다.

* 부가가치율 = $\dfrac{부가가치}{매출액}$

* 여구개박 투자율 = $\dfrac{연구개발투자규모}{매출액}$

18 A산업과 B산업의 부가가치를 바르게 비교한 것은?

① A > B

② A < B

③ A = B

④ A ∽ B

⑤ 알 수 없다.

19 E산업의 연구개발 투자규모 중 2,880억 원이 감소할 경우의 부가가치를 D산업과 바르게 비교한 것은? (단, E산업의 연구개발 투자율은 유지된다.)

① D > E

② D < E

③ D = E

④ D ∽ E

⑤ 알 수 없다.

20 다음은 건강 행태 위험 요인별 질병 비용에 대한 자료이다. 이에 대한 설명으로 옳은 것은? (단, 소수점 넷째 자리에서 반올림함)

〈건강 행태 위험 요인별 질병 비용〉

(단위 : 억 원)

위험요인 \ 연도	2020	2021	2022	2023
흡연	87	92	114	131
음주	73	77	98	124
과체중	65	72	90	117
운동 부족	52	56	87	111
고혈압	51	62	84	101
영양 부족	19	35	42	67
高 콜레스테롤	12	25	39	64
계	359	419	554	715

* 질병 비용이 클수록 순위가 높음

① 2021~2023년의 연도별 질병 비용에서 영양 부족 위험 요인이 차지하는 비율은 전년 대비 매년 증가한다.

② 운동 부족은 매년 최대의 소요 비용을 달성했다.

③ 위험 요인별 질병 비용의 순위는 매년 변화가 없다.

④ 2020~2023년의 연도별 질병 비용에서 운동 부족 위험 요인이 차지하는 비율은 전년 대비 매년 증가한다.

⑤ 고혈압 위험 요인의 경우 2021~2023년까지 질병 비용의 전년 대비 증가율이 가장 큰 해는 2022년이다.

21 다음은 8개의 회원사로 이루어진 어떤 단체에서 각 회원사가 내야할 납입자금에 관한 자료이다. 모든 회원사의 금년 매출액이 전년대비 10% 증가한다면 내년도 납입자금이 증가하는 회원사는 총 몇 개인가?

[표1] 〈회원사 납입자금 산정기준〉

(단위 : 억 원)

전년도 매출액	당해 연도 납입자금
2천억 원 미만	1.0
2천억 원 이상~5천억 원 미만	2.0
5천억 원 이상~1조 원 미만	3.0
1조 원 이상~2조 원 미만	4.0
2조 원 이상	5.0

[표2] 〈회원사 매출액 현황〉

(단위 : 천억 원)

회원사	매출액
A	3.5
B	19.0
C	30.0
D	6.0
E	15.5
F	8.0
G	9.5
H	4.6

* 납입자금 산정기준은 연도에 따라 변하지 않으며 납입자금은 전년도 매출액을 기준으로 당해 연도 초에 납입함

① 2개   ② 3개
③ 4개   ④ 5개
⑤ 6개

[22~23] 다음은 1900년대 각 도의 경작 유형별 춘궁 농가 호수와 춘궁 농가 비율을 조사한 결과이다. 표를 참고하여 물음에 답하시오.

〈경작 유형별 춘궁 농가 현황〉

구분	춘궁 농가				춘궁 농가 비율			
	경작 유형			전체	경작 유형			전체
	자작농	자소작농	소작농		자작농	자소작농	소작농	
경기도	2,407	22,233	97,001	121,641	13.1	33.3	69.8	54.3
충청북도	3,564	17,891	54,435	75,890	19.9	40.3	76.3	56.8
충청남도	4,438	24,104	83,764	112,306	30.9	45.2	89.6	69.7
경상북도	13,477	47,129	84,289	144,895	20.0	36.1	57.8	42.1
경상남도	8,354	33,892	87,626	129,872	21.2	37.2	63.1	48.2
전라북도	3,098	23,191	110,469	136,758	28.7	42.6	71.5	62.2
전라남도	14,721	52,028	103,588	170,337	23.2	46.9	81.2	56.4
황해도	4,159	22,017	75,511	101,687	12.2	34.0	63.0	46.5
평안남도	4,733	17,209	33,557	55,499	14.3	28.0	58.4	36.5
평안북도	3,279	9,001	36,015	48,295	8.8	19.4	42.1	28.5
강원도	10,363	26,885	45,895	83,143	20.5	37.9	76.9	45.9
함경남도	( )	22,383	21,950	59,336	20.7	42.2	72.3	38.1
함경북도	4,708	5,507	3,411	13,626	10.5	35.6	56.2	20.5
전국 총합	92,304	323,470	837,511	1,253,285	18.4	37.5	68.1	48.3

22 황해도의 총 농가 호수를 소수점 이하 반올림하여 A라고 하고, 경상북도의 자작농가 수를 B라고 했을 때, A÷B를 소수점 아래를 절식하면 얼마인가?

① 2　　　　　　　　　　② 3

③ 4　　　　　　　　　　④ 5

⑤ 6

23 괄호 안에 들어갈 숫자로 알맞은 것은?

① 13,509　　　　　　　② 14,903

③ 15,003　　　　　　　④ 36,953

⑤ 37,386

[24~26] 아래 그래프들은 A국과 B국 사이의 교역품목과 교역규모를 나타낸 것이다. 물음에 답하시오.

〈교역품목〉

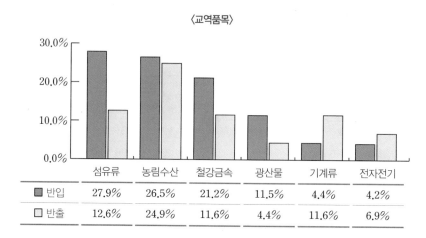

	섬유류	농림수산	철강금속	광산물	기계류	전자전기
■ 반입	27.9%	26.5%	21.2%	11.5%	4.4%	4.2%
□ 반출	12.6%	24.9%	11.6%	4.4%	11.6%	6.9%

〈교역규모〉

(단위 : 천 달러)

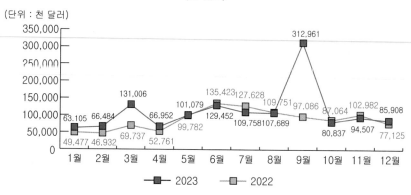

24 교역품목 중 반입과 반출의 비율 차이가 가장 큰 품목은?

① 섬유류   ② 농림수산
③ 철강금속   ④ 광산물
⑤ 기계류

25 2023년 9월 교역규모의 전년도 동기대비 증감률은 얼마인가? (단, 반올림하여 소수점 셋째 자리까지 표시함)

① 약 222.351%   ② 약 222.354%
③ 약 234.242%   ④ 약 242.342%
⑤ 약 243.351%

26 2023년 5월부터 10월까지 평균 교역규모와 전년도 동일기간 평균교역규모의 차액은 얼마인가? (단, 소수점 이하는 반올림하여 정수로 나타냄)

① 30,840(천 달러)

② 30,841(천 달러)

③ 30,875(천 달러)

④ 30,836(천 달러)

⑤ 30,725(천 달러)

27 조직의 내·외부 환경을 분석하는데 유용하게 이용될 수 있는 방법으로 가장 많이 활용되는 것을 다음 중에 고른다면?

① NM법

② 브레인 스토밍

③ 체크리스트

④ SWOT

⑤ Synectics

28 다음 정보가 사실이라고 할 때 〈보기〉의 진술 중 반드시 맞는 것을 모두 고르면?

| 정보 |

전문가 태스크포스의 구성과 홍보팀의 협력 두 가지가 모두 뒷받침된다면 새 인력관리 체계의 성공은 확실히 보장된다. 새 인력관리 체계는 집단 전체에 신선한 의욕을 불어넣을 뿐만 아니라 새로운 활동 역량을 가져다줄 것이다. 그뿐 아니라 이 체계가 성공한다면 시스템 내의 세부영역 간 의사소통도 눈에 띄게 활성화될 것이다. 세부 전문영역 간의 활발한 의사소통이 이루어지지 않는다면 시스템 전체 규모의 성장도 이루어질 수 없다.

이런 관계를 잘 아는 경영자는 새 인력관리 체계의 도입을 적극적으로 고려한다. 그런데 전문가 태스크포스를 구성할 경우 적어도 단기적으로는 인건비 지출의 총액이 8% 정도 증가하게 된다는 점이 문제였다. 그럼에도 불구하고 경영자는 이미 지난주에 전문가 태스크포스를 구성했다. 장기적으로는 총 비용 역시 절감되리라고 확신했기 때문이다.

| 보기 |

ㄱ. 홍보팀의 협력이 없이는 새 인력관리 체계가 성공할 수 없다.

ㄴ. 시스템의 전체 규모가 성장한다면 그것은 새 인력관리 체계가 성공했음을 뜻한다.

ㄷ. 경영자는 단기적인 인건비 지출의 증가가 장기적으로 총 비용의 증가를 수반하는 것은 아니라고 믿는다.

ㄹ. 만일 새 인력관리 체계가 실패한다면 홍보팀의 협력이 없었기 때문이라고 할 수 있다.

① ㄱ, ㄷ

② ㄱ, ㄹ

③ ㄴ, ㄷ

④ ㄷ, ㄹ

⑤ ㄱ, ㄴ, ㄹ

제**6**회
NCS
피둘형
모의고사

29 의료보험 가입이 의무화될 때 〈보기〉의 조건에 맞는 선택은?

―――| 보기 |―――

• 정기적금에 가입하면 변액보험에 가입한다.

• 주식형 펀드와 해외 펀드 중 하나만 가입한다.

• 의료보험에 가입하면 변액보험에 가입하지 않는다.

• 해외펀드에 가입하면 주택마련저축에 가입하지 않는다.

• 연금저축, 주택마련저축, 정기적금 중에 최소한 두 가지는 반드시 가입한다.

① 변액보험에 가입한다.

② 정기적금에 가입한다.

③ 주식형 펀드에 가입한다.

④ 연금저축에 가입하지 않는다.

⑤ 주택마련저축에 가입하지 않는다.

[30~31] 다음의 〈상황〉과 〈대화〉를 읽고 물음에 가장 알맞은 답을 고르시오.

―――| 상황 |―――

지구와 거대한 운석이 충돌할 것으로 예상되자, A국 정부는 인류의 멸망을 막기 위해 갑, 을, 병 세 사람을 각각 냉동캡슐에 넣어 보존하기로 했다. 운석 충돌 후 시간이 흘러 지구에 다시 사람이 살 수 있는 환경이 조성되자, 3개의 냉동캡슐은 각각 다른 시점에 해동이 시작되어 하루 만에 완료되었다. 그 후 갑, 을, 병 세 사람은 2120년 9월 7일 한 자리에 모여 다음과 같은 〈대화〉를 나누었다.

―――| 대화 |―――

갑 : 나는 2086년에 태어났습니다. 19살에 냉동캡슐에 들어갔고, 캡슐에서 해동된 지는 정확히 7년이 되었어요.

을 : 나는 2075년 10월생입니다. 26살에 냉동캡슐에 들어갔고, 캡슐에서 해동된 것은 지금으로부터 2년 전입니다.

병 : 난 2083년 5월 17일에 태어났어요. 21살이 되기 두 달 전에 냉동캡슐에 들어갔고, 해동된 건 일주일 전이에요.

* 이들이 밝히는 나이는 만 나이이며, 냉동되어 있는 기간은 나이에 산입되지 않는다.

30 '갑'과 '을'의 나이를 합하고 '병'의 나이를 뺀 것으로 옳은 것은?

① 32세   ② 33세

③ 34세   ④ 35세

⑤ 36세

31 '갑', '을', '병' 세 사람 중 냉동캡슐에 가장 늦게 들어간 사람과 냉동캡슐에 가장 오래 보관된 사람의 순서를 모두 바르게 연결한 것은?

	냉동캡슐에 가장 늦게 들어간 사람	냉동캡슐에 가장 오래 보관된 사람
①	갑	갑
②	을	갑 또는 을
③	병	을
④	갑	을 또는 병
⑤	을	갑 또는 병

32 정책 평가는 욕구 평가, 과정 평가, 평가성 사정, 결과 평가 등으로 구성되어 있다. 다음 글을 읽고 '과정 평가'의 관점에서 평가자가 물어야 할 질문으로 가장 적합한 것은?

> 과학기술정보통신부와 한국지능정보사회진흥원은 정보 접근성을 증진시키기 위한 사업의 일환으로 1997년부터 '중고 PC 보급 사업'을 시행하여 오고 있다. 이 사업의 목적은 정보화에 소외되어 온 계층에게 정보화의 혜택을 부여하여 계층 간 정보 격차를 해소하고 자원을 재활용함으로써 환경을 보전하는 데 있다. '사랑의 PC 보내기 운동'으로도 알려진 이 사업은 정부와 공공 기관, 민간 기업 등에서 사용하지 않는 중고 PC를 수집하고 이를 정비하여 소년소녀 가장, 장애인, 생활 보호 대상자, 복지 시설 등 정보화에 소외된 계층에게 무상으로 보급하는 사업이다. 1997년부터 2002년까지 34,363대의 중고 PC를 기증받았으며, 23,305대를 1,533개 사회 복지 시설 및 단체와 5,681명의 개인에게 보급하였다.
>
> • 과정 평가란 사업의 목적물이 적절한 대상 집단에게 전달되고 있는지에 초점을 두는 평가 유형을 의미한다.

① 기증받은 중고 PC의 수가 전년과 대비하여 얼마만큼 증가하였는가?

② 이 사업을 통해 중고 PC를 보급받은 이들이 정보화 소외 계층을 어느 정도 대표하고 있는가?

③ 집행된 중고 PC 보급 사업을 전면적으로 평가하기에 앞서서 이 사업에 대한 평가를 집행하는 데 문제가 없는가?

④ 이 사업의 주체인 정보통신부와 한국정보문화진흥원이 대상 집단인 정보화 소외 계층의 연령대를 잘 파악하였는가?

⑤ 이 사업으로 중고 PC를 무상으로 보급받은 소년소녀 가장, 장애인 등 정보화 소외 계층들이 이를 보급받지 않은 정보화 소외 계층에 비해 정보 접근성이 높아졌는가?

제**6**회
NCS
피듈형
모의고사

33 다음은 한국 ○○ 공사의 결재규정을 보여주는 자료이다. 기획팀 사원 이원규가 감사팀 대리 최창용의 결혼 축의금 50만 원을 회사 명의로 지급하기로 했다면, 이원규가 작성한 결재 양식으로 알맞은 것은?

┤ 결재규정 ├

1. 결재를 받고자 하는 업무에 대해서는 최고결재권자(사장)를 포함한 이하 직책자의 결재를 받아야 한다.
2. '전결'이라 함은 공사의 경영활동이나 관리활동을 수행함에 있어 의사결정이나 판단을 요하는 일에 대하여 최고결재권자의 결재를 생략하고, 자신의 책임 하에 최종적으로 의사 결정이나 판단을 하는 행위를 말한다.
3. 전결사항에 대해서도 위임 받은 자를 포함한 이하 직책자의 결재를 받아야 한다.
4. 표시내용 : 결재를 올리는 자는 최고결재권자로부터 전결 사항을 위임 받은 자가 있는 경우 결재란에 전결이라고 표시하고 최종 결재권자란에 위임 받은 자를 표시한다. 다만, 결재가 불필요한 직책자의 결재란은 상향대각선으로 표시한다.
5. 최고결재권자의 결재사항 및 최고결재권자로부터 위임된 전결사항은 아래의 표에 따른다.

〈전결사항 표〉

구분	내용	금액 기준	결재서류	팀장	본부장	사장
접대비	거래처 식대, 경조사비 등	20만 원 이하	접대비지출품의서, 지출결의서	★◆		
		30만 원 이하			★◆	
		30만 원 초과				★◆
교통비	국내 출장비	30만 원 이하	출장 계획서, 출장비신청서	★◆		
		50만 원 이하		★	◆	
		50만 원 초과		★		◆
	해외 출장비			★		◆
소모품비	사무용품		지출결의서	◆		
	문서, 전산소모품					◆
	기타 소모품	20만 원 이하		◆		
		30만 원 이하			◆	
		30만 원 초과				◆
교육훈련비	사내외 교육		기안서, 지출결의서	★		◆
법인카드	법인카드 사용	50만 원 이하	법인카드신청서	◆		
		100만 원 이하			◆	
		100만 원 초과				◆

* ★ : 기안서, 출장계획서, 접대비지출품의서
* ◆ : 지출결의서, 세금계산서, 발행요청서, 각종 신청서

①

지출결의서				
결재	담당	팀장	본부장	최종 결재
	이원규			사장

②

접대비지출품의서				
결재	담당	팀장	본부장	최종 결재
	최창용	전결		사장

③

지출결의서				
결재	담당	팀장	본부장	최종 결재
	이원규		전결	본부장

④

법인카드 신청서				
결재	담당	팀장	본부장	최종 결재
	이원규			팀장

⑤

접대비지출품의서				
결재	담당	팀장	본부장	최종 결재
	최창용	전결		본부장

34 다음 글을 근거로 판단할 때, 평가대상기관(A~D) 중 최종순위 최상위기관과 최하위기관을 바르게 고른 것은?

〈공공시설물 내진보강대책 추진실적 평가기준〉

구분	지수 값 최상위 1개 기관	지수 값 중위 2개 기관	지수 값 최하위 1개 기관
내진성능평가지수	5점	3점	1점
내진보강공사지수			

* 평가요소 및 점수 부여
 – 내진성능평가지수 = 내진성능평가실적건수 ÷ 내진보강대상건수 × 100
 – 내진보강공사지수 = 내진보강공사실적건수 ÷ 내진보강대상건수 × 100
 – 산출된 지수 값에 따른 점수는 아래 표와 같이 부여한다.
* 최종 순위 결정
 – 내진성능평가점수와 내진보강공사점수의 합이 큰 기관에 높은 순위를 부여한다.
 – 합산 점수가 동점인 경우에는 내진보강대상건수가 많은 기관을 높은 순위로 한다.

〈평가대상기관의 실적〉

구분	A	B	C	D
내진성능평가실적	82	72	72	83
내진보강공사실적	91	76	81	96
내진보강대상	100	80	90	100

	최상위기관	최하위기관
①	A	B
②	B	C
③	C	A
④	D	A
⑤	D	C

35 다음 중 문제 해결을 위한 과정 중 문제 구조 파악에 대한 설명들이다. 옳지 않은 것은?

① 전체 문제를 개별화된 세부 문제로 쪼개는 과정이다.
② 문제의 내용 및 미치고 있는 영향 등을 파악하여 구조를 도출해내는 것이다.
③ 중요한 것은 본래 문제가 발생한 배경이나 문제를 일으키는 메커니즘을 분명히 하는 것이다.
④ 눈에 보이는 현상에 집중하여 문제의 결과와 이슈만을 정확하게 봐야 한다.
⑤ Logic Tree 방법 등이 사용된다.

36 다음 표는 루마니아, 불가리아, 세르비아, 체코, 헝가리 등 5개국의 GDP 대비 산업 생산액 비중에 관한 자료이다. 〈보기〉의 설명을 참고하여 B, E에 해당하는 국가를 바르게 나열한 것은?

〈국가별 GDP 대비 산업 생산액 비중〉

(단위 : %)

국가＼산업	농업	제조업	서비스업	합
A	14	54	32	100
B	5	35	60	100
C	4	36	60	100
D	3	29	68	100
E	1	25	74	100

| 보기 |

• 세르비아와 루마니아 각국의 GDP 대비 제조업 생산액 비중을 합하면 헝가리의 GDP 대비 제조업 생산액 비중과 같다.
• 세르비아와 불가리아 각국의 GDP 대비 농업 생산액 비중을 합하면 체코의 GDP 대비 농업 생산액 비중과 같다.

	<u>B</u>	<u>E</u>
①	체코	헝가리
②	세르비아	불가리아
③	불가리아	루마니아
④	체코	세르비아
⑤	루마니아	헝가리

37 다음 글을 읽고 '적응적 선호' 개념에 가장 적합한 사례를 알맞게 짝지은 것은?

(가) 옛날 어느 뜨거운 여름날이었습니다. 여우가 여행을 하다가 한 과수원집에 들어가게 되었습니다. 여우는 포도나무의 줄기 끝에 잘 익은 포도송이를 보게 되었습니다. 하지만 포도는 너무 높이 달려 있어서 쉽게 먹기 힘들어 보였습니다. 하지만 포도를 먹고 싶었던 여우는 포도나무에 다가가 점프를 했지만 포도에 닿지는 못했습니다. 여우는 다시 점프해 보았습니다. 그러나 포도는 여우를 계속 약 올릴 뿐이었습니다. 여우는 결국 포도나무를 떠나야 했는데, 떠나면서 "저 포도는 맛이 실 거야." 하고 생각했습니다.

(나) 개인의 욕구 자체가 사전에 좁혀진 선택지 안에서 형성되는데, 왜 개인 욕구의 충족이 정의 혹은 사회적 선택의 기준이어야 하는가? 그리고 특히 그 사람들이 그들의 열망을 그것의 실현가능성에 적응시키는 경향이 있다면, 실행가능한 선택지 가운데서의 선택이 개인의 선호만을 고려해야 하는 이유는 무엇인가? 공리주의자들은 라 퐁텐느 우화 속의 여우는 아무튼 포도가 시다고 생각했기 때문에 그것을 소비하지 못했다고 해서 복지의 손실이 있었다고 생각하지 않는다. 그러나 당연하게도 여우가 포도를 시다고 주장하는 것의 원인은 포도를 소비할 수 없다는 여우의 확신이며, 따라서 이 경우 여우의 선호를 근거로 분배를 정당화하기는 어렵다. 나는 신 포도 현상을 사례에 따라서 적응적인 선호 형성 또는 적응적인 선호 변화라고 부를 것이다.

ⓐ 나는 경주에 살 때는 진주에 사는 것을 경주에 사는 것보나 신호하고, 진주에 살 때는 경주에 사는 것을 전주에 사는 것보다 좋아한다.

ⓑ 나는 지금 한 여성과 사귀고 있다. 지금까지 경험으로 보아 나는 변덕이나 사소한 판단 착오 때문에 이 여성과 헤어질지 모른다. 그러지 않기 위해서 나는 이 여성과 결혼할 것이다.

ⓒ 지금까지 실행되었던 대학입시 방법에 대한 선호를 조사해보니 상당히 높은 비율의 사람들이 자신이 경험한 대학입시 방법을 최상이라고 생각하는 것으로 나타났다.

ⓓ 나는 이번에 과장 승진에 누락되었다. 하지만 그것에 대해 불만족스럽게 생각하지 않는다. 나는 과장이 되지 않았기 때문에 상대적으로 더 시간 여유가 있는 현재 상황을 자아 개발과 취미 생활에 투자할 것이다.

① ⓒ, ⓓ
② ⓐ, ⓓ
③ ⓐ, ⓒ
④ ⓑ, ⓒ
⑤ ⓑ, ⓓ

38 다음은 어느 고등학생들이 같은 반 학생들의 신장을 측정한 결과를 줄기 – 잎 그래프로 나타낸 것이다. [표1]을 참고하여 [표2]에서 신장이 166cm 이상~175cm 이하인 학생의 수는?

[표1] 〈그래프 보는 법 예시〉

줄기	잎
19	133

* 이는 신장이 191cm인 학생이 1명, 193cm인 학생이 2명이라는 것을 의미한다.

[표2] 〈반 학생들의 신장〉

누적 학생 수	줄기	잎
1	14	7
5	15	2678
18	16	0013334566789
35	17	01112333455678999
39	18	2245
40	19	3

* 단, 줄기 간격은 10이며, 잎 단위는 1이다.

① 13명
② 14명
③ 15명
④ 16명
⑤ 17명

39 다음 중 시간 계획을 할 때 유의할 사항으로 옳은 것은?

① 가장 많이 반복되는 일에 가장 많은 시간을 분배하는 실수는 하지 않는다.

② 시간 계획이란 목표 달성보다 그 자체로써 중요하다.

③ 무리하더라도 계획을 세운다.

④ 성과나 행동의 목표보단 예정 행동을 계획하는 것이 중요하다.

⑤ 행동과 시간의 저해요인을 분석하여 체크한다.

제6회
NCS
피듈형
모의고사

40 다음 중 시간 계획을 할 때 유의할 사항으로 옳지 <u>않은</u> 것은?

① 시간 계획을 규칙적이고 일관되게 체크하여야 한다.

② 이동시간도 계획에 포함한다.

③ 위양할 수 있는 일과 그렇지 못한 일을 최초부터 결단하여 놓는다.

④ 여러 일 중에서 적성에 맞는 일을 가장 우선적으로 처리한다.

⑤ 시간을 잃게 되면 즉시 채워야만 한다.

41 다음 제시된 내용이 설명하는 인적자원의 특성으로 가장 적합한 것은?

지혜 씨는 어릴 적부터 언제나 그림을 그리고 글을 쓰고는 하였다. 재능과 노력으로 예술대학까지 입학한 그녀는 촉망받는 예술가의 꿈을 키워나가고 있었지만, 어려워진 집안의 사정상 맏이로 돈을 벌 수밖에 없게 되었다. 지혜 씨는 졸업하자마자 서둘러 회사에 취직하여 10여 년 간 예술과 아무 관계가 없는 업무를 하게 되었다. 그 10여 년 간 지혜 씨는 현대 조직의 사회적 · 경제적 · 문화적 요인들을 배우게 되었다. 지혜 씨가 다시 처음으로 펜을 잡게 된 것은 회사의 사업이 확장됨에 따라 우연히 맡게 된 컨텐츠 개발 업무에서였다. 처음엔 단순한 담당자였지만 지혜 씨는 작품 창작에 필요한 재능이 자신의 몸 안에 죽지 않고 살아 숨쉬고 있음을 깨달았다. 사람들의 삶을 생생하게 담아낸 지혜 씨의 스토리텔링 컨텐츠는 많은 소비자들의 공감을 얻게 되었으며, 회사는 작년 대비 큰 매출 효과를 거두게 되었다.

① 만족성

② 능동성

③ 효율성

④ 전략적 중요성

⑤ 개발 가능성

42 다음 가상 시나리오 속 상황이 효과적인 물적자원 관리의 과정 중 어디에 가장 맞는지 고르면?

> 황팀장 : (허리춤에 한 손을 얹고) 어이! 신입! 너 이리 와봐!
>
> 신　입 : 왜, 왜요? (종종걸음으로 팀장 앞에 선다.)
>
> 황팀장 : (손가락으로 쌓여 있는 물류 박스들을 가리킨다.) 왜긴, 너 임마 상품들을 완전히 뒤죽박죽으로 정리해놓았잖아? 너네 집은 잡화점을 하냐, 만물상을 하냐? 온갖 것을 다 섞어놓네?
>
> 신　입 : (90도로 숙이며) 죄송합니다!
>
> 황팀장 : 이것 봐, 각 상자들마다 물품의 이름이랑 바코드가 적혀져 있잖아? (잠시) 아메리카노와 카라멜 마키아또 제품들은 묶어서 저 창고로 보내. 또 저 선풍기 옆에 있는 수박도 보관 장소가 이상해! 수박 친구는, 참외지! 수박이 선풍기랑 친하겠니? 수박을 선풍기 샘플들과 같이 두면 안 된다고.
>
> 신　입 : 예, 그러니까 수박을, 그 수박이……
>
> 황팀장 : (끊으며) 그래야만 물류를 관리할 때 시간이 단축된다구.

① 바코드의 원리를 활용

② 사용품과 보관품의 구분

③ 물품의 특성에 맞는 보관 장소의 선정

④ 동일 및 유사 물품의 분류

⑤ 회전대응 보관의 원칙 준수

43 다음 예산의 구성요소에 관한 설명 중 옳은 것은?

① 직장생활에서 프로젝트 수행 시 소요되는 직접비용에는 재료비, 원료와 장비, 인건비, 광고비 등이 포함된다.

② 예산의 구성요소는 일반적으로 직접비용과 간접비용으로 구분되는데, 직접비용은 제품 생산이나 서비스 창출을 위해 소비된 비용을 말한다.

③ 직접비용 중 일반적으로 인건비의 차지하는 비중이 전체 비용 중 그나마 적다.

④ 여행비 및 잡비는 제품 생산 또는 서비스 창출을 위해 출장이나 타 지역으로의 이동이 필요한 경우와 기타 개인적 여행에서 발생하는 다양한 비용을 포함한다.

⑤ 간접비용은 제품 생산에 직접 관련되지 않는 비용으로, 상황에 따라 한정적으로 나타날 수 있다.

44 한국 ○○ 공사는 하반기에 진입하며 각 팀에게 회식비를 지원하고 회식을 독려하였다. 다음 표를 참고하여, 회식비가 가장 많이 나간 팀을 고르면? (단, 모든 식당은 1인당 요금으로 계산한다.)

[표1] 〈회식비 사용 장소〉

구분	사용 장소	인원 수
기획팀	일식집 '니혼 스시'	7
	중국집 '황금 짬뽕'	10
	양식집 '살롱 드 나폴리'	6
마케팅팀	일식집 '니혼 스시'	5
	중국집 '황금 짬뽕'	8
	양식집 '살롱 드 나폴리'	14
경영팀	일식집 '니혼 스시'	10
	중국집 '황금 짬뽕'	3
	양식집 '살롱 드 나폴리'	3
영업팀	일식집 '니혼 스시'	12
	중국집 '황금 짬뽕'	10
	양식집 '살롱 드 나폴리'	0

[표2] 〈각 식당의 특징〉

식당	특징
중국집 '황금 짬뽕'	• 1인당 9,000원 • 5인 이상 주문 시 5% 할인
양식집 '살롱 드 나폴리'	• 1인당 15,000원 • 60,000원 이상 계산 시 8% 할인
일식집 '니혼 스시'	• 1인당 12,000원 • 10인 이상 주문 시 10% 할인

① 경영팀 - 기획팀 - 영업팀 - 마케팅팀
② 영업팀 - 마케팅팀 - 기획팀 - 경영팀
③ 경영팀 - 영업팀 - 마케팅팀 - 기획팀
④ 마케팅팀 - 영업팀 - 경영팀 - 기획팀
⑤ 영업팀 - 마케팅팀 - 경영팀 - 기획팀

45 인력배치의 유형 중 다음 제시문이 설명하는 유형으로 옳은 것은?

> 작업량과 조업도, 여유 또는 부족 인원을 감안하여 소요 인원을 결정 및 배치하는 것

① 양적 배치

② 적성 배치

③ 질적 배치

④ 여유 배치

⑤ 수준 배치

46 다음 ㉯에 들어갈 업무로 옳은 것은?

구분	긴급한 일	긴급하지 않은 일
중요한 일	㉮ 긴급하게 발생하는 위기상황 및 예상치 못한 돌발 상황	㉯ 자신이 주도적으로 처리하고 있는 업무
중요하지 않은 일	㉰ 업무 시 불필요한 방해물들	㉱ 시간을 낭비하게 하는 일

① 인터넷 서핑

② 소일거리

③ 사소한 SNS 문자 발송

④ 마감이 임박한 프로젝트

⑤ 삶의 가치관 확립

제**6**회
NCS
피둘형
모의고사

[47~48] 다음은 한국○○진흥원 하계 워크샵을 위해 프로그램 진행 업체에 대해 조사한 자료이다. 물음에 답하시오.

[표1] 〈진행 프로그램 가격표(1일 기준)〉

(단위 : 원)

구분	(주)온통꽃천지	(주)제노엔터테인먼트	(주)점핑점핑
팀 미션형	28,000	35,000	37,000
엑티비티형	40,000	38,000	39,000
힐링형	25,000	28,000	30,000

* 1인 기준 가격
　엑티비티형은 장비 비용 추가(15,000/1인)

[표2] 〈업체별 이벤트〉

(주)온통꽃천지	(주)제노엔터테인먼트	(주)점핑점핑
• 20인 이상 전체 가격의 10% 할인 • 팀 미션형 프로그램 5% 할인 • 2년 이내 재등록 시 전체 가격의 20% 할인	• 20인 이상 전체 가격의 10% 할인 • 힐링형 프로그램 5% 할인 • 2년 이내 재등록 시 전체 가격의 25% 할인	• 25인 이상 전체 가격의 10% 할인 • 엑티비티형 장비 비용 무료 • 2년 이내 재등록 시 전체 가격의 15% 할인

[표3] 〈업체별 만족도〉

(단위 : 점)

구분	(주)온통꽃천지	(주)제노엔터테인먼트	(주)점핑점핑
팀 미션형	8	8	9
엑티비티형	9	9	8
힐링형	7	8	9

──| 한국○○진흥원 하계 워크샵 계획 |──

• 팀 미션형 참여 인원 : 8명, 엑티비티형 참여 인원 : 12명, 힐링형 : 3명
• 20개월 전 '(주)제노엔터테인먼트', 8개월 전에는 '(주)점핑점핑' 이용함.
• 프로그램은 하루만 진행한다.
• 불참인원은 없다.

47 업체를 선정하기 전 과장이 당신에게 전체 프로그램 만족도가 24점 이하인 곳은 선택하지 말라고 지시하였다. 이때 가장 저렴하게 업체를 선정할 수 있는 비용은? (단, 1원 단위는 버림한다.)

① 약 672,160원   ② 약 674,200원
③ 약 687,240원   ④ 약 702,650원
⑤ 약 725,900원

48 자료 조사 중 한국○○진흥원은 프로그램 비용의 일부를 지원해주는 서비스인 사업주 할인제도의 자격이 된다는 것을 알게 되었다. 이 제도를 시행하고 있는 (주)온통꽃천지를 선정한다고 할 때, 한국○○진흥원이 할인받게 되는 비용은 얼마인가?(단, 1원 단위 이하는 버림 한다.)

〈사업주 할인제도〉

(단위 : %)

구분	5인 미만	5인~10인	10인 초과
팀 미션형	5	8	10
엑티비티형	8	10	12
힐링형	5	8	10

* 1일 기준 할인이며, 추가할인도 가능하다. 엑티비티 장비는 할인에서 제외 된다.

① 약 78,374원   ② 약 70,530원
③ 약 70,630원   ④ 약 71,530원
⑤ 약 75,000원

49 다음 중 경력개발 능력이 필요한 이유 중 환경변화에 따른 경력개발능력이 필요한 이유가 <u>아닌</u> 것은?

① 발달단계에 따라 가치관과 신념이 변화한다.
② 지식정보의 급속한 변화이다.
③ 인력난이 심화된다.
④ 중견사원의 이직이 증가한다.
⑤ 취직하기가 어려워진다.

[50~51] 다음은 자신과 다른 사람의 두 가지 관점을 통해 자기를 파악해보는 자기인식 모델인 '조하리의 창'을 통해 자아를 구분한 것이다. 물음에 답하시오.

구분	내가 아는 나	내가 모르는 나
타인이 아는 나	A	B
타인이 모르는 나	C	D

50 빈칸에 알맞은 것을 모두 맞게 짝지은 것은?

	A	B	C	D
①	Unknown Self	Open Self	Blind Self	Hidden Self
②	Hidden Self	Unknown Self	Blind Self	Open Self
③	Open Self	Hidden Self	Unknown Self	Blind Self
④	Unknown Self	Open Self	Blind Self	Hidden Self
⑤	Open Self	Blind Self	Hidden Self	Unknown Self

51 다음 예문은 한국 ○○ 공단의 신입 사원인 이성운 사원에 대한 상사들의 평가이다. B에 들어가는 자아에 대해 설명하는 것으로 바르지 않게 말하고 있는 사람은?

부팀장 : 이사원은 평소 열심히 하긴 하는데 자신이 자료에 엉뚱한 출처를 남긴다는 것을 몰라요.

왕대리 : 성운이가 이번에 엄청 자책하며 제출한 기획안이 제게는 대단히 괜찮았으니 너무 그렇게 보지 마셔요.

송과장 : 그 친구는 자신이 타인들에게 호감을 주지 못한다고 얘기하더군. 하지만 내가 대놓고 얘기해주진 않았어도 이번 기수의 신입 중에 가장 매력 있다고 생각해.

윤부장 : 그건 나도 인정하다만, 그 친구는 정신이 없는지 항상 등 뒤에다가 밥풀을 묻히고 다니더만.

김사원 : 사실 화장실에서 이사원이 한참 거울을 보며 흐뭇하게 잘생겼다고 중얼거리는 걸 들었어요.

① 부팀장   ② 왕대리
③ 송과장   ④ 윤부장
⑤ 김사원

[52~53] 다음은 합리적인 의사결정에 관한 그림이다. 물음에 답하시오.

1	문제의 근원 파악
2	의사결정 기준과 가중치 결정
3	ⓐ 의사결정에 필요한 정보 수집
4	
5	
6	
7	

52 '4~7'에 들어갈 내용을 순서대로 나열한 것은?

① 최적 안 선택 → 대안 탐색 → 대안 분석 및 평가 → 의사결정 결과 평가 및 피드백
② 대안 탐색 → 최적안 선택 → 대안 분석 및 평가 → 의사결정 결과 평가 및 피드백
③ 대안 분석 및 평가 → 최적안 선택 → 대안 탐색 → 의사결정 결과 평가 및 피드백
④ 의사결정 결과 평가 및 피드백 → 대안 분석 및 평가 → 최적 안 선택 → 대안 탐색
⑤ 대안 탐색 → 대안 분석 및 평가 → 최적안 선택 → 의사결정 결과 평가 및 피드백

53 ○○ 전자회사는 국내에서 반응이 좋았던 제품을 대상으로 새롭게 중국시장을 개척하려고 계획 중에 있다. 해외영업팀 D팀장은 막중한 임무를 맡게 된 만큼 사업을 성공적으로 이끌어내고자 합리적 의사결정 과정에 따라 일을 진행하려고 한다. 다음의 합리적 의사결정 과정 가운데 ⓐ 단계에서 D팀장이 팀원들에게 해야 할 말로 옳지 <u>않은</u> 것은?

① "우리 제품과 유사한 제품을 알아보고 중국 시장에서의 반응이 어떤지 조사해 보세요"
② "이미 진출한 타 국가 시장 점유율과 현지인들의 반응을 알아보세요."
③ "어떤 안건이 가장 좋을지 가중치를 부여해주세요."
④ "우리 제품을 대신할 수 있는 제품이 시장에 이미 있는지 확인해보세요."
⑤ "해외시장 수출 사업과 관련해 우리가 활용할 수 있는 지역이 있는지 찾아 보세요."

54 직장인 박용아 씨는 보다 효율적인 업무 처리를 위해 자기관리 계획을 수립하였다. 그대로 실천에 옮겼으나 업무 성과는 이전과 크게 달라진 바가 없어 보였다. 박용아 씨가 작성한 자기관리 계획표를 보고 조언해줄 내용으로 옳지 <u>않은</u> 것은?

┤ 자기관리 계획표 ├

- 아침 7시에 일어나기.
- 1시간씩 조깅하기.
- 영어 단어 30개씩 매일 외우기
- 프로젝트를 맡기 전 내 비전과 목적을 정립하기
- 계획한 것을 꼭 지키기

① 일정을 수립하기 전에 일의 우선순위를 정하면 좋을 것 같아.
② 비전과 목적을 정립하는 일은 초기단계에 해야만 해.
③ 계획한대로 일을 수행할 수 있도록 변수를 대비하는 일정도 추가해.
④ 비전과 목적을 이루기 위한 추상적인 일정을 짜봐.
⑤ 일을 수행한 후에 결과를 피드백 하여 다음 수행에 반영해야지.

55 다음의 괄호 안에 들어갈 말로 옳은 것은?

( )(이)란 조직 현장의 구성원에게 업무 재량을 위임하고 자주적이고 주체적인 체제 속에서 사람이나 조직의 의욕과 성과를 이끌어 내기 위한 '권한부여', '권한이양'을 말한다. 최근 고객 니즈에 대한 신속한 대응과 함께 구성원이 직접 의사결정에 참여함으로써 현장에서의 개선ㆍ변혁이 이루어지도록 활용도가 높아지고 있다. 이를 충족시키기 위해서는 조직원들의 재능과 에너지를 극대화 시키고, 보다 명확하고 의미 있는 목적에 초점을 맞추어야 한다.

① 역량강화
② 임파워먼트(Empowerment)
③ 셀프리더십(Self - Leadership)
④ 팔로워십(Followership)
⑤ SMART 기법

56 경영전략팀 서부장은 이번에 새롭게 조직이 개편되면서 새로운 팀원들과 일을 하게 되었다. 각 팀원들의 성향을 파악하기 위해 인사팀에 멤버십 평가 자료 일부를 요청하였다. 다음의 멤버십 평가 자료를 보고 유형별로 나누어 서부장이 각 팀원들에게 해줄 수 있는 적절한 말로 옳지 <u>않은</u> 것은?

황인영 대리	조직의 운영방침에 민감하고 사건을 균형 잡힌 시각으로 바라본다.
이동혁 대리	독립적 · 혁신적으로 사고하며 매사에 주인의식을 가지고 적극적으로 참여한다.
홍혜지 사원	리더나 조직을 믿고 헌신하는 경향이 있으며, 조직에 잘 순응한다.
윤진희 사원	고집이 세고, 자신의 의견과 맞지 않으면 일부러 반대 의견을 제시하기도 한다.

① 황인영 대리는 규정과 규칙에 굉장히 민감한 것 같으니, 제가 팀의 운영방침을 최대한 명확히 하여 충분히 설명해주도록 하겠습니다.

② 황인영 대리는 이익 극대화를 위한 흥정에 능해보이는 장점이 있군요. 그러나 명령과 계획이 빈번하게 변경될 때마다 짜증이 날 수 있으니 우리도 유의하겠습니다.

③ 이동혁 대리는 굉장히 주도적인 사람인 것 같은데, 추후에 팀에 어떠한 문제가 보이면 건설적인 비판을 부탁드립니다.

④ 홍혜지 사원은 제 말에 순응하고 잘 따라와 줄 것 같군요. 하지만 그에 대해 적절한 보상이 이루어지지 않는다고 생각하지는 않으셨으면 좋겠네요.

⑤ 윤진희 사원은 본인의 생각을 조금만 내려놓고 조직에 융화되도록 노력하면 좋을 것 같습니다.

57 다음의 사례에서 윤인준 부장이 선택한 업무 프로세스 방식으로 제시되지 <u>않은</u> 것은?

서울 ○○ 회사는 B제품 출시를 앞두고 프로젝트를 실시하기로 하였다. B제품은 획기적인 아이디어가 돋보이는 상품으로, 개발에 성공할 경우 10% 이상의 이익을 가져다줄 것으로 예상되어 기대를 받고 있지만 B제품의 전 단계 모델인 A제품 개발의 실패로 인해 이번 제품에 대한 회의적인 시각이 많았다. 이번 프로젝트를 담당하게 된 윤인준 부장은 혁신적인 업무 프로세스를 통해 이번 제품 개발을 반드시 성공시킬 것이라 선언했다. 그가 도입한 업무 프로세스는 '팀워크 향상을 통한 효율적인 팀 운영'이다. 첫 번째로 그는 "내구성과 편리성을 동시에"라는 목표를 매일 아침 팀원들과 함께 구호로 외쳤고, 세부 목표를 사무실 벽에 크게 붙여 누구나 볼 수 있게 하였다. 둘째로, 팀원들에게 이전 제품인 A제품을 조사·분석하게 하여 실패원인에 대해 자유롭게 이야기를 나누는 시간을 마련하였다. 이 시간을 통해 A제품 개발 실패 원인은 물론 B제품 개발의 보완점에 대해서도 이야기하여 제품개발 및 홍보방안으로 활용하였다. 또한 윤인준 부장이 시간을 쪼개 직접 팀원들의 세세한 이야기를 경청하고 매 시간 부족한 점을 보완할 수 있도록 도왔다. 마지막으로, '즉석에서 결정하기' 방식을 도입하였다. 이는 팀원들이 제시한 의견이 실무진, 임원진의 검토를 거친 후에 최종적으로 결정이 되던 기존의 의사 결정 체계를 완전히 뒤집는 방식이다. 결정을 할 때 하급자에서 상급자로 올라가 최종적으로 결정되는 것이 아니라, 현장 담당자의 결정을 우선시 하는 것이었다. 문제가 발견되면 현장 담당자는 자신의 결정에 의해 빠르게 일을 처리하고 보고한다. 그리고 그 결과에 대해서는 전적으로 본인이 책임을 진다. 이러한 결정방식은 보다 빠르고 효율적인 일처리를 가능하게 하였다.

① 공동의 비전과 목표 공유   ② 피드백 활동

③ 코칭   ④ 참여적 의사결정

⑤ 개인의 강점 활용

58 회사 각 팀의 팀장들은 업무 관련 회의 도중 '변화 관리'에 대하여 대화를 나누게 되었다. 다음의 대화 중 변화관리에 대해 설명한 내용으로 옳지 <u>않은</u> 것은?

① 경영전략팀 A팀장 : 현대 비즈니스는 끊임없이 변화하고 유동적이라는 점에서 변화 관리가 리더의 주요한 자질로 부각되고 있는 것 같습니다. 저희도 변화관리 시스템을 도입하여 팀원들과 많이 소통해야 할 것 같아요.

② 재무팀 B팀장 : 변화관리를 위해서는 변화를 이해하는 단계가 우선시 되어야 하는데, 먼저 익숙했던 것을 버리는 데서 오는 감정과 심리적 상태를 어떻게 다룰지에 대해서 깊게 고민해봐야 할 것 같아요.

③ 홍보팀 C팀장 : 그렇죠. 변화를 이해하는 것이 참 중요하죠. 다음으로 변화를 인식하는 단계에서는 리더십이 무엇보다 중요하겠죠? 변화에 저항하는 팀원들이 있다면 그들의 감정을 세심하게 관찰하고 변화에 적응할 시간을 부여하여 잘 따르도록 이끌어야 하잖아요.

④ 디자인팀 D팀장 : 맞아요. 하지만 저희는 변화에 부정적인 행동을 보이는 팀원보다는 긍정적인 행동을 보이는 팀원들에게 더욱 관심을 갖고, 그들을 중심으로 변화를 이끌어가야 합니다. 그래야만 효율적인 변화관리가 가능하겠죠.

⑤ 유통팀 E팀장 : 변화의 긍정적인 면을 강조하며 변화에 적응할 시간을 부여해주어야 변화에 부정적인 마음 없이 잘 수용하며 따라올 수 있을 듯합니다.

59 다음은 고객만족 조사 계획 사항에 관한 표이다. 표에 제시된 내용 중 옳지 <u>않은</u> 것은?

구분	내용
조사 분야 및 대상 설정	① 조사 분야 및 대상을 명확하게 설정
조사 목적 설정	전체적 경향 파악 ② 고객에 대한 개별대응 및 고객과의 관계유지 파악
조사 방법 및 횟수	③ 조사 방법 : 설문조사, 심층면접법 등 ④ 조사 횟수 : 연속조사 권장
조사 결과 활용 계획	⑤ 조사 횟수에 따라 조사 결과 활용 방안이 달라짐

제**6**회
NCS
피듈형
모의고사

60 다음 글의 괄호 안에 공통되게 들어갈 말은?

> (   )화 사회란 공업화가 진행되고 난 뒤에 오는 사회로, 이것의 가치가 높고 이에 대한 생산이 산업계의 중심이 되는 사회를 말한다. (   )이/가 될 수 있는 자료의 처리, 저장, 검색은 모든 사회적ㆍ경제적 교환에 중요한 자원이 된다. 1950년대에 컴퓨터의 등장으로 발생한 (   ) 혁명을 계기로 시작된 새로운 인류 사회에서는 물질과 에너지도 물론 인류 생활을 지배하지만, 특히 (   )이/가 인류 생활을 지배하게 된다. 그러나 이 사회는 여전히 진행 과정에 있는, 실체 없는 미완(未完)의 사회라는 뜻을 내포한다.
>
> 사회구조의 변화는 사람들의 삶의 방식과 사고의 변화를 불러온다. 육체적 노동의 양이 가치를 결정하는 시대를 벗어나 정신적 노동의 질이 가치를 결정하는 변화가 생기며, 질적으로 우수한 정신 노동력을 통해 더 많은 이윤이 창출되게 된다. 기존에 중요했던 토지의 가치보다는 인간의 가치가 더 올라가는 셈이다. 이 (   ) 매체가 만들어낸 교묘히 편집된 이미지들은 사람들이 실제로 살아가는 삶 밖의 가상현실과 가치 확장된 대중문화를 만들어 내게 되었다. 따라서 인식하는 대상과 실제 주체간의 거리는 점점 사라지고 있다. 물리적 경계가 허물어질 뿐 아니라 정치, 경제, 사회의 모든 인식 영역에서 상호작용과 이합집산이 발생하였다. 독립된 영역의 경계가 허물어지면서 사회는 점점 더 유연하게 변화하고 있다. 또한 네트워크화와 자동화의 발달로 인하여 사회는 이제 하나의 전산망으로 연결되었다고 볼 수 있다.

① 공업
② 산업
③ 지능
④ 정보
⑤ 문화

61 다음의 엑셀 함수에 대한 설명과 수식 예시 중 바르지 않게 짝지어진 것은?

① SUMPRODUCT함수 : 배열 또는 범위에 대응되는 값끼리 곱해서 합을 구하는 함수

② VLOOKUP함수 : 기준셀로부터 N번째 열의 셀을 표시하는 함수

③ DATEDIF함수 : = DATEDIF(D2,E2,"y")&"년 "&DATEDIF(D2,E2,"ym")&"개월 "&DATEDIF(D2,E2,"md")&"일"

④ LARGE함수 : 범위에서 k 번째로 큰 값을 구하는 함수

⑤ SECOND함수 : 현재 시각의 '시'를 구하는 함수

62 다음 글이 설명하는 용어로 알맞은 것은?

> • 웹 서버에 대용량의 저장 기능을 갖추고 사용자가 개인용 컴퓨터의 하드디스크와 같은 기능을 인터넷을 통하여 이용할 수 있게 하는 서비스이다.
> • 저렴한 비용으로 대용량의 데이터를 자유롭게 주고받을 수 있다는 장점도 있지만, 각종 불법 자료 거래의 온상으로 이용되는 문제점도 있다.

① SNS   ② 메신저
③ 클라우드 컴퓨팅   ④ 웹 하드
⑤ NAS

63 다음 엑셀 시트에서 자격증 응시자에 대한 과목별 평균을 구하려고 할 때 C11셀에 입력할 배열 수식으로 옳은 것은?

	A	B	C
1	자격증 응시 결과		
2	응시자	과목	점수
3	이영효	1과목	95
4		2과목	88
5	송윤걸	1과목	85
6		2과목	90
7	김민희	1과목	91
8		2과목	85
9			
10		과목	평균
11		1과목	
12		2과목	

① {= AVERAGE(IF(MOD(ROWS(C3 : C8),2) = 0,C3 : C8))}

② {= AVERAGE(IF(MOD(ROW(C3 : C8),2) = 1,C3 : C8))}

③ {= AVERAGE(IF(MOD(ROW(C3 : C8),2) = 0,C3 : C8))}

④ {= AVERAGE(IF(MOD(ROWS(C3 : C8),2) = 1,C3 : C8))}

⑤ {= AVERAGE(IF(MOD(ROWS(C3 : C8),2) = 2,C3 : C8))}

64 다음 설명의 정보보안 침해 공격 관련 용어는?

> 인터넷 사용자의 컴퓨터에 침입해 내부 문서 파일 등을 암호화해 사용자가 열지 못하게 하는 공격으로, 암호 해독용 프로그램의 전달을 조건으로 사용자에게 돈을 요구하기도 한다.

① 스미싱 (Smishing)
② C브레인 (C – brain)
③ 트로이의 목마 (Trojan Horse)
④ 키 로저 어택 (Key Logger Attack)
⑤ 랜섬웨어 (Ransomware)

65 아래 엑셀 시트에서 [C1] 셀에 수식 = A1 + B1 + C1을 입력할 경우 발생하는 오류에 대한 설명으로 옳은 것은?

	A	B
1	0	100

① #DIV/0! 오류
② #NUM! 오류
③ #REF! 오류
④ 순환 참조 경고
⑤ 아무 응답 없음

66 이번에 새로 들어온 신입 사원 김소중 사원은 상사에게 단축키를 외울 것을 주문받았다. 다음 중 김소중 사원이 틀리게 외운 것들만 알맞게 고르면?

> ㉠ "윈도우키 + V를 누르면 복사했던 내용들의 순서대로 정리된 기록이 보이게 됩니다."
> ㉡ "윈도우 + D는 모든 화면을 다시 드러내줍니다."
> ㉢ "윈도우 + Shift + N을 누르면 원하는 부분만 드래그해서 지정 캡처가 가능합니다."
> ㉣ "Ctrl + W는 누른 탭을 바로 제거 가능합니다."
> ㉤ "윈도우 + pagedown은 화면분할을 할 수 있습니다."
> ㉥ "윈도우 + E를 통해 실행창을 켤 수 있습니다."
> ㉦ "Ctrl + T로 새로운 탭을 추가할 수 있습니다."

① ㉠, ㉡, ㉣, ㉥
② ㉡, ㉢, ㉤, ㉥
③ ㉡, ㉣, ㉤
④ ㉡, ㉣, ㉥
⑤ ㉢, ㉤, ㉥, ㉦

[67~68] 다음 결재 규정을 보고 이어지는 질문에 답하시오.

────┤ 결재규정 ├────

- 결재를 받으려는 업무에 대해서는 최고결재권자(대표이사)를 포함한 이하 직책자의 결재를 받아야 한다.
- 전결이라 함은 회사의 경영활동이나 관리활동을 수행함에 있어 의사 결정이나 판단을 요하는 일에 대하여 최고결재권자의 결재를 생략하고, 자신의 책임 하에 최종적으로 의사 결정이나 판단을 하는 행위를 말한다.
- 전결사항에 대해서도 위임받은 자를 포함한 이하 직책자의 결재를 받아야 한다.
- 표시내용 : 결재를 올리는 자는 최고결재권자로부터 전결사상을 위임 받은 자가 있는 경우 결재란에 전결이라고 표시하고 최종 결재권자란에 위임 받은 자를 표시한다.
- 최고결재권자의 결재사항 및 최고결재권자로부터 위임된 전결사항은 아래의 표에 따른다.

구분	내용	금액기준	결재서류	팀장	본부장	대표이사
접대비	경조사비 사업식대	10만원 이하	접대비지출품의서 지출결의서	●■		
		20만원 초과			●	■
		30만원 초과				●■
출장비	유류비 식대	10만원 이하	출장계획서 출장비신청서	●		
		20만원 초과			●	
		30만원 초과				●
소모품비	소모품		지출결의서	■		
법인카드	법인카드	10만원 이하	법인카드신청서 기안서	■		
		20만원 초과			●■	
		30만원 초과				■

* ● : 기안서, 출장계획서, 출장비신청서, 접대비지출품의서
* ■ : 지출결의서, 각종 신청서

67 김성찬 씨는 팀 대표로 동료인 이원규씨의 결혼식에 축의금 20만원과 화환 5만원을 회사 명의로 재하여 보내기로 하였다. 김성찬 씨가 만들어야할 결재 양식은?

①

접대비지출품의서				
결재	담당	팀장	본부장	최종 결제
	김성찬		전결	대표이사

②

접대비지출품의서				
결재	담당	팀장	본부장	최종 결재
	김성찬		전결	본부장

③

지출결의서				
결재	담당	팀장	본부장	최종 결제
	김성찬			팀장

④

접대비지출품의서				
결재	담당	팀장	본부장	최종 결제
	이원규		전결	본부장

⑤

각종 신청서				
결재	담당	팀장	본부장	최종 결제
	김성찬		전결	팀장

68 사원 정으뜸 씨는 이번 지방 출장에서 유루비로 10만원을 식비로 25만원을 계획하였다. 다음 중 정으뜸 씨가 작성한 결재 양식으로 옳은 것은?

①

출장비신청서				
결재	담당	팀장	본부장	최종 결제
	정으뜸		전결	본부장

②

출장계획서				
결재	담당	팀장	본부장	최종 결제
	정으뜸	전결		팀장

③

지출결의서				
결재	담당	팀장	본부장	최종 결제
	정으뜸	전결		대표이사

④

출장비신청서				
결재	담당	팀장	본부장	최종 결제
	정으뜸			팀장

⑤

출장계획서				
결재	담당	팀장	본부장	최종 결제
	정으뜸		전결	대표이사

제6회
NCS
피듈형
모의고사

[69~71] 다음 월마트와 제너럴일렉트릭에 대한 글을 읽고 이어지는 질문에 답하시오.

월마트

월마트는 세계 최대의 유통 체인망을 갖춘 그룹이다. 현재 월마트는 전 세계적으로 5,000여 개에 달하는 매장을 가지고 있으며, 그 직원 수도 160만 명이 넘는다. 미국 월마트사의 CEO 샘 월튼은 "월마트의 관리 체계를 하나의 사상으로 집약시켜 본다면, 그것은 바로 대화입니다."라고 말한 바 있다. 월마트는 정보공유와 책임분담을 통해 원활한 대화 문화를 정착시키고자 하였다.

월마트는 직원을 동반자라고 부른다. 이 회사는 직원들을 잘 보살펴서, 직원들이 스스로를 마치 대가족 안에서 구성원 가운데 하나라고 느끼게 한다. 관리자와 직원들 사이에 동반자 관계를 구축하고자 하는 정신은 월마트 곳곳에 스며들어 있었으며, 이를 통해 직원들은 더 큰 잠재력을 발휘할 수 있었다. 또한, 월마트는 저가 마케팅과 고객 만족 보장이라는 두 가지 기업정신을 통해 고객들이 돈을 한 푼이라도 아낄 수 있도록 경영하였다. 고객들이 1달러를 아낄 때마다 고객의 신뢰는 더욱 깊어진다고 생각하여 저렴한 가격으로 상품을 판매하였다.

제너럴일렉트릭(GE)

GE는 세계에서 가장 큰 다원화된 서비스회사로 우수한 품질의 하이테크 공업재와 소비재를 제공한다. 뛰어난 CEO로 평가받고 있는 잭 웰치는 노동자들이 자신의 일에 대해 사장보다 더 잘 알고 있다고 생각하여 '전 직원 공동 결정 제도'를 만들어 직원들과 중간관리자들에게도 전체 경영에 참여할 수 있는 기회를 제공하였다.

GE의 기업문화를 대표하는 것 가운데 하나가 바로 의사소통이다. 위에서 아래로, 아래에서 위로의 수직적인 대화와 동료들 간의 수평적 대화도 원활하게 이루어지고 있다. 또한 의사소통 문화를 이룩하였다. 잭 웰치는 사전 약속 없이 부하 매니저와 오찬을 함께 하기도 하며 공장과 사무실을 방문한다. 잭 웰치는 가끔 직접 손으로 쓴 메모를 책임자부터 파트타임 직원에게 보내기도 한다. 그에게 있어 의사소통은 언제 어디서라도 가능한 일이다. 그는 회사의 직원들과 가족 같은 관계를 유지하기 위해 노력하며, 직원들과 이야기하는데 하루의 절반을 쓴다.

GE에서는 다원화 기업으로 하나의 전략을 통일적으로 적용하기 어려웠기 때문에 목표를 간단하게 '1등' 혹은 '2등'으로 정하였다. 이러한 목표에 따라 잭 웰치는 GE에 속하는 모든 기업들이 업계에서 1등이나 2등을 차지하도록 노력했고 그렇지 않으면 매각해 버렸다. 이를 통해 경쟁력 있는 분야에 자원을 집중하고 강력한 경쟁우위를 점할 수 있었다.

– 출처 세계 500대 초일류 기업의 관리기법

69 두 지문에 대한 내용으로 적절하지 <u>않은</u> 것은?

① 샘 월튼과 잭 웰치는 모두 조직구성원들이 조직의 목표에 부합된 행동을 할 수 있도록 이들을 결합하고 관리하는 일을 해야 한다.

② 월마트와 GE의 경영활동 유형은 내부경영활동 유형에 속한다.

③ GE의 경영참가제도는 이윤참가 유형이다.

④ 월마트는 경영 전략으로 가격과 서비스에 집중하고 있다.

⑤ GE는 다원화 기업으로 하나의 전략을 통일적으로 적용하기 어려워 목표를 간단히 수립하였다.

70 GE의 경영참가제도에 대한 설명으로 옳지 <u>않은</u> 것은?

① 최근에는 근로자의 지식 및 경험 수준이 높아짐에 따라 효율적으로 운영되고 있다.

② 신속하고 합리적인 의사결정이 어려워 질 수 있다.

③ 중간관리자가 권익을 지속적으로 보장할 수 있는지 불투명하다.

④ 노동조합의 단체교섭 기능이 약화될 수 있다.

⑤ 노사 간의 세력 균형을 위해 만들었다.

71 월마트와 GE의 조직에 대한 설명으로 옳은 것은?

① 월마트는 공식적인 집단을 위주로 움직인다.

② GE는 기능적 조직구조 형태이다.

③ 월마트는 조직목표의 분류 중 가장 먼저 인력개발에 중점을 두고 있다.

④ GE는 유기적 조직에 속한다.

⑤ 경영자는 기업의 소유권은 경영자의 고유한 권리라는 의식 속에서 근로자가 파트너라는 인식을 가질 필요가 있다.

제6회 NCS 피듈형 모의고사

72 다음의 자료를 읽고 이를 바탕으로 성찰을 한 것으로 옳지 <u>않은</u> 것은?

> 동백의 숲까지 나는 간다
> 저 붉은 것,
> 피를 토하며 매달리는 간절한 고통 같은 것
> 어떤 격렬한 열망이 이 겨울 꽃을 피우게 하는지
> 내 욕망의 그늘에도 동백이 숨어 피고 지고 있겠지
>
> 지는 것들이 길 위에 누워 꽃길을 만드는구나
> 동백의 숲에서는 꽃의 무상함도 일별해야 했으나
> 견딜 수 없는 몸의 무게로 무너져 내린 동백을 보는 일이란
> 곤두박질한 주검의 속살을 기웃거리는 일 같아서
> 두 눈은 동백 너머 푸른 바다 더듬이를 곤두세운다
> 옛날은 이렇게도 끈질기구나
> 동백을 보러갔던 건
> 거기 내 안의 동백을 부리고자 했던 것
>
> 동백의 숲을 되짚어 나오네
> 부리지 못한 동백꽃송이 내 진창의 바닥에 떨어지네
> ~~무수한 칼날을 들~~이 동백의 기지를 치고 또 친들
> 나를 아예 죽고 죽이지 않은들
> 저 동백 다시 피어나지 않겠는가
> 동백의 숲을 되짚어 나오네
> 부리지 못한 동백꽃송이
> 내 진창의 바닥에 피어나네
>
> ― 시인 박남준, 「동백」

① "나는 우리 회사의 발전을 위해서 다른 회사의 아이템을 가로챘지만, 돌이켜보면 사실은 내 이익을 위했던 것 아닌가 싶어."
② "나는 진행되는 사업 프로젝트에서 항상 내가 가장 돋보이고 싶었어. 그러다보니 팀원들의 의견은 듣지 않고 먼저 목소리를 높였던 것 같아."
③ "프로젝트가 잘못된 경우에 실패의 원인과 책임자를 규명하는 과정에서 나의 잘못을 들키고 싶지 않다는 마음이 더 커서 다른 사람에게 떠넘긴 적이 몇 달 전에 있었어."
④ "사실 나는 오랜만의 기회를 잡은 내 승진을 위해서 부장이 저지른 성추문을 덮은 적이 있었어. 내 인생에 언제 다시 이런 기회가 올지 몰랐거든."
⑤ "그동안 나는 팀에 신뢰감을 형성하기 위해서 얼마나 노력을 하고 있었던 것일까? 나는 그런 노력을 게을리 해왔구나."

73 다음은 성희롱·성폭력 근절을 위한 공무원 인사관리규정 제4·6·8조이다. 이를 참고한 설명으로 옳지 <u>않은</u> 것은?

제4조 (사실 확인을 위한 조사)

① 임용권자 등은 제3조에 따른 신고를 받거나 공직 내 성희롱 또는 성폭력 발생 사실을 알게 된 경우에는 지체 없이 그 사실 확인을 위한 조사를 하여야 하며, 수사의 필요성이 있다고 인정하는 경우 수사기관에 통보하여야 한다.

② 임용권자 등은 ①에 따른 조사 과정에서 성희롱 또는 성폭력과 관련하여 피해를 입은 사람 또는 피해를 입었다고 주장하는 사람(이하 "피해자 등"이라 한다)이 성적 불쾌감 등을 느끼지 아니하도록 하고, 사건 내용이나 신상 정보의 누설 등으로 인한 피해가 발생하지 아니하도록 하여야 한다.

③ 임용권자 등은 ①에 따른 조사 기간 동안 피해자 등이 요청한 경우로서 피해자 등을 보호하기 위하여 필요하다고 인정하는 경우 그 피해자 등이나 성희롱 또는 성폭력과 관련하여 가해 행위를 했다고 신고 된 사람에 대하여 근무 장소의 변경, 휴가 사용 권고 등 적절한 조치를 하여야 한다.

제6조 (가해자에 대한 인사조치)

임용권자 등은 제4조제1항에 따른 조사 결과 공직 내 성희롱 또는 성폭력 발생 사실이 확인되면 가해자에게 다음 각 호의 어느 하나에 해당하는 조치를 할 수 있다.

1. 「국가공무원법」에 따른 직위해제 사유에 해당된다고 인정하는 경우에는 직위해제
2. 「국가공무원법」에 따른 징계 사유에 해당된다고 인정하는 경우에는 관할 징계위원회에 징계 의결 요구
3. 제2호에 따른 징계 의결 요구 전 승진임용 심사 대상에서 제외
4. 「공무원임용령」에도 불구하고 다른 직위에의 전보
5. 「공무원 성과평가 등에 관한 규정」에 따른 최하위등급 부여
6. 감사·감찰·인사·교육훈련 분야 등의 보직 제한

제8조 (인사상 불이익 조치에 대한 신고 등 처리 절차)

① 성희롱 또는 성폭력 발생 사실과 관련하여 제7조 각 호의 인사상 불이익 조치를 받은 피해자 등이나 신고자는 인사혁신처장에게 신고하거나 「국가공무원법」에 따라 고충에 대한 상담 신청 또는 심사 청구를 할 수 있다.

② 인사혁신처장은 ①에 따른 신고를 받은 경우 인사상 불이익 조치 여부에 대하여 「국가공무원법」 및 「인사 감사 규정」에 따른 감사를 할 수 있다. 이 경우 피해자 등이 아닌 사람으로부터 ①에 따른 신고를 받았을 때에는 피해자 등에게 그 사실을 통보하고 의견을 들어 인사상 불이익 여부에 대한 감사를 하여야 한다.

③ ②에 따라 감사를 하는 경우에 신고 대상이 된 조치가 제7조를 위반한 것이 아니라는 사실에 대한 입증책임은 임용권자 등이 부담한다.

④ 인사혁신처장은 ②에 따른 감사 결과 발견된 위법 또는 부당한 사실이 중대하고, 그 원인이 행정기관의 장(행정기관의 장이 아닌 정무직공무원을 포함한다)의 지시 등에 있다고 인정되는 경우에는 그 행정기관의 장의 임명권자·임명제청권자 및 여성가족부장관에게 관련 사실을 통보할 수 있다.

제6회
NCS
피둘형
모의고사

① 가해 행위를 했다고 신고 된 사람에 대하여 근무 장소의 변경, 휴가 사용 권고 등 적절한 조치를 하여야 한다.

② 공직 내 성희롱 또는 성폭력 발생 사실이 확인되면 가해자에게 징계 의결 요구 전 승진임용 심사 대상에서 제외할 수 있다.

③ 피해자 등이 아닌 사람으로부터 신고를 받았을 때에는 피해자 등에게 그 사실을 통보하고 의견을 들어 인사상 불이익 여부에 대한 감사를 하여야 한다.

④ 임용권자 등은 신고를 받거나 공직 내 성희롱 또는 성폭력 발생 사실을 알게 된 경우에는 수사의 필요성이 있다고 인정되지 않는 경우에도 반드시 수사기관에 통보하여야 한다.

⑤ 인사상 불이익 조치를 받은 피해자 등이나 신고자는 고충에 대한 상담 신청 또는 심사 청구를 할 수 있다.

74 다음 글을 참고하였을 때, 기업이 사회적 책임과 윤리를 준수하여 진행했다고 볼 수 있는 것은?

> 기업이 성장·발전하여 거대해지면 널리 주주·경영자·종업원·소비자·지역사회·중소기업 등과 관계를 가지게 되어 사회적 영향력이 커지는 동시에 사회의 일정한 기능을 담당하게 된다. 이러한 상태에 도달한 기업은 독선적인 경영이나 일방적인 이익추구가 허용되지 않을 뿐 아니라 사회에 대하여 일정한 행동을 취해야 할 책임이 부과되는데, 이를 기업의 사회적 책임이라 한다.

① 공공질서를 지켜 다른 업체·집단에 피해를 주지 않는 공공성, 특정한 이익 집단에게만 봉사했다.

② 생산을 효율적으로 수행해야 할 사회성을 지키고 유해식품·위험 상품의 거래 및 매점·매석을 진행했다.

③ 가격 합리화를 위한 노력보다는 제품의 마케팅에 초점을 두고 가격을 인상했다.

④ 자세를 낮춰 제품 이해관계자 모두의 이익을 증대시켰지만 회사 자체로는 단기적 손해를 입었다.

⑤ 사회적으로 유행이 돌면서 제품 수요가 급증한 시기를 타고 공급을 줄이고 가격 인상을 시도했다.

75 다음 글을 읽고 CSR의 긍정적인 효과와 부정적인 시각을 설명한 것으로 적절하지 <u>않은</u> 것은?

> CSR은 '기업의 사회적 책임'이다. 기업 활동에 영향을 받거나 영향을 주는 직간접적 이해 관계자 – 직원들과 사회 공동체, 그리고 주주 등 – 에 대해 법적, 경제적, 윤리적 책임을 감당하는 자발적 경영 기법을 말한다. CSR은 주로 자선, 기부, 환경보호 등 사회공헌 활동으로 나타난다. 기업의 수익 추구와는 무관하며 주로 기업의 평판 관리에 활용된다고 보는 시각이 있는가 하면, 기업의 수익 추구와 밀접한 관련을 맺고 있다는 해석도 있다. 2013년 2월 한국경제연구원은 "기업들의 사회공헌 활동을 '노블레스 오블리주'를 실현하는 행위가 아니라 기업 영속을 위한 투자 행위로 봐야 한다."라고 밝혔다.
> 기업은 자선과 기부 등을 내세우며 사회적 책임을 다하고 있다고 강조한다. 하지만 CSR은 기업의 필요나 선택에 따라 이뤄지기 때문에 다른 측면의 단점을 가리는 수단으로 활용될 여지가 있다는 지적도 있다.

① 기업의 CSR은 "기업 전략의 통합적인 요소"로 기업이 시장에 제품 또는 서비스를 전달하는 방식인 동시에 과정이다.

② 인권과 노동권 탄압으로 유명한 기업들이 CSR에 적극적으로 참여하고 있다는 비판을 받는다.

③ 자선과 기부라는 선한 행동 뒤에서는 입점 업체들에게 각종 판촉비용 부담을 강요하는 유통 업체들의 횡포, 비자금 조성과 편법 재산상속 등의 사회 문제가 발생가능하다.

④ 올림픽과 월드컵 등 세계적인 스포츠 이벤트는 부정적인 이미지를 파쇄하려는 후원 기업들의 CSR의 비자발적 경연장이기도 하다.

⑤ CSR은 기업이 자기의 업무를 수행하는 과정에서 인식한 의무들을 자발적으로 완수하기 위해 실행하는 행동들이다.

제**6**회
NCS
피듈형
모의고사

76 다음은 CSV(기업의 사회적 책임)에 대한 글이다. 이에 대해 설명한 것으로 적절하지 <u>않은</u> 것은?

> 하버드대 경영학과 마이클 유진 포터 교수는 2011년 『하버드 비즈니스 리뷰』에서 CSV 개념을 발표했다. 경영의 대가 필립 코들러는 자신의 저서 『마켓 3.0』에서 "소비자의 이성에 호소하던 1.0의 시대와 감성·공감에 호소하던 2.0의 시대에서, 소비자의 영혼에 호소하는 3.0의 시대가 도래하였다"라고 주장했다.
>
> 연세대 경영학과 박흥수 교수는 "CSR과 CSV의 극명한 차이는 가치 창출에 있다. CSR은 선행을 통해 사회에 기업의 이윤을 환원하기 때문에 기업의 수익 추구와는 무관하다. 그러나 CSV는 더 나아가 기업의 비즈니스 기회와 지역사회의 니즈가 만나는 지점에서 사업적 가치를 창출해 경제적·사회적 이익을 모두 추구하는 것이다."라고 말했다.
>
> CSV의 성공여부를 결정짓는 것은 진정성이다. 1990년대 초반 패스트푸드에 대한 부정적 인식이 미국과 유럽을 강타할 때 맥도널드에 사회적 책임을 묻는 비판의 목소리가 높아지자 맥도널드는 이에 대응해 '어린이 비만 퇴치 운동' 등의 마케팅을 선보였다. 하지만 소비자들은 맥도널드의 이런 행위가 기업 이미지를 바꾸기 위한 요식행위에 불과하다고 여기고 맥도널드 불매 운동에 속도를 올렸다. 후에 이는 슬로푸드 운동의 확대로 이어졌다.
>
> – 트랜드 용어 사전

① 앞으로는 소비자의 가치, 기업의 가치, 사회적으로 필요한 가치가 상호 조화를 이루는 기업가 정신이 요구된다.

② 세계적 통신 기업인 보다폰이 통신 인프라가 부족한 아프리카 케냐에서 휴대폰의 통화 기능을 넘어선 모바일 송금 서비스라는 사회적 상품을 개발한 것은 CSV 중 하나이다.

③ 네슬레가 아시아 지역 저소득층의 영양 상태를 고려해 영양가 높은 제품을 저가격, 소포장의 '보급형 상품'으로 출시한 것을 한 사례로 볼 수 있다.

④ CSV는 CSR보다 진화한 개념이며 보다 기업과 지역사회가 상생하는 개념이라 할 수 있다.

⑤ 기업은 기업의 경쟁력과 주변 공동체의 번영이 상호 의존적이라는 인식에 기반을 두고 수익 창출 후에 사회 공헌 활동을 하게 된다.

[77~78] 다음 제시문을 읽고 물음에 답하시오.

┤ 바코드 생성 방법 ├

0 000000 000000

* 1~3번 자리 : 국가식별코드
* 4~7번 자리 : 제조업체번호
* 8~12번 자리 : 상품품목번호
* 13번 자리 : 판독검증용 기호(난수)

[표1] 〈국가별 바코드 번호〉

국가	번호	국가	번호	국가	번호
한국	880	그리스	520	멕시코	750
일본	450~459	중국	690~695	콜롬비아	770
필리핀	480	노르웨이	700~709	싱가포르	888

[표2] 〈제조업체별 바코드 번호〉

제조업체	번호	제조업체	번호	제조업체	번호
라일락	1062	바다	1684	풀	1182
파도	1128	소금	2564	바위	1648
황금	6185	모래	8197	햇빛	2654

[표3] 〈상품품목별 바코드 번호〉

상품품목	번호	상품품목	번호	상품품목	번호
스낵류	64064	양념류	23598	라면류	14589
아채류	72434	통조림	64078	음료수	15489
파이류	72440	생선류	72444	육류	32335

제6회
NCS
피듈형
모의고사

77 다음 바코드로 확인할 수 있는 정보로 옳은 것은?

6 901182 640782

	국가	제조업체	상품품목
①	일본	햇빛	통조림
②	중국	바위	스낵류
③	중국	풀	통조림
④	중국	풀	스낵류
⑤	필리핀	모래	스낵류

78 수입한 한 제품의 바코드 번호를 확인하니, '7701684724409'였다. 다음 중 이에 대해 맞게 설명한 것은?

① 수입한 품목은 야채류나 음료수 중의 하나이다.

② 생선류에 포함된다고 할 수 있다.

③ 제조업체는 바위나 황금 중의 하나이다.

④ 노르웨이에서 온 제품이다.

⑤ 마지막 숫자는 일정한 규칙이 없다.

79 다음에서 해준 씨가 사용한 방법에 대한 설명으로 적절한 것은?

> 네덜란드 PTC+ 교육이 시작된 이래 현재까지 딸기 재배의 가장 성공적인 케이스로 꼽히는 해준 씨. 그는 자신의 지역에서 하이베드 딸기 재배의 선구자로 꼽히고 있다. 하이베드 딸기는 높은 침대에서 자란 딸기라는 뜻으로 작물을 관리하기 쉽게 작업자의 높이에 맞추어 베드를 설치하여 재배하는 방법이다. 따라서 일반 딸기들이 지상에서 토경 재배되는 것과는 달리 지상 80cm 위에서 양액재배를 하기 때문에 노동력이 적게 들고, 연작장애가 없고 위생적인 관리가 가능한 농법이다.
> 그러나 해준 씨는 네덜란드 PTC + 에서 배워온 딸기 재배 기법을 단순 적용한 것이 아니라 우리나라 실정에 맞게 재배 기법을 변형하여 실시함으로써 고수익을 올린 것으로 유명하다. 그는 수개월간 노력 끝에 네덜란드의 기후, 토양의 질 등과는 다른 우리나라 환경에 적합한 딸기를 재배하기 위해 배양액의 농도, 토질, 조도시간, 생육기관과 당도까지 최적의 기술을 연구함으로써 국내 최고의 질을 자랑하는 딸기를 출하할 수 있게 되었다.

① 비교대상에 따른 분류에서 내부 벤치마킹이다.
② 기술 습득이 상대적으로 용이하다.
③ 경쟁적인 방법이다.
④ 수행방식에 따른 분류에서 간접적 벤치마킹을 하였다.
⑤ 전체적인 분야에서 뛰어난 업체의 기술을 베끼는 것이다.

80 다음 보기 중에서 지식 재산권의 유형에 알맞은 것은?

> ㉠ 산업재산권   ㉡ 저작권
> ㉢ 수리권   ㉣ 신분권
> ㉤ 특허권

① ㉠, ㉡   ② ㉠, ㉢
③ ㉠, ㉡, ㉤   ④ ㉡, ㉣, ㉤
⑤ ㉡, ㉢, ㉣

학습 가이드

시간제한을 두고 주어진 시간 안에 최대한 풀어볼 수 있도록 연습하세요.

● NCS 모듈형 모의고사 1~2회
   의사소통, 수리, 문제해결, 자기개발, 자원관리, 대인관계, 정보, 기술, 조직이해, 직업윤리로 구성
● NCS 피셋형 모의고사 3~4회
   의사소통, 수리, 문제해결로 구성
● NCS 피듈형 모의고사 5~6회
   모듈형과 피셋형을 섞은 문항들로 구성

정답 및 해설

&

취약 영역 체크표

제1회 NCS 모듈형 모의고사

빠른
정답찾기

본문 20p

01 의사소통	02 의사소통	03 의사소통	04 의사소통	05 의사소통	06 의사소통	07 의사소통	08 의사소통	09 수리	10 수리
③	⑤	③	⑤	③	③	③	⑤	⑤	②
11 수리	12 수리	13 수리	14 수리	15 수리	16 수리	17 문제해결	18 문제해결	19 문제해결	20 문제해결
①	②	③	④	⑤	③	②	①	④	④
21 문제해결	22 문제해결	23 문제해결	24 문제해결	25 문제해결	26 자원관리	27 자원관리	28 자원관리	29 자원관리	30 자기개발
②	⑤	④	③	⑤	④	⑤	③	④	④
31 자기개발	32 자기개발	33 자기개발	34 대인관계	35 대인관계	36 대인관계	37 대인관계	38 정보	39 정보	40 정보
④	③	③	④	④	②	④	④	④	①
41 정보	42 정보	43 조직이해	44 조직이해	45 조직이해	46 조직이해	47 직업윤리	48 직업윤리	49 직업윤리	50 기술
⑤	⑤	⑤	④	④	⑤	③	④	④	②

취약영역 체크표

※ 틀린 답을 체크하고 자신이 취약한 영역이 무엇인지 파악해보세요.

유형	맞춘 개수	틀린 문제		유형	맞춘 개수	틀린 문제
의사소통	/8			대인관계	/4	
수리	/8			정보	/5	
문제해결	/9			조직이해	/4	
자원관리	/4			직업윤리	/3	
자기개발	/4			기술	/1	

---

01 의사소통 문제

정답 ③

정답해설 ③은 '여럿이 모두 꼭 같이 하나와 같다.'라는 뜻으로 쓰였고, ①, ②, ④, ⑤는 '처음부터 끝까지 변함없이 꼭 같다.'라는 뜻으로 쓰였다.

02 의사소통 문제

정답 ⑤

정답해설 회의 결과를 정리하여 보고하는 문서는 '회의 보고서'이다. 기획서는 적극적으로 아이디어를 내고 기획한 하나의 프로젝트를 문서형태로 만들어, 상대방에게 그 내용을 전달하여 기획을 시행하도록 설득하는 문서이다.

03 의사소통 문제

정답 ③

정답해설 제시문의 마지막 부분에 언급된 '대부분의 다른 사람들과 같은 행동을 하고 싶어 하는 마음(심리)'을 동조 심리라 한다. 인간은 동조심리에 의해 행동하는 수가 많은데, 이는 유행이라는 현상을 생각하면 쉽게 알 수 있다. 즉, 다른 사람들과 같아지고 싶은 충동이 유행을 추구하게 만드는 것이다. 제시된 가상의 적이나 라이벌 의식을 부추기는 것도 이러한 동조 심리를 이용하여 설득하는 예라 할 수 있다.

04 의사소통 문제

정답 ⑤

정답해설 자동차산업은 다양한 관련 산업의 발달을 촉발함으로써 미국 경제를 이끌어가는 견인차 역할을 하게 되었다.

오답해설 ① 출퇴근 시 시속 10킬로미터 이하로 거북이 운행을 할 때만 자동차가 걷는 것보다 별로 낫지 않은 것이지, 항상 그런 것은 아니다.
② 다음 보기글은 주어진 본문에서 확인 가능한 내용이 아니다.
③ 애초에 자동차는 이동에 걸리는 시간을 줄여주기 위해 발명되었지만 자동차가 대중화된 후 이 동기는 충족되지 못하였다.
④ 자동차의 대중화가 부정적인 결과가 더 많은지, 긍정적인 효과가 더 많은지는 상대적인 견해의 차이가 있기 때문에 현재 단언할 수 없다.

05 의사소통 문제

정답 ③

정답해설 다음 글은 많은 사람들이 민주주의와 시장경제가 저절로 '조화'되는 제도라고 인식하고 있기 때문에 이 인식을 변화시키기 위해서 쓰인 글이다. 지문은 민주주의와 시장경제가 서로 분명한 차이를 보이고 있음을 설명한다.
정치적 의사결정은 다수결과 강제성을 전제로 하지만 시장적 의사 결정은 완전 합의와 '자발성'을 근거로 한다. 문단 가장 마지막 문장에 '시장적 의사 결정에서는, 시장 기구가 제대로 작동하는 한, 거래를 원하는 사람만이 자발적으로 의사 결정에 참여하며 항상 모든 당사자의 완전 합의에 의해서만 거래가 이루어진다.'고 설명되어 있다.

06 의사소통 문제

정답 ③

정답해설 뒷 문장에서는 '하지만' 물리학자들이 예언하지 못하는 것들에 대해서 말하고 있다. 따라서 빈칸에는 문맥상 과학자들이 많은 과학적 정보들을 밝혀냈다는 문장이 들어갈 차례이기 때문에 ③의 보기글이 맞다.

오답해설 ① 수학자 라플라스(Laplace)의 "뉴턴은 천재이기도 하지만 운도 무척 좋은 사람이다. 우주는 하나뿐이므로."라는 말은 우주가 여러 개가 아니라 하나뿐이었기에 뉴턴 이론이 우주의 전 과정을 해석하고 미래를 예측할 수 있었다는 말이다. 하지만 문맥상 ①의 보기글은 해당 빈칸에 맞지 않다.
② 전체 맥락을 살피면 과학자들은 많은 과학적 진리들을 밝혀냈으나, 정작 '우연함'이라는 명목 아래에서 탁구공의 방향과 일식을 못 볼 가능성을 모두 예측하기 어렵다.
④ '물리학자들은 세상을 구성하는 실제 문제를 이해하고, 데이터를 설명하는 이론을 만들어내었다.'라고 고쳐졌다면 빈칸에 들어가는 것이 가능했다.
⑤ 뒷문단의 마지막 문장을 보면 과학자들이 남쪽에서 몰려온 구름이 달을 가릴 것이라고 예측하지 못했다고 한다.

07 의사소통 문제

정답 ③

정답해설 ㄱ. 레벨2는 간단한 추론이나 탐색을 할 수 있다고 하였으며, 레벨3은 데이터 학습을 통해 지식을 습득한 컴퓨터가 직접 추론함으로써 자동으로 판단하는 수준이라고 하였으므로 ㄱ은 맞는 선지이다.
ㄴ. 데이터 자체에 대한 수정은 글에서 언급되고 있지 않으므로 ㄴ은 틀린 선지이다.
ㄷ. 마지막 문단에서 컴퓨터가 사물의 특징 자체를 스스로 정의하고 처리하면 레벨4로 분류한다고 하였으므로 ㄷ은 맞는 선지이다.

08 의사소통 문제 정답 ⑤

정답해설 ㉮의 제조 원가 상승, 고금리, 환율에 따른 소비자 심리는 가격 경쟁력 요인에 해당되고, ㉯의 연구 개발 소홀, 품질 불량, 판매 후 서비스 부족, 납기의 지연은 비가격 경쟁력 요인에 해당된다.

풀이 Tip 개요 완성하기 문제는 개요의 전체적인 내용을 파악하여 하위 내용으로 상위 내용을 유추하거나 상위 내용을 통해 하위 내용을 유추하여 풀이할 수 있다.

09 수리 문제 정답 ⑤

정답해설 1항 − 3항 = 2항, 2항 − 4항 = 3항, 3항 − 5항 = 4항…이 반복되는 규칙이다.
따라서 11 − A = −150이고, A = 26

10 수리 문제 정답 ②

정답해설 할아버지가 맨 앞에, 할머니가 맨 뒤에 위치하므로 자리가 고정되어 있다. 따라서 할아버지, 할머니를 제외한 아버지, 어머니, 자식 3명, 총 5명이 일렬로 서는 경우의 수를 구하면 된다. 5명이 일렬로 서는 경우의 수는
5! = 5×4×3×2×1 = 120

11 수리 문제 정답 ①

정답해설 내려올 때와 올라올 때 같은 시간이 걸려 총 6시간이 걸렸다고 하였으므로,
올라갈 때 걸린 시간=내려갈 때 걸린 시간 = 3시간
거리 = 속력×시간이므로, 올라간 거리 = 3a, 내려간 거리 = 3a + 3
따라서 b = $\frac{3a + 3}{3}$ = (a + 1)km/h

12 수리 문제 정답 ②

정답해설 인수의 점수는 x라 하고 식을 세우면, 평균이 105점이라고 하였으므로
$\frac{101 + 105 + 108 + x}{4} = 105$
$x = 106$

13 수리 문제 정답 ③

정답해설 집에서 출발한 시간 : 10시 − 1시간 15분 + 10분 + 15분 + 20분 = 9시 30분
시침이 1시간에 이루는 각도 : 360°÷12 = 30°
시침은 9시와 10시 중간에 있고 분침은 30분, 즉 6시에 있으므로 시침과 분침의 간격은 3시간 30분이다.
시침과 분침의 각도 = 3×30° + $\frac{1}{2}$×30° = 90° + 15° = 105°

14 수리 문제 정답 ④

정답해설 10원짜리 동전의 개수를 x(개)라 할 때, 나머지 동전의 개수는 다음과 같다.
50원짜리 동전의 개수 : x − 15(개)

100원짜리 동전의 개수 : $x + 22$(개)

500원짜리 동전의 개수 : 12,500÷500 = 25(개)

동전의 총 개수가 257개이므로, $257 = x + x - 15 + x + 22 + 25$가 된다.

∴ $x = 75$(개)

따라서 50원짜리 동전의 개수는 75 − 15 = 60(개)이며, 합계 금액은 50×60 = 3,000(원)이다.

---

15   수리 문제   정답 ⑤

정답해설 총 생산량은 '09년도 117.3에서 '10년도에 95.4천 톤(△18.7%)이다.

---

16   수리 문제   정답 ③

정답해설 8,700(만 원)×0.004 = 34.8(만 원)이다. 그러나 한도액인 30만 원을 넘었으므로, 최대 수수료는 30만 원이 된다.

---

17   문제해결 문제   정답 ②

정답해설 "철수는 안경을 끼지 않았다."와 모순되는 진술을 이끌어내기 위해 보기에서 안경과 관련된 것을 찾아보면 ⓑ가 이에 해당한다. ⓑ가 "철수가 안경을 끼지 않았다면, 철수는 서울 출신이다."이므로 철수가 서울 출신이 아니라는 것을 이끌어내려면 ⓒ의 "철수가 농구를 좋아했다면, 철수는 서울 출신이 아니다."라는 것이 참이어야 한다. 이때 철수가 농구를 좋아한다는 전제를 확인시켜주는 것이 ⓐ의 "철수는 농구를 좋아한다."이다.

철수가 농구를 좋아한다면 서울 출신이 아닌데, 철수는 농구를 좋아한다. 그런데 철수가 안경을 끼지 않았다면 철수가 서울 출신이므로 "철수는 안경을 끼었다."는 결론에 모순이 되는 진술을 이끌어낼 수 있다.

---

18   문제해결 문제   정답 ①

정답해설 어떤 금속은 광택을 내며, 모든 금속은 전기를 통하므로 참이다.

오답해설 ② 'ㄱ'의 모든 금속이 전기가 통한다는 명제가 참이라 할지라도 명제의 역, 이가 반드시 참이 될 수는 없으므로 정답이 아니다.

③ '광택을 내지 않는 금속도 있다.'는 명제가 참으로 주어지지 않은 이상, 'ㅁ'을 '금속에는 광택이 나는 것과 나지 않는 것이 있다.'로 해석할 수 없다.

④ '전기가 통하는 물질은 모두 광택이 난다.'는 것은 '광택이 나지 않으면서 전기가 통하는 물질이 통한다.'는 'ㄹ'이 참일 경우 반드시 참이 될 수 없으므로 정답이 아니다.

⑤ '광택을 내지 않는 금속은 없다.'는 것은 광택이 난다고 해서 반드시 금속은 아니라는 명제가 참일 경우 참이 될 수 없으므로 정답이 될 수 없다.

---

19   문제해결 문제   정답 ④

정답해설 ⅰ ~ⅳ을 기호화하여 정리하면 다음과 같다.

ⅰ ~D

ⅱ B∨D (~B → D, ~D → B)

ⅲ ~C → A

ⅳ B → ~C

ⅱ~ⅳ을 연결하면 ~D → B~C → A가 성립한다.

이때 ⅰ에서 ~D라고 하고 있으므로 A와 B가 선발되고 C는 선발되지 않는다.

따라서 (가)와 (나) 모두 항상 옳으므로 정답은 ④이다.

정답
및
해설

20 문제해결 문제 정답 ④

정답해설 K 입자 중 전하가 0인 것은 A에서 휘지 않고 C에서 멈추므로, A에서 휘지 않고 C에서 멈추었다면 그것은 중성자라는 진술은 참이 아니다.

오답해설 보기의 내용을 살펴보면 다음과 같다.
- 같은 종류의 입자는 동일한 질량을 갖는다.
  → 광자와 전자의 질량은 같으며, 중성자와 양성자의 질량은 같다.
- 가벼운 입자란 광자와 전자만을 의미한다. 중성자와 양성자는 무거운 입자에 속한다.
- 중성자와 광자의 전하는 0이며, 양성자와 전자의 전하는 0이 아니다.
- K 입자 중에는 전하가 0인 것과 0이 아닌 것이 있다.
  → K는 광자, 전자, 중성자, 양성자 넷 중 어느 것인지 알기 어렵다.
- A는 전하가 0이 아닌 입자만을 휘게 한다.
  → 전하가 0이 아닌 것은 양성자와 전자이며 따라서 A는 양성자나 전자를 휘게 한다.
- B는 가벼운 입자만을 멈추게 한다.
  → 가벼운 입자는 광자와 전자이므로, B는 광자나 전자를 멈추게 한다.
- C는 무거운 입자와 K 입자만을 멈추게 한다.
  → 무거운 입자에 해당하는 것은 중성자, 양성자이다. 중성자, 양성자와 K입자가 함께 있는 경우, 이를 구별할 다른 방법이 없다.
  따라서 ①, ②, ③, ⑤는 참이 된다.

풀이 Tip **논지 전개 방식**
- 연역법 : 일반적 사실이나 원리를 전제로 하여 개별적인 특수한 사실이나 원리를 결론으로 이끌어 내는 추리 방법을 이른다. 경험에 의하지 않고 논리상 필연적인 결론을 내게 하는 것으로 삼단논법이 그 대표적인 형식이다.
  예 모든 사람은 잘못을 저지르는 수가 있다. 모든 지도자도 사람이다. 그러므로 지도자도 잘못을 저지르는 수가 있다.
- 귀납법 : 개별적인 특수한 사실이나 원리를 전제로 하여 일반적인 사실이나 원리로 결론을 이끌어 내는 연구 방법을 이른다. 특히 인과관계를 확정하는 데에 사용된다.
- 일반화 : 사례들을 제시한 후 그를 통해 다른 사례들도 모두 마찬가지라는 결론을 도출한다.
  예 국어는 소리, 의미, 어법의 3요소로 이루어져 있다. 영어도 마찬가지이다. 중국어도 마찬가지이다. 그러므로 모든 언어는 소리, 의미, 어법의 3요소로 이루어져 있다.
- 유추 : 서로 다른 범주에 속하는 두 대상 간에 존재하는 유사성을 근거로 구체적 속성도 일치할 것이라는 결론을 도출한다.
  예 지구에는 생물이 산다. 화성에는 지구와 마찬가지로 공기, 육지, 물이 있다. 따라서 화성에도 생물이 살 것이다.

21 문제해결 문제 정답 ②

정답해설 황 대리는 프로야구를 연간 12회씩 3년 동안 주중에 옐로우석에서 관람한다고 하면, 회원권 가입 후 관람하는 것이 더 비싸다.
→ 3년 동안 총 36회를 관람, 옐로우석
- 회원권이 없을 때 : 9,000원×36 = 324,000원
- 회원권이 있을 때 : 120,000원(가입비) + (6,000원×36) = 336,000원
따라서 회원권 가입 후 관람하는 것이 12,000원이 더 비싸다.

오답해설 ① 연간 8회씩 프로야구를 주말에 레드석에서 관람하는 하대리가 회원권 가입비 50% 할인 이벤트로 가입을 했을 때, 처음 1년 동안은 손해를 보게 된다. → 회원권 가입비가 60,000원, 연간 8회 관람, 처음 1년은
- 회원권이 없을 때 : 12,000원×8 = 96,000원
- 회원권이 있을 때 : 60,000원(가입비 50%) + (9,000원×8) = 132,000원
따라서 가입 후 처음 1년 동안은 36,000원 손해를 보게 된다.
③ 나 부장과 정 부장을 제외한 나머지 팀원들이 모두 회원권이 있다면 금요일에 나 부장과 정 부장은 테이블석에서, 나

머지 팀원들은 레드석에서 볼 때 총 122,000원이 든다. → 나 부장, 정 부장 : 40,000원×2 = 80,000원
나머지 6명 : 7,000원×6 = 42,000원
따라서 총 122,000원이다.
④ 인턴 C씨는 지난 달 주중에 프리미엄석으로 4회 관람하였고, 송 대리는 회원권을 가입해 주말과 공휴일에 블루석으로 6회 관람하였을 때, 송 대리가 구매한 것이 더 저렴하다. → 인턴 C씨 : 70,000원×4 = 280,000원
송 대리 : 120,000원(가입비) + (12,000원×6) = 192,000원
따라서 송 대리가 구매한 것이 88,000원 더 저렴하다.
⑤ 프리미엄석을 1년 동안 격주로 관람할 때는 일반 입장권보다는 회원권 가격으로 사는 것이 할인이 된다.

22   문제해결 문제   정답 ⑤

정답해설 연간 x회 관람한다고 하면
회원권이 없을 때 : 1,2000×x = 12,000x
회원권이 있을 때 : 120,000원×(1 − 0.3)(가입비) + (9,000원×x) = 84,000 + 9,000x
따라서 이익을 보기 위해서는 12,000x84,000 + 9,000x이어야 한다.
계산해보면 12x>84 + 9x, 3x>84, x>28이다. 그러므로 1년간 29회 이상 관람을 하면 이익이 생긴다.

23   문제해결 문제   정답 ④

정답해설 〈보기 1〉을 참고했을 때, ⓔ에서는 (라)의 인터뷰 자료를 활용하여 세금 감면이나 보조금 지원과 같은 정부의 적극적인 지원이 필요함을 밝히는 것이 적절하다.

오답해설 ① (가)는 친환경 자동차의 종류와 특징을 제시한 도서 자료이므로 ㉠에서 이를 활용할 수 있다.
② (가)에서는 친환경 자동차의 장점을 제시하였고, (나)에서는 배기가스의 주범이 자동차임을 밝히고 친환경 자동차 시장의 확대 가능성을 제시하였으므로 ㉡에서 이를 활용할 수 있다.
③ (다)는 친환경 자동차 보급이 저조함을 나타내는 통계 자료이고 (라)는 친환경 자동차를 구매하지 않는 이유에 대한 인터뷰 자료이다. 그러므로 ㉢에서 이를 활용할 수 있다.
⑤ (나)는 친환경 자동차의 환경 개선 효과를 제시한 자료, (다)는 친환경 자동차의 저조한 구입을 나타내는 자료, (라)는 친환경 자동차를 구매하지 않는 이유에 대한 자료이므로, 이를 활용하여 ⓔ에서 소비자의 친환경 자동차에 대한 인식 전환의 필요성을 강조할 수 있다.

24   문제해결 문제   정답 ③

정답해설 • 〈보기1〉의 작문 논지를 반영하여 문제의식을 드러낼 것 : 대기오염물질로 인해 환경이 오염되고 있지만 친환경 자동차의 등록 비율은 저조한 것을 문제 삼고, 이를 개선할 수 있는 방안이 무엇인지 알아보고자 하였다.
• 구체적인 통계 수치를 활용할 것 : 친환경 자동차의 신규 등록 비율이 2% 내외에 불과하다고 하며 구체적인 통계 수치를 제시하였다.
• 비유적 표현을 활용할 것 : '대기오염 물질로 인해 우리의 하늘이 검게 물들고 있다.'의 문장에서 오염된 하늘을 '검게 물들고 있다.'고 비유적으로 표현했음을 알 수 있다.

오답해설 ① 문제의식 ×, 구체적인 통계 수치 ×
② 구체적인 통계 수치 ×, 비유적 표현 ×
④ 문제의식 ×, 비유적 표현 ×
⑤ 비유적 표현 ×

25 문제해결 문제 정답 ⑤

정답해설 주어진 운영 규정에 의해 전략개발실 직원들의 휴가 날짜를 달력에 표시해보면 다음과 같다.

일	월	화	수	목	금	토
10	11 문부장 휴가	12 문부장 휴가 윤과장 휴가	13 문부장 휴가 윤과장 휴가	14 윤과장 휴가 송사원 휴가	15 송사원 휴가	16
17	18 이대리 휴가 송사원 휴가	19 김차장 휴가 이대리 휴가	20 김차장 휴가 이대리 휴가 강대리 휴가	21 김차장 휴가 강대리 휴가	22 강대리 휴가	23

따라서 '사무실에는 최소 4명이 근무하고 있어야 한다'는 운영 규정을 지키지 않은 날짜는 5월 20일이다.

26 자원관리 문제 정답 ④

정답해설 자원을 적절하게 관리하기 위해서는 일반적으로 4단계의 자원관리 과정를 거쳐야 하는데, 이는 '어떤 자원이 얼마나 필요한지를 확인하기(필요한 자원의 종류와 양 확인) → 이용 가능한 자원을 수집(확보)하기 → 자원 활용 계획 세우기 → 계획에 따라 수행하기'의 단계가 된다.

오답해설 ① 동일성의 원칙은 같은 품종을 같은 장소에 보관한다는 것이며, 유사성의 원칙은 유사품은 인접한 장소에 보관한다는 것을 말한다. 동일 및 유사 물품의 분류는 보관의 원칙 중 동일성의 원칙과 유사성의 원칙에 따르는데, 이는 물품을 다시 활용하기 위해 보다 쉽고 빠르게 찾을 수 있도록 하기 위해서 필요한 과정으로, 특정 물품의 정확한 위치를 모르더라도 대략의 위치를 알고 있음으로써 찾는 시간을 단축할 수 있다.
② 물품을 보관할 장소까지 선정하게 되면 차례로 정리를 하게 되는데, 여기서는 회전대응 보관의 원칙을 지키는 것이 중요하다. 회전대응 보관의 원칙은 입 · 출하의 빈도가 높은 품목 출입구 가까운 곳에 보관하는 것을 말한다. 즉, 물품의 활용 빈도가 상대적으로 높은 것은 가져다 쓰기 쉬운 위치에 먼저 보관하는 것을 말한다. 이렇게 하면 활용하는 것도 편리할 뿐만 아니라 활용한 후 다시 보관하는 것 역시 편리하게 할 수 있을 것이다.
③ 물적자원을 잘 관리한다면 꼭 필요한 상황에서 이를 활용할 수 있는 반면, 관리가 제대로 되지 않는다면 제때 활용하기 어렵다. 따라서 물적자원의 활용을 관리와 다른 차원의 문제라 볼 수는 없다. 자신이 보유하고 있는 물적자원을 잘 관리하지 못한다면 필요한 활동을 하지 못하고, 물적자원을 확보하는데 많은 시간을 보내게 될 것이다. 따라서 개인 및 조직에 필요한 물적자원을 확보하고 적절히 관리하는 것은 매우 중요하다고 할 수 있다.
⑤ 물건을 한 가지 목적으로 구입한 경우라도 제대로 관리 · 보관이 된다면 그 목적에 맞게 활용할 수 있다. 물적자원에 대한 관리가 소홀하게 되는 경우에는 분명한 목적 없이 물건을 구입한 경우에 발생할 수 있다.

27 자원관리 문제 정답 ⑤

정답해설 광고비는 간접비용에 해당한다.

오답해설 ① 여행(출장) 및 잡비 : 제품 생산 또는 서비스 창출을 위해 출장이나 타 지역으로의 이동이 필요한 경우와 기타 과제 수행 상에서 발생하는 다양한 비용을 포함함
② 인건비 : 제품 생산 또는 서비스 창출을 위한 업무를 수행하는 사람들에게 지급되는 비용으로, 계약에 의해 고용된 외부 인력에 대한 비용도 인건비에 포함되며, 일반적으로 전체 비용 중 가장 큰 비중을 차지함
③ 시설비 : 제품을 효과적으로 제조하기 위한 목적으로 건설되거나 구매된 시설에 지출된 비용
④ 재료비 : 제품의 제조를 위하여 구매된 재료에 대하여 지출된 비용

28 자원관리 문제 정답 ③

정답해설 기획사무의 업무 안에는 마케팅이 있고 마케팅의 세무업무 중엔 통계조사가 있다.

오답해설 ① 노무관리의 경우 총무인사 – 인사조직 – 노무관리의 분류가 맞다.
② QM/QC 관리의 경우 생산 · 품질관리 – 품질관리 – QM/QC 관리의 분류가 맞다.
③ 세무의 경우 재무회계 분류에 들어가야 한다.
④ 공정관리의 경우 생산 · 품질관리 – 생산관리 – 공정관리의 분류로 해야 한다.

29 자원관리 문제   정답 ④

정답해설 연수 자료 준비사항을 정리하면
인쇄해야 할 총 페이지 : 135(명)×120 = 16,200(장)
컬러 표지 : 135(명)×2 = 270(장)
무선제본처리 : 135개
가 인쇄소 : (567,000 + 135,000 + 243,000) − 50,000 = 895,000
나 인쇄소 : 761,400 + 121,500 = 882,900
다 인쇄소 : 615,600 + 202,500 = 818,100
라 인쇄소 : (729,000 + 108,000 + 135,000)×0.9 = 874,800
따라서 이사원은 4개의 인쇄소 중 비용이 가장 저렴한 '다 인쇄소' 818,100원를 선택할 것이다.

30 자기개발 문제   정답 ④

정답해설 회사 홈페이지에 접속해 연간 보고서를 읽어보는 일은 경력개발에 해당한다고 볼 수 있다.
나머지는 전부 자아인식에 관한 내용이다.

31 자기개발 문제   정답 ④

정답해설 자기개발은 은퇴하기 전까지 이루어지는 것이 아니라 평생에 걸쳐서 이루어지는 과정이다.

32 자기개발 문제   정답 ③

정답해설 대리A는 사회적 · 환경적 요인을 이유로 들었고, 사원B와 과장D는 조직 내부의 변화를 이유로 제시하였다. 사원C는 개인적 요인을 들었다. 따라서 같은 이유를 말하고 있는 사람은 사원B와 과장D이다.

33 자기개발 문제   정답 ③

정답해설 ③은 환경탐색에 해당하는 것이다. 환경 탐색이란 직무와 관련된 주변 환경의 기회와 장애요인에 대하여 탐색하는 것을 뜻한다. 나머지 ①, ②, ④, ⑤는 전부 자기 탐색의 방법이라고 할 수 있다.

풀이 Tip 경력개발 계획은 '직무탐색 → 자신과 환경 이해 → 경력목표 설정 → 경력개발 전략 수립 → 실행 및 피드백'의 5단계로 이루어진다. 이 중 자신과 환경 이해 단계에서 자기탐색과 환경탐색 활동이 이루어진다.

34 대인관계 문제   정답 ④

정답해설 대인관계 형성 시 가장 중요한 요소는 무엇을 말하느냐, 어떻게 행동하느냐 보다는 우리의 사람됨. 즉 깊은 내면 또는 성품이다.

35 대인관계 문제   정답 ④

정답해설 효과적인 팀이 되기 위해서는 때에 따라 남들이 생각하지 못하는 창조적인 운영법도 필요하다. 기존의 있던 운영 방식에서만 머물러 있다 보면 다른 경쟁사에 흐름을 빼앗길 수도 있다.

36 대인관계 문제 정답 ②

정답해설
- **형성기(Forming)** : 팀이 구축되고 형성되는 단계로, 팀원들은 안전하고 예측 가능한 행동에 대한 지침이 필요하기 때문에 리더에게 상당히 의지하고, 팀에서 인정받기를 원한다.
- **격동기(Storming)** : 팀원들이 가제를 수행하기 위해 체계를 갖추게 되면서 필연적으로 마찰이 일어나며 리더십, 구조, 권한, 권위에 대한 문제 전반에 걸쳐서 경쟁심과 적대감이 나타난다.
- **규범기(Norming)** : 팀원 간에 응집력이 생기고 공동체 형성과 팀의 문제 해결에 더욱 집중하여 단결된 모습을 보인다.
- **성취기(Performing)** : 팀원들 간 조화를 이루고 팀원으로서의 충성심을 드러낸다. 전체적인 목표는 문제 해결과 일을 통한 생산성 향상이다.

따라서 팀의 발전 과정은 형성기(Forming) → 격동기(Storming) → 규범기(Norming) → 성취기(Performing)의 순서이다.

37 대인관계 문제 정답 ④

정답해설 빈칸을 알맞게 채워보면 다음과 같다.

소외형	조직이 자신을 인정하지 않으며 적절한 보상이 없다고 생각한다.
순응형	기쁜 마음으로 과업을 수행하며 획일적인 태도를 보인다.
실무형	조직에 운영방침에 민감하며 규정과 규칙을 중시한다. 사건을 균형 잡힌 시각으로 바라본다.
수동형	판단, 사고 시 리더에 의존한다. 지시가 있어야 행동할 수 있다.
주도형	독립적 · 혁신적 사고 측면에서 건설적 비판을 하며 자기 나름의 개성과 창조성을 지닌다.

38 정보 문제 정답 ④

정답해설 자연어 검색 방식은 검색엔진에서 문장 형태의 질의어를 형태소 분석을 거쳐 언제(When), 어디서(Where), 누가(Who), 무엇을(What), 왜(Why), 어떻게(How), 얼마나(How much)에 해당하는 5W2H를 읽어내고 분석하여 각 질문에 답이 들어있는 사이트를 연결하는 방식이다. 키워드만 입력하면 관련된 정보를 찾을 수 있는 것은 키워드 검색 방식이다.

39 정보 문제 정답 ④

정답해설 IMAP은 로컬 서버에서 프로그램을 이용하여 전자우편을 액세스하기 위한 표준 프로토콜이다.

40 정보 문제 정답 ①

정답해설 정보 검색 결과를 줄이기 위해 검색과 관련 있는 2개 이상의 단어를 연산자로 조합하여 키워드로 사용하는 것이 일반적이다. 연산자는 대/소문자의 구분이 없고, 앞뒤로 반드시 공백(Space)을 넣어주어야 한다. *, & 기호의 연산자는 AND이며 두 단어가 모두 포함된 문서를 검색한다.

41 정보 문제 정답 ⑤

정답해설 다음은 고급필터에서 같은 행에 조건을 입력하면 AND(이면서, 이고) 조건이다. 다른 행에 조건을 입력하면 OR(또는, 이거나) 조건이다.

42 정보 문제 정답 ⑤

정답해설 #VALUE! : 잘못된 인수나 피연산자를 사용하거나 수식 자동고침 기능으로 수식을 고칠 수 없을 때 나타난다.

43 조직이해 문제 정답 ⑤

정답해설 총무부의 업무에는 주주총회 및 이사회개최 관련 업무, 의전 및 비서업무, 집기비품 및 소모품의 구입·관리, 사무실 임차 및 관리, 차량 및 통신시설의 운영, 출장 업무 협조, 복리후생 업무, 법률자문과 소송관리, 사내외 홍보 광고 업무 등이 있다.

44 조직이해 문제 정답 ④

정답해설 군대 같은 조직은 기계적 조직으로 엄격한 위계질서가 있으며, 업무가 분명하고 상하 간의 의사소통이 공식적인 경로로 이루어진다.

45 조직이해 문제 정답 ④

정답해설 비영리조직에는 정부조직, 병원, 대학, 시민단체 등이 있다. 경영의 과정은 경영계획, 경영실행, 경영평가로 이루어진다.

오답해설 ① 기술을 최우선 가치로 선택한 것은 이전 직장의 경우이다.
② 경영의 구성요소 중 경영목적은 '인간존중', 인적자원은 지인들과 모집될 근로자이다. 근로자가 조직에서 오랫동안 주어진 업무를 수행하다보면 그 일은 하나의 직업이 된다.
③ 지문에서는 외부경영활동 중심인지 내부경영활동 중심인지 알 수 없다.
⑤ 목적 달성을 위한 활동과 조직구성원을 관리하는 것은 경영실행 단계이다. 경영계획 단계에서는 조직 미래상의 결정과 대안분석, 실행방안 선정 등이 이루어진다.

46 조직이해 문제 정답 ④

정답해설 정아영씨는 경영자이다. 경영자는 조직구성원들과 의사결정을 통해 조직의 방향을 제시하고 이끌어야 하며, 의사결정을 독점하는 것은 옳지 않다.

풀이 Tip **경영자의 역할**
• 대인적 역할 : 조직의 대표, 조직의 리더, 상징
• 정보적 역할 : 외부환경 모니터, 변화 및 정보 전달
• 의사결정적 역할 : 문제 조정, 대외적 협상 주도, 분쟁 조정, 자원 배분, 협상가

47 직업윤리 문제 정답 ③

정답해설 '인간과 인간 사이에서 지켜져야 할 도리를 바르게 하는 것' 또는 '인간사회에 필요한 올바른 질서'는 바로 '윤리'의 의미에 해당한다. 윤리의 뜻을 지닌 그리스어의 'ethos', 라틴어의 'mores', 독일어의 'Sitte' 등이 모두 '습관이 된 풍속'을 뜻하는데, 이는 윤리가 자연환경의 특성에 순응하고 각기 그 집단과 더불어 생활하여 온 인간이 한 구성원으로서 살아간 방식과 습속에서 생겼다는 것을 의미한다. 즉, 생활관습의 경험을 정리해서 공존(共存)을 위해 인간집단의 질서나 규범을 정하고 그것을 엄격하게 지켜나간 데서 생긴 것이다. 우리나라의 경우는 고대국가의 형성과 함께, 통치권의 보존과 생명권의 확보, 혈연간의 질서 및 재산권의 보호라는 가장 원초적인 것을 바탕으로 윤리의 개념이 형성되었다. 이후 이러한 윤리관은 불교가 뒷받침하였고, 조선시대 이후로는 유교의식이 바탕이 되어 발전하였다.

정답
및
해설

48 직업윤리 문제 정답 ④

정답해설 인간은 사회적 동물이기 때문에 어느 한 개인의 욕구는 개인의 행동여하에 따라 충족여부가 결정되는 것이 아니라, 다른 사람의 행동과 협력을 통해 가능해진다.

49　직업윤리 문제　　　　　　　　　　　　　　　　　　　　　　　　　　　　　　　　　정답 ④

정답해설　어떠한 종류의 직업에 종사하더라도, 정직하고 성실한 태도로 일하는 사람들이 국가와 사회에 이바지 하는 바가 크다. 단기간에 돈을 벌고자 계산하여 좀 더 많은 수익이 있을 만한 업무만 수행한다면 당연히 성실하게 업무를 하는 사람보다 돈을 많이 벌 수 있다. 하지만 그런 사람의 경우에는 대개 돈의 가치와 서비스 가치를 무시하고 불성실한 태도로 임하게 될 경우가 크다. 따라서 장기적으로 볼 때에는 도리(道理)를 알며 성실하게 업무를 수행하는 태도가 좋은 결과를 가져올 확률이 높다.

50　기술 문제　　　　　　　　　　　　　　　　　　　　　　　　　　　　　　　　　　정답 ②

정답해설　매뉴얼은 사용자가 알기 쉽게 쉬운 문장으로 써야 하는데, 의미전달을 명확히 하기 위해서는 수동태보다는 능동태 동사를 사용하며, 명령형은 약한 형태보다는 단정적으로 표현해야 한다.

오답해설　① 매뉴얼은 내용이 정확해야 하므로, 매뉴얼 내용 서술에 애매모호한 단어를 사용하거나 추측성 기능의 내용을 서술하는 것은 금지된다.
③ 매뉴얼 작성 시 사용자의 심리적 배려가 있어야 하므로, 사용자가 매뉴얼을 한번 본 후 더 이상 필요하지 않도록, 또 빨리 외울 수 있도록 배려할 필요가 있다.
④ 사용자가 찾고자 하는 정보를 쉽게 찾을 수 있어야 하므로, 짧고 의미 있는 제목과 비고(note)를 통해 사용자가 원하는 정보의 위치를 파악하는데 도움이 되도록 해야 한다.
⑤ 사용자가 알기 쉽게 쉬운 문장으로 쓰여야 하기 때문에 한 문장은 통상 단 하나의 명령, 또는 밀접하게 관련된 몇 가지 명령만을 포함하여야 한다.

제2회 NCS 모듈형 모의고사

빠른
정답찾기

본문 48p

01 의사소통	02 의사소통	03 의사소통	04 의사소통	05 의사소통	06 의사소통	07 의사소통	08 의사소통	09 의사소통	10 의사소통
④	①	④	②	②	③	①	②	③	②
11 수리	12 수리	13 수리	14 수리	15 수리	16 수리	17 수리	18 수리	19 수리	20 수리
②	①	②	⑤	①	④	①	②	④	⑤
21 문제해결	22 문제해결	23 문제해결	24 문제해결	25 문제해결	26 문제해결	27 문제해결	28 문제해결	29 문제해결	30 문제해결
③	③	①	②	④	⑤	④	①	②	⑤
31 자원관리	32 자원관리	33 자원관리	34 자원관리	35 자원관리	36 자원관리	37 자기개발	38 자기개발	39 자기개발	40 자기개발
①	④	④	②	①	②	⑤	③	⑤	⑤
41 자기개발	42 자기개발	43 자기개발	44 대인관계	45 대인관계	46 대인관계	47 대인관계	48 대인관계	49 대인관계	50 대인관계
④	⑤	③	④	④	④	②	④	④	③
51 대인관계	52 정보	53 정보	54 정보	55 정보	56 정보	57 정보	58 정보	59 정보	60 조직이해
③	④	④	④	③	①	③	③	⑤	②
61 조직이해	62 조직이해	63 조직이해	64 조직이해	65 조직이해	66 조직이해	67 직업윤리	68 직업윤리	69 직업윤리	70 직업윤리
④	④	④	⑤	③	④	③	④	③	③
71 직업윤리	72 직업윤리	73 직업윤리	74 기술	75 기술	76 기술	77 기술	78 기술	79 기술	80 기술
④	③	④	④	③	⑤	③	③	③	②

취약영역 체크표

※ 틀린 답을 체크하고 자신이 취약한 영역이 무엇인지 파악해보세요.

유형	맞춘 개수	틀린 문제		유형	맞춘 개수	틀린 문제
의사소통	/10			대인관계	/8	
수리	/10			정보	/8	
문제해결	/10			조직이해	/7	
자원관리	/6			직업윤리	/7	
자기개발	/7			기술	/7	

정답
및
해설

01 의사소통 문제 정답 ④

정답해설 기획서는 적극적으로 기획하여 하나의 프로젝트를 문서형태로 만들고, 상대방에게 전달하여 프로젝트를 시행하기 위한 문서이다.

오답해설 ① 비즈니스 레터는 사업상의 일로 고객 등에게 쓴 편지다.
② 보고서는 어떤 일에 관한 진행상황이나 결과 등을 보고할 때 쓰는 문서이다.
③ 기안서는 업무의 협조를 구하거나 의견을 전달할 때 사용하는 사내 공문서이다.
⑤ 공문서는 정부 행정기관에서 대내외적 공무를 집행하기 위해 작성하는 문서다.

02 의사소통 문제 정답 ①

정답해설 '치루었더니'는 '치렀더니'로 수정되어야 한다. '무슨 일을 겪어내다'라는 의미의 단어는 '치루다'가 아니라 '치르다'이다. '치르다'는 활용 시, 'ㅡ'가 탈락한 형태로 나타난다. 따라서 '치루었더니'가 아니라 '치렀더니'가 어법에 맞는 표현이다.

오답해설 ② '안치다'는 밥, 떡, 구이, 찌개 따위를 만들기 위하여 그 재료를 솥이나 냄비 따위에 넣고 불 위에 올린다는 뜻이다.
③ '웬일'은 어찌 된 일, 의외의 뜻을 나타낸다. **예** 웬일로 여기까지 다 왔어?
④ '붙으면(붇 + 으면 → 불으면)'의 '붇다'는 활용 시 어간 '붇 ㅡ'에 모음으로 시작하는 어미가 결합하면 끝소리 ㄷ이 ㄹ로 바뀐다.
⑤ '체하다'는 앞말이 뜻하는 행동이나 상태를 거짓으로 그럴듯하게 꾸밈을 나타내는 보조 동사이다. '채'는 이미 있는 상태 그대로 있다는 뜻을 나타내는 의존 명사로 '옷을 입은 채로 쫓겨났다'와 같이 쓰인다.

03 의사소통 문제 정답 ④

정답해설 처음 두 주간 갑 사무관은 수면 시간과 식사 빈도, 끼니 당 밥공기 수, 야식의 양, 운동 시간을 모두 바꾸었으며, 그 결과 몸무게가 줄었다. 그 다음 두 주간 갑 사무관은 끼니 당 밥공기 수와 야식의 양, 운동 시간을 바꾸었으며 그 결과 몸무게가 줄었다. 그 다음 두 주간 갑 사무관은 수면 시간과 식사 빈도, 운동 시간을 바꾸었다. 그 결과 몸무게가 줄지 않았다. 이것으로 미루어 보아 수면 시간과 식사 빈도(야식을 제외하고 먹은 밥공기 수), 운동 시간은 몸무게가 줄어든 원인이 아니다. 그 다음 두 주간 갑 사무관은 수면 시간과 끼니 당 밥공기 수 운동시간을 모두 바꾸었다. 그 결과 몸무게가 줄었다. 앞서 수면과 운동 시간은 몸무게가 줄어든 원인이 아니라고 언급하였으므로 남은 '끼니 당 밥공기 수'를 원인으로 볼 수 있다. 목표를 향한 의지는 본문에서 찾을 수 없기 때문에 제외한다.

04 의사소통 문제 정답 ②

정답해설 국제사회의 장기적 목표라는, 전체 문단을 아울러 통합할 수 있는 문장이 들어가야 하기 때문에 ②번이 가장 옳다고 할 수 있다.

오답해설 나머지 ①, ③, ④, ⑤번은 지구 평균 기온 상승의 억제라는 핵심 주제의 하위 고려 사항들이다.

05 의사소통 문제 정답 ②

정답해설 주어진 글은 '탄소중립'이라는 목표를 설정하고 이를 수행할 수 있는 방안을 제시하고 있다.

오답해설 ① 기후 변화 문제의 과정에 대해서 설명을 하고 있으나, 예측되는 원인을 얘기하고 있다고 보기는 어렵다.
③ 다음 글은 탄소중립이라는 해결 방안을 제시하고 있으며, 문제 해결의 과정을 통해 실제 사회 운동을 했다고 보기 어렵다.
④ 다음 글은 견해의 장단점을 비교하는 글쓰기가 아니다.
⑤ 목표와 문제 해결 제시에 대한 글이지, 실제로 탄소 중립을 성공한 사례를 소개하지는 않았다.

06 의사소통 문제 정답 ③

정답해설 소비를 단순히 억제 또는 조장하기보단 자아를 확립한 소비를 강조하고, 소비를 긍정적 · 주체적으로 활용할 것을 제시하고 있다. 따라서 소비 현상에 있어서는 '주체적인 소비 철학의 확립'이 결론에서 제시할 수 있는 주제어로 적합하다. 또한 소비와 자아의 관계에서 소비에 지배되는 자아가 아니라 스스로 소비를 다스릴 수 있는 건전한 자아가 필요하다는 내용이 적합하다.

07 의사소통 문제 정답 ①

정답해설 지문은 세계적인 마이크로크레디트 단체인 방글라데시의 그라민은행의 사례를 인용하여 들어 금융 공공성 실현이 현실화 될 수 있다고 주장하는 내용이다.

오답해설 ② 그라민은행의 융자 프로그램은 금융 공공성 실현을 위한 하나의 사례이다.
③ 자영업의 성공 방법은 지문과 관련이 없다.
④ 사회연대은행은 한국의 사례를 비교한 것이다. 전체적인 제목으로는 적절하지 않다.
⑤ 지문에 나와 있는 내용이지만 이 글의 중심내용은 '금융 공공성 실현의 현실화'이기에 제목으로 적절하지 않다.

08 의사소통 문제 정답 ②

정답해설 A는 경청단계로 고객의 불만 사항을 듣고 수용하는 내용이 들어와야 한다. B는 인용결정의 안내 단계로 고객의 불만이 인용되었는지의 여부를 안내해야 하며 그 이유에 대해 설명을 해야 한다. '그럼 ～에 대해 상세히 말씀해 주시겠습니까?'는 불만을 접수하는 단계에서 사용하는 것이 적절하다.

09 의사소통 문제 정답 ③

정답해설 이 글에 따르면 경제적으로 비효율적인 위치적 군비 경쟁이 일어나는 원인은 개인의 유인과 사회 전체의 유인이 다르다는 데 있다. 그러므로 개인의 유인과 사회 전체의 유인이 가지는 차이가 클수록 위치적 보상이 증가한다는 것은 지문의 내용과 거리가 멀다.

오답해설 ① 그라프와 셀레스의 예를 통해 알 수 있듯이 위치적 외부성은 동일한 목표와 비슷한 수준을 지닌 경쟁자 사이에서 크게 작용한다.
② 사람들은 위치적 외부성이 개입되어 있는 상황에 자신의 위치를 높이고자 하므로, 한 경쟁자가 지출을 늘리면 그와 경쟁 관계에 있는 상대방도 지출을 늘리게 된다.
④ 위치적 외부성으로 인한 경쟁은 결국 실질적으로는 별 효과가 없이 소모적인 지출로 끝나는 경우가 많다는 내용이 언급되어 있다.
⑤ 위치적 외부성이 존재하면 사람들은 성과를 향상시키기 위해 경쟁적으로 투자를 늘린다.

10 의사소통 문제 정답 ②

정답해설 ②의 경우는 가수의 출연이 선수들의 이익에 영향을 준 것으로, 가수와 선수들은 서로 경쟁관계에 놓여 있는 것이 아니기 때문에 위치적 외부성이 작용하고 있다고 볼 수 없다.

정답
및
해설

11 수리 문제 정답 ②

정답해설 집에서 회사까지의 거리 : x
회사에서 학원까지의 거리 : $x + 5$

$$\frac{x}{2} + \frac{x+5}{3} = 5, \ \frac{3x + 2x + 10}{6} = 5$$

$5x + 10 = 30$

$x = 4(\text{km})$

따라서 집에서 학원까지의 거리는 $x + x + 5 = 2x + 5 = 13(\text{km})$

12 수리 문제 정답 ①

정답해설 총 19개의 구슬에서 2개를 꺼내는 경우의 수 : $_{19}C_2 = \frac{19 \times 18}{2 \times 1} = 171(\text{가지})$

빨간 구슬과 흰 구슬이 각각 1개일 경우의 수 : $12 \times 7 = 84$

따라서 동시에 2개의 구슬을 꺼낼 때 빨간 구슬과 흰 구슬이 각각 1개씩 나올 확률은 $\frac{84}{171} = \frac{28}{57}$이다.

13 수리 문제 정답 ②

정답해설 음주인의 대장암 발생률은 $\frac{300}{1,000} \times 100 = 30(\%)$, 비음주인의 대장암 발생률은 $\frac{300}{10,000} \times 100 = 3(\%)$이다.

∴ 비음주인에 비해 음주인의 대장암 발생률은 10배이다.

14 수리 문제 정답 ⑤

정답해설 음주의 대장암 발생 기여율 $= \dfrac{\text{음주인의 대장암 발생률} - \text{비음주인의 대장암 발생률}}{\text{음주인의 대장암 발생률}} \times 100$

이므로 $\frac{30-3}{30} \times 100 = 90(\%)$이다.

15 수리 문제 정답 : ①

정답해설 2023년 세 번째로 높은 노동비용을 지출하고 있는 산업은 통신업 4,899(천 원)이다.

16 수리 문제 정답 ④

정답해설 2023년 사업서비스업의 전년도 대비 증감률은 $\frac{2,750 - 2,501}{2,501} \times 100 ≒ 9.956(\%)$

풀이 Tip 증감률(%) 계산하기

$\dfrac{\text{비교대상} - \text{기준}}{\text{기준}} \times 100$

예 2022년 매출액 대비 2023년의 매출액 증가액을 구해야 할 때,
증감률은 작년 대비 올해의 증감분을 의미하기 때문에 작년 매출액이 기준이 된다.

전년대비 증감율 $= \dfrac{\text{금년매출액} - \text{전년매출액}}{\text{전년매출액}} \times 100$

17 수리 문제
정답 ①

정답해설 $\dfrac{2020년\ 부실채권의\ 규모 - 2019년\ 부실채권의\ 규모}{2019년\ 부실채권의\ 규모} \times 100$이므로

$\dfrac{18.7 - 15.1}{15.1} \times 100 ≒ 23.8411(\%)$

18 수리 문제
정답 ②

정답해설 2023년 국내 은행의 부실채권규모가 9.8(조 원)이고, 전체 채권 중 부실채권의 비율이 1.2%이므로 전체 채권총액을 x라 할 때,

$\dfrac{9.8}{x} \times 100 = 1.2(\%)$이므로 $x ≒ 816.66\cdots$(조 원)

19 수리 문제
정답 ④

정답해설 2022년 3월에 유투브 채널을 운영하지 않은 사업체의 수를 x라 하면
2023년 3월에는 같은 부분에서 4.4% 증가한 것이므로 식을 세워보면
$x + (1 + 0.044) = 2,207(개)$, $1.044x = 2,207(개)$, $x = 2,113.98\cdots$이다.
따라서 2022년 3월에 유투브 채널을 운영하지 않은 사업체의 수는 약 2,114개이다.
2023년 2월에 유투브 채널을 운영한 사업체의 수는 2,322개이므로 2,114 + 2,322 = 4,436

20 수리 문제
정답 ⑤

정답해설 성적순위별 사교육비 및 참여율에 대해 보여주는 그래프로, 제시된 그래프를 보면 성적 상위 10%이내가 하위 20%이내 보다 사교육비를 평균 '31.7(만 원) − 13.6(만 원) = 18.1만 원' 더 지출하였다.
따라서 12만 원의 차이가 난다는 기사와 내용이 맞지 않다.

오답해설 ① 사교육비 규모에 대한 그래프로, 사교육비 총액과 전년 대비 사교육비 증감률을 알 수 있는 자료이다.
② 2007년부터 2010년까지의 사교육 참여율에 대해 보여주는 자료로, 그래프를 통해 사교육 참여율이 점차 줄어드는 것을 알 수 있다.
③ 성별에 따른 사교육비 및 참여율을 보여주는 자료로 2010년 남학생의 경우 사교육비와 사교육 참여율은 모두 2009년에 비해 감소했지만, 여학생의 경우 2009년 대비 2010년 사교육 참여율은 감소한 데 반해 사교육비는 증가했음을 알 수 있다.
④ 가구소득 수준에 따른 사교육비 및 사교육 참여율을 보여주는 자료로, 가구소득이 높을수록 학생 1인당 월평균 사교육비와 사교육 참여율이 대체로 높다는 것을 알 수 있다.

21 문제해결 문제
정답 ③

오답해설 ① 사실 지향의 문제는 일상 업무에서 일어나는 상식, 편견을 타파하여 객관적 사실로부터 사고와 행동을 출발해야 한다.
② 문제해결의 기본요소에는 체계적인 교육훈련, 문제해결 방법에 대한 다양한 지식, 문제 관련 지식에 대한 가용성, 문제해결자의 도전의식과 끈기, 문제에 대한 체계적인 접근이 있다.
④ 가설 지향의 문제는 현상 및 원인분석 전에 지식과 경험을 바탕으로 일의 과정이나 결과, 결론을 가정한 다음 검증 후 사실일 경우 다음 단계의 일을 수행해야 한다.
⑤ 성과 지향의 문제는 기대하는 결과를 명시하고 효과적으로 달성하는 방법을 사전에 구상하고 실행에 옮겨야 한다.

정답
및
해설

22 문제해결 문제 　　　　　　　　　　　　　　　　　　　　　　　　　　　　　　　　정답 ③

정답해설 자사는 현재 높은 기술개발 및 경쟁력을 확보하고 있는 상태이므로, 기술향상을 통한 경쟁력 확보는 해결해야 할 전략 과제로 볼 수 없다.

오답해설 ① 자사의 생산원가가 높은 구조이므로 이를 개선하기 위해 원가 절감을 할 필요가 있다. 따라서 원가 절감을 통한생산 비용 절감은 해결해야 할 전략 과제에 해당한다.
② 러시아 시장의 고객은 20~30대 젊은 층이 중심이므로, 그들을 겨냥한 제품을 확대하는 것이 전략 방안이 될 수 있다.
④ 현재 온라인 구매가 80% 이상을 차지하고 있는데 자사의 온라인 구매시스템이 취약한 상태이다. 따라서 온라인 구매시스템을 보완ㆍ강화하는 전략이 필요하다.
⑤ 자사는 해외 판매망이 취약하므로 해외 판매망 구축을 위한 전략을 강화시키는 것이 러시아 시장 진출에 도움이 될 것이다.

23 문제해결 문제 　　　　　　　　　　　　　　　　　　　　　　　　　　　　　　　　정답 ①

정답해설 두 번째 문장의 대우 명제는 'B를 구매하는 사람은 C를 구매한다.'이므로 'A를 구매 → B를 구매', 'B를 구매 → C를 구매', 'C를 구매 → D를 구매하지 않음'이 성립한다. 따라서 'A를 구매하는 사람은 D를 구매하지 않는다.'가 성립한다.

오답해설 ② A를 구매한 사람은 B와 C는 구매하지만 D는 구매하지 않는다.
③ 두 번째의 문장의 '역'에 해당하므로, 항상 참이라 할 수 없다.
④ B를 구매하는 사람은 C를 구매한다.
⑤ C를 구매하는 사람은 D를 구매하지 않는다.

24 문제해결 문제 　　　　　　　　　　　　　　　　　　　　　　　　　　　　　　　　정답 ②

정답해설 큰어머니와 사촌 동생은 반드시 함께 방문해야 한다. → 사촌 동생과 고모는 반드시 함께 방문해야 한다. → 큰어머니와 고모는 함께 방문할 수 있다.

오답해설 ① 큰어머니와 사촌 동생은 반드시 함께 방문해야 한다. → 사촌 동생과 고모는 반드시 함께 방문해야 한다. → 고모와 형수는 함께 방문할 수 없다. → 큰어머니와 형수는 함께 방문할 수 없다.
③ 고모와 형수는 함께 방문할 수 없다. → 사촌 동생과 고모는 반드시 함께 방문해야 한다. → 형수와 사촌 동생은 함께 방문할 수 없다.
④ 큰어머니와 삼촌은 반드시 함께 방문해야 한다. → 조카와 삼촌은 반드시 함께 방문해야 한다. → 할머니와 조카는 함께 방문할 수 없다. → 큰어머니와 할머니는 함께 방문할 수 없다.
⑤ 큰아버지와 형수는 함께 방문할 수 없다. → 형수와 할아버지는 반드시 함께 방문해야 한다. → 큰아버지와 할아버지는 함께 방문할 수 없다.

25 문제해결 문제 　　　　　　　　　　　　　　　　　　　　　　　　　　　　　　　　정답 ④

정답해설 조건들을 정리해보면 경영지원 부서에 지원하지 않음 → 개발 부서에 지원하지 않음 → 마케팅 부서에 지원하지 않음
'경영지원 부서에 지원하지 않음(p) → 개발 부서에 지원하지 않음(q)' 참이므로 그 대우인
'개발 부서에 지원(~q) → 경영지원 부서에 지원(~p)' 역시 참이 된다.
따라서 A와 B의 말은 모두 옳다.

26　문제해결 문제　　정답 ⑤

정답해설　비판적 사고를 개발·발휘하기 위해 요구되는 태도에는 지적 호기심, 객관성, 개방성, 융통성, 지적 회의성, 지적 정직성, 체계성, 지속성, 결단성, 다른 관점에 대한 존중 등이 있다. 결론에 도달하는데 있어 감정적·주관적 요소를 배제하는 것이 필요하므로, 주관성은 옳지 않은 태도이다.

풀이 Tip　**비판적 사고의 개발 태도**
지적 호기심 : 다양한 질문이나 문제에 대한 해답을 탐색하고 사건의 원인과 설명을 구하기 위하여 왜, 언제, 누가, 어디서, 어떻게, 무엇을 등에 관한 질문을 제기한다.
객관성 : 결론에 도달하는데 있어서 감정적·주관적 요소를 배제하고 경험적 증거나 타당한 논증을 근거로 한다.
개방성 : 다양한 신념들이 진실일 수 있다는 것을 받아들이며, 편견이나 선입견에 의하여 결정을 내리지 않는다.
융통성 : 특정 신념의 지배를 받는 고정성이나 독단적 태도, 경직성을 배격하며, 우리가 모든 해답을 알지는 못한다는 것을 이해하고 신념이나 탐구방법을 변경할 수 있어야 한다.
지적 회의성 : 모든 신념은 의심스러운 것으로 개방하는 것을 말하며, 적절한 결론이 제시되지 않는 한 결론이 참이라고 받아들이지 않는다.
지적 정직성 : 어떤 진술이 우리가 바라는 신념과 대치되는 것이라 할지라도 충분한 증거가 있으면 진실로 받아들인다.
체계성 : 결론에 이르기까지 논리적 일관성을 유지하며, 논의하고 있는 문제의 핵심에서 벗어나지 않도록 한다.
지속성 : 쟁점의 해답을 얻을 때까지 인내심을 갖고 끈질기게 탐색하며, 증거나 논증의 추구를 포기하지 않는다.
결단성 : 증거가 타당할 땐 결론을 맺는다. 모든 필요한 정보가 획득될 때까지 불필요한 논증이나 속단을 피하고 모든 결정을 유보한다.
다른 관점에 대한 존중 : 항상 내가 틀릴 수 있고 내가 거절한 아이디어가 옳을 수 있다는 것을 기꺼이 수용하는 태도이다. 이를 위해 타인의 관점을 경청하고 들은 것에 대하여 정확하게 반응하는 것이 필요하다.

27　문제해결 문제　　정답 ④

정답해설　빨간색은 사원, 노란색은 과장이므로 색상별로 구분해 접근해보면
- 빨간색의 경우
  라운드 셔츠 : 16,000 + 5,000 = 21,000
  줄무늬 티셔츠 : 16,500 + 5,000 = 21,500
  나그랑 티셔츠 : (17,000 + 5000)×3×0.93 = 61,380
  따라서 빨간색 단체티의 총 구매 비용은 21,000 + 21,500 + 61,380 = 103,880(원)이다.
- 노란색의 경우
  줄무늬 티셔츠 : (16,500 + 10,000)×2×0.93 = 49,290
  버튼 티셔츠 : 20,500 + 10,000 = 30,500
  따라서 노란색 단체티의 총 구매 비용은 49,290 + 30,500 = 79,790(원)
  빨간색과 노란색 단체티의 총 구매비용은 103,880 + 79,790 = 183,670(원)이다.

28　문제해결 문제　　정답 ①

정답해설　과장급 이상은 노란색이므로 추가 가격은 10,000원으로 동일하다. 라운드 셔츠는 3명, 줄무늬 티셔츠는 2명, 브이넥 티셔츠는 1명, 버튼 티셔츠는 4명이므로 계산하면
라운드 셔츠 : (10,000 + 16,000)×3×0.93 = 72,540
줄무늬 티셔츠 : (10,000 + 16,500)×2×0.93 = 49,290
브이넥 티셔츠 : 10,000 + 17,500 = 27,500
버튼 티셔츠 : (10,000 + 20,500)×4×0.91 = 111,020
따라서 과장급 이상의 구매 비용은 72,540 + 49,290 + 27,500 + 111,020 = 260,350(원)이다.

정답 및 해설

29 문제해결 문제
정답 ②

정답해설 사원의 단체티 색이 주황색으로 변경되었으므로 추가비용은 7,000원이다.
주황색 라운드 셔츠 : 16,000 + 7,000 = 23,000
주황색 줄무늬 티셔츠 : (16,500 + 7,000)×3 = 70,500
주황색 나그랑 티셔츠 : (17,000 + 7,000)×3×0.93 = 66,960
주황색 브이넥 티셔츠 : (17,500 + 7,000)×2×0.93 = 45,570
주황색 버튼 티셔츠 : 20,500 + 7,000 = 27,500
이를 합산하면 23,000 + 70,500 + 66,960 + 45,570 + 27,500 = 233,530(원)이다.

30 문제해결 문제
정답 ⑤

정답해설 • 보기의 첫 번째 내용에서 모든 국가가 같은 값을 가진다(같은 입장이다)고 했으므로 ㉠은 '1'이 된다.
• 보기의 두 번째 내용에서 요르단과 시리아의 입장이 같으므로, ㉣은 '0'이 된다.
• 보기의 세 번째 내용에서 e, f, h만을 고려하면 모든 국가의 입장이 다르다고 했으므로, 시리아의 ㉤은 '0'이 되어야 위의 국가(요르단)의 입장과 다르게 된다. 또한 이집트의 입장도 아래의 두 국가(팔레스타인, 요르단)의 입장과 모두 다르므로, ㉡은 '1', ㉢은 '0'이 될 수밖에 없다.

31 자원관리 문제
정답 ①

정답해설 광고비는 간접비용에 해당한다. 일반적으로 직접비용은 재료비, 원료와 장비, 시설비, 여행(출장) 및 잡비 인건비로 구성된다.

오답해설 ② 간접비용은 제품 생산에 직접 관련되지 않은 비용을 말하는데, 과제에 따라 매우 다양하며 과제가 수행되는 상황에 따라서도 다양하게 나타날 수 있다.
③ 아무리 예산을 정확하게 수립하였다 하더라도 활동이나 사업을 진행하는 과정에서 계획에 따라 적절히 관리하지 않으면 아무런 효과가 없다. 따라서 좁게는 개인의 생활비나 용돈관리에서부터 크게는 사업, 기업 등의 예산관리가 모두 실행과정에서 적절히 예산을 통제해주는 것이 필수적이라고 할 수 있다.
④ 인건비는 제품 생산 또는 서비스 창출을 위한 업무를 수행하는 사람들에게 지급되는 비용으로, 일반적으로 전체비용 중 가장 큰 비중을 차지한다.
⑤ 예산의 구성요소는 일반적으로 직접비용과 간접비용으로 구분되며, 직접비용은 간접비용에 상대되는 용어로서 제품 생산 또는 서비스 창출을 위해 직접 소비된 것으로 여겨지는 비용을 말한다.

32 자원관리 문제
정답 ④

정답해설 책정비용보다 실제비용이 적을 시에 경쟁력이 손실된다.

**짚고
넘어가기**
책정비용>실제비용 ⇨ 경쟁력 손실
책정비용<실제비용 ⇨ 적자의 발생
책정비용 = 실제비용 ⇨ 이상적 상태

33   자원관리 문제   정답 ④

정답해설 시간계획이란 자체가 중요한 것이 아니라 목표달성을 위해 필요한 것이므로, 유연하게 작성하여야 한다.

오답해설 ① 일 · 행동의 리스트(list)화 : 해당 기간에 예정된 행동을 모두 리스트화한다.
② 시간 프레임(Time Frame) : 적절한 시간 프레임을 설정하고 특정의 일을 하는 데 꼭 필요한 시간만을 계획에 삽입한다.
③ 시간 계획의 조정 : 자기 외의 다른 사람(비서, 부하, 상사)의 시간 계획을 감안하여 계획을 수립한다.
⑤ 권한위양(delegation) : 자기의 사무를 분할하여 일부를 부하에게 위임하고 그 수행 책임을 지우는 것으로, 권한위양
은 조직을 탄력성 있게 운용할 수 있고 조직을 구성하는 사람들의 근로의욕을 높여준다는 등의 효과를 지닌다.

34   자원관리 문제   정답 ③

정답해설 ㉠ 자원의 종류와 양 확인 단계는 업무를 추진하는데 있어서 어떤 자원이, 얼마만큼 필요한지를 파악하는 단계이다. 실
제 업무 수행에서는 자원을 자원의 종류보다 구체적으로 나눌 필요가 있는데, 구체적으로 어떤 활동을 할 것이며, 이
활동에 어느 정도의 시간과 돈, 물적 · 인적 자원이 필요한지를 파악해야 한다.
㉡ 자원 활용 계획 수립은 필요한 자원을 확보한 후 그 자원을 실제 필요한 업무에 할당하여 계획을 세우는 단계로, 여
기에서 중요한 것은 업무나 활동의 우선순위를 고려하는 것이다. 최종적인 목적을 이루는데 가장 핵심이 되는 것에
우선순위를 두고 계획을 세울 필요가 있다. 만약 확보한 자원이 실제 활동 추진에 비해 부족할 경우 우선순위가 높은
것에 중심을 두고 계획하는 것이 바람직하다.

35   자원관리 문제   정답 ①

정답해설 A~E까지 모든 지점을 한 번만 지나는 경로는 다음 세 가지이다.
1. 회사 – A – E – B – C – D – 회사
   (회사 – D – C – B – E – A – 회사)
   120 + 152 + 105 + 120 + 168 + 115 = 780km
2. 회사 – A – D – C – E – B – 회사
   (회사 – B – E – C – D – A – 회사)
   120 + 210 + 168 + 100 + 105 + 240 = 943km
3. 회사 – D – A – E – C – B – 회사
   (회사 – B – C – E – A – D – 회사)
   115 + 210 + 152 + 100 + 120 + 240 = 937km
따라서 윤시원 차장이 최단 거리로 간다면 780km를 이동할 것이다.

36   자원관리 문제   정답 ①

정답해설 앞에서 구한 최단거리는 '회사 – A – E – B – C – D – 회사'이고, 고속도로와 국도를 나눠 계산해보면
1. 국도인 경우
   회사 – A, A – E, E – B, D – 회사
   120 + 152 + 105 + 115 = 492(km)
   연비가 12km/L이므로 주유해야 하는 양은 492÷12 = 41L
2. 고속도로인 경우
   B – C, C – D
   120 + 168 = 288(km)
   연비가 20km/L이므로 주유해야 하는 양은 288÷20 = 14.4L
따라서 최단 거리로 이동한 경우 총 41 + 14.4 = 55.4(L)의 기름이 필요하고, 1L에 1,800원이므로 주유비는 55.4×
1,800 = 99,720원이다.

정답
및
해설

37　자기개발 문제　　　　　　　　　　　　　　　　　　　　　　　　　　　정답 ⑤

오답해설　① 경력중기 단계는 그동안 성취한 것을 재평가하고 생산성을 유지하는 단계이다.
　　　　　② 조직입사 단계는 자신이 선택한 일자리를 얻고 직무를 선택하는 과정이다.
　　　　　③ 경력말기 단계에서는 조직의 생산적인 기여자로 남고 자신의 가치를 지속적으로 유지하기 위하여 노력하며, 동시에 퇴직을 고려하게 되는 단계이다. 경력말기로 갈수록 경력중기에 경험했던 새로운 환경 변화에 대처하는데 더 어려움을 겪게 되며, 퇴직에 대한 개인적인 고민과 함께 조직의 압력을 받기도 한다.
　　　　　④ 직업선택 단계에서는 자신의 장단점과 적성 등에 대한 탐색과 원하는 직업에 대한 탐색이 동시에 이루어진다.

38　자기개발 문제　　　　　　　　　　　　　　　　　　　　　　　　　　　정답 ③

정답해설　주어진 예시는 자기개발의 구성 중 자기관리에 대한 과정이다. 자기관리란 자신을 이해하고 목표를 성취하기 위하여 자신의 행동 및 업무수행을 관리하고 조정하는 것이다. 자기관리는 '비전 및 목표 수립 → 과제 발견 → 수행 및 피드백'의 과정으로 이루어진다.

39　자기개발 문제　　　　　　　　　　　　　　　　　　　　　　　　　　　정답 ⑤

정답해설　⑤는 타인이 바라보는 나의 모습에 대한 질문이다. 이는 커뮤니케이션에서의 인식에 활용된다. 따라서 '내가 아는 나를 확인'하는 질문으로는 적절하지 않다.

40　자기개발 문제　　　　　　　　　　　　　　　　　　　　　　　　　　　정답 ⑤

정답해설　자기인식 관련 워크숍에 참여하는 것은 자기 탐색의 방법이다. ⑤를 제외한 나머지는 모두 환경 탐색 방법에 대해 설명하고 있는 예시문들이다.

41　자기개발 문제　　　　　　　　　　　　　　　　　　　　　　　　　　　정답 ④

정답해설　④번은 자아인식 활동이고 나머지는 모두 경력개발 활동이다. 주변 지인들에게 '평소 나에 대해 어떻게 생각하느냐'고 묻는 행위는 내가 모르는 또 다른 나를 발견하기 위한 과정이다.

42　자기개발 문제　　　　　　　　　　　　　　　　　　　　　　　　　　　정답 ⑤

정답해설　수행해야 될 업무는 우선순위에 따라 구분하는데, 그 우선순위는 일반적으로 가장 중요하고 긴급한 일일수록 높다. 영수증 관리 대장 용지는 13일인 금요일까지 완료해야 하므로 영수증 관리 대장 용지 인쇄부터 먼저 진행하여야 한다.

오답해설　① 회사창립기념일은 중요도가 높지만 날짜가 아직 많이 남았기에 긴급성 측면에서 우선순위가 뒤처진다고 할 수 있다.
　　　　　② 체육대회가 이번 주 토요일이므로 불참자 확인을 늦어도 내일 13일 금요일까지는 완료해야 한다.
　　　　　③ 경영지원팀의 미팅은 다음 주 수요일이므로 18일이다. 따라서 다음 주 화요일인 17일까지는 가능한 장소를 선정하여야 한다.
　　　　　④ 신입사원 면접 대상자에게 수요일에 유선 상으로 통보하고 관련 준비 사항을 점검한다는 것은 오늘이 목요일이므로 다음주 수요일을 뜻한다. 따라서 다음주 금요일에 유선 상으로 통보하면 늦는다.

43 자기개발 문제
정답 ③

정답해설 업무성과 향상을 위해서는 비슷한 업무를 묶어서 한꺼번에 처리하는 것이 효율적이다. 이러한 방식은 같은 일을 반복하지 않게 하여 시간을 감축할 수 있고 경로를 단축시킬 수 있다.

오답해설 ① 다른 사람이 일하는 방식과 다른 방식으로 생각하다 보면 다른 사람들이 발견하지 못한 더 좋은 해결책을 발견하는 경우가 있으며, 창의적인 방법을 발견할 수도 있어 업무의 성과도 높일 수 있다.
② 자기자본이익률(ROE)이란 경영자가 주주의 자본을 사용해 어느 정도 이익을 올리고 있는가를 나타내는 지표인데, 개인의 업무수행에서도 자기자본이익률을 향상하기 위해 생활을 전략적으로 기획하고, 정해진 시간 내에 목표를 달성하기 위하여 어떻게 하는 것이 가장 효과적인지를 고려함으로써 업무수행의 효율성을 높일 수 있다. 자기자본이익률은 최근 회사의 전략기획의 목적이 되며, 기업의 당기순이익을 자기자본으로 나누어 산출한다.
④ 직장에서 가장 일을 잘한다고 평가받는 사람을 찾아 역할 모델로 설정하고, 그가 어떠한 방식으로 일을 하는지주의 깊게 살펴보고 따라해 봄으로써 자신의 업무수행 성과를 향상시킬 수 있다.
⑤ 성찰은 창의적인 사고 능력 개발의 기회를 제공하며, 현재의 부족한 부분을 파악하여 보완할 수 있는 기회를 제공하고 미래의 목표에 따라 실수를 미연에 방지하도록 해준다. 따라서 성찰을 통해 지속적인 연습을 함으로써 업무의 성과를 높일 수 있다.

44 대인관계 문제
정답 ⑤

정답해설 올바른 순서는 다음과 같다.
ⓔ 1단계 : 명확하고 간명한 목표와 우선순위를 설정하라.
ⓒ 2단계 : 행동과 수행을 관찰하라.
ⓑ 3단계 : 즉각적인 피드백을 제공하라.
ⓐ 4단계 : 뛰어난 수행에 대해 인정해줘라.

45 대인관계 문제
정답 ③

정답해설 격동기는 팀원들이 가제를 수행하기 위해 체계를 갖추게 되면서 필연적으로 마찰이 일어나며 리더십, 구조, 권한, 권위에 대한 문제 전반에 걸쳐서 경쟁심과 적대감이 나타난다. 해당 글은 격동기를 표현하고 있다고 할 수 있다.

46 대인관계 문제
정답 ④

정답해설 업무가 과중해 아예 기한을 놓치는 것은 어려운 환경에도 문제를 제기하지 않고 어떠한 지시에도 순종한다는 것이 과연 바람직한 태도인가를 생각해봐야 한다. 팀원이 부족하여 업무가 과중한 경우 팀원을 보충해 더 나은 근무환경에서 좋은 업무성과를 내는 것이 더 좋을 수 있다. 또한, 팀장이 내리는 지시에 모두 순종하는 것도 조직 발전에 큰 도움이 되지 않는다. 이 보다는 개선할 내용이나 더 나은 의견을 수시로 건의해 조직이 성장해 나갈 수 있도록 하는 것이 더욱 바람직하다. 따라서 D는 우수 신입사원 추천 후보로 채택하기에 적절하지 않다.

오답해설 ① A는 시간 약속을 어기지 않고 20분씩 일찍 와서 미팅 자료를 출력하여 배분하는 적극적인 모습을 보였으므로 우수 사원의 자격이 된다.
② B는 프로젝트를 진행하면서 생기는 여러 잡일들을 미루지 않는 실무적 태도와 팀워크를 위해 협조하며 감정적으로 행동하지 않고 소통을 위해 움직이는 태도를 보였으므로 우수 사원의 자격에 맞다.
③ C의 경우 주도적으로 팀의 프로젝트에 참가하는 모습을 보였기 때문에 우수사원의 자격이 된다.
⑤ 오르지 못한 실적의 원인에는 부족한 담당 사원의 역량만이 아니라 여러 대 · 내외적 요인이 작용하기에 우수사원 후보로 채택되기 어려운 이유는 되지 않는다.

정답
및
해설

47 대인관계 문제

정답 ①

정답해설 제시된 내용은 커뮤니케이션이 원활할 때와 차단·단절될 때 협상 진행이나 결과가 어떻게 달라질 수 있는가를 보여주는 것으로, 이는 의사소통 차원에서 본 협상의 의미와 관련된다. 의사소통 차원에서 볼 때 협상이란, 이해당사자들이 자신들의 욕구를 충족시키기 위해 상대방으로부터 최선의 것을 얻어내기 위해 상대방을 설득하는 커뮤니케이션 과정이다. 즉, 협상은 자신이 얻고자 하는 것 때문에 다른 사람들 또는 집단들과 갈등상태에 있을 때 그들을 설득하여 자신이 원하는 것을 쟁취하기 위한 일련의 커뮤니케이션 과정이라고 할 수 있다. 일반적으로 협상(negotiation)이란 갈등상태에 있는 이해당사자들이 대화와 논쟁을 통해서 서로를 설득하여 문제를 해결하려는 정보전달과정이자 의사결정과정이라고 정의된다.

오답해설 ② 제시된 내용은 시기질투의 차원에서의 협상을 얘기하는 것이 아니다. 감정적인 협상을 시도할 시에는 문제의 본질이 흐려질 수 있으며 원하는 것을 얻기가 힘들어질 수 있다.

③ 지식과 노력 차원에서의 협상은, 우리가 얻고자 하는 것을 가진 사람의 호의를 얻어내기 위한 것에 관한 지식이며 노력의 분야라 할 수 있다. 즉, 승진과 돈, 안전, 자유, 사랑, 지위, 정의 등 우리가 얻고자 원하는 것을 어떻게 다른 사람들보다 더 우월한 지위를 점유하면서 얻을 수 있을 것인가 등에 관련된 지식이며, 노력의 장이라고 할 수 있다.

④ 의사결정 차원에서의 협상은, 둘 이상의 이해당사자들이 여러 대안들 가운데서 이해당사자들 모두가 수용 가능한 대안을 찾기 위한 의사결정 과정이라 할 수 있다. 이는 공통적인 이익을 추구하나 서로 입장의 충돌 때문에 이해당사자들 모두에게 수용 가능한 이익의 조합을 찾으려는 개인, 조직 또는 국가의 상호작용 과정이라고 볼 수 있다.

⑤ 참여자들의 공통적인 의사결정을 필요로 하는 교섭 차원에서 볼 때, 협상이란 선호가 서로 다른 협상 당사자들이 합의에 도달하기 위해 공동으로 의사 결정하는 과정이라 할 수 있다. 이는 둘 이상의 당사자가 갈등상태에 있는 쟁점에 대해서 합의를 찾기 위한 과정이라고 정의될 수 있다.

48 대인관계 문제

정답 ④

정답해설 충실한 사전 준비 → 긍정적인 접근 방식 가지고 논의할 것을 사전 약속하기 → 본격적인 논의 전 두 사람의 입장을 명확히 정리하기 → 윈 - 윈(win - win)에 기초한 입장과 기준에 상호 동의하기 → 해결책 제시 및 조합하기 → 평가 및 해결책 선택하기

49 대인관계 문제

정답 ④

정답해설 '상대방에 대해서 너무 많은 염려를 하는 것'은 '협상 상대가 협상에 대하여 책임을 질 수 있고 타결권한을 가지고 있는 사람인지 확인하고 협상을 시작한다. 상급자나 최고책임자는 협상의 세부사항을 잘 모르기 때문에 올바른 상대가 아니다.'가 아니라 '상대방이 원하는 것을 얻을까 너무 염려하지 말고, 협상을 타결 짓기 전에 자신과 상대방이 각기 만족할 만한 결과를 얻었는지, 협상 결과가 현실적으로 효력이 있었는지를 확인한다.'의 설명이 올바르다.

50 대인관계 문제

정답 ③

정답해설 See - Feel - Change 전략이란 협상자가 상대방에게 협상 의제와 문제를 시각화하여 직접 보게 하고, 스스로가 느끼게 함으로써 변화시켜 설득에 성공하는 전략을 말한다.

오답해설 ① 반항심 극복 전략은 자신의 행동을 통제·억압하면 할수록 더욱 반항하게 될 가능성이 높아지므로, 이를 피함으로써 협상을 용이하게 하는 전략이다.

② 권위전략은 직위나 전문성, 외모 등을 이용하여 협상을 용이하게 하는 전략이다.

④ 호혜관계 형성 전략은 혜택이나 도움을 주고받은 호혜관계 형성을 통해 협상을 용이하게 하는 전략이다.

⑤ 사회적 입증 전략은 과학적인 논리보다도 동료나 사람들의 행동에 의해서 상대방 설득을 진행하는 전략이다.

51 대인관계 문제 정답 ③

정답해설 일관성 전략은 협상당사자 간에 기대하는 바에 일관성 있게 헌신적으로 부응하여 행동함으로써 협상을 용이하게 하는 전략이다.

오답해설 ① 연결전략은 갈등 문제와 갈등관리자를 연결시키는 것이 아니라, 갈등을 야기한 사람과 관리자를 연결시킴으로서 협상을 용이하게 하는 전략이다.
② 사회적 입증 전략은 과학적인 논리보다도 동료나 사람들의 행동에 의해서 상대방 설득을 진행하는 전략이다.
④ 희소성 해결 전략은 인적·물적 자원 등의 희소성을 해결함으로써 협상과정 상의 갈등해결을 용이하게 하는 전략이다.
⑤ 호혜관계 형성 전략은 혜택이나 도움을 주고받은 호혜관계 형성을 통해 협상을 용이하게 하는 전략이다.

52 정보 문제 정답 ④

정답해설 Ctrl + F3는 이름 관리자 항목을 여는 단축키이다. 창 이동 단축키는 Ctrl + F7이다.

53 정보 문제 정답 ④

정답해설 조건식 D1>E4에서 D1 = 65, E4 = 2100이므로 거짓이다.
따라서 거짓일 때의 값인 45가 나온다. 답은 450이다.

54 정보 문제 정답 ④

정답해설 HLOOKUP(찾는값, 찾을범위, 행번호)이다.
[A2 : C7] 범위에서 "1분기실적"을 찾아 해당 열의 3번째 행을 검색한다.
따라서 답은 1530이다.

55 정보 문제 정답 ③

정답해설 = IF(A1<B1, …)에서 조건식 A1<B1이 A1 = 25, B1 = 350이므로 참이다.
따라서 참일 때의 값(수식)인 IF(B1<C1, "A", "B") 를 실행한다.
B1<C1은 B1 = 35, C1 = 450이므로 참이다. 따라서 결과값은 "A", 즉 A0이다.

56 정보 문제 정답 ①

정답해설 DMIN(범위, 계산필드, 조건) : 조건에 가장 작은 값 계산
A1 : C6 범위에서 몸무게가 가장 적게 나가는 키를 계산하는 문제이다. 즉 몸무게가 60 이상인 사람 중에 가장 작은 키를 계산한다.

57 정보 문제 정답 ③

정답해설 조건을 만족하는 합계 구하기
• {= SUM((조건범위 = 조건)*계산범위)}
• {= SUM(IF(조건,계산범위,0))}
• 조건 제품번호의 첫 글자이므로 LEFT 함수를 활용한다.
• LEFT(A2 : A6,1) = "S"
• {= SUM((LEFT(A2 : A6,1) = "S")*B2 : B6)}
※ { }는 ctrl + shift + enter 키를 누르라는 뜻이다.

정답
및
해설

58 정보 문제 정답 ③

정답해설 주어진 시리얼 넘버를 해석해보면
Y010722 : 2022년 1월 7일 생산
Q02 : 경기 02공장에서 생산
H0341 : 따뜻한 밀크티
L011040 : 11,040번째 생산
따라서 시리얼 넘버를 잘못 추론한 것은 ③이다.

59 정보 문제 정답 ⑤

정답해설 구입한 음료의 목록들의 제조 연도를 확인해보면 9월에 열리는 하계미팅을 기준으로 3개월 이내인 7월~9월에 모두 제조한 제품들이다.

오답해설 ① 구입한 음료들은 모두 2022년에 생산된 제품이다.
② 2022년 09월 1일에 생산된 음료가 2개 있다.
③ 구입한 음료들은 모두 P로 시작하므로 서울공장에서 생산된 제품이다.
④ 찬 음료는 6잔, 따뜻한 음료는 4잔이다.

60 조직이해 문제 정답 ②

정답해설 지문은 비공식적인 집단인 비공식적 학습공동체에 대한 내용이다.
- 공식적인 집단 : 조직의 공식적인 목표를 추구하기 위해 조직에서 의식적으로 만든 집단으로 상설 혹은 임시위원회, 임무수행을 위한 작업팀 등이 속한다.
- 비공식적인 집단 : 조직구성원들의 요구에 자발적으로 만들어진 집단으로 스터디모임, 봉사활동 동아리, 친목회 등이 있다.
- 지식인 집단 : 지식인 집단이라 지칭할 수 있는 범위는 광범위할뿐더러, 지식인끼리 모여 있는 지식인 집단은 해당 글에 적절하지 않다.

61 조직이해 문제 정답 ④

정답해설 국가적으로 운영·관리하던 공기업의 민영화 추세가 옳은 설명이다.

62 조직이해 문제 정답 ④

정답해설 ④는 아시아인프라투자은행인 AIIB에 대한 설명이다.
RCEP는 역내포괄적경제동반자협정이다. 중국이 주도하는 다자간 자유무역협정으로 동남아시아국가연합 10개국과 한국, 중국, 일본, 호주 등이 참여한다.

63 조직이해 문제 정답 ④

정답해설 결재권자가 휴가나 출장 등으로 상당 기간 부재중일 때나 긴급한 문서를 결재권자의 사정에 의해 받을 수 없는 경우에는 대결이 이루어진다. 따라서 ④의 경우 이 대리가 대결 서명을 해야 한다. 전결을 대결하는 경우는 전결권자의 란에는 '전결'이라고 쓰고 대결하는 자의 란에 '대결'의 표시를 하고 서명해야 한다. 한편, 전결은 조직 내에서 기관장이 그 권한에 해당하는 사무의 일부를 일정한 자에게 위임하고, 그 위임을 받은 자가 위임 사항에 관하여 기관장을 대신해 결재하는 제도를 말한다.

64 조직이해 문제   정답 ⑤

정답해설 조직의 업무 배정은 효과적인 목적 달성과 원활한 처리 구조를 위한 것으로, 이는 조직을 세로로 분할하는 것을 말한다.
조직을 가로로 분할하는 것은 직급이나 계층의 구분과 관련이 있다.

오답해설 ① 조직의 업무는 조직 전체의 목적을 달성하기 위해 배분되는 것으로, 목적 달성을 위해 효과적으로 분배되고 원활하게
처리되는 구조가 되어야 한다.
② 업무를 실제로 배정할 때에는 일의 동일성이나 유사성, 일의 관련성에 따라 이루어진다. 일의 동일성이나 유사성이란
일의 성격이 완전히 같거나 비슷할 때, 그것을 하나의 그룹으로 묶어 동일한 부문에 배정하는 것을 말한다. 일의 관련
성의 경우 일의 상호관련성에 따라 구분하기도 한다.
③ 직위는 조직의 각 구성원들에게 수행해야 할 일정 업무가 할당되고 그 업무를 수행하는데 필요한 권한과 책임이 부
여된 조직상의 위치이다. 즉, 직위는 조직의 업무체계 중에서 하나의 업무가 차지하는 위치를 말하며, 직업인이 조직
내에서 책임을 수행하고 권한을 행사하는 기반이 된다.
④ 조직의 규모가 커지게 되면 한 명의 경영자가 조직의 모든 경영활동을 수행하는데 한계가 있으므로, 수직적 체계에
따라 최고경영자와 중간경영자, 하부경영자로 구분되게 된다.

65 조직이해 문제   정답 ③

정답해설 지문은 신기술의 도입으로 인한 변화에 대한 내용이기 때문에 기술로 인한 조직변화의 유형에 속한다.
기술 : 새로운 기술이 도입되는 것으로 신기술이 발명되었을 때나 생산성을 높이기 위해 이루어지는 방법이다.

오답해설 ① 제품과 서비스 : 기존 제품이나 서비스의 문제점을 인식하고 고객의 요구를 받아들이는 방법으로 고객을 늘리거나
시장을 확대할 때의 사용하는 방법이다.
② 전략과 구조 : 조직의 목적을 달성하고 효율성을 높이기 위해서 조직의 경영과 관계된 조직구조, 경영방식, 시스템
등을 개선하는 방법이다.
④ 문화 : 구성원들의 사고방식이나 가치체계를 변화시키는 것으로 조직의 목적과 일치시키기 위한 방법이다.
⑤ 규칙 및 규정 : 조직의 목표나 전략에 따라 수립, 조직 구성원들의 활동 범위를 제약하고 일관성을 부여한다. 이는 조
직변화의 유형이 아니라 조직체제의 구성요소이다.

66 조직이해 문제   정답 ④

정답해설 조직변화 실행에는 조직변화가 수립되고 실제 일어난 변화의 모습이 해당된다.
조직변화의 과정은 환경인지 변화 → 조직변화 방향 수립 → 조직 변화 실행 → 변화 결과 평가 순으로 이루어진다.
지문의 경우는 신기술이 발명되어 환경이 변화되었고, 신기술을 도입하는 황부장의 방향 수립 단계를 거쳐 동종업계
1위 자리를 고수하는 결과를 받았다. 조직변화의 실행이나 신기술 예산결과 제시에 대한 내용은 지문에서 찾을 수 없다.

67 직업윤리 문제   정답 ③

정답해설 근면에는 외부로부터 강요당한 근면과 스스로 자진해서 하는 근면의 두 가지가 있는데, ③은 외부로부터 강요당한 근면
에 해당하며, 나머지는 모두 자진해서 하는 근면에 해당한다. 외부로부터 강요당한 근면은 가난한 시절에 삶을 유지하기
위해 오랜 시간 동안 열악한 노동 조건하에서 기계적으로 일을 하던 것에서부터 샐러리맨들의 잔업이나 야근까지를 예
로 들 수 있다. 이러한 근면은 외부로부터의 압력이 사라져버리면 아무것도 남지 않게 되는 문제가 있다. 이에 비해 일을
자진해서 하는 근면은 자신의 것을 창조하고 조금씩 자신을 발전시켜 나가며, 시간의 흐름에 따라 자아를 확립시켜 가
게 되는 근면이라 할 수 있다.

68 직업윤리 문제

정답 ④

정답해설 전화예절은 직접 대면하는 것보다 신속하고, 경제적으로 용건을 마칠 수 있는 장점이 있으나 서로의 얼굴을 대면하지 않고 이야기를 하기 때문에 상대편의 표정과 동작, 태도를 알 수가 없어 오해의 소지가 있으므로 더욱 중요하게 인식해야 한다. 제시된 내용에서는 인사를 한 후에 소속과 이름을 밝혀야 하는데 발신자가 누구인지를 밝히지 않았다.

오답해설 ① 용건을 제대로 전달하였다.
② 음성 메시지를 남긴 것이기 때문에 통화가 아니다.
③ '감사합니다'로 끝맺음 인사를 대신하였다.
⑤ 호감이 갈 수 없는 단어를 쓰지 않았다.

69 직업윤리 문제

정답 ③

정답해설 올바른 휴대전화 예절은 사무 업무 중에서는 벨소리를 최대한 진동으로 하고 공공장소에서는 조용히 통화하는 것을 말한다.

오답해설 ㉠ 공공장소나 대중교통 수단을 이용할 때 휴대폰 사용을 할 수도 있으나, 업무 중에 함께 동료가 있다면 지나친 사용은 자제하는 것이 좋다.
㉡ 법인 통화를 사용하는데 해외 통화 등 과금의 요소가 크다면 일단 상사와 사전 협의를 하고 사용해야 한다.
㉣ SNS 마케팅 등 업무에 관련된 분야가 아닐 시엔 개인적 SNS 사용은 자제해야만 한다.

70 직업윤리 문제

정답 ③

정답해설 님비란 Not In My Backyard를 줄인 말인데, 말 그대로 내 뒷마당에서는 안 된다는 뜻이다. 즉, 장애인 시설이나 쓰레기 처리장, 화장장, 교도소와 같이 지역 주민들이 싫어할 시설이나 땅값이 떨어질 우려가 있는 시설들이 자신들의 주거 지역에 들어서는 것을 반대하는 현상이다. 이와 같은 행동이 계속될 경우 공공질서와 국가 체계는 유지되기 어렵다.

오답해설 ① 핌피 현상의 핌피란 Please In My Front Yard의 약자로 수익성 있는 사업은 내 지방에 유치하겠다는 것으로 또 다른 지역 이기주의 현상을 말한다.
② 힘들고(Difficult), 더럽고(Dirty), 위험한(Dangerous)일은 하지 않으려고 하는 현상을 말한다. 노동력은 풍부하지만 생산 인력은 부족해져, 실업자의 증가와 외국 노동자들의 불법취업이라는 새로운 사회문제까지 대두하게 만든 현상이다.
④ NIMT 현상은 Not In My Term의 약자로 '내 임기 동안은 책임질 일을 하지 않는다'라는 현상의 약자이다. 국가적 차원에서 아무리 유익한 사업 계획일 지라도 자기를 선출한 선거구의 주민들이 싫어하는 일은 하지 않으려는 지방자치단체장들의 이기적 태도의 풍조를 비꼬아 표현한 말이다.
⑤ 눔프 현상이란 Not Out Of My Pocket의 약자로 '내 주머니에서 돈 나가는 것은 반대 한다'라는 뜻이다. 정부가 복지를 확대하는 것은 찬성하지만, 그 복지에 쓰일 돈이 내 주머니에서는 절대 나가서는 안 된다는 의미의 용어이다.

71 직업윤리 문제

정답 ④

정답해설 ④는 기업이 사회적 책임을 준수하는 것이 아니라 지식 기반 경제 속에서 어떻게 하면 효율적이고 성공적으로 기업을 경영할 수 있는지에 대한 방안이라 볼 수 있다.

72 직업윤리 문제

정답 ③

정답해설 경영 윤리를 지키기 위해선 인사를 움직이는 데에 있어서 사사로운 정이나 관계에 이끌리지 말고 객관적 공정을 기해야 한다. 정실인사는 기업을 무너트릴 수 있다.

오답해설 ① 기업의 사회적 입지와 이익을 위하여 노동자에게 과도하게 업무 과중을 감수하게 하는 일은 경영윤리에 반하는 일이다.

② 회사의 산업에 의해 발생하는 사람이나 생물이 입게 되는 여러 가지 피해는 사회적 비용이 된다. 이에 대한 책임을 지는 것이 경영윤리이다.

④ 기업의 이익을 위하여 품질을 실제와 맞지 않게 표시하거나 갑이 을에게 하는 강매(强賣) 등의 불공정 거래는 국가 전체에게 악영향을 미치게 된다.

⑤ 분식결산이란 기업이 부당한 방법으로 자산과 이익을 부풀려 계산하는 회계를 말한다. 이를 바탕으로 작성된 재무제표는 투자자들을 비롯한 이해관계자들을 속여 이성적이고 합리적인 의사결정을 할 수 없게끔 만든다.

73 직업윤리 문제 정답 ④

정답해설 정해진 시간 내에 일감을 따서 끝내야 하는 직종의 업무 특성 상, 업무 수행 능력이 부족하여 맡은 일을 다 끝내지 못할 시, 단순히 근무 시간 외에 지시한 것만으로는 직장 내 괴롭힘으로 보기 어렵다.

74 기술 문제 정답 ④

정답해설 기술이 단시간에 진보하거나 변화하는 것은 좋지 않다. 기술을 적응하는 동안 신기술이 등장한다면 배우던 기술의 가치가 떨어지기 때문에 수명 주기를 항상 고려해야 한다.

75 기술 문제 정답 ③

정답해설 미국과학재단과 상무부가 작성한 〈인간 활동의 향상을 위한 융합기술(Converging Technologies for Improving Human Performance)〉라는 보고서에서 제시한 4대 핵심기술(NBIC)은 나노기술(NT), 정보기술(IT), 생명공학기술(BT), 인지과학(Cognitive science)이다. 우주항공기술은 여기에 포함되지 않는다.

짚고 넘어가기

4대 핵심 기술의 융합

- 제조·건설·교통·의학·과학기술 연구에서 사용되는 새로운 범주의 물질, 장치, 시스템 : 이를 위해서는 나노기술이 무엇보다 중요하며, 정보기술 역시 그 역할이 막중하다. 미래의 산업은 생물학적 과정을 활용하여 신소재를 생산하므로, 재료과학 연구가 수학, 물리학, 화학, 생물학에서 핵심이 된다.
- 나노 규모의 부품과 공정의 시스템을 가진 물질 중에서 가장 복잡한 생물 세포 : 나노기술, 생명공학기술, 정보기술의 융합연구가 중요하다. 정보기술 중에서 가상현실(VR)과 증강현실(AR) 기법은 세포 연구에 큰 도움이 된다.
- 유비쿼터스 및 글로벌 네트워크 요소를 통합하는 컴퓨터 및 통신시스템의 기본 원리 : 나노 기술이 컴퓨터 하드웨어의 신속한 향상을 위해 필요하다. 인지과학은 인간에게 가장 효과적으로 정보를 제시하는 방법을 제공한다.
- 사람의 뇌와 마음의 구조와 기능 : 생명공학기술, 나노기술, 정보기술과 인지과학이 뇌와 마음의 연구에 새로운 기법을 제공한다. NBIC 융합기술의 상호관계는 "인지과학자가 생각한다면, 나노기술자가 조립하고, 생명공학기술자가 실현하며, 정보기술자가 조정 및 관리한다."로 표현하기도 한다.

76 기술 문제 정답 ⑤

정답해설 지문은 지속가능한 기술에 대한 사례이다. 새로운 자원 발견을 고려한 기술은 이에 해당되지 않는다.

정답
및
해설

77 기술 문제 정답 ③

정답해설 실용신안권은 기술적 창작 수준이 소발명 정도인 실용적인 창작(고안)을 보호하기 위한 제도로서, 보호 대상은 특허제도와 다소 다르나 전체적으로 특허제도와 유사하다. 실용신안은 발명처럼 고도하지 않은 것으로, 물품의 형상, 구조 및 조합이 대상이 된다. 실용신안권은 등록일로부터 출원 후 10년이다.

오답해설 ① 특허권은 발명한 사람이 자기가 발명한 기술을 독점적으로 사용할 수 있는 권리를 말하는데, 벨이 전기 · 전자를 응용하여 처음으로 전화기를 생각해 낸 것과 같은 대발명의 권리를 확보하는 것을 특허라 할 수 있다. 특허의 요건으로는 발명이 성립되어야 하고, 산업상 이용 가능해야 하며, 새로운 것으로 진보적인 발명이라야 하며, 법적으로 특허를 받을 수 없는 사유에 해당되지 않아야 한다.
② 상표는 제조회사가 자사제품의 신용을 유지하기 위해 제품이나 포장 등에 표시하는 표장으로서의 상호나 마크를 말한다. 현대 사회는 우수한 상표의 선택 · 관리가 광고보다 큰 효과를 나타낼 수 있으므로, 상표는 기업의 꽃이라고도 한다. 상표의 배타적 권리보장 기간은 등록 후 10년이다.
④ 산업재산권법에서 말하는 의장이란 심미성을 가진 고안으로서, 물품의 외관에 미적인 감각을 느낄 수 있게 하는 것을 말한다. 의장은 물품 자체에 표현되는 것으로 물품을 떠나서는 존재할 수 없으므로, 물품이 다르면 동일한 형상의 디자인이라 하더라도 별개의 의장이 된다. 의장의 보호기간은 설정등록일로부터 15년이다.
⑤ 서비스표권은 학원, 식당 등 서비스 업종을 나타내는 표시를 대상으로 한다. 상표권과 서비스표권은 경신등록에 의하여 영구적으로 사용 가능하며, 경신등록은 등록일로부터 10년마다 해야 한다.

78 기술 문제 정답 ③

정답해설 A사와 B씨가 한 것은 모두 벤치마킹의 사례에 해당한다. 벤치마킹은 특정 분야에서 뛰어난 업체나 상품, 기술, 경영 방식 능을 배워 압법석으로 능봉하는 것늘 말한다. 이는 단순한 모방과는 달리 우수한 기업이나 성공한 상품, 기술, 경영방식 등의 장점을 충분히 배우고 익힌 후 자사의 환경에 맞추어 재창조하는 것이다.

79 기술 문제 정답 ③

정답해설 카오(J. Kao)의 법칙은 창조성은 네트워크에 접속되어 있는 다양성에 지수함수로 비례한다는 법칙으로, 다양한 사고를 가진 사람이 네트워크로 연결되면 그만큼 정보교환이 활발해져 창조성이 증가한다는 내용의 이론이다. 법칙경영 컨설턴트 존 카오(John Kao)가 주장하였다.

오답해설 ① 메트칼피(R. Metcalfe)의 법칙은 네트워크의 가치는 사용자 수의 제곱에 비례하지만 비용의 증가율은 일정하다는 것으로, 근거리 통신망 이더넷(ethernet)의 창시자 로버트 메트칼피(Robert Metcalfe)에 의해 주장된 이론이다. 이는 많은 사람이 연결되도록 네트워크를 형성하는 것이 중요하다는 것으로, 네트워크에 기반한 경제활동을 하는 사람들이 특히 주목해야 할 법칙이라 할 수 있다.
② 코어스(Coase's Law)의 법칙은 거래비용 감소에 따라 기업 내의 조직의 복잡성과 기업의 수는 감소한다는 법칙을 말한다.
④ 무어(G. Moore)의 법칙은 컴퓨터의 반도체 성능(마이크로프로세서의 트랜지스터 수)이 18개월마다 2배씩 증가하고 비용(cost)은 유지된다는 법칙으로, 인텔의 설립자 고든 무어(Gordon Moore)가 처음으로 주장한 이론이다.

80 기술 문제 정답 ②

정답해설 ㉮ 원천기술창조형 : 미래유망 파이오니사업(교과부), 신기술 융합형 원천기술개발사업(교과부) 등
㉯ 신산업창출형 : 휴머노이드 로봇(지경부), u − 실버융합(지경부 · 복지부) 등
㉰ 산업고도화형 : 미래형 자동차(지경부), 유비쿼터스 − 시티(국토부) 등

제3회 NCS 피셋형 모의고사

빠른
정답찾기

본문 90p

01 의사소통	02 의사소통	03 의사소통	04 의사소통	05 의사소통	06 의사소통	07 수리	08 수리	09 수리	10 수리
②	⑤	②	②	①	④	①	④	④	③

11 수리	12 수리	13 수리	14 수리	15 수리	16 문제해결	17 문제해결	18 문제해결	19 문제해결	20 문제해결
①	②	⑤	④	①	①	②	③	④	①

21 문제해결	22 문제해결	23 문제해결	24 문제해결	25 문제해결
③	①	⑤	②	②

취약영역 체크표   ※ 틀린 답을 체크하고 자신이 취약한 영역이 무엇인지 파악해보세요.

유형	맞춘 개수	틀린 문제
의사소통	/6	
수리	/9	
문제해결	/10	

---

01   의사소통 문제   정답 ②

정답해설 편중(偏重)과 편향(偏向)은 '한쪽으로 치우침'을 뜻하는 단어들이다.

오답해설 ① 향념(向念)은 '마음을 기울임'을 뜻하는 단어다.
③ 편력(遍歷)은 '이곳저곳을 널리 돌아다님'을 뜻하는 단어다.
④ 공정(公廷)은 '공평하고 올바름'을 뜻하는 단어다.
⑤ 편의(便宜)는 '형편이나 조건 따위가 편하고 좋음'을 뜻하는 단어다.

풀이 Tip 한자 유의어
가능성(可能性) = 개연성(蓋然性) 앞으로 실현될 수 있다고 생각되는 성질
알력(軋轢) = 불화(不和) 서로 의견이 맞지 아니하여 사이가 안 좋음
각축(角逐) = 축록(逐鹿) 서로 이기려고 다투며 덤벼듦
원용(援用) = 인용(引用) 자기의 주장이나 학설을 세우기 위해 문헌이나 관례 따위를 끌어다 씀
광정(匡正) = 확정(廓正) 잘못된 것이나 부정 따위를 바로잡아 고침
견지(堅持) = 견집(堅執) 의견을 바꾸거나 고치지 않고 버팀
매진(邁進) = 맥진(驀進) 좌우를 돌아볼 것 없이 힘차게 나아감
체독(體讀) = 색독(色讀) 글을 읽을 때 문장 전체의 의미를 파악하지 않고 글자가 표현하는 뜻만을 이해하며 읽음

02   의사소통 문제   정답 ⑤

정답해설 매뉴얼은 기계나 컴퓨터, 각종 제품 등의 사용방법이나 기능, 용도, 보수 및 관리 등을 알기 쉽게 설명한 책이며, 직원이 업무를 수행하는데 필요한 관련 지식과 진행방법 등에 관해 기본적인 사항을 체계적으로 정리한 지도서를 말한다. 직원 교육의 일환으로서의 매뉴얼은 주로 표준화할 수 있는 일의 작업 지시서를 말하며, 작업의 순서와 방법, 수준 등을 순서에 따라 자세하고 구체적으로 문서화한 것을 말한다. 따라서 제시된 전산팀 담당자는 컴퓨터에 관한 매뉴얼을 참고하는 것이 가장 적절하다. 프로그램 교육 업무가 메인이기 때문에 블록체인팀의 서브 문장에 관한 마지막 문장은 함정이다.

오답해설 ① 정관은 사단 법인 회사의 전체 조직과 목적, 활동을 정해놓은 근본 규칙을 말한다.
② 일용 대장은 회사의 일용직 근로자에게 지급된 일급 및 근무 일수를 기록하기 위한 서식이다.
③ 기획서는 회사에서 아이디어를 내고 기획하여 프로젝트를 진행하려는 문서에 관한 것이기 때문에 업무 프로그램 신입 교육을 위해 참고할 자료라고 보기 어렵다.
④ 홈페이지 약관은 회사의 자체 홈페이지에 관련된 약관이어서 사내 업무 프로그램과 관련 있다고 보기 어렵다.

03   의사소통 문제   정답 ②

정답해설 제시문은 건강보험공단에서 건강보험 고지 · 안내문을 종이 우편물로 보냈을 때 발생했던 문제점을 열거하며 우편물이 아닌 모바일로 고지하는 방법을 고안했다는 내용이다. 핵심 내용을 담고 있는 보기는 ②이다.

04   의사소통 문제   정답 ②

정답해설 지리학이 반시대로 해석할 것을 오히려 스키아파렐리이 화성 지도가 사람들에게 더 강한 흡소력을 발휘하게 되는 이유이므로 ⑦에는 해당되지 않는다.

05   의사소통 문제   정답 ①

정답해설 〈보기〉는 갈릴레이가 망원경으로 달을 관찰하고 그 결과를 가지고 아리스토텔레스의 이론에 도전하자 아리스토텔레스의 추종자들이 갈릴레이의 관찰 결과를 의심하며 수용하지 않았다는 내용이다. 〈보기〉에서는 천상계의 완전성 개념이 논란이 되었지만 지문에서는 화성의 완전성에 대해 언급하지 않았으므로 ①번은 유사점으로 볼 수 없다.

06   의사소통 문제   정답 ④

정답해설 이 글에서는 과학적 진실은 객관적일 것이라고 생각하게 되는데, 권위나 기타 사회의 영향을 받아 과학적 오류를 진실로 착각하며 받아들이게 되는 경우도 있음을 소개하고 있다. 이는 과학에서 반드시 극복해야 할 부정적인 경향을 강조한 것으로, 과학적 진실 추구에 객관적 증거와 연구 태도가 필요함을 더욱 부각시키고 있는 것이다. 화성에는 존재하지도 않는 '운하'가 그렇게 오랜 세월 동안 천문학자들 사이에서 진실로 받아들여졌다는 것은 과학적 진실이 곡해된 경우를 의미하고 있으므로, 이 글의 제목은 '과학사의 그늘–화성의 운하'가 가장 적절하다고 할 수 있다.

07   수리 문제   정답 ①

정답해설 한 지원자가 승진 시험을 통과할 확률은

$$\frac{1}{3} + \frac{2}{3} \times \frac{1}{2} = \frac{2}{3}$$

4명 중 2명만 합격할 확률은

$${}_4C_2\left(\frac{2}{3}\right)^2\left(\frac{1}{3}\right)^1 = \frac{8}{27}$$

즉, $\frac{q}{p} = \frac{8}{27}$ 이므로 p = 27, q = 8

따라서 p + q = 35

08   수리 문제   정답 ④

정답해설 거주기간별 거주민 대비 피부 질환자의 비율이 가장 높은 것은 10년 이상이다.

1년 미만인 경우 : $\frac{10}{131} \times 100 ≒ 8(\%)$

1~5년 미만인 경우 : $\frac{37}{286} \times 100 ≒ 13(\%)$

5~10년 미만인 경우 : $\frac{75}{312} \times 100 ≒ 24(\%)$

10년 이상인 경우 : $\frac{223}{646} \times 100 ≒ 35(\%)$

따라서 35%인 10년 이상이 가장 비율이 높다.

오답해설 ① 환자는 두 가지 질환을 동시에 앓지는 않는다고 했으므로,

$$\frac{94 + 131 + 47 + 70 + 77 + 102 + 15 + 42}{1,375} \times 100 ≒ 42(\%)$$

따라서 약 42%가 맞다.

② 거주연령 별 거주민 대비 세 번째로 인구가 많은 것은 341명인 19세 이하이다.

③ 40~59세 연령대의 피부 질환자 수는 89명, 2~3km 미만 호흡기 질환자 수는 77명이므로 피부 질환자 수가 호흡기 질환자 수보다 더 많다.

⑤ 20~39세 연령의 호흡기 질환자 수와 5~10년 미만 거주한 호흡기 질환자 수는 모두 41명으로 같다.

09   수리 문제   정답 ④

정답해설 19세 이하인 경우 : $\frac{76 + 35}{341} \times 100 ≒ 33(\%)$

60세 이상인 경우 : $\frac{67 + 150}{249} \times 100 ≒ 87(\%)$

따라서 87 − 33 = 54(%)

10   수리 문제   정답 ③

정답해설 1km 미만인 곳 : $\frac{94 + 131}{564} \times 100 ≒ 40(\%)$

3~5km 미만인 곳 : $\frac{15 + 42}{101} \times 100 ≒ 56(\%)$

따라서 56 − 40 = 16(%)

정답 및 해설

11　수리 문제

정답 ①

정답해설　A : 1건당 부상자수 = $\dfrac{\text{부상자수(인원)}}{\text{발생건수}}$ 이므로, $\dfrac{342,233}{214,171}$ ≒ 1.6(명)

B : 2019년도의 발생건수가 260,579(건), 2023년도의 발생건수가 214,471(건)이다.

$\dfrac{\text{2019년도 발생건수} - \text{2023년도 발생건수}}{\text{2019년도 발생건수}}$×100으로 구하므로

$\dfrac{46,408}{260,579}$×100 ≒ 17.8(%)

A + B = 1.6 + 17.8 = 19.4

12　수리 문제

정답 ②

정답해설　VLSI 설계 시험에서 20점 미만을 받은 학생 : 2 + 3 + 4 + 8 + 7 = 24명
VLSI 설계 시험에서 20점 미만을 받은 학생들의 MRAM의 기초 시험 점수 분포는, 0~9점 : 2 + 4 = 6명
10~19점 : 3 + 8 = 11명
20~29점 : 7명
모두가 최저점수(0점, 10점, 20점)를 받았을 경우의 평균은,

$\dfrac{(0\times6) + (10\times11) + (20\times7)}{24} = \dfrac{250}{24}$ ≒ 10.4

모두가 최고점수(9점, 19점, 29점)를 받았을 경우의 평균은,

$\dfrac{(9\times6) + (19\times11) + (29\times7)}{24} = \dfrac{466}{24}$ ≒ 19.4

따라서 VLSI 설계 시험에서 20점 미만을 받은 학생들의 MRAM의 기초 시험 평균점수의 범위는 약 10.4 ~약 19.40이다.

13　수리 문제

정답 ⑤

정답해설　광업에서 남성이 차지하는 비율은 83.3%로, 농업에서 여성이 차지하는 비율 37.5%보다 높다.

	남자비율(%)	여자비율(%)
농업	$\dfrac{250}{400}$×100 = 62.5	$\dfrac{150}{400}$×100 = 37.5
어업	35	65
제조업	45.45	54.55
광업	83.3	16.7
숙박업	20	80
건설업	85.7	14.3
도매업	65	35

오답해설　① 남성고용비율이 가장 낮은 산업은 숙박업(20%)이다.
② 여성고용비율이 가장 높은 산업은 숙박업(80%)이다.
③ 건설업에서 여성이 차지하는 비율(14.3%)은 제조업에서 남성이 차지하는 비율(45.45%)보다 낮다.
④ 여성고용비율이 뒤에서 세 번째로 높은 산업은 제조업(54.55%)이다.

14 수리 문제

정답 ④

정답해설 ⓐ 23년 2월부터 6월까지 제시된 기간의 각 월마다 취업자 수는 꾸준히 증가 추세를 보이나, 그 이후에는 증가했다가 감소했다가를 반복하며 일정한 추세를 보이지 않는다.

ⓒ 취업자가 가장 많은 달은 6월이고 이 달의 전년 동월대비 증감률은 1.1%이므로, 전년 동월의 취업자 수를 x라 하면
$x + 0.011x = 23,501,000$이다.
$1.011x = 23,501,000$
따라서 $x = 23,245,301.6815\cdots$이다.

오답해설 ⓑ 23년 7월 취업자 수는 23,447천 명이고 22년 12월의 취업자 수는 22,699천 명이다.
$(23,447 - 22699) \div 22699 \times 100 = 3.2958\cdots$ 이므로 증가율은 약 3.3%이다. 따라서 보기글은 옳지 않다.

ⓓ 23년 10월 취업자 수는 23,463,000이고 23년 11월 취업자 수의 전월 대비 증감률이 −2.0%일 때, 23년 11월 취업자 수를 x라 하면
$x + 0.02x = 23,463,000$이다.
$1.02x = 23,463,000$
$x = 23,002,941.17\cdots$이다.
따라서 23년 11월의 취업자 수는 22,500천 명 미만이 아니다.

15 수리 문제

정답 ①

정답해설 2023년 3월부터 2023년 7월까지 전체 취업자 수의 평균 = 2022년 9월의 취업자 수
즉, 2022년 9월의 취업자 수는
$(22,848 + 23,242 + 23,484 + 23,501 + 23,447) \div 5 = 23,304.4$이며, 천 명 단위이므로 23,304,400명이다.
2023년 6월 취업자 수는 23,501,000명이므로 2022년 9월의 취업자 수 대비 2023년 6월 취업자 수 증가율은
$\dfrac{(23,501,000 - 23,304,400)}{23,304,000} \times 100 = 0.8436\cdots$
소수점 둘째 자리 아래를 생략하면 0.84이다.

16 문제해결 문제

정답 ①

정답해설 주어진 조건을 표로 만들면 다음과 같다.

구분	A	B	C	D	E
민형	X	X	X	○	X
재현	X	X	○	X	X
윤오	X	○	X	X	X
진수	○	X	X	X	X
정우	X	X	X	X	○

따라서 진수가 가진 상자는 A다.

17 문제해결 문제

정답해설 E가 참여하지 못하므로, 조건2에 의해 D는 반드시 참석해야 한다. D가 참석한다면 조건3에 의해 C도 참석해야 한다. 조건4에 의해 B가 참석하지 않는 경우 F도 참석할 수 없으므로, 이 경우 최대 참석자는 3명(A, C, D)이 되어 문제의 조건에 맞지 않는다. 따라서 B가 참석해야 한다. B가 참석하는 경우 조건1에 의해 A는 참석할 수 없다. 문제에서 4명으로 팀을 꾸밀 수 있는 경우를 묻고 있으므로 F도 참석해야 한다. 따라서 위의 조건을 모두 만족하면서 4명으로 팀을 구성할 수 있는 것은 'B, C, D, F'가 참석하는 한 가지 경우뿐이다.

18 문제해결 문제

정답해설 갑은 E에 가입해야 하므로 ㄷ에 따라 B에는 가입하지 않는다. ㄱ의 대우인 'B에 가입하지 않으면 A에 가입하지 않는다.'도 참이 되므로, A에도 가입하지 않는다. A에 가입하지 않으므로, ㅁ에 따라 F, G에 가입해야 한다. ㄹ의 대우 'F에 가입하면 D에는 가입하지 않는다.'도 참이 되므로, 갑은 D에 가입하지 않게 된다. 따라서 ㄴ에 따라 갑은 C에 가입해야 한다. 따라서 ③이 옳다.

19 문제해결 문제

정답해설 복통발생의 원인은 생수, 냉면, 생선회 중 하나이다.
ㄴ을 고려했을 때 생수와 생선회를 먹지 않고 냉면만 먹은 을순이는 복통을 앓지 않았으므로 냉면은 복통의 원인이 아니라는 것을 알 수 있다. ㄷ을 고려했을 때 생수와 생선회는 먹었으나 냉면은 먹지 않은 병돌이가 복통을 앓았으므로 생수와 생선회 중 복통의 원인이 있다는 것을 알 수 있다. ㄹ을 고려했을 때 생수와 냉면을 먹었으나 생선회를 먹지 않은 정순이 복통을 앓지 않았으므로 생수와 냉면 모두 복통의 원인이 아니라는 것을 알 수 있다. 그러므로 ㄴ, ㄷ, ㄹ을 고려했을 때 복통의 원인은 생선회가 된다.

오답해설 ① ㄴ과 ㄹ의 경우만 고려했을 때 을순이와 정순이 모두 냉면을 먹었으나 복통을 앓지 않았으므로 냉면은 복통의 원인이 될 수 없다.
② ㄱ을 고려했을 때 세 가지를 모두 먹은 갑돌이가 복통을 앓았으므로 냉면 역시 복통의 원인이 될 가능성이 있다. 그러나 ㄴ과 ㄹ의 경우로 미루어 보면 냉면은 복통의 원인이 될 수 없다.
③ ㄱ을 고려했을 때 생수는 복통의 원인이 될 수 있다. 또한 ㄷ을 고려했을 때 생수와 생선회를 먹은 병돌이가 복통을 앓았으므로 이 경우 역시 생수는 복통의 원인이 될 수 있다. 그러나 ㄹ에서 생수와 냉면을 먹은 정순이가 복통을 앓지 않았으므로 생수는 복통의 원인이 아니다.
⑤ ㄱ을 고려했을 때 복통의 원인이 될 수 있는 것은 세 가지 모두이다. 그러므로 ㄱ, ㄴ, ㄷ, ㄹ 모두를 고려했을 때 ㄴ, ㄷ, ㄹ을 고려한 ④와 마찬가지로 생선회가 복통의 원인이라는 결과를 얻을 수 있다.

20 문제해결 문제

정답해설 장 안에 프리모넬라와 세콘데렐라가 모두 서식하는 경우를 옴니오라고 부른다. 이 경우 동고비새는 날 수 있는 동물이므로 예외 없이 벌레를 먹고 살며, 벌레를 먹고 사는 동물의 장 안에서 세콘데렐라는 살 수 없으므로 동고비새는 옴니오가 아니다. 그러므로 ①은 거짓이다.

오답해설 ② 날 수 있는 동물은 예외 없이 벌레를 먹고 살며 벌레를 먹고 사는 동물의 장 안에서 세콘데렐라는 도저히 살 수가 없으므로, 날 수 있는 동물은 세콘도가 아니다. 그러므로 참이다.
③ 벌쥐가 날 수 있는 동물이라면 ①과 ②의 결론에 따라 세콘도나 옴니모는 아니다. 그러므로 벌쥐는 프리모와 눌로 중 하나일 것이다. 그러나 벌쥐의 장 안에 프리모넬라가 서식하는지, 벌쥐가 벌레를 먹는지의 여부를 알 수 있는 자료가 주어지지 않았으므로 벌쥐가 프리모인지 눌로인지를 판단하는 것은 주어진 자료만으로는 불가능하다.

④ 플라나리아는 날지 못하고 벌레를 먹지도 않는다. 벌레를 먹지 않는다는 것은 플라나리아가 눌로에 속하지 않는다는 것을 의미한다. 그러나 그 이상의 자료는 주어지지 않았으므로 플라나리아가 프리모인지 세콘도인지 눌로인지는 판단할 수 없다.

⑤ 날 수 있는 동물은 예외 없이 벌레를 먹고 산다. 그러나 벌레를 먹는 동물 중 날지 못하는 것이 있는지의 여부는 주어진 자료만으로는 판단할 수 없다.

---

21 문제해결 문제 　　　　　　　　　　　　　　　　　　　　　　　　　　　　　　　　　　정답 ③

정답해설 6개월 미만의 국외여행허가를 받은 25세 이상의 병역미필자는 1년 단수여권을 발급받게 되는데, 1년 단수여권은 2회만 여권발급을 신청해도 10년 유효기간의 복수여권 수수료와 맞먹는 비용을 부담하게 된다.

오답해설 ① 여권 발급제도 개선 전에는 24세가 된지 11개월이 지난 병역미필자에게는 국외여행허가기간이 6개월 이상, 1년 까지면 1년 복수여권이 발급된다.

② 여권 발급제도 개선 전 25세 이상의 병역 미필자가 국외여행허가기간이 1년 초과일 경우 허가기간의 해당 기간까지 복수여권이 발급된다.

④ 여권 발급제도 개선 전에 1년까지 국외여행허가를 받은 25세 이상의 병역미필자는 1년 복수여권을 발급받았다.

⑤ 기존 병역 미필자에 대한 병무청 국외여행허가제도 및 여권 신청 시 국외여행허가 여부 확인 절차는 유지되며, 이와 함께 국외여행허가를 받지 아니하거나 허가기간을 도과한 채 국외체류 중인 자에 대해서는 여권 행정제재를 위한 근거를 신설할 예정이어서 여권 발급제도 개선 후에도 여권 유효기간 연장이 병역 미필자의 미귀국 사례 증가 요인이 되지 않을 것이다.

---

22 문제해결 문제 　　　　　　　　　　　　　　　　　　　　　　　　　　　　　　　　　　정답 ①

정답해설 ㄱ. (참) 2022년 여성의 육아휴직 이용률은 $\frac{894}{8,565} \times 100 ≒ 10.4\%$이다.

ㄴ. (참) 2023년 전체 육아휴직 이용률은 $\frac{1,188}{24,941} \times 100 ≒ 4.76\%$이고,

2021년 전체 육아휴직 이용률은 $\frac{603}{28,369} \times 100 ≒ 2.12\%$이므로 2배 이상이다.

오답해설 ㄷ. (거짓) 전체 육아휴직 이용인원 중 남성의 비중을 구해보면

2021년 : $\frac{25}{603} \times 100 ≒ 4.14\%$

2022년 : $\frac{50}{944} \times 100 ≒ 5.29\%$

2023년 : $\frac{55}{1,188} \times 100 ≒ 4.62\%$

따라서 2023년도 육아휴직 이용 남성의 비중은 2021년도에 비해 줄어들었다.

ㄹ. (거짓) 남성의 육아휴직 이용률은

2021년 : $\frac{25}{18,620} \times 100 ≒ 0.13\%$

2023년 : $\frac{55}{15,309} \times 100 ≒ 0.35\%$이므로 증가폭은 약 0.22%이다.

여성의 육아휴직 이용률은

2021년 : $\frac{578}{9,749} \times 100 ≒ 5.92\%$

2023년 : $\frac{1,133}{9,632} \times 100 ≒ 11.76\%$이므로 증가폭은 약 5.84%이다.

즉, 여성의 이용률 증가폭이 훨씬 크다. 따라서 옳은 것은 ㄱ, ㄴ이다.

정답
및
해설

23 문제해결 문제   정답 ⑤

정답해설 육아휴직 이용률은 A회사가 $\frac{412}{14,929} \times 100 ≒ 2.75\%$이고, B회사는 $\frac{776}{10,012} \times 100 ≒ 7.75\%$이므로 A회사가 더 낮다.

오답해설 ① 회사의 사장이 자신의 인맥을 활용하여 대체인력을 채용하는 것은 가능하다. 자신의 인맥을 활용하는 경우 각종 정보와 소스를 획득할 수 있고 사업을 새롭게 시작할 수도 있다.

② 전체 육아휴직 대상 인원 중 A회사의 비율은 $\frac{14,929}{24,941} \times 100 ≒ 59.8\%$이므로 약 60%이다.

③ 기업은 사용자와 근로자 간의 협력 체계를 통해 근로자 스스로가 자기만족을 얻고 경영 목적을 효율적으로 달성할 수 있도록 관리한다. 이러한 공정 보상 및 인사의 원칙과 종업원의 안정의 원칙 등을 보장해주는 관리 활동을 인적자원관리라고 한다. 따라서 인적자원을 관리하는 차원 안에는 복지 역시 포함될 수 있다.

④ 전체 육아휴직 인력대체율은 $\frac{344}{1,188} \times 100 ≒ 28.9\%$이므로 약 30%를 넘지 못한다.

24 문제해결 문제   정답 ③

정답해설 3개 공장에서 생산하는 A음료수의 1일 생산량은 15,000 + 36,000 + 9,000 = 60,000(개)이고, (가)공장의 1일 생산량은 15,000(개)이므로 생산량 비율은 $\frac{15,000}{60,000} \times 100 = 25(\%)$이다.

25 문제해결 문제   정답 ②

정답해설 각 공장의 B음료수 생산 비율을 구하면 다음과 같다.

(가)공장 : $\frac{22,500}{15,000 + 22,500 + 7,500} \times 100 = 50(\%)$

(나)공장 : $\frac{48,000}{36,000 + 48,000 + 18,000} \times 100 ≒ 47(\%)$

(다)공장 : $\frac{14,000}{9,000 + 14,000 + 5,000} \times 100 = 50(\%)$

따라서 (나)공장의 생산 비율이 약 47%로 가장 낮다.

제4회 NCS 피셋형 모의고사

빠른
정답찾기

본문 106p

01 의사소통	02 의사소통	03 의사소통	04 의사소통	05 의사소통	06 의사소통	07 의사소통	08 의사소통	09 의사소통	10 의사소통
③	④	①	④	②	③	②	④	②	③
11 의사소통	12 의사소통	13 의사소통	14 의사소통	15 의사소통	16 의사소통	17 수리	18 수리	19 수리	20 수리
③	①	⑤	④	④	①	③	①	①	①
21 수리	22 수리	23 수리	24 수리	25 수리	26 수리	27 수리	28 수리	29 수리	30 수리
④	④	③	①	②	④	⑤	①	③	④
31 수리	32 수리	33 수리	34 문제해결	35 문제해결	36 문제해결	37 문제해결	38 문제해결	39 문제해결	40 문제해결
②	③	③	②	②	⑤	⑤	③	④	③
41 문제해결	42 문제해결	43 문제해결	44 문제해결	45 문제해결	46 문제해결	47 문제해결	48 문제해결	49 문제해결	50 문제해결
④	②	①	②	⑤	①	⑤	⑤	④	①

취약영역 체크표

※ 틀린 답을 체크하고 자신이 취약한 영역이 무엇인지 파악해보세요.

유형	맞춘 개수	틀린 문제
의사소통	/16	
수리	/17	
문제해결	/17	

---

01 의사소통 문제   정답 ③

정답해설 봉합적으로 → 복합적으로
1인당 국외 총 생산 → 1인당 국내 총 생산
규직으로 → 정규직으로
신원불량자 → 신용불량자

---

02 의사소통 문제   정답 ④

정답해설 GDP가 높아질수록 자영업의 비중이 떨어지지만 우리나라는 GDP가 높아지는 가운데 자영업자가 늘어나는 자영업 대란의 현상이 일어나고 있다.

정답
및
해설

275

오답해설 ① 자영업 대란은 어려운 취업과 노동시장, 정부의 근시안적 대책, 허술한 자영업 인프라 등이 원인이다.
② 정부는 자영업 인프라를 위하여 자영업 창업 지원금을 지원하였다.
③ 창업 자금을 빌려준다고 사람들이 신용을 반드시 잃는 것은 아니지만, 창업 자금을 갚지 못한 사람들이 신용불량자가 되는 사례가 늘고 있다.
⑤ 본문에 의하면 자영업자 수가 증가하고 실질적인 소득이 적은 자영업 대란이 일어나고 있다.

---

03 의사소통 문제   정답 ①

정답해설 주어진 글은 앞으로의 사회가 이미지의 중요성이 더욱 부각될 것이나 기호가치보다는 사용가치에 비중을 둔 합리적 소비가 많아져야 한다는 것을 주장하고 있다. [라]에서는 전체 주제를 관통하는 핵심적인 의문을 제기하며 글을 시작하고 있으며, [나]에서는 산업혁명 이전의 삶과 이후의 삶을 비교하며 소비사회를 부각했으며, [가]에서는 이 소비사회 안에서의 상품의 질보다는 브랜드나 이미지를 선호하게 된 현상에 대한 설명을 하고 있으며, [다]에서는 이러한 현상에서 상품을 구매할 때 기호가치와 사용가치를 통해 달라지는 가격의 의미를 얘기하고, [마]에서 마지막으로 글쓴이가 전달하고자 하는 의도를 강조하며 글을 마치고 있다.

---

04 의사소통 문제   정답 ④

정답해설 기존의 실험들을 집대성한 맥스웰의 이론을 통해 빛 자체가 일종의 전자기파라는 것이 밝혀졌다는 글이므로 ④가 가장 적합하다.

오답해설 ① 지문은 빛 자체가 전자기파라는 사실이 밝혀지기까지의 과정과 전자기 이론을 서술하고 있기 때문에 앙페르의 실험 해 1만으로는 지문의 제목으로 적합하지 않다.
② 이 보기글은 지문과 일치하지 않는다. 앙페르의 실험과 패러데이의 실험을 집대성한 맥스웰의 이론을 통해서 전자기파의 존재 추론이 가능해졌다.
③ 지문을 읽었을 땐 이 보기글이 참인지 거짓인지에 대해서 알 수 없다.
⑤ 이 지문은 솔레노이드 대체법에 대한 지문이 아니다.

---

05 의사소통 문제   정답 ②

정답해설 1. 부동산의 표식 → 부동산의 표시
2. 부동산의 임대차에 한하여 임차인은 임대차 보증금을 다음과 같이 체불하기로 한다. → 부동산의 임대차에 한하여 임차인은 임대차 보증금을 다음과 같이 지불하기로 한다.
3. 임대차계약이 종료된 경우에 임차인은 위 부동산을 원상으로 희복하여 임대인에게 반환한다. → 임대차계약이 종료된 경우에 임차인은 위 부동산을 원상으로 회복하여 임대인에게 반환한다.
4. 임대인 또는 임차인이 본 계약상의 내용에 대하여 이행이 있을 경우 → 임대인 또는 임차인이 본 계약상의 내용에 대하여 불이행이 있을 경우

---

06 의사소통 문제   정답 ③

정답해설 제시문은 1950년대 프랑스에서 작가주의라는 비평이론이 등장한 배경과 작가주의가 미친 영향력에 대한 내용이다. 따라서 작가주의에 대한 설명이 먼저 이어진다(나). 나머지 문단은 작가주의적 비평에 대한 내용인데, 작가주의적 비평의 내용으로 가장 먼저 올 문단은 작가주의에서 내용을 더하는 '한편'이라는 접속사가 쓰인 (라)이다. (라)에서 할리우드 영화가 계량적으로 생산된다는 내용으로 마무리 되고, 이 내용을 반전시키는 (가)에서는 '그러나'로 시작하며 할리우드 영화의 가능성을 알아본 작가주의적 비평가들에 대한 설명이 나온다. 이러한 작품의 예로 (다)에서는 히치콕을 예로 들며 설명하고 있다. 따라서 (나) – (라) – (가) – (다)가 올바른 순서이다.

07 의사소통 문제   정답 ②

정답해설 두 번째 단락에서 '지방자치단체와 시민단체, 기업 등을 중심으로 감정노동자 보호를 위한 대안들이 나오고 있다'고 하였다는 점에서, 지방자치단체나 기업이 감정노동자 관련 법령이 개정되지 않는 것은 아니다. 마지막 단락에서 제시한 바와 같이 재계와 산재보험료 인상을 우려한 기업들이 법령의 개정에 반대하고 있다.

오답해설 ① 세 번째 단락에서 '감정노동자들 중 80%가 인격 모독과 욕설 등을 경험'하였다고 했으므로, 대부분의 감정노동자들이 이러한 경험이 있다고 볼 수 있다.
③ 두 번째 단락의 '텔레마케터의 경우 730개 직업 가운데 감정노동 강도가 가장 높았다'는 내용에서 알 수 있는 내용이다.
④ 세 번째 단락의 마지막 문장에서 감정노동으로 인한 스트레스가 심한 경우 불안장애증상이나 공황장애 등의 질환으로 발전할 수 있다고 하였다.

08 의사소통 문제   정답 ④

정답해설 나비류 연구가들은 애벌레와 나비의 명백한 차이들을 무시하고 이들을 같은 종류로 봄으로써 관련 학문의 진보를 가져왔다. 이는 기존의 선을 지우는 것이며 다른 종이라 여겨 왔던 것들을 같은 종류로 본 예에 속한다. 따라서 정답은 ④이다.

오답해설 ① 윗글은 '재편성'의 예를 세 가지로 나누고 각각의 사례를 들어 설명하고 있다.
② 인간은 보통의 경우에 어떤 것을 주목하고 어떤 것은 무시하는지를 의식하지 않으며, 우리에게 익숙한 기준과 범주를 자연스럽게 적용한다.
③ 동일한 것이라 여겼던 권태와 단조로움 사이에 선을 그어 이들 사이의 미묘한 차이를 알게 되는 것은 새로이 경계선을 긋는 것이다.
⑤ 새로운 방법을 통해 오래된 자료들로부터 새로운 것을 보는 경우에서, 데이터 분석을 통해 의미 있는 것들을 새롭게 배우고 익힘으로써 학문은 발전한다.

09 의사소통 문제   정답 ②

정답해설 공통 지원 자격에 최종 합격자 발표 후 입사 예정일로부터 근무 가능한 자로 나와 있기 때문에, 최종 합격 발표일과 입사 예정일에 차이가 있음을 알 수 있다.

오답해설 ① 응시자격에 연령은 제한 없지만 정년 60세 미만인 자만 응시할 수 있다고 나와 있다. 공단 정년이 60세이기 때문에 만 60세, 즉 61세는 해당 기업에서 근무할 수 없다.
③ 응시 자격과 지원 자격 둘 다 해당사항이 있어야만 근무 가능하다. 응시 자격은 채용 공통 필수 조건이다.
④ 퇴직공직자의 취업제한 사항을 보면, 퇴직 공무원이 공직자윤리위원회 취업심사를 득하지 않고 최종합격 또는 임용된 경우, 「공직자 윤리법」 제17 · 18조에 의해 그 최종합격 · 임용이 취소될 수 있다고 나와 있다.
⑤ 본문의 어디에도 교통정보로 취업하기 위해서는 7급 공무원 신분이 유지되어야 한다는 얘기가 없다.

10 의사소통 문제   정답 ③

정답해설 결격사유를 보면 금고 이상의 실형을 선고받고 그 집행이 종료되거나 집행을 받지 아니하기로 확정된 후 5년을 경과한 사람만 지원이 가능하다고 나와 있다.

오답해설 ① 교통정보 경력 지원자 자격에는 자동차 운전 면허증이 포함되지 않는다.
② 자동차운전면허증(2종 보통 이상) 소지자이고 자동차운전 면허시험 관련 실무경력이 9년 이상이면 면허실무 경력에 지원이 가능하다.
④ 한국기자협회 언론사 기자 실무경력 5년 이상이고 파산선고를 받았지만 복권되었다면 편성제작 경력직에 지원 가능하다.
⑤ 징계에 의하여 파면의 처분을 받은 날로부터 5년, 해임의 처분을 받은 날로부터 3년이 경과했으면 지원 가능하다.

11 의사소통 문제

정답 ③

정답해설 학생증, 청소년증, 주민등록증 등 연령을 확인할 수 있는 자료는 증빙자료로 사용된다.

오답해설 ① 만 19세 이상 성인 보호자가 동반하는 만 6세 미만의 소인은 2인까지 무임승차가 가능하고 3인부터는 어린이 요금이 부과된다.
② 어린이 교통카드 및 청소년 요금징수와 관련하여 반드시 연령을 확인한 후 규정된 요금을 징수해야한다.
④ 국가유공자 복지카드는 교통카드 기능이 있어 본인 확인과정 없이 일반시내버스 무임승차가 가능하다.
⑤ 국가유공자 1급에 해당하는 경우에 동반 1인 포함 무임승차가 가능해진다.

12 의사소통 문제

정답 ①

정답해설 ㉠ 제시문에서 '참이라고 가정하면 거짓이 되고 거짓이라고 가정하면 참이 되는 문장을 역설적이라고 한다'라고 하였는데, "이 문장은 거짓이다"라는 문장을 참이라 가정하면 거짓이 되고, 거짓이라고 가정하면 참이 된다. 따라서 이 문장은 역설을 발생시킨다고 할 수 있다.

오답해설 ㉡ 제시문 중간 이후 부분에서 언급된 '이술적'에 대한 정의에서 볼 때, '맛있다'는 표현 자체가 맛있을 수는 없으므로 의미상 '이술적'이라 할 수 있다. 따라서 ㉡은 참이 되며, 역설에 해당되지는 않는다.
㉢ '시끄럽다'는 표현 자체가 시끄러운 소리가 나는 것이 아니므로, 이는 '이술적'이라 할 수 있다. 따라서 ㉢은 거짓이며, 역설에 해당되지는 않는다.
따라서 〈보기〉 중 역설을 발생시키는 것은 ㉠뿐이다.

13 의사소통 문제

정답 ⑤

정답해설 모두 시간표가 다르기 때문에 학급 기반의 담임제 운영은 소인수 학생 중심으로 변화될 것이다.

14 의사소통 문제

정답 ④

정답해설 ④의 보기글은 제안이 마음에 들어 계약하기를 원할 때 할 수 있는 말로, 의견의 차이를 좁히고 최대의 이익을 취하기 위한 협상의 전술이라 할 수 없다. 계약을 성사하기를 원하는 말하기는 '협상 과정에서 자신의 자원을 효과적으로 사용하기 위하여 동원하는 협상을 고의로 기피하거나 연기하기, 다른 협상 의제와 연결시켜 처리할 것을 주장하기, 자국 내부의 사정을 내세워 호소하기'와 관련이 있다고 보기 어렵다.

15 의사소통 문제

정답 ④

정답해설 지문에서는 자유주의적 입장에서는 대상과 관련된 자원이 중요하여 약소국이라도 자원을 이용한 특정산업이 월등할 수 있고, 협상 전술을 이용하면 유리한 협상을 이끌 수 있다고 하였다.

오답해설 ① '가'는 현실주의적 입장의 내용을 이야기하고 있다.
② '나'의 이야기는 협상의 전술 중 하나이며, 자유주의적 입장이 아닌 현실주의적 입장에 잘못 동조하고 있다.
③ 자유주의적 입장을 따르더라도 특정 주제와 관련된 힘과 강력한 전술은 단지 실제 협상에 임하는 협상가의 개인적 능력에 좌우되는 것이 아니다.
⑤ 메리스 박사는 자원과 협상 전술 중 하나라도 빠지면 협상에서 이기는 것이 매우 어렵다고 말하였다.

16   의사소통 문제   정답 ①

정답해설 본문은 5~60대 골절 발병률에 대한 내용을 중심으로 연령대별 골절 발병 자료와 전문가의 말을 인용하고 있다. 따라서 ①이 제목으로 적절하다.

오답해설 ② 본문은 골다공증 예방에 관한 내용과는 관련이 없다.
③ 본문은 겨울철 골절 발병률에 대한 내용이지만 해당 제목은 겨울철 질환 전체를 지칭하고 있다.
④ 연령별 근력과 유연성과 관련된 내용은 위 글의 일부에 등장하며, 노력여하에 따라 달라질 수 있다는 말도 본문과 관계가 없는 말이다.
⑤ 맞는 내용이지만 남·여의 골절 질환을 다룬 본문의 전체 내용을 담을 수 없는 제목이다.

17   수리 문제   정답 ③

정답해설 만화 : $\frac{9,185}{2,557} \times 100 ≒ 359.21(\%)$

$359.21 - 100 = 259.21(\%)$

음악 : $\frac{66,870}{62,555} \times 100 ≒ 106.90(\%)$

$106.90 - 100 = 6.9(\%)$

게임 : $\frac{47,051}{39,104} \times 100 ≒ 120.32(\%)$

$120.32 - 100 = 20.32(\%)$

캐릭터 : $\frac{8,286}{6,257} \times 100 ≒ 132.43(\%)$

$132.43 - 100 = 32.43(\%)$

따라서 종사자의 증가율이 가장 높은 산업은 만화 산업이다.

오답해설 ① 문화산업에 종사하는 사람의 수는 455,757명이고 이것은 전체 산업 종사자의 1.99%에 해당하므로,

$\frac{455,757}{x} \times 100 - 1.99(\%)$

$\frac{455,757}{x} = 0.0199$

따라서 $x = 455,757 \div 0.0199 ≒ 22,902,362(명)$

② $\frac{65,346}{50,507} \times 100 ≒ 129.380(\%)$

$129.380 - 100 = 29.380(\%)$

④ 음악 산업 종사자의 수는 2022년까지 꾸준히 증가하다 2023년에 하락했다.
⑤ 표에서 비교하면 방송 산업 종사자 수는 광고 산업 종사자 수보다 매년 항상 많았다.

풀이 Tip **증가율 공식**
• 개념 : 증가율은 기준이 되는 수치에 대한 비교 시 값의 증가량을 말하며 성장률, 신장률 등도 마찬가지이다.
• 요령 : 증가율은 자료해석에서 단골로 등장하는 질문인데 계산의 정확성을 묻는 것이 아니라 신속성과 분석력을 묻고자 하므로 보다 빠르게 계산해야만 한다. 정확하게가 아니라 빠르게 계산해야 할 때 증가량의 개념을 단순히 비교시의 수치로만 대체해서 의미만을 파악할 수 있다.
예 데이터가 93에서 225로 변화
본래 계산은 225 − 93 = 132를 증가량으로 하여 기준시의 수치 93을 나눈 값을 증가율로 계산하는 것이 정석이지만 변화한 수치를 기준수치로 나누어서 얻은 값의 의미를 파악하여 간단하게 계산한다.
225÷93 = 약 2.42 이것은 93을 1로 보았을 때 225가 갖는 값을 의미하며, 2.42 − 1 = 1.42이다.
따라서 1.42 정도 증가한 것이므로 증가량은 약 142%와 같이 계산하는 것이다.

정답 및 해설

18 수리 문제 정답 ①

정답해설 %p(퍼센트 포인트)는 퍼센트 사이의 차이를 말한다. 신용카드의 경우, 2022년 12월을 기준으로 한 2023년 1월의 전월 차가 −1.2%p이므로 2022년 12월의 거래액 중 신용카드가 차지하는 비율은 65.7 − (−1.2) = 66.9(%)이다.

19 수리 문제 정답 ①

정답해설 2022년 1월 온라인 입금과 2023년 온라인 입금 비율을 비교해보면 된다.
따라서 30.0(%) − 28.5(%) = 1.5(%p)이다.

20 수리 문제 정답 ①

정답해설 2019년부터 우리나라에 대한 돼지고기 수출량이 꾸준히 증가한 나라는 프랑스, 네덜란드, 폴란드이다. 2023년 이들 나라로부터 수입한 돼지고기를 모두 더하면 46,303톤이다.

21 수리 문제 정답 ④

정답해설 쇠고기 수입량이 감소한 해는 2021년이다. 이때부터 2023년까지 수입된 쇠고기를 모두 합하면 590,331톤이다.

22 수리 문제 정답 ④

정답해설 2023년 우리나라의 쇠고기 수입량은 218,019톤이고 2019년은 358,236톤이다.
2023년 우리나라의 쇠고기 수입량은 2019년 대비
$$\frac{358,236 - 218,019}{358,236} \times 100 = \frac{140,217}{358,236} \times 100 = 39.1(\%)$$ 감소하였다.

23 수리 문제 정답 ③

정답해설 A : 출발 9일 전에 예매하였으므로 10% 할인
32,000×0.1 = 3,200(원)
32,000 − 3,200 = 28,800(원)
B : 출발 당일에 예매하였으므로 할인이 적용되지 않아 32,000(원)
C : 출발 17일 전에 예매하였고 출발일이 일요일이므로 7% 할인
34,000×0.07 = 2,380(원)
34,000 − 2,380 = 31,620(원)
따라서 28,800 + 32,000 + 31,620 = 92,420(원)

24   수리 문제   정답 ①

정답해설 남성위원 수를 x로 놓으면

$5,617 : 0.322 = x : 0.678$

$0.322x = 0.678 \times 5,617$

$0.322x = 3,808.326$

$x ≒ 11,827$(명)

25   수리 문제   정답 ②

정답해설 320(천 원)×0.2 = 64(천 원)

$\dfrac{64(천\ 원)}{1,600(천\ 원)} \times 100 = 4(\%)$

따라서 상승폭은 4%이다.

26   수리 문제   정답 ④

정답해설 대형트롤의 경상이익인 144(천 원)만큼 추가로 연료비가 상승하면 되므로,

428(천 원)×x > 144(천 원)

x > 144(천 원)÷428(천 원)

x > 0.33644859…

따라서 약 33.645(%)이다.

27   수리 문제   정답 ⑤

정답해설 ⑤ 〈표2〉가 전년 동월대비 심사건수의 증감 추이를 나타내므로 이를 통해 2022년 1월부터 6월까지의 심사건수를 구할 수 있다.

구분	2022. 1	2022. 2	2022. 3	2022. 4	2022. 5	2022. 6
심사 건수	840 − 125 = 715	860 − 100 = 760	920 − 130 = 790	945 − 145 = 800	1,000 − 190 = 810	1,225 − 325 = 900

따라서 2022년 1월부터 6월까지의 기간 중 심사건수가 두 번째로 높았던 시기는 5월이다.

오답해설 ① 2023년 3월의 심사건수는 전월(2023년 2월) 대비 920 − 860 = 60(건)
등록률은 58.0 − 51.5 = 6.5(%p) 증가하였다.

② 2023년 5월의 심사건수가 1,000건이므로 2023년 6월의 심사건수는 전월대비 $\dfrac{225}{1,000} \times 100 = 22.5(\%)$ 증가하였다.

③ 〈표2〉가 전년 동월대비 등록률 증감 추이를 나타내므로 이를 통해 2022년 1월부터 6월까지의 등록률을 구할 수 있다.

구분	2022. 1	2022. 2	2022. 3	2022. 4	2022. 5	2022. 6
등록률	55.0 − 1.3 = 53.7	51.5 − (−1.2) = 52.7	58.0 − (−0.5) = 58.5	61.0 − 1.6 = 59.4	63.0 − 3.3 = 59.7	67.5 − 4.2 = 63.3

따라서 2022년 1월부터 6월까지의 기간 중 등록률이 가장 낮았던 시기는 2월이다.

④ 2023년 6월의 심사건수는 1,225건으로 2023년 2월의 심사건수 860건의 2배가 되지 않는다.

정답
및
해설

28 수리 문제   정답 ①

정답해설 ㄱ. 2017년부터 2020년에 걸친 석유 생산량의 총량은 '162.6 + 164.8 + 166.9 + 174.1 = 668.4(백만 톤)'이다. 이 중, 2019년도의 석유 생산량이 차지하는 비율을 계산하면 '$\frac{166.9}{668.4} \times 100 \doteqdot 24.97(\%)$'이 되며 2019년 석유 생산량이 차지하는 비율은 25(%)이다.

ㄴ. $\frac{318,900,000,000}{246.6}$ = 12.9(억 명)

오답해설 ㄷ. 석유생산 점유율이 높아지고 있기 때문에 이익을 창출하기 위해선 석유 산업을 더욱 개발하는 방향으로 가야 한다.

ㄹ. 자원을 크게 나누어 보았을 때 자연자원과 인공자원으로 나눌 수 있는데, 시설이나 장비 등은 인공자원에 포함된다. 자연자원의 경우 자연 상태에 있는 그대로의 자원을 말하는 것으로 석유, 석탄, 나무 등을 가리키며, 인공자원의 경우 사람들이 인위적으로 가공하여 만든 물적자원을 말한다.

29 수리 문제   정답 ③

정답해설 2023년 사서 자격증 보유자 ÷ 2023년 공공도서관 수 = 2,560 ÷ 564 ≒ 5(명)

30 수리 문제   정답 ④

정답해설 2023년 서울의 전체 인구수는 5,150,922 + 4,920,043 = 10,002,505
2022년 서울의 전체 인구수는 5,144,429 + 4,973,919 = 10,118,348
따라서 차이는 10,118,348 − 10,082,565 = 35,783명이다.

31 수리 문제   정답 ②

정답해설 ㄴ. (참) 교원 1인당 학생 수 지표가 가장 낮은 지역은 인천광역시다.

지역별 교원 1인당 학생 수 지표를 구해보면 서울특별시는 $\frac{1,479,479}{93,406} \doteqdot 15.84$

부산광역시는 $\frac{575,598}{33,971} \doteqdot 16.94$

대구광역시는 $\frac{401,417}{27,013} \doteqdot 14.86$

인천광역시는 $\frac{413,639}{27,989} \doteqdot 14.78$

오답해설 ㄱ. (거짓) 위 계산에 따르면 교원 1인당 학생 수 지표가 가장 높은 지역은 부산광역시다.
ㄷ. (거짓) 위 계산에 따르면 모든 지표는 20을 넘지 않는다.
따라서 옳은 것은 ㄴ이다.

32 수리 문제   정답 ③

정답해설 특허출원 수수료 : 출원료 + 심사청구료
: 기본료 + (면당추가료 × 전체면수) + 청구항당 심사청구료 × 청구항수
구하고자 하는 면당 추가료를 x, 청구항당 심사청구료를 y라 하면 다음과 같이 나타낼 수 있다.
- 사례 A : 기본료 + 20x + 2y = 70,000(원)
- 사례 B : 기본료 + 20x + 3y = 45,000(원), (50% 감면 전)
- 사례 C : 기본료 + 40x + 2y = 27,000(원), (70% 감면 전)
따라서 연립하여 계산하면 x = 1,000(원), y = 20,000(원)이다.

33 수리 문제   정답 ③

정답해설 B국의 에너지원 단위가 가장 낮으므로 B국이 가장 적은 에너지로 동일한 GNP를 생산하고 있다.

오답해설 ① 에너지 –GNP 탄성치는 변화율 사이의 비율이므로 절대량 사이의 관계에 대해서는 아무것도 알 수 없다.
② 1인당 이산화탄소 배출량이 가장 많다고 하더라도 이것이 오염도가 가장 높은 것을 의미하지는 않는다. 문제에서 주어진 자료와 정보를 이용해서 이러한 결론을 내릴 수는 없다.
④ D국의 에너지 –GNP 탄성치가 가장 낮지만 이것이 에너지 소비증가율이 가장 낮다는 것을 의미하지는 않는다. 에너지 –GNP 탄성치는 에너지 소비 증가율과 경제성장률의 비율이므로, 에너지 소비 증가율이 높아도 경제성장률이 훨씬 더 크다면 탄성치는 낮게 나타날 수 있다.
⑤ 국가별 비(非)화석연료 의존비율의 순위와 1인당 이산화탄소 배출량의 순위가 정확히 일치하고 있다. 그러나 이 관계가 ⑤가 옳다는 근거가 될 수 없다. 왜냐하면 문제에서 나타난 관계는 우연에 의한 것일 수 있으며, 게다가 1인당 배출량이 주어져 있으므로 전체 배출량과의 관계는 알 수가 없기 때문이다.

34 문제해결 문제   정답 ②

정답해설 ㉠ 1차 투표 : 각각 그룹의 1순위에게 투표하므로 결과는 다음과 같다.
- a : 7표
- b : 9표
- c : 10표
- d : 4표

따라서 1차 투표에서는 b와 c가 선택된다.
㉡ 2차 투표 : b와 c에게 투표한 2차 투표 결과를 정리하면 다음과 같다.
- 1번~7번(7명) : 3순위인 b에게 7표 투표
- 8번~16번(9명) : 1순위인 b에게 9표 투표
- 17번~22번(6명) : 1순위인 c에게 6표 투표
- 23번~26번(4명) : 1순위인 c에게 4표 투표
- 27번~28번(2명) : 3순위인 b에게 2표 투표
- 29번~30번(2명) : 2순위인 c에게 2표 투표

따라서 b는 18표, c는 12표를 얻어 b가 2022년 상반기 신제품으로 출시된다

35 문제해결 문제   정답 ②

정답해설 표는 관료제의 성공이유 및 실패이유를 요약하고 있다. 또한 이에 대한 극복방안으로는 〈보기〉의 ㄱ~ㄹ이 제시되었다.
ㄱ. 명령 계층 구조가 실패한 이유는 명령체계를 통해 주어진 임무만을 수행하는 데 익숙해졌기 때문이다. 주어진 임무의 수행이 반복되다 보면 복잡성을 다룰 수 없게 되는 것은 당연하다. 또한 지배 방식이 조직지능을 확보하는 최선의 방법이 될 수 없다고 하였으므로 조직 지능을 확보할 수 있는, 지배방식 이외의 방식을 강구해야 한다. 두 가지 모두 지배와 명령으로 인해 초래된 것이므로 이의 극복을 위한 방안으로는 자율적 업무수행을 강조하는 것이 적절할 것이다.
ㄷ. 지나친 충성심은 복종으로 이어지므로 스스로에게 동기를 부여하지 못한 채로 명령에만 충실한 상황을 초래할 수 있다. 또한 관리자와 전문가 등 엘리트 집단은 빠른 승진을 기대하나 관료제는 기본적으로 계층제 형식의 피라미드 구조를 띠므로 그들이 원하는 만큼의 승진은 이루어지기 힘들다. 이때 능력중심의 보상제도를 채택하게 되면 명령에만 충실하여 스스로에게 동기부여를 하지 못하던 사람들에게는 동기를 부여할 수 있게 될 것이고 엘리트 집단의 불만 역시 해소할 수 있을 것이다.

오답해설 ㄴ. 지나친 분업으로 인해 기능 간의 조정이 결여되고, 또한 광범위한 조정이 이루어지지 못하게 된 상황에서 개방형 직제의 설치를 통해 기능별 전문가를 유치하게 되면 오히려 분업이 촉진될 것이다.
ㄹ. 정실주의와 족벌주의를 억제하고 엄격한 기강을 확립하는 것은 오히려 집단주의보다는 개인주의에 가깝다. 그러므로 정보집약 업무 등 심층관계가 요구되는 분야에서 개인주의를 더욱 강조하는 것은 옳지 못하다.

정답
및
해설

36 문제해결 문제 정답 ⑤

정답해설 코리아 그랑프리 대회 전의 상위권 드라이버 10명은 모두 코리아 그랑프리 대회에 나갔다. 이 10명에, 코리아 그랑프리 대회에 출전한 선수 중 이 10명과 이름이 겹치지 않는 리우찌, 바리첼로, 가무이, 하이트펠트, 홀켄버그 5명을 더하면 15명이다.

37 문제해결 문제 정답 ⑤

정답해설 18번째 그랑프리 대회는 17회 코리아 그랑프리 대회 이후이므로 1~17번째 대회에서 누적 점수를 구하면 된다. 기록이 상위권인 드라이버들을 대상으로 1~16번째 대회에서의 누적 점수와 17회 코리아 그랑프리 대회에서의 점수를 더하면 답을 맞출 수 있다.
• 1위 : 25, 2위 : 18, 3위 : 15, 4위 : 12, 5위 : 10 (점)
해밀턴 : 199 + 18 = 217 (점)
슈마허 : 206 + 12 = 218 (점)
알론소 : 190 + 25 = 215 (점)
웨버 : 220 + 0 = 220 (점)
마사 : 207 + 15 = 222 (점)
따라서 1~17번째 대회에서 누적 점수가 1위인 드라이버는 마사다.

38 문제해결 문제 정답 ③

정답해설 보기를 통해 도출할 수 있는 사실은 윤호는 군인, 노동자, 행정관료, 기업가 중의 하나이고, 윤호가 노동자가 아닐 경우 A, C, D에 살고 있을 것이며, 윤호가 노동자라면 B지역에 거주할 것이라는 점이다.
③에서 윤호가 부자가 아닐 경우 C 구역과 D 구역에 거주하지 않는다는 명제를 도출할 수 있으며, 군인도 아니므로 윤호는 B 구역에 거주한다는 결론이 도출된다. 그리고 윤호는 농민이 아니라고 하였으므로 윤호는 노동자라는 것을 알 수 있다. 따라서 ③은 반드시 참이 됨을 알 수 있다.

오답해설 ① 만약 윤호가 노동자일 경우 A구역 사람은 모두 B구역 사람만을 좋아한다는 조건에 어긋나므로 ①은 반드시 참이 될 수 없다.
② A구역 사람은 모두 B구역 사람만을 좋아하고, D구역 사람을 존경하는 사람은 모두 A구역 사람들뿐이라고 하였으므로, 만일 윤호가 기업가를 존경한다면 윤호는 군인이어야 한다. 그러나 A구역 사람 즉, 군인은 모두 농민이나 노동자만을 좋아한다는 조건을 통해 윤호가 군인이라면 노동자나 농민만을 좋아한다는 결론이 도출된다는 점에서 ②는 반드시 참이 될 수 없다.
④ 자가용으로 출퇴근하는 사람은 모두 부자라고 하였고, 모든 C구역 사람은 아파트에 거주한다고 하였다. 또한 C구역이나 D구역 사람이 부자라고 하였으므로 윤호가 자가용으로 출근할 경우 행정관료나 기업가라는 결론이 도출된다. 그러나 윤호가 자가용으로 출근한다고 하여 반드시 아파트에 거주한다고 할 수 없는 것으로 반드시 참이 되지는 않는다.
⑤ C구역 사람이 모두 아파트에 거주한다고 하였고, 아파트에 거주하는 사람이 D구역 사람을 좋아한다고 하였으므로, ⑤는 반드시 참이 될 수 없음을 알 수 있다.

39　문제해결 문제　　　　　　　　　　　　　　　　　　　　　　　　　　　　정답 ④

정답해설　신문과 TV 광고를 합해서 볼 때 가장 큰 손해를 본 기업을 알기 위해 표로 정리하면 다음과 같다.

	A기업		B기업		C기업	
	신문	TV	신문	TV	신문	TV
광고 후 선호기업을 바꾼 경우	20	54	11	24	21	80
합계	74		35		101	
광고 후 선호기업으로 선택된 경우	18	68	20	57	14	33
합계	86		77		47	

　　A기업 : 86 − 74 = 12
　　B기업 : 77 − 35 = 42
　　C기업 : 47 − 101 = −54
　　따라서 C기업이 신문과 TV 광고를 합해서 볼 때 가장 큰 손해를 보았다.
　　신문 광고를 통해 가장 큰 이득을 본 기업은
　　A기업 : 18 − 20 = −2
　　B기업 : 20 − 11 = 9
　　C기업 : 14 − 21 = −7 이므로 B기업이다.

40　문제해결 문제　　　　　　　　　　　　　　　　　　　　　　　　　　　　정답 ③

정답해설　앞의 표를 참고하면
　　A기업 : 68 − 54 = 14
　　B기업 : 57 − 24 = 33
　　C기업 : 33 − 80 = −47 이므로 TV광고 후 가장 큰 이득을 본 기업은 B, 가장 큰 손해를 본 기업은 C이다.

41　문제해결 문제　　　　　　　　　　　　　　　　　　　　　　　　　　　　정답 ④

정답해설　포유동물 A는 꼬리가 없다고 하였으므로, 제시문의 내용 중 A에 해당하는 사항을 정리하면 다음과 같다.
　　• 물과 육지 둘 중 한 곳에서 살며, 육식하지 않는다.
　　• 물에 살면서 육식을 하지 않는 포유동물은 다리가 없다.
　　• 육지에 살면서 육식을 하지 않는 포유동물은 털이 없다.
　　이를 통해 반드시 참이 되는 진술을 찾으면 ④ '만약 A가 털이 있다면, A는 다리가 없다.'가 반드시 참이 되므로 정답이다.

42　문제해결 문제　　　　　　　　　　　　　　　　　　　　　　　　　　　　정답 ②

정답해설　이 문제는 전부 일일이 숫자 계산할 필요 없이 표에 나와 있는 비율만 보더라도 풀이가 가능하다.
　　ㄱ. 성비는 여자인구를 남자인구로 나눈 비율이다. 4개년 모두 100을 넘는 것으로 보아 남자인구가 늘 많은 것을 알 수 있다.
　　ㄹ. 총 부양비와 노령화지수는 감소폭 없이 꾸준히 증가하고 있다.

오답해설　ㄴ. 노년부양비는 고령인구를 생산가능인구로 나눈 비율이고, 유소년부양비는 유소년인구를 생산가능인구로 나눈 비율이다. 유소년부양비에 비해 노년부양비가 높은 것으로 보아 유소년인구에 비해 고령인구가 더 많은 것을 알 수 있다.
　　ㄷ. 유소년부양비는 감소하고 노년부양비는 증가하는 것으로 보아, 유소년인구는 감소하고 고령인구는 증가하는 것을 알 수 있다.

43 문제해결 문제
정답 ①

정답해설 표준전압이 220V이므로(주택용 전력(저압))을 참고하여 청구요금을 계산한다.
⊙ 기본요금 : 890원(주택용 전력(저압) 2단계)
ⓒ 전력량요금 : $100 \times 59.1 + 20 \times 122.6 = 8,362$원
ⓒ 전기요금계 : $890 + 8,362 = 9,252 ≒ 9,250$원
ⓔ 부가가치세 : $9,250 \times 0.1 = 925$원 ≒ 920원
ⓜ 전력산업기반기금 : $9,250 \times 0.04 = 370$원
따라서 청구금액은 9,250(ⓒ) + 920(ⓔ) + 370(ⓜ) = 10,540원

44 문제해결 문제
정답 ②

정답해설 표준전압이 3,300V이므로(주택용 전력(고압))을 참고하여 청구요금을 계산한다.
⊙ 기본요금 : 3,090원(주택용 전력(고압) 4단계)
ⓒ 전력량요금
• $100 \times 56.1 = 5,610$원
• $100 \times 96.3 = 9,630$원
• $100 \times 143.4 = 14,340$원
• $50 \times 209.9 = 10,495$원
ⓒ 전기요금계 : $3,090 + 5,610 + 9,630 + 14,340 + 10,495 = 43,165 ≒ 43,160$원
따라서 전력산업기반기금은 $43,160 \times 0.04 = 1,726.4 ≒ 1,720$원

45 문제해결 문제
정답 ⑤

정답해설 ㄱ. 각 치료분야의 줄기세포 치료제를 투여한 환자수는 각 치료분야 환자수×투여율을 구하여 모든 치료분야를 더하면 된다. 이때 투여율에 변화가 없고 각 치료분야의 환자수만 10% 증가한다면 각 치료분야 환자수×투여율도 10% 증가할 것이다. 따라서 줄기세포 치료제를 투여한 전체 환자수도 10% 증가한다.
ㄴ. 모든 치료분야에서 줄기세포 치료제를 투여한 환자 1명당 투여비용은 동일하다고 하였으므로 여러 분야 중 한 분야만 선택해서 계산을 하면 된다. 자가면역 분야의 환자 1명당 투여비용은

$$\frac{시장규모}{줄기세포치료제를투여한환자수} = \frac{12,500만\ 달러}{5,000 \times 0.01} = 250만\ 달러가\ 된다.$$

ㄹ. 유전자 분야의 줄기세포 치료제를 투여한 환자수는 100명이고, 신경분야는 500명이다. 반면 유전자 분야의 환자수가 2,000명 증가하고 투여율이 절반으로 감소하면 줄기세포 치료제를 투여한 환자수는 250명이고, 신경분야는 250명이 된다. 변화가 있기 전 유전자와 신경분야의 환자수의 합은 600명이고, 변화가 있은 후 유전자와 신경분야의 환자수의 합도 600명이 된다. 따라서 시장규모에는 아무런 변화가 없다.

46 문제해결 문제
정답 ①

정답해설 70점 미만을 제외하고 어학 성적이 90점 이상인 어학 우수자를 포함하면 'A, B, C, D, E, F'이며 A를 선발할 경우 D를 선발해야 하고, D를 선발할 경우 B와 C를 선발해야 하므로 최대 3명까지만 선발할 수 있기 때문에 A는 제외된다. 또한 D를 선발할 경우 B와 C를 선발해야 하기 때문에 어학 우수자 E를 포함하여 'B, C, D, E'가 되고, B를 선발하면 F까지 포함되기 때문에 최대 3명까지만 선발할 수 있어 D 역시 제외된다.
따라서 A를 선발할 수 없으면 C가 제외되기 때문에 'B, E'가 남는다. B를 선발하면 'B, E, F'가 된다. 합격한 사람의 학업성적 평균이 불합격한 사람의 평균보다 높아야 하기 때문에 평균을 내기 전 단순하게 전체 성적을 더해보면

A: 265점

B: 245점

C: 235점

D: 240점

E: 280점

F: 245점

G: 235점

이므로 B와 F는 불합격한 A보다 성적이 낮다. 따라서 이 그룹에서 남는 것은 E 뿐이다.

47　문제해결 문제　　　　　　정답 ⑤

정답해설　선택지에서 두 가지 목표와 그들 간의 관계를 살펴보면

첫 번째 목표 : 고가 외제 승용차 구매 억제

두 번째 목표 : 결식아동 복지수준 향상

첫 번째 목표의 달성률이 높아질수록 궁극적으로 관세 수입이 줄어들 것이므로 그에 따라 두 번째 목표 달성에 부정적 영향을 미칠 것이다. 이 경우 〈조건1〉이 만족한다. 또한 두 번째 목표가 이루어졌을 때 이로 인해 첫 번째 목표인 고가 외제 승용차 구매 억제에 부정적 영향을 끼치지 않기 때문에 〈조건2〉도 충족시킨다.

오답해설　① 첫 번째 목표 : 급행우편배달 수요 억제

두 번째 목표 : 급행우편 배달 서비스 수준 향상

첫 번째 목표의 달성률이 높아질수록 총수익은 줄어들어 두 번째 목표 달성에 부정적 영향을 준다. 이는 〈조건1〉을 만족한다. 그러나 두 번째 목표가 달성되면 다시 급행우편배달 서비스의 수요가 늘어날 것이다. 따라서 첫 번째 목표 달성이 더 힘들어지기 때문에 〈조건2〉는 충족되지 않는다.

② 첫 번째 목표 : 자가용 승용차 도심 진입 억제

두 번째 목표 : 새 도심 진입로 B터널의 조속한 건설

A터널 혼잡통행료 징수로 인해 첫 번째 목표가 달성될수록 A터널에서 거둘 혼잡통행료는 줄어들어 이 돈을 사용하여 둘째 목표를 달성하는 것이 어려워져 〈조건1〉이 충족된다. 하지만 두 번째 목표가 달성되면 자가용 승용차의 도심 진입은 확대되어 첫 번째 목표 달성이 어려워지므로 〈조건2〉는 충족되지 않는다.

③ 첫 번째 목표 : 매상 증대

두 번째 목표 : 이웃돕기 성금 기탁

열 번 주문에 한 번의 공짜 주문 기회 제공이라는 수단으로 첫 번째 목표가 달성되면 이익금도 커져 두 번째 목표 달성에도 도움이 된다. 따라서 〈조건1〉이 충족되지 않는다. 반면 이웃돕기 성금 증대가 피자의 매상에 부정적 영향을 끼치지 않으므로 〈조건2〉는 만족한다.

④ 첫 번째 목표 : 담배 소비 억제

두 번째 목표 : 인체에 무해한 담배 개발

첫 번째 목표가 달성되면 담배 판매량에 따라 총 수익금이 줄어들고 이는 연구기금 감소로 이어져 두 번째 목표 달성에 부정적 영향을 준다. 이는 〈조건1〉을 만족한다. 그러나 두 번째 목표가 달성되면 담배 소비가 늘어 첫 번째 목표에 부정적 영향을 미치므로 〈조건2〉는 충족되지 않는다.

48　문제해결 문제　　　　　　정답 ⑤

정답해설　기타비를 증액하면 지침5에 따라 운영비를 증액할 수 없으므로 삭감하거나 현상 유지해야 한다. 그리고 지침4, 6에 따라 홍보비는 증액하거나 현상 유지해야 한다. 이때 지침3에서 기타비를 증액하면 인건비와 조사비는 둘 다 삭감해야 하므로 증액할 수 있는 항목은 홍보비뿐이다. 따라서 '기타비를 증액하면, 반드시 홍보비를 증액해야 한다.'는 결론이 나오게 된다.

정답
및
해설

오답해설 ① 운영비를 증액하면 지침5에 의해 기타비를 현상유지하거나 삭감해야 하며 지침4, 6에 의해 홍보비는 증액하거나 현상 유지해야 한다. 이때 지침3에서 운영비를 증액해야 하므로 조사비와 인건비는 반드시 삭감해야 한다. 따라서 운영비를 증액하면 홍보비는 현상유지하거나 증액할 수 있고 기타비는 현상유지하거나 삭감하며 조사비와 인건비, 재료비를 삭감해야 한다.

② 홍보비를 증액하면 지침1, 3에 따라 인건비는 반드시 삭감해야 한다.

③ 인건비를 증액하면 지침3에 따라 조사비는 반드시 증액해야 하며 지침4, 6에 따라 홍보비는 증액하거나 현상 유지해야 하지만, 이미 두 개의 항목이 증액되었으므로 홍보비는 현상 유지해야 한다. 이럴 경우 지침1에 따라 기타비와 운영비는 반드시 삭감해야 한다는 결론을 얻을 수 있다.

④ 조사비를 증액하면 지침3에 따라 인건비는 반드시 증액해야 하고 지침1에 따라 홍보비는 현상유지하거나 삭감해야 하지만 지침4, 6에 따라 홍보비는 삭감할 수 없으므로 현상 유지해야 한다. 이럴 경우 지침1에 따라 운영비와 기타비는 반드시 삭감해야 한다.

49 문제해결 문제 정답 ④

정답해설 매주 월요일은 모든 공사를 진행하지 않고, 11월 8일은 평일이므로 평일에 진행할 공사는 누수공사와 가스공사이다. 또한 누수공사보다 가스공사를 더 빨리 진행해야 되므로 11월 6일~9일까지는 가스공사를 진행할 예정이다. 따라서 11월 8일에 진행할 공사는 가스공사이다. 전체 공사일정은 다음과 같다.

일	월	화	수	목	금	토
				1	2	3 난방공사
4 난방공사	5 공사 없음	6 가스공사	7 가스공사	8 가스공사	9 가스공사	10 전기공사
11 전기공사	12 공사 없음	13 누수공사	14 누수공사	15 누수공사	16 누수공사	17

50 문제해결 문제 정답 ①

정답해설 우선 표의 각 빈칸을 채워보면

2차 선택 / 1차 선택	A사	B사	C사	D사	E사	계
A사	120	17	15	23	10	185
B사	22	89	11	32	14	168
C사	17	11	135	13	12	188
D사	15	34	21	111	21	202
E사	11	18	13	15	200	257
계	185	169	195	194	257	1,000

ㄱ. (참) 1차 선택은 오른쪽 마지막 열의 계를 확인해보면 E사 제품이 257개로 가장 많다. 순서대로 정리하면 E − D − C − A − B이다.

오답해설 ㄴ. (거짓) 1차와 2차에 걸쳐 동시에 같은 제품을 선택한 숫자는 왼쪽 위부터 오른쪽 아래로 향하는 대각선이므로 순서대로 정리하면 E − C − A − D − B이다.

ㄷ. (거짓) 1차에서 B사 제품을 선택하였으나 2차에서 D사 제품을 선택한 숫자는 32, 1차에서 D사 제품을 선택하고 2차에서 B사 제품을 선택한 숫자는 34이므로 옳지 않다.

제5회 NCS 피둘형 모의고사

빠른
정답찾기

본문 148p

01 의사소통	02 의사소통	03 의사소통	04 의사소통	05 의사소통	06 의사소통	07 의사소통	08 의사소통	09 수리	10 수리
⑤	⑤	①	④	⑤	②	④	⑤	②	④

11 수리	12 수리	13 수리	14 수리	15 수리	16 수리	17 수리	18 문제해결	19 문제해결	20 문제해결
③	②	③	⑤	②	②	③	②	④	①

21 문제해결	22 문제해결	23 문제해결	24 문제해결	25 문제해결	26 문제해결	27 자원관리	28 자원관리	29 자원관리	30 자원관리
②	⑤	③	③	②	⑤	⑤	①	⑤	⑤

31 자원관리	32 자원관리	33 자원관리	34 자기개발	35 자기개발	36 자기개발	37 대인관계	38 대인관계	39 대인관계	40 정보
①	⑤	②	③	⑤	④	③	②	⑤	①

41 정보	42 정보	43 조직이해	44 조직이해	45 조직이해	46 직업윤리	47 직업윤리	48 직업윤리	49 기술	50 기술
⑤	④	①	①	⑤	⑤	⑤	⑤	①	②

취약영역 체크표
※ 틀린 답을 체크하고 자신이 취약한 영역이 무엇인지 파악해보세요.

유형	맞춘 개수	틀린 문제
의사소통	/8	
수리	/9	
문제해결	/9	
자원관리	/7	
자기개발	/3	

유형	맞춘 개수	틀린 문제
대인관계	/3	
정보	/3	
조직이해	/3	
직업윤리	/3	
기술	/2	

---

01   의사소통 문제   정답 ⑤

정답해설 각각 정보, 욕구, 달성이 답이다.
문서에 쓰인 출처나 설정을 2번째 단계에서 파악할 필요는 없다. 작성자의 수준을 분석할 필요 역시 없다. 문서의 이해
과정에서 핵심은 작성 의도(주제)와 목적을 달성하기 위한 해결책이므로 답은 ⑤번이다.

정답
및
해설

02   의사소통 문제

정답 ⑤

정답해설 제시된 상황에서 필요한 것은 업무에 관련된 문서를 통해 구체적인 정보를 획득·수집하고, 종합하기 위한 능력, 즉 직업현장에서 자신의 업무와 관련된 인쇄물이나 기호화된 정보 등 필요한 문서를 확인하여 문서를 읽고, 내용을 이해하고 요점을 파악하는 능력이다. 이를 문서이해능력이라고 한다. 문서이해능력은 문서에서 주어진 문장이나 정보를 읽고 이해하여, 자신에게 필요한 행동이 무엇인지 추론할 수 있어야 하며, 도표, 수, 기호 등도 이해하고 표현할 수 있는 능력을 의미한다.

03   의사소통 문제

정답 ①

정답해설 어떤 사물이나 사실, 현상에 대해 일정한 줄거리를 가지고 있는 말

오답해설 ② 자신의 주장이나 견해를 남에게 일러주는 말
③ 다른 사람과 주고받는 말
④ 사람들이 서로 나누는 대화나 말
⑤ 자신의 주장이나 견해를 남에게 일러주는 말

04   의사소통 문제

정답 ④

정답해설 전세권은 일정 금액을 지급하고 타인의 부동산을 특정 용도에 따라 사용 또는 수익할 수 있는 권리이다.

05   의사소통 문제

정답 ③

정답해설 정부, 회사, 개인은 일반 대중 투자자들로부터 장기의 자금을 조달하여야 할 때 채권을 발행하게 되며, 채권의 소멸(종료) 원인 중 하나인 변제(辨濟)는 채무의 내용인 급부를 실현하는 채무자 또는 기타 제삼자의 행위로서, 이행과 같은 뜻이다.

06   의사소통 문제

정답 ②

정답해설 앞 단락과 뒷 단락을 연결해야 할 때, 서로 내용이 연결되는 문단이기 때문에 문맥상 '이러하므로'를 쓰는 것이 옳다.

오답해설 ① 앞문장과 뒤에 오는 문장을 연결해야하기 때문에 '그리고'가 옳다.
③ 예전에 우리나라 인구가 약 삼천만 명에 이르렀을 때 국민 전체를 비유적으로 삼천만이라고 이르곤 하였다.
④ 김구 선생이 원하는 민족의 사업은 세계를 무력으로 정복하는 것이 아니라 사랑과 평화의 문화로 의좋게 즐겁게 살기를 원하는 것이다. ⓔ의 문장은 순서가 바뀌어야만 그 뒤의 두 번째 문장과 세 번째 문장을 적절히 연결시킬 수 있다.
⑤ 글의 흐름상 '닦고'가 맞다. 마음을 '닫고'는 내 마음을 상대에게 닫는다는 뜻이며, 마음을 '닦고'는 내 마음을 도자기를 닦듯 정갈히 닦아서 밝고 강직하며 순수하게 만든다는 뜻이다.

풀이 Tip 일천만, 이천만, 삼천만 등의 숫자는 띄어쓰기를 하지 않고 붙이는 것이 맞다. 단, '첫 번째'와 같은 경우는 관형사 '첫'과 의존명사 '번째'의 조합이기 때문에 띄어쓰기해야 한다.

07   의사소통 문제

정답 ④

정답해설 주어진 내용을 살펴보면 '새로운 생활원리(生活原理)의 발견(發見)과 실천(實踐)이 필요'하며, 그것이 'ⓐ 우리 민족이 담당한 천직'임을 믿는다고 이야기하고 있다.
그것의 구체적 대상은 네 번째 문단의 '내가 원하는~오직 사랑의 문화, 평화의 문화로 우리 스스로 잘 살고 인류 전체가 의좋게 즐겁게 살도록 하는 일을 하자는 것이다.'를 통해서 확실히 알 수 있다. 따라서 정답은 '④ 사랑과 평화의 문화를 실현하는 일'이다.

08 의사소통 문제

정답 ⑤

정답해설 ⑩은 '협력'으로 두는 것이 옳다. 글쓴이는 권위를 지나치게 기계적이고 획일적으로 생각하거나 지배와 복종의 관계를 의미한다고만 생각하는 것은 옳지 않다고 주장하고 있다. 우리 사회에서 그 어떤 권위나 위신까지도 인정되지 않는다면 질서나 선의의 경쟁은 깨지고 인격의 도야나 진지한 노력도 사라질 것이며, 그런 의미에서 권위는 분업과 협력의 관계라는 것이다.

09 수리 문제

정답 ②

정답해설 이용률 100% 시 소요교실 수가 가장 많은 교과목을 구하려면

이용률 100% 시 소요교실 수 $= \dfrac{\text{예상 수강학생 수}}{\text{수업당 적정학생 수}} \times \dfrac{\text{주당 수업시간 수}}{\text{주당 교실 가동시간 수}}$ 이므로,

소비와 경제 $= \dfrac{450}{30} \times \dfrac{8}{40} = 3$, 확률과 통계 $= \dfrac{330}{30} \times \dfrac{8}{40} = 2.2$, 생태와 환경 $\dfrac{220}{20} \times \dfrac{4}{40} = 1.1$

따라서 소비와 경제가 가장 많다.

또한 '소비와 경제'의 실제 필요교실 수는

이용률 $= \dfrac{\text{이용률 100% 시 소요교실 수}}{\text{실제 필요교실 수}} \times 100$에서 이용률이 70%를 넘지 않아야 하므로

실제 필요교실 수 $= \dfrac{3}{70} \times 100 ≒ 4.30$이다. 따라서 소비와 경제 교실은 약 5개가 필요하다고 볼 수 있다.

10 수리 문제

정답 ④

정답해설 외국 기업 국내 서비스업 투자 건수에서 2021년에는 680건이고 2022년에는 687건이므로,

2021년 외국 기업의 국내 투자 건수 : $\dfrac{680}{0.659} ≒ 1,031.8665$(건)

2022년 외국 기업의 국내 투자 건수 : $\dfrac{687}{0.687} = 1,000$(건)

따라서 2022년이 2021년보다 적다고 할 수 있다.

오답해설 ① 외국 기업 국내 투자 건수 중 각 산업이 차지하는 비율의 순위를 정리하면,
2020년 : 서비스업 – 제조업 – 전기·가스·수도·건설업 – 농·축·수산·광업
2021년 : 서비스업 – 제조업 – 농·축·수산·광업 – 전기·가스·수도·건설업
2022년 : 서비스업 – 제조업 – 전기·가스·수도·건설업 – 농·축·수산·광업
2023년 : 서비스업 – 제조업 – 전기·가스·수도·건설업 – 농·축·수산·광업
따라서 2021년의 순위는 다른 해와 다르다.
② 2022년 외국 기업 국내 투자 건수 중 제조업이 차지하는 비율은 13.6%로 2019년의 17.1%보다 감소하였다.
③ 표에 나와 있는 외국 기업 국내 서비스업 투자 건당 투자 금액을 계산하면,
2020년 : 823÷572 ≒ 1.4388(백만 달러)
2021년 : 1,448÷680 ≒ 2.1294(백만 달러)
2022년 : 1,264÷687 ≒ 1.8399(백만 달러)
2023년 : 2,766÷553 ≒ 5.0018(백만 달러)
2022년 외국 기업의 국내 서비스업 투자 건당 투자 금액은 전년 대비 감소하였다.
⑤ 2020년 외국 기업의 국내 투자 건수의 산업별 비율 중 서비스업은 572건으로 전체의 67.8%를 차지하였다.
2020년 외국 기업의 국내 투자 건수를 x라고 하면,

$x = \dfrac{572}{0.678} ≒ 843.6578$(건)

이 중 농·축·수산·광업에 대한 투자 건수의 비율은 5.9%이므로,
843.6578×0.059 ≒ 49.7758(건)이며 따라서 50건이 넘지 않는다.

정답
및
해설

11 수리 문제   정답 ③

정답해설 2020년과 비교하여 2023년에 시간당 임금이 감소한 국가는 독일, 프랑스, 스웨덴이고 이들은 모두 유럽에 위치하고 있다.

오답해설 ① 2021년에 비해 2023년에 단위노동 비용지수가 가장 큰 비율로 감소한 국가는 한국으로 71.7 − 64.7 = 7이므로 7만
큼 감소하였다.
② 각 나라 전체의 시간당 임금을 다 통틀어서 총 시간당 평균임금이 가장 많았던 나라는 독일이다.

	시간당 임금 총계($)	그 평균값($)
미국	77.79	19.4475
영국	72.38	18.095
한국	29.59	7.3975
프랑스	66.2	16.55
독일	95.79	23.9475
일본	80.77	20.1925
스웨덴	76.22	19.055

④ 2022년 생산직 노동자의 시간당 임금이 가장 높은 국가는 22.99$로 독일이고, 가장 낮은 국가는 8.48$로 한국이다.
⑤ 2021년 단위노동 비용지수가 가장 높은 나라는 105.7로 일본이다.

12 수리 문제   정답 ③

정답해설 외국인은 내국인에 비해 한국의 부패 정도가 심하지 않다고 생각하고 있다. 물론 내국인이 한국의 부패 정도에 대한 인
식의 변화가 크지 않은 반면 외국인은 조사 시기에 따라 한국의 부패 정도에 대한 인식의 변화가 상대적으로 크다. 하지
만 이것은 '부패하다'의 응답률이 변화한 것이고 한국의 부패 정도에 대한 인식의 변화이지 부패 자체에 대한 민감성을
반영한 것이라고 보기는 어렵다.

13 수리 문제   정답 ③

정답해설 2020년 항공 화물 수송량은 3,238(천톤)이며, 2019년도 항공 화물 수송량은 3,327(천톤)이다. 따라서 2020년도 수송량
은 전년도에 비해 $\frac{3,238 - 3,327}{3,238} \times 100 = -2.7486\cdots(\%)$ 변동되었다. 따라서 3%이상 변동된 것은 아니므로 옳지 않은
문장이다.

오답해설 ① 해운의 화물 수송량과 여객의 항공 수송량 모두 2018년 이후 지속적으로 증가하였다.
② 2019년 해운 여객 수송인원은 2,761(천명)이며, 2021년 해운 여객 수송인원은 2,881(천명)이다. 두 해의 평균은
$\frac{2,761 + 2,881}{2} = 2,821$(천명)이다.
④ 해운과 항공의 수송량과 합계를 볼 때, 여객의 경우 항공 수송이 절대적으로 비중이 높고, 화물 소송의 경우 해운이
절대적으로 비중이 높음을 알 수 있다.
⑤ 2021년 국제 여객ㆍ화물 수송량은 2017년, 2019년보다 모두 증가하였다.

14 수리 문제   정답 ③

정답해설 연속하는 수에 관한 문제는 가운데 수를 x로 놓고 푸는 것이 쉽다.

문제에서 연속하는 세 수를 $(x-1)$, x, $(x+1)$로 하면, 각각의 제곱수는 $(x-1)^2$, x^2, $(x+1)^2$이다.

모두 합해보면 $(x^2-2x+1)+x^2+(x^2+2x+1)=3x^2+2$이다. 이 값이 341이상 431이하이므로

$341 \leq 3x^2+2 \leq 431, 339 \leq 3x^2 \leq 429, 113 \leq x^2 \leq 143$이다.

따라서 $x=11$이므로 연속하는 세 수는 10, 11, 12이다. 이 중 가장 큰 수는 12이다.

15 수리 문제   정답 ②

정답해설 ㉮ 1995년 대비 2020년의 대졸 이상자 월평균 임금의 상승률은 $\dfrac{1,669}{120} \times 100 \fallingdotseq 1,390(\%)$

㉯ 여자 월평균 임금의 상승률은 $\dfrac{954-25}{25} = \dfrac{929}{25} \times 100 = 3,716(\%)$

남자 월평균 임금의 상승률은 $\dfrac{1,474-60}{60} = \dfrac{1,414}{60} \times 100 \fallingdotseq 2,356(\%)$이다. (소수점 아래는 생략한다.)

따라서 1995년 대비 2020년의 여자 월평균 임금 상승률과 남성의 월평균 임금 상승률의 차이는

$3,716-2,356=1,360(\%)$이다.

따라서 ㉮ $-$ ㉯ $= 1390-1360 = 30$이다.

16 수리 문제   정답 ②

정답해설 ㄴ. 피부질환제의 전년동월비 등락률은 1.6%이고, 보습학원비의 전월비 등락률은 0.0%이므로 더 높다.

ㄷ. 전월대비 등락률은 부추 27.3%, 배추 −53.9%, 풋고추 −21.4%, 돼지고기 −7.2%로 배추가 가장 큰 등락률을 보인다.

오답해설 ㄱ. 그림을 보면 2019년 11월부터 2023년 11월까지 식료품 이외 품목의 전월비는 지속적으로 하락하지 않고 2022년 11월에 한번 치솟았다.

ㄹ. 먼저 부추부터 계산하면 27.3%가 올랐기 때문에 부추 3,000원의 10월 가격(x)을 계산하면

$x+(x \times 0.273) = 3,000(원)$이므로

$x = \dfrac{3,000}{1.273} \fallingdotseq 2,356(원)$이다.

17 수리 문제   정답 ③

정답해설 2020년 11월 식료품의 전월비 등락률이 −0.9%이므로 2020년 10월 식료품비 470,000원어치에서 −0.9%를 빼면 11월 식료품비가 나온다. $470,000-(470,000 \times 0.009)=470,000-4,230=465,770(원)$이다.

18 문제해결 문제   정답 ②

정답해설 SWOT 전략 수립 방법을 바르게 짝지은 것은 ②이다.

SWOT 분석은 내부 환경요인과 외부 환경요인의 2개의 축으로 구성되어 있다.

우선 내부 환경요인은 자사 내부의 환경을 분석하는 것으로 다시 자사의 '강점(Strengths)'과 '약점(Weaknesses)'으로 분석되는데, 경쟁자와 비교하여 나의 강점과 약점을 분석한다. 외부 환경요인은 자사 외부의 환경을 분석하는 것으로, 분석은 다시 '기회(Opportunities)'와 '위협(Threats)'으로 구분된다. 좋은 쪽으로 작용하는 것은 기회, 나쁜 쪽으로 작용하는 것은 위협으로 분류한다. 이를 통해 내부의 강점과 약점을 외부의 기회와 위협을 대응시켜 기업의 목표를 달성하려는 발전전략을 SO전략, ST전략, WO전략, WT전략으로 구성한다.

19 문제해결 문제 정답 ④

정답해설 제시된 사례의 상황은 직장생활에서 흔히 겪게 되는 상황으로, 논리적인 사고의 중요성을 일깨워준다. 논리적 사고는 사고의 전개에 있어서 전후의 관계가 일치하고 있는가를 살피고 아이디어를 평가하는 능력으로, 다른 사람을 공감시켜 움직일 수 있게 하며 짧은 시간에 헤매지 않고 사고할 수 있게 한다. 이러한 논리적인 사고는 특히 다른 사람을 설득하여야 할 과정에서 유용한데, 아무리 많은 지식을 가지고 있더라도 논리적 사고력이 부족한 경우 자신이 만든 계획이나 주장을 주위 사람에게 이해시켜 실현시키기가 어렵다.

20 문제해결 문제 정답 ①

정답해설 MECE(Mutually Exclusive and Collectively Exhaustive)란 서로 배타적이며 중복되지 않게 문제를 분류할 수 있도록 하는 기법으로, 어떤 사항과 개념을 중복 없이, 그리고 전체로서 누락 없는 부분집합으로 파악하는 것이라고 할 수 있다.

오답해설 ② SWOT 분석은 기업내부의 강점·약점과 외부환경의 기회·위협요인을 분석 평가하고 이들을 서로 연관지어 전략을 개발하고 문제해결 방안을 개발하는 방법이다.

③ 3C 분석은 사업 환경을 구성하고 있는 요소인 자사(Company), 경쟁사(Competition), 고객(Customer)에 대한 체계적인 분석을 통해서 환경 분석을 수행하는 것을 말한다. 3C분석에서 고객 분석에서는 '고객은 자사의 상품·서비스에 만족하고 있는지'를, 자사 분석에서는 '자사가 세운 달성목표와 현상 간에 차이가 없는지'를 경쟁사 분석에서는 '경쟁기업의 우수한 점과 자사의 현상과 차이가 없는지'에 대한 질문을 통해서 환경을 분석하게 된다.

④ SMART 기법은 구체성, 평가가능성, 어렵지만 달성 가능한 목표, 관련성, 시간 등 5가지 항목을 기초로 하는 목표설정 방법이다.

⑤ NM법은 비교발상법의 하나로, 주제와 본질적으로 닮은 것을 힌트로 하여 새로운 아이디어를 얻는 방법이다.

21 문제해결 문제 정답 ②

정답해설 코디네이터 역할을 하는 제3자가 권위나 공감에 의지하여 의견을 중재하고 타협과 조정을 통하여 해결을 도모하는 것은 소프트 어프로치에 의한 문제해결방법에 해당한다.

풀이 Tip 〈문제해결을 위한 방법〉

소프트 어프로치에 의한 문제해결
- 대부분의 기업에서 볼 수 있는 전형적인 스타일로 조직 구성원들은 같은 문화적 토양을 가지고 이심전심으로 서로를 이해하는 상황을 가정함
- 문제해결을 위해서 직접적인 표현이 바람직하지 않다고 여기며, 무언가를 시사하거나 암시를 통하여 의사를 전달하고 기분을 서로 통하게 함으로써 문제해결을 도모함
- 코디네이터 역할을 하는 제3자는 결론으로 끌고 갈 지점을 미리 머릿속에 그려가면서 권위나 공감에 의지하여 의견을 중재하고, 타협과 조정을 통하여 해결을 도모함

하드 어프로치에 의한 문제해결
- 상이한 문화적 토양을 가지고 있는 구성원을 가정하고, 서로의 생각을 직설적으로 주장하고 논쟁이나 협상을 통해 서로의 의견을 조정해 가는 방법
- 중심적 역할을 하는 것이 논리, 즉 사실과 원칙에 근거한 토론이며, 제3자는 이것을 기반으로 구성원에게 지도·설득하고 전원이 합의하는 일치점을 찾아내려고 함
- 방법은 합리적이긴 하나 잘못하면 단순한 이해관계의 조정에 그치며, 창조적 아이디어나 높은 만족감을 이끌어 내기 어려움

퍼실리테이션에 의한 문제해결
- 퍼실리테이션(facilitation)이란 '촉진'을 의미하며, 어떤 그룹이나 집단이 의사결정을 잘 하도록 도와주는 일을 의미함
- 퍼실리테이션에 의한 문제해결방법은 깊이 있는 커뮤니케이션을 통해 서로의 문제점을 이해하고 공감함으로써 창조적인 문제해결을 도모함
- 문제해결은 구성원이 자율적으로 실행하는 것이며, 제3자가 합의점이나 줄거리를 준비해놓고 예정대로 결론이 도출되어가는 것이어서는 안 됨

- 소프트 어프로치나 하드 어프로치 방법은 단순한 타협점의 조정에 그치지만 퍼실리테이션에 의한 방법은 초기에 생각하지 못했던 창조적인 해결방법이 도출되며, 구성원의 동기가 강화되고 팀워크도 한층 강화된다는 특징을 지님
- 최근 많은 조직에서는 보다 생산적인 결과를 가져올 수 있도록 그룹이 어떤 방향으로 나아갈지 알려주고, 주제에 대한 공감을 이룰 수 있도록 능숙하게 도와주는 퍼실리테이터를 활용하고 있음

22 문제해결 문제   정답 ⑤

정답해설 SMART 기법의 5가지 항목은 다음과 같다. 따라서 ⑤는 해당되지 않는다.
1. 구체성(specific) : 업무 목표를 구체화해야 함
2. 평가가능성(measurable) : 업무가 평가 가능해야 함
3. 어렵지만 달성 가능한 목표(aggressive yet achievable)
4. 관련성(relevant) : 업무 과제 성격과 관련되어 있어야 함
5. 시간(time - bound) : 업무 마감일을 설정해야 함

23 문제해결 문제   정답 ③

정답해설
- A의 주장
  - 숯이 탈 경우 숯에서 다량의 플로지스톤이 방출된다. → 숯이 타고 남은 재의 무게는 숯보다 줄어들 수밖에 없다.
  - 철이 녹스는 것은 플로지스톤의 방출 과정이다. → 금속의 플로지스톤은 음의 무게를 갖는다. 즉, 금속의 경우에는 플로지스톤이 적을수록 무게가 더 커진다.
- B의 주장
  - 철은 녹슬기 전보다 녹슨 후가 더 무겁다.
  - 철이 녹슬 때 늘어난 무게가 워낙 작으므로 실험의 신빙성이 의심스럽다.

ㄴ. 음의 무게를 가지는 플로지스톤은 금속의 플로지스톤이다. 숯이 타면서 플로지스톤이 방출됨으로 인해 타고 남은 재의 무게는 숯보다 줄어들었으므로 숯의 플로지스톤은 양의 무게를 가지고 있다. 'ㄴ'은 거짓이다.

ㄹ. 숯이 탈 경우 숯에서는 다량의 플로지스톤이 방출되며 그로 인해 숯이 타고 남은 재는 숯보다 무게가 가볍다. A가 보고한 이 실험은 참이며 플로지스톤 이론과도 일치하므로 'ㄹ'은 거짓이다.

오답해설
ㄱ. A와 B 모두 철이 녹스는 것과 플로지스톤 사이에 연관성이 있다는 사실을 인정하고 있다. 'ㄱ'은 참이다.

ㄷ. 철이 녹슬면서 무게가 증가한다는 실험 결과가 몇 차례 보고된 바 있다는 A의 말과, 무게의 증가량이 작기 때문에 실험의 신빙성이 대단히 의심스럽다는 B의 말이 모두 진실이므로 'ㄷ'의 참과 거짓은 구별하기 어렵다.

ㅁ. 숯의 플로지스톤이 양의 무게를 가지는 반면 철의 플로지스톤은 음의 무게를 가진다. 그러므로 이 두 가지의 플로지스톤은 각각 다른 성질을 지니고 있다. 'ㅁ'은 참이다.

24 문제해결 문제   정답 ③

정답해설 축구화를 신은 사람은 모두 수비수이다. 그러므로 김 과장이 B팀의 공격수라면 그는 축구화를 신고 있지 않을 것이다.

오답해설
① 양 팀에서 안경을 쓰고 있는 사람은 모두 수비수이다. 그러므로 김 과장이 공격수라면 안경을 쓰고 있지 않을 것이다.
② 흰색 상의는 B팀의 유니폼이다. 또한 축구화를 신고 있는 사람은 모두 안경을 쓰고 있으며, 안경을 쓰고 있는 사람은 모두 수비수이므로 축구화를 신고 있는 사람은 모두 수비수이다. 그러나 김 과장이 속해 있는 팀도, 그가 수비수인지의 여부도 알 수 없으므로 ②는 사실이기 어렵다.
④ 검정색 상의는 A팀의 유니폼이다. 또한 안경을 쓰고 있는 사람은 수비수이다. 그러나 김 과장이 속해 있는 팀도, 그가 수비수인지의 여부도 알 수 없으므로 ④는 사실이 아니다.
⑤ 만약 김 과장이 A팀의 수비수라면 유니폼으로 검정색 상의를 입고 있는 것이 당연하다. 그러나 'ㄷ'에서 안경을 쓴 사람이 모두 수비수라고는 했지만 이것이 모든 수비수가 안경을 쓰고 있다는 의미는 아니므로 수비수인 김 과장이 안경을 쓰고 있다고 단정할 수 없다.

정답
및
해설

25 문제해결 문제 정답 ②

정답해설 시험에서 4점 이하를 받은 자는 선정 대상에서 제외되므로, A, C, E는 제외된다.
B, D, F, G를 대상으로 각 시험에서 받은 점수를 환산하면 다음과 같다.

구분	1차 시험 환산 점수	2차 시험 환산 점수	3차 시험 환산 점수	합계
B	14	24	24	62
D	18	18	28	64
F	14	18	28	60
G	16	21	20	57

따라서 환산 점수가 가장 높은 D가 핵심 인재로 선정된다.

26 문제해결 문제 정답 ⑤

지원자(지원한 팀)	1차 시험 환산 점수	2차 시험 환산 점수	3차 시험 환산 점수	합계
B(전력관리팀)	14	24	24	62
D(전산관리팀)	18	18	28	64
F(전산관리팀)	14	18	28	60
G(전력관리팀)	16	21	20	57

부서의 결원 수와 희망 지원자 수를 비교하여 지원자 수가 더 많은 곳에서 희망 부서에 배치되지 못하는 사람이 나오게 된다. 전력관리팀과 전산관리팀은 모두 결원 수가 1명이나 지원자 수는 2명이므로, 여기에 지원한 사람의 환산 점수를 계산하면 다음과 같다.
따라서 희망 부서에 배치되지 못하는 사람은 F와 G이다.

27 자원관리 문제 정답 ⑤

정답해설 '간혹 들어도 승리 씨는 내가 하고 싶어서 하는 건데 훈수나 두는 말들이라고 생각하곤 하였다.'라는 예시 글을 보아 시간 자원에 대한 인식이 부재함을 알 수 있다. 시간은 상대적인 것이고 무척 중요한 자원이지만 이를 인식하지 못하여 제대로 활용하지 못하고 낭비하는 것은 자원에 대한 인식 부재에서 기인하는 낭비에 해당한다. 자원을 물적 자원에만 국한하여 생각함으로써, 승리 씨는 시간 자원을 어떻게 쓰느냐에 따라 인생에 있어 중요한 영향을 받을 수 있음에도 불구하고 이를 낭비하는 행동을 보이고 있다. 이는 그에게 시간 자원의 귀중한 가치가 아직 인식되지 않았기 때문이다.

오답해설 ① 승리 씨는 계획을 세워 시간 자원을 나름대로 사용하고 있기 때문에 비계획적이라고 볼 수 없다.
② 생산성이 향상되었기 때문에 시간 자원을 낭비하고 있다고 보기 어렵다.
③ 본문에 나오는 내용을 보았을 때, 사회에서 큰 성취를 거둔 승리 씨가 시간 자원을 다루는 노하우가 부족하여 시간을 낭비한다고 하기는 어렵다.
④ 능력주의는 대개 인적자원을 다루는 과정에서 많이 발생한다. 이는 사람을 능력으로 평가한다는 것이다.

28 자원관리 문제 정답 ①

정답해설 '긴급하지만 중요하지 않은 일'에 해당하는 것으로는 잠깐의 급한 질문, 일부 보고서 및 회의, 눈앞의 급박한 상황, 인기 있는 활동 등이 있다.

오답해설 ②, ③ 긴급하지 않지만 중요한 일'의 예로는 인간관계 구축, 새로운 기회 발굴, 중장기계획 등이 있다.
④ '긴급하지 않고 중요하지 않은 일'에는 우편물, 전화, 시간낭비거리, 즐거운 활동, 하찮은 일 등이 있다.
⑤ '기간이 정해진 프로젝트'는 Ⅰ단계인 '긴급하면서도 중요한 일'에 해당한다.

29　자원관리 문제　정답 ⑤

정답해설 긴급하지 않지만 중요한 일의 예로는 인간관계 구축, 새로운 기회 발굴, 중장기계획 등이 있다.

오답해설 ①, ②, ③ '긴급하지만 중요하지 않은 일'에 해당하는 것으로는 잠깐의 급한 질문, 일부 보고서 및 회의, 눈앞의 급박한 상황, 인기 있는 야외 활동 등이 있다.
④ 긴급하지 않고 중요하지 않은 일'에는 우편물, 전화, 시간낭비거리, 즐거운 활동, 하찮은 일 등이 있다.

30　자원관리 문제　정답 ⑤

정답해설 일반적으로 예산관리는 활동이나 사업에 소요되는 비용을 산정하고 예산을 편성하는 것뿐만 아니라, 집행과정에서 예산을 관리하는 예산 통제를 모두 포함한다고 할 수 있다. 즉, 예산을 수립하고 집행하는 모든 일을 예산관리라고 할 수 있다. 따라서 일반적으로 예산관리에 포함되는 않는 것은 예산 평가이다.
아무리 예산을 정확하게 수립하였다 하더라도 활동이나 사업을 진행하는 과정에서 계획에 따라 적절히 관리하지 않으면 아무런 효과가 없다. 따라서 좁게는 개인의 생활비나 용돈관리에서부터 크게는 사업, 기업 등의 예산관리가 모두 실행과정에서 적절히 예산을 통제해주는 것이 필수적이라고 할 수 있다.

31　자원관리 문제　정답 ①

정답해설 과업세부도는 과제 및 활동의 계획을 수립하는데 있어서 가장 기본적인 수단으로 활용되는 그래프로, 필요한 모든 일들을 중요한 범주에 따라 체계화시켜 구분해 놓은 그래프를 말한다. 과업세부도를 활용하면 과제에 필요한 활동이나 과업을 파악할 수 있고, 또한 이를 비용과 매치시켜 놓음으로써 어떤 항목에 얼마만큼의 비용이 소요되는지를 정확하게 파악할 수 있기 때문이다. 또한 과제 수행에 필요한 예산 항목을 빠트리지 않고 확인할 수 있으며 이러한 항목을 통해 전체 예산을 정확하게 분배할 수 있다는 장점이 있다.

32　자원관리 문제　정답 ⑤

정답해설 11월 광고효과가 가장 큰 수단을 찾기 전에 KTX의 광고는 광고비용이 예산을 초과하므로 구하지 않는다. KTX의 광고를 제외한 나머지 광고효과를 구하면
TV의 광고효과는 월 기준으로 $3 \times 1,000,000 \div 30,000,000 = 0.1$
버스의 광고효과는 월 기준으로 $30 \times 100,000 \div 20,000,000 = 0.15$
지하철의 광고효과는 월 기준으로 $1,800 \times 2,000 \div 25,000,000 = 0.144$
포털사이트의 광고효과는 월 기준으로 $1,500 \times 5,000 \div 30,000,000 = 0.25$
광고효과가 가장 큰 수단은 포털사이트이다. 따라서 홍팀장이 11월에 선택할 광고수단은 포털사이트이다.

33　자원관리 문제　정답 ②

정답해설 지출 내역 중 직접비용은 출장 교통비, 장비 구입비, 장비 대여료이므로
5월 14일 : 51,200(고속열차 티켓) + 1,250(지하철비) + 10,200(카메라 필름 구입비) + 1,250(버스비) = 63,900
5월 15일 : 12,500(택시비) + 25,000(촬영 조명 대여비) + 1,700(버스비) + 51,200(고속열차 티켓) = 90,400
따라서 90,400 + 63,900 = 154,300원이다.

정답
및
해설

34 자기개발 문제 정답 ③

정답해설 능력주의 문화는 경력개발능력이 필요한 이유 중 조직요구 차원의 요구에 해당하는 것으로, 이 외에도 경영전략 변화, 승진적체, 직무환경 변화 등이 있다.

35 자기개발 문제 정답 ⑤

정답해설 자기실현의 욕구는 자기개발을 통하여 충족될 수 있다. 직무능력 향상을 위해 자격증 시험을 준비하는 것은 자기실현 욕구로부터 기인하는 것이다.

오답해설 ① 이는 존경의 욕구이다. 이는 타인에게 인정받고자 하는 욕망이다.
② 이는 사회적 욕구이다. 인간은 본래 사회적 동물이기 때문에 다른 사람과 원활한 인간관계를 맺고, 공동체에 소속되기를 원한다.
③ 이는 안정의 욕구이다. 이 욕구는 위협과 불안으로부터 벗어나 안정된 삶을 지향하고자 하는 것을 뜻한다.
④ 이 역시 안정의 욕구라고 볼 수 있다. 현재 소속되어 있는 집안과 문화를 뒤흔드는 사회 · 경제적 위협과 불안으로부터 벗어나 안정적인 삶을 유지하기를 원하는 것을 말한다.

36 자기개발 문제 정답 ④

정답해설 현재 승아 씨는 자신이 정말 무엇을 원하는지, 자신의 가치, 신념, 흥미, 적성, 성격 등 자신이 누구인지 파악하는 것이다. 이는 자기개발의 첫 단계가 되며, 자신이 어떠한 특성을 가지고 있는 지를 바르게 인식하는 단계에 있다고 볼 수 있다. 이 다음으로 오는 과정은 자기관리로 자신을 이해하고 목표른 선치하기 위하여 자신의 행동을 관리하고 조정하는 것이다. 하지만 승아 씨는 현재에 닥쳐온 스스로의 과제를 어떻게 해결해나가야 하는지에 대해서 혼란스러워하고 있다. 이는 자신의 과제를 풀어나갈 자기개발 방법을 아직 모르고 있기 때문이라고 할 수 있다.

오답해설 ① 승아 씨의 자기개발을 방해하는 요소에 욕구와 감정이 작용할 수는 있겠지만, 성공하고자 하는 욕구와 감정이 승아 씨의 가장 큰 장애물은 아니다. 승아 씨는 돈을 많이 버는 것보다 원하는 삶을 살기를 바라는 욕구가 더 크다 할 수 있다.
② 승아 씨는 살아가던 제한된 일상에서 조금 다른 방향으로 사유하는 것을 시도했다고 볼 수 있다.
③ 승아 씨가 신체적 장애에 부딪친 것은 아니다.
⑤ 승아 씨는 인간관계 때문에 고통을 받으며 자기개발을 못하고 있지 않다.

37 대인관계 문제 정답 ③

정답해설 특정 입장만 고집하는 상대에게는 입장협상을 하는 편이 가장 현명하다. 상대방이 특정 입장만 내세우는 입장협상을 할 경우에는 조용히 그들의 준비를 도와주고, 서로 의견을 교환하면서 상대의 마음을 열게 해야 한다. A는 B가 자신의 회사를 무시하는 태도를 보였다고 생각하고 입장이 완전히 돌아섰다. B가 약간의 호응을 하며 A의 마음을 열었다면 아예 돌아서지는 않았을 것이다.

38 대인관계 문제 정답 ②

오답해설 가 – 코칭이 조직에게 주는 혜택에는 동기를 부여받은 자신감 넘치는 노동력, 높은 품질의 제품, 철저한 책임감을 갖춘 직원들, 전반적으로 상승된 효율성 및 생산성이다.
다 – 전통적으로 코칭은 리더나 관리자가 직원들을 코치하는 관점에서 활용되었으나, 오늘날에는 상황이 바뀌어 판매자와 고객 등의 사람들에게 성공적인 커뮤니케이션 수단으로 활용되고 있다. 판매자에게는 새롭고 효과적인 해결책을 설계 · 진행 · 실현하는데 활용되고 있으며, 고객은 고객만족 문제를 해결하고 장기적 수익을 실현하는데 활용된다. 그 밖에 직장 외의 사람들과 상황에서도 활용되고 있다.

라 – 코칭과 관리는 대표적인 커뮤니케이션 도구이나, 양자는 전혀 다른 접근법을 특징으로 한다. 관리의 도구로 활용되는 전통적인 접근법에서는 리더가 지식이나 정보를 하달하며 의사결정의 권한을 가지고 있는 것이 당연하게 받아들이지만, 코칭은 이와 같은 전통적인 접근법과는 거리가 멀다. 코칭활동은 다른 사람들을 지도하는 측면보다 이끌어주고 영향을 미치는 데 중점을 두기 때문에, 리더는 자신이 가지고 있는 통제 권한을 기꺼이 버려야 한다. 코칭은 지침보다는 질문과 논의를 통해, 통제보다는 경청과 지원을 통해 상황의 발전과 좋은 결과를 이끌어낸다.

39 대인관계 문제   정답 ⑤

정답해설 헨리포드는 권위주의적 리더십을 지닌 사람이다. 그는 하급자의 의견을 무시하고 독단적으로 조직을 이끌어갔다. 이러한 통치 방식은 그 어떤 탁월한 부하 직원들을 거느리고 있다 할지라도 효과적일 수 없다. 탁월한 부하 직원들을 거느리고 있을 때 효과적인 통치 방식은 민주주의적 리더십에 해당한다.

40 정보 문제   정답 ①

정답해설 NSERT INTO 필드 VALUES (변경 값)

41 정보 문제   정답 ⑤

정답해설 승연 씨의 사원 번호를 살펴보면
B20 : 경기지사에서 일한다.
GE02 : 유통부서에서 일한다.
0112 : 6직급이다.
175 : 입사 후 이름의 '가나다 순'으로 번호를 매겨진 것이기에 전체 신입사원의 수를 알 순 없다. 또한 '이' 씨임도 확인할 수 없다.
따라서 보기 중 옳은 설명은 ⑤이다.

42 정보 문제   정답 ④

정답해설 같은 지사 같은 직급에서 일하는 사원들을 고르려면 사원 번호에서 첫 번째 코드와 세 번째 코드가 같아야 한다. 따라서 서영호, 박주원 사원이 충북 지사에서 6직급으로 같이 일하고 있다. 나머지 보기의 사원들은 서로 지사는 같지만 직급이 달라 답이 될 수 없다.

43 조직이해 문제   정답 ①

정답해설 문화충격(culture shock)은 한 문화권에 속한 사람이 다른 문화를 접하게 되었을 때 체험하는 충격 또는 다른 문화권이나 하위문화 집단에 들어가 기대되는 역할과 규범을 잘 모를 때 겪게 되는 혼란이나 불안을 의미한다. 문화충격에 대비하기 위해서 가장 중요한 것은 다른 문화에 대해 개방적인 태도를 견지하는 것이다. 자신이 속한 문화의 기준으로 다른 문화를 평가하지 말고, 자신의 정체성은 유지하되 새롭고 다른 것을 경험하는데 오는 즐거움을 느끼는 적극적 자세를 취하는 것이 필요하다.

오답해설 ② 문화지체(cultural lag)란 급속히 발전하는 물질문화와 완만하게 변하는 비물질문화 간에 변동속도의 차이에서 생겨나는 사회적 부조화를 의미한다.
③ 문화 상대주의는 어떤 사회의 특수한 자연환경과 역사적 배경, 사회적 맥락 등을 고려하여 그 사회의 문화를 이해하는 태도를 말한다.
④ 문화융합이란 서로 다른 사회의 문화 요소가 결합하여 기존의 두 문화 요소와는 다른 성격을 지닌 새로운 문화가 나

정답
및
해설

타나는 현상을 말한다. 서로 다른 문화가 접촉 · 전파되면서 문화 접변이 일어나면, 그 결과 문화동화, 문화공존, 문화
융합 등 다양한 변동 양상이 나타나게 된다.
⑤ 제국주의란 강력한 군사력을 토대로 정치, 경제, 군사적 지배권을 다른 민족이나 국가로 확장시키려는 패권주의 정책
을 말한다.

44 조직이해 문제 정답 ⑤

정답해설 • 인사부 : 조직기구의 개편 및 조정, 업무분장 및 조정, 인력수급계획 및 관리, 직무 및 정원의 조정 조합, 노사관리, 평
가관리, 상벌관리, 인사발령, 교육체계 수립 및 관리, 임금제도, 복리후생제도 및 지원업무, 복무관리, 퇴직관리 등의 일
이 있다.
• 기획부 : 경영계획 및 전략 수립, 전사기획업무 종합 및 조정, 중장기 사업계획의 종합 및 조정, 경영정보 조사및 기획
보고, 경영진단업무, 종합예산수립 및 실적관리, 단기사업계획 종합 및 조정, 사업계획, 손익추정, 실적관리 및 분석 등
의 일이 있다.

45 조직이해 문제 정답 ⑤

정답해설 회사가 실적부진을 겪고 있으므로 협력을 통해 실적향상을 추구하는 것이 요구된다. 그러므로 독립적인 업무 진행보다
는 각 조직의 유기적 협력을 통한 업무 협조 · 처리가 더 바람직하다. 따라서 ⑤는 적절하지 않다.

오답해설 ① 조직성 향상을 위해서는 구체적인 업무계획을 세워 업무내용이나 진행과정을 점검하는 것이 필요하다.
② 다른 부서와의 소통을 강화하고 협력을 통해 업무를 처리하는 것은 실적향상을 위한 효율적 방법이 된다.
③ 부서별 목표가 다른 경우 조직 전체의 성과는 하락할 수밖에 없으므로, 우선 전체 목표를 명확히 하고 부서 간에 협
력을 통해 이를 확인 · 점검하는 것이 필요하다.
④ 사내 업무 흐름을 사원들이 전체적으로 공유하는 것은 일이 터졌을 때 원활하게 이를 해결할 수 있도록 만드는 방법
이 된다.

46 직업윤리 문제 정답 ①

정답해설 윤리는 사회적 평가과정에서 형성된 사회 현상이며, 문제 상황의 해결지침을 제공하는 삶의 지혜이다. 합리적으로 수정
된 관습의 일반화된 모습으로 가장 근본적인 규범이다. 일상생활에서 무엇이 옳고 그른가, 또는 무엇이 좋고 나쁜가에
대해서 갈등을 느끼거나 타인과 의견대립 시 그것을 해결할 수 있는 기준을 제시해 준다.

47 직업윤리 문제 정답 ⑤

정답해설 칼 융은 노이로제를 가리켜 '마땅히 부딪쳐야 할 고통을 피하는 데서 오는 결과'라고 말했다. 책임을 지는 과정이 힘들어
서 포기한다면 그 사람은 그저 회피하고 도망친 자리밖에 남지 못한다. 이는 인생을 전체적으로 놓고 봤을 때 또 똑같은
상황이 왔을 때 또다시 회피하게 되는 결과를 낳는다. 어떤 의미와 가치를 위해서 어려운 책임을 져야 하는지를 생각하
고 답을 찾는 일은 인간이 생을 살아가며 해결해야 하는 중요한 문제 중 하나다.

48 직업윤리 문제 정답 ⑤

정답해설 직업윤리는 엄밀히 말하자면 직업의 업무를 수행하는데 있어 지켜야 하는 윤리 기준으로, 산드라는 현재 복직을 앞둔 상
태이기 때문에 직업윤리를 가지고 있다고 하기 어렵다. 산드라가 회사의 해고 요구를 받아들이지 않을 때, 개인의 이익
과 회사의 이익이 어쩔 수 없이 충돌한다고 볼 수 있다.

[오답해설] ① 산드라가 복직을 포기하고 환히 웃는 모습에서, 더 큰 윤리를 위해 희생하고 자신을 극복한 사람이 가질 수 있는 용기와 긍지를 느낄 수 있다.
② 직업윤리의 기본 원칙 중 객관성의 원칙은 업무의 공공성을 바탕으로 공사구분을 명확히 하고, 모든 것을 숨김없이 투명하게 처리하는 것이다. 인사 담당자는 이를 수행했다고 볼 수 있다.
③ 회사는 회사 내부의 규정에 의하여 해고를 원하는 것이기 때문에 부당하다 말할 수 없다.
④ 직업윤리의 덕목 중 직분의식은 자신이 하고 있는 일이 사회나 기업을 위해 중요한 역할을 하고 있다고 믿고 자신의 활동을 수행하는 태도이다. 인사 담당자는 인사를 고용하고 관리, 해고하는 자신의 직업적 역할을 수행했다.

49　기술 문제　　　　　　　　　　　　　　　　　　　　　　　　　　　　　　　정답 ①

[정답해설] 개선계획 수립은 벤치마킹 결과를 바탕으로 성과차이에 대한 원인 분석을 진행하고 개선을 위한 성과목표를 결정하며, 성과목표를 달성하기 위한 개선계획을 수립하는 것을 말한다. 즉, '벤치마킹 → 성과차이 분석 → 개선계획의 수립'의 단계로 진행된다. 따라서 벤치마킹 이후에 진행되는 단계에 해당한다.

[오답해설] ② 대상 결정은 비교분석의 대상이 되는 기업·기관들을 결정하고, 대상 후보별 벤치마킹 수행의 타당성을 검토하여 최종적인 대상 및 대상별 수행방식을 결정하는 것을 말한다. 따라서 벤치마킹에 앞서 진행된다.
③ 측정범위 결정은 상세분야에 대한 측정항목을 결정하고, 측정항목이 벤치마킹의 목표를 달성하는 데 적정한가를 검토하는 것으로, 벤치마킹에 앞서 진행되는 단계이다.
④ 목표와 범위결정은 벤치마킹이 필요한 상세 분야를 정의하고 목표와 범위를 결정하며 벤치마킹을 수행할 인력들을 결정하는 것으로, 일반적으로 벤치마킹의 주요 단계 중 가장 먼저 진행되는 단계에 해당한다.
⑤ 초기 시장조사는 처음에 기획을 하는 단계에서 고객들이 무엇을 필요로 하고 수요하려 하는가를 조사하는 단계이다.

50　기술 문제　　　　　　　　　　　　　　　　　　　　　　　　　　　　　　　정답 ②

[정답해설] 높은 수준의 기술적 역량과 원만한 대인 관계 능력이 필요한 역할은 정보 수문장(gate keeping)이다.
기술혁신의 전 과정이 성공적으로 수행되기 위해 필요한 다섯 가지 핵심적인 역할과 각 역할에서의 혁신 활동 및 필요한 자질·능력은 다음과 같다.

기술 혁신 과정	필요한 자질과 능력
아이디어 창안 (idea generation)	• 각 분야의 전문지식 • 추상화와 개념화 능력 • 새로운 분야의 일을 즐김
챔피언 (entrepreneuring or championing)	• 정력적이고 위험을 감수함 • 아이디어의 응용에 관심
프로젝트 관리 (project leading)	• 의사결정 능력 • 업무 수행 방법에 대한 지식
정보 수문장 (gate keeping)	• 높은 수준의 기술적 역량 • 원만한 대인 관계 능력
후원 (sponsoring or coaching)	• 조직의 주요 의사결정에 대한 영향력

정답
및
해설

제6회 NCS 피듈형 모의고사

빠른
정답찾기

본문 180p

01 의사소통	02 의사소통	03 의사소통	04 의사소통	05 의사소통	06 의사소통	07 의사소통	08 의사소통	09 의사소통	10 의사소통
②	①	⑤	④	⑤	⑤	③	③	①	③

11 의사소통	12 의사소통	13 의사소통	14 수리	15 수리	16 수리	17 수리	18 수리	19 수리	20 수리
⑤	②	③	③	①	②	⑤	②	①	③

21 수리	22 수리	23 수리	24 수리	25 수리	26 수리	27 문제해결	28 문제해결	29 문제해결	30 문제해결
②	②	③	①	②	①	④	④	③	③

31 문제해결	32 문제해결	33 문제해결	34 문제해결	35 문제해결	36 문제해결	37 문제해결	38 문제해결	39 자원관리	40 자원관리
④	②	①	⑤	④	④	①	④	⑤	④

41 자원관리	42 자원관리	43 자원관리	44 자원관리	45 자원관리	46 자원관리	47 자원관리	48 자원관리	49 자기개발	50 자기개발
⑤	④	②	②	④	⑤	①	②	①	①

51 자기개발	52 자기개발	53 자기개발	54 자기개발	55 대인관계	56 대인관계	57 대인관계	58 대인관계	59 대인관계	60 정보
⑤	⑤	②	④	②	③	⑤	②	⑤	④

61 정보	62 정보	63 정보	64 정보	65 정보	66 정보	67 조직이해	68 조직이해	69 조직이해	70 조직이해
⑤	④	⑤	⑤	④	②	②	④	③	⑤

71 조직이해	72 직업윤리	73 직업윤리	74 직업윤리	75 직업윤리	76 직업윤리	77 기술	78 기술	79 기술	80 기술
④	⑤	④	④	④	⑤	③	⑤	②	③

취약영역 체크표

※ 틀린 답을 체크하고 자신이 취약한 영역이 무엇인지 파악해보세요.

유형	맞춘 개수	틀린 문제	유형	맞춘 개수	틀린 문제
의사소통	/13		대인관계	/5	
수리	/13		정보	/7	
문제해결	/12		조직이해	/5	
자원관리	/10		직업윤리	/5	
자기개발	/6		기술	/4	

01   의사소통 문제   정답 ②

정답해설   (가)는 결산보고서에 관한 설명이며, (나)는 설립등기신청서, 설립인가신청서 둘 다 해당한다.
영업보고서란 재무제표와 달리 영업상황을 문장형식으로 기재해 보고하는 문서이다. 법인등기 신청을 할 경우 등기신청인은 법적으로 등기를 받는 법인이어야 하지만 구체적으로는 민법 기타 특별법이나 그 시행령에서 법인등기의 신청인으로 규정된 자가 등기신청인(권리자)이 될 수 있다.

02   의사소통 문제   정답 ①

정답해설   기공(起工)은 '공사를 시작함'을 뜻하는 단어이다.
준공(竣工)은 '공사를 마침'을 뜻하는 단어이다.

오답해설   ② 착공(着工)은 '공사를 시작함'을 뜻하는 단어이다.
③ 가공(加工)은 '원자재나 반제품을 인공적으로 처리하여 새로운 제품을 만들거나 제품의 질을 높임'을 뜻하는 단어이다.
④ 시공(施工)은 '공사를 시행함'을 뜻하는 단어이다.
⑤ 시공(時空)은 '시간과 공간'을 뜻하는 단어이다.

03   의사소통 문제   정답 ⑤

정답해설   시침은 시계의 구성요소이다. 따라서 빈칸에는 단어의 구성요소인 형태소가 들어가야 한다.

풀이 Tip   **언어 형식 단위**
문장(文章) > 절(節) > 구(句) > 단어(單語) > 형태소(形態素) > 음운(音韻)

04   의사소통 문제   정답 ④

정답해설   진수가 취하는 태도는 경청의 성공적 자세는 아니나, 지식에 관해서는 맞는 얘기를 하고 있다. 상대를 정면으로 마주하는 자세는 그와 함께 의논할 준비가 되었음을 알리는 자세로서 경청의 올바른 자세가 된다. 또한 우호적인 눈의 접촉을 통해 자신이 관심을 가지고 있다는 사실을 알리게 된다. 눈을 피하게 되면 자칫 상대방에게 의논할 자세가 안 되었다는 느낌을 줄 수 있으므로 주의해야 한다.

오답해설   ① 짐작하기는 상대방의 말을 듣고 받아들이기보다 자신의 생각에 맞는 단서를 찾아 자신의 생각을 확인하는 것이다. 대체로 상대방의 목소리 톤이나 얼굴 표정, 자세 등을 지나치게 중요하게 생각하며, 말의 내용은 무시하고 자신의 생각이 옳다는 것만 확인하려는 경향이 강하다.
② 지민은 경청의 방해요인이 되는 슬쩍 넘어가기에 관한 얘기를 하고 있다. 대화가 너무 사적이거나 위협적인 경우 주제를 바꾸거나 농담을 하여 이를 넘기려 하는 것을 말한다. 어떤 문제나 상대방의 부정적 감정을 회피하기 위해서 유머를 사용하거나 핀트를 잘못 맞추게 되면 상대방의 진정한 고민을 놓치게 된다.
③ 지성은 경청의 방해요인 중 하나인 비위 맞추기에 대한 얘기를 하고 있다. 이는 상대방의 비위를 맞추거나 위로하기 위해 지나치게 빨리 동의하는 것을 말한다. 의도는 좋지만 상대방이 걱정이나 불안에 대해 지지 또는 동의하는데 치중함으로써 상대방에게 자신의 생각이나 감정을 충분히 표현할 시간을 주지 못하게 된다.
⑤ 성찬은 자존심이 강한 사람이 자신이 잘못했다는 말을 받아들이지 않기 위한 태도를 얘기하고 있다. 이는 자신의 부족한 점에 대해 방어 자세를 취하고 외부 요인으로 자기 합리화하는 것이다. 이는 경청이 불가능한 요인이 된다.

05   의사소통 문제   정답 ⑤

정답해설   2. 남북의 언어가 이질화되었다고 하지만 사실은 그 분화의 연대가 아직 반세기에도 미치지 않았다. 맞춤법과 같은 표기법은 원래 하나의 뿌리에서 갈라졌기에 우리의 노력 여하에 따라서는 동질성의 회복이 생각 밖으로 쉬워질 수 있다.

1. 문제는 어휘의 이질화를 어떻게 극복할 것인가에 귀착된다. 우리가 가장 먼저 밟아야 할 절차는 이질성과 동질성을 확인하는 일이다. 이러한 작업은 언어·문자뿐만 아니라 모든 분야에 해당된다. 동질성이 많이 확인되면 통합이 그만큼 쉬워지고 이질성이 많으면 통합이 어렵다.

3. 이질성의 극복을 위해서는 이질화의 원인을 밝히고 이를 바탕으로 해서 그것을 극복하는 단계로 나아가야 한다. 극복의 문제도 점차적으로 단계를 밟아야만 한다. 일차적으로는 서로 적응의 과정이 필요하고, 그 다음으로는 최종적으로 선택의 절차를 밟아야 한다.

4. 적응의 과정은 북쪽의 문헌이나 신문을 본다든지 텔레비전, 라디오를 시청함으로써 이루어질 수 있는 극복의 원초적인 단계이다. 선택은 전문 학자들의 손을 거쳐 이루어지거나 장기적으로 언어 대중의 손에 맡기는 것이 최상의 길이다.

풀이 Tip **문장의 배열 문제 핵심**
논리적으로 순서를 배열하는 문제의 경우 내용 파악도 중요하지만 지시어와 접속어의 사용을 주의 깊게 살펴야 한다.

06 의사소통 문제   정답 ⑤

정답해설 망이와 망소이가 개경 정부에 전달한 글에 의하면 다시 봉기하게 된 이유는 난이 진정된 이후 정부에서 다시 그들의 가족들을 가두었기 때문이었다.

오답해설 ① 명학소는 물이 많고 숯을 생산할 수 있어 철소가 들어섰다. 생산된 철제품은 명학소의 갑천을 통해 공주로 납부되었다. 갑천의 풍부한 수량은 철제품을 운송하는 수로로 적합했을 뿐 아니라, 제련에 필요한 물을 공급하는 데에도 유용했다.
② 망이와 망소이의 난은 가야사를 침구했고, 3월에는 홍경원을 불태우고 개경까지 진격하기로 결정하였다.
③ 아영은 본문에서는 확인할 수 없는 사실에 대해서 말하고 있다.
④ 마현은 철제품의 생산을 담당한 철소가 아니라 철이 생산되는 철산지였다.

07 의사소통 문제   정답 ③

정답해설 지문은 창조성의 힘은 개인들의 창의력을 통해 얻어지는 것이라고 말하고 있다. 세 번째 문단 밑줄 다음 문장은 창조계층의 예를 나열하고 있고 다음 문단에서 한 도시가 창조 도시로 성장하기 위해 창조 계층이 하는 역할에 대해서 설명하고 있으므로 정답은 ③이 된다.

08 의사소통 문제   정답 ③

정답해설 부가피 → 불가피, 이용계약 → 이용계약, 일율적으로 → 일률적으로, 고려하여 → 고려하여

09 의사소통 문제   정답 ①

정답해설 윗글은 카타르시스를 이해하기 위한 두 가지 이론으로 정화이론과 조정이론을 제시하면서 두 입장에서 여러 이론가들이 논의를 펼치면서 카타르시스를 이해해왔음을 드러내고 있다. 그리고 그러한 쟁점은 오늘날까지 논쟁적이면서도 설득력 있는 쟁점으로 이어져 오고 있다고 하였다. 따라서 윗글의 전개 과정을 고려할 때 카타르시스는 후대 이론가들의 여러 논의로 파생되면서 비극의 가치가 재조명될 수 있었다는 의미로 ①을 이해할 수 있다.

오답해설 ② 비극에 대한 논쟁 → 후대에 심화 ✕
비극에 대한 플라톤과 아리스토텔레스의 논쟁이 후대에 와서 더욱 심화된 것은 아니다.
③ 카타르시스 개념의 확대 적용 → 비극의 효용성 강화 ✕
카타르시스의 작용 원리를 후대 이론가들이 확대 적용하여 비극의 효용성을 강화한 것은 아니다.
④ 카타르시스 개념의 재해석 → 중세와 르네상스의 사상적 가교 역할 ✕
카타르시스의 개념을 후대의 몇몇 이론가들이 다양한 관점에서 재해석하기는 했지만 중세와 르네상스의 사상적 가

교 역할을 했다는 의미로 이해할 수는 없다.
⑤ 아리스토텔레스가 해석한 카타르시스 개념 → 후대 이론가들이 통합 ✕
    정화와 조정의 두 관점으로 해석한 카타르시스의 개념을 후대 이론가들이 통합시킨 것은 아니다.

---

10   의사소통 문제   정답 ③

[정답해설] '간주'의 사전적 의미는 '상태, 모양, 성질 따위가 그와 같다고 봄. 또는 그렇다고 여김'이다.

---

11   의사소통 문제   정답 ⑤

[정답해설] 윗글의 정화이론에 따르면 비극과 연민은 공포를 불러일으킨 뒤에 이들 감정을 마음 밖으로 몰아내는 것이다. 즉, 연민과 공포의 감정을 배제함으로써 카타르시스를 느끼는 것이다. 그러나 조정이론에서 카타르시스는 감정의 몰아내기라는 개념을 동반하지 않는다고 하였다. 카타르시스는 감정의 몰아내기를 통해서가 아니라 도덕적으로 길들이는 것이라고 보았다. 즉, 연민과 공포의 감정을 배제함으로써 카타르시스에 이르는 것과, 도덕적으로 길들여지는 것은 상충되는 입장이다. 따라서 '동혁'이 의연하게 삶을 영위해 나가고자 하는 것은 연민과 공포의 감정을 배제하는 과정을 통해 카타르시스를 느끼며 도덕적으로 길들여진 결과라고 보는 것은 적절하지 않다.

[오답해설] ① 2문단 → 동류요법 관련 카타르시스
    2문단에서 말한 프로이트의 정신분석법과 관련이 있다. 정신분석법은 어린 시절의 고통스러운 경험을 불러들여 몰아내는 정화와 연관되어 있다.
② 4문단 → 카타르시스는 정신적·도덕적 길들이기가 됨
    4문단에서 레싱이 비극이 감수성을 예민하게 함으로써 구경꾼의 심성을 부드럽게 순화시켜 준다고 한 것과 관련이 있다.
③ 2문단 → 카타르시스의 재귀적 과정
    2문단에서 비극이 연민을 불러일으킨 후 감정을 마음 밖으로 몰아내고 정화의 효과가 발생한다고 한 것과 관련이 있다.
④ 4문단 → 비극이 감정을 단련시킴
    4문단에서 비극이 감정을 단련시켜 준다고 한 것과 관련이 있다.

---

12   의사소통 문제   정답 ②

[정답해설] 이야기식 서술은 역사적 사건의 경과 과정이 의미를 지닐 수 있도록 서술하는 양식이다. 또한, 역사의 흐름은 이야기식 서술을 통해 인식 가능한 전개 과정의 형태로 제시되는데, 이는 문학적 양식에 기초하고 있다.

---

13   의사소통 문제   정답 ③

[정답해설] 고객응대 서비스 매뉴얼에 따르면 공단은 서비스 품질의 향상을 위하여 매년 1회 이상 고객만족도 조사 및 고객현장 이행실태에 대한 점검을 실시하고 있다.

---

14   수리 문제   정답 ③

[정답해설] ⓐ 가구주만 60,000달러를 버는 경우 [표1]의 경우를 따르므로 내야 하는 세금은 $60,000 \times 0.15 = 9,000$(달러)이다.
    ⓑ 부부합산소득이 15,000달러 이하일 때 단일누진세율 체계를 적용한 경우의 납세액은 $15,000 \times 0.1 = 1,500$달러로 한계소득세율 체계를 적용할 때 내는 납세액 1,500달러와 동일하다.

[오답해설] ⓒ 부부합산소득이 100,000달러인 맞벌이 가구가 내는 납세액 : 18,250달러
    가구주 혼자 100,000달러를 벌 때 내는 납세액 : $100,000 \times 0.25 = 25,000$달러

따라서 가구주 혼자 버는 경우 맞벌이 가구에 비해 6,750달러의 세금을 더 내야 하므로 옳지 않다.

15 수리 문제   정답 ①

정답해설 전년대비 사망자 수 증감률을 살피면 전년대비 사망자 수가 가장 많이 증가한 해는 2020년이고, 가장 많이 감소한 해는 2015년이다. 그러므로 2,923 + 2,212 = 5,135(명)가 된다.

16 수리 문제   정답 ②

정답해설 $\dfrac{1,838}{x} \times 100 = 100 - 13.3$

$\dfrac{1,838}{x} = 0.867$

$x = 1,838 \div 0.867 ≒ 2,120$(명)

17 수리 문제   정답 ⑤

정답해설 2038년은 2023년의 15년 후이므로 2023년의 0~14세 인구는 고스란히 15~29세 인구가, 15~29세 인구는 30~44세 인구가, 30~44세 인구는 45~59세 인구가, 45~59세 인구는 60세 이상 인구가 되며, 사망자가 없으므로 60세 이상 인구는 그대로 60세 이상 인구에 포함된다.

⑤ 사망자가 없으므로 2023년 인구 합계에 2038년 0~14세 인구를 더하면 된다. 2023년과 2038년의 15~29세 성별 인구 대비 0~14세 성별 인구의 비율이 동일하므로

2023년 15~29세 남성 인구 대비 0~14세 남성 인구의 비율 : $\dfrac{1,650}{1,500} = 1.1$

2023년 15~29세 여성 인구 대비 0~14세 여성 인구의 비율 : $\dfrac{1,920}{1,600} = 1.2$

2038년 0~14세 남성 인구 : 1,650×1.1 = 1,815(명)
2038년 0~14세 여성 인구 : 1,920×1.2 = 2,304(명)
2038년 남성 인구 : 6,190 + 1,815 = 8,005(명)
2038년 여성 인구 : 6,890 + 2,304 = 9,194(명)
2038년 전체 인구 : 8,005 + 9,194 = 17,199(명)
문제에서는 인구에서 여성이 차지하는 비율의 증가 여부를 묻고 있으므로,

2023년 여성 인구의 비율 : $\dfrac{6,890}{6,190 + 6,890} \times 100 ≒ 52.68$(%)

2038년 여성 인구의 비율 : $\dfrac{9,194}{17,199} \times 100 ≒ 53.46$(%)

따라서 총 인구에서 여성이 차지하는 비율은 2023년에 비해 증가할 것이다.

오답해설 ① 2023년의 30~44세 여성 인구수가 2022년에 비해 줄어들었는지는 현재 나와 있는 자료에서 확인이 불가능하다.
② 2038년 연령대별 인구를 구하면
　0~14세 인구 : 1,815 + 2,304 = 4,119(명)
　15~29세 인구 : 1,650 + 1,920 = 3,570(명)
　30~44세 인구 : 1,500 + 1,600 = 3,100(명)
　45~59세 인구 : 1,250 + 1,280 = 2,530(명)
　60세 이상 인구 : 990 + 1,040 + 800 + 1,050 = 3,880(명)
　따라서 전체 인구에서 0~14세 인구가 차지하는 비중이 가장 높다.
③ 2023년 전체 인구는 13,080명, 2036년 전체 인구는 17,199명이다.

$$\frac{17,199 - 13,080}{13,080} \times 100 ≒ 31.49(\%)$$

따라서 2036년의 총 인구는 2021에 비해 약 31%가량 증가한다.

④ 2036년 60세 이상 인구는 3,880명이다.

이 중 남성은 990 + 800 = 1,790(명)이다.

60세 이상 인구에서 남성이 차지하는 비율은

2021년 : $\frac{800}{800 + 1,050} \times 100 ≒ 43.24(\%)$

2036년 : $\frac{1,790}{3,880} \times 100 ≒ 46.13(\%)$

60세 이상 인구에서 남성이 차지하는 비율은 2021년에 비해 증가한다.

18　수리 문제　　　　　　　　　　　　　　　　　　　　　정답 ②

정답해설 먼저 A산업과 B산업의 매출액을 구하면,

연구개발 투자율 = $\frac{연구개발\ 투자규모}{매출액}$

A산업 : $0.02 = \frac{520(십억\ 원)}{x}$, 매출액은 $x = 26,000$(십억 원)

B산업 : $0.04 = \frac{1,040(십억\ 원)}{x}$, 매출액은 $x = 26,000$(십억 원)

두 산업의 부가가치를 구하면, 부가가치율 = $\frac{부가가치}{매출액}$이므로

A산업 : $0.2 = \frac{y}{26,000(십억\ 원)}$, 부가가치 y = 5,200(십억 원)

B산업 : $0.4 = \frac{y}{26,000(십억\ 원)}$, 부가가치 y = 10,400(십억 원)

따라서 A산업의 부가가치가 B산업의 부가가치보다 작다.

19　수리 문제　　　　　　　　　　　　　　　　　　　　　정답 ①

정답해설 D산업의 매출액 : $\frac{141(십억\ 원)}{x} = 0.02$, $x = 141$(십억 원)÷0.02, 매출액 $x = 7,050$(십억 원)

D산업의 부가가치 : $\frac{y}{7,050} = 0.6$, y = 7,050(십억 원)×0.6, 부가가치 y = 4,230(십억 원)

E산업의 매출액 : $\frac{408(십억\ 원) - 288(십억\ 원)}{x} = 0.04$, $x = 120$(십억 원)÷0.04, 매출액 $x = 3,000$(십억 원)

E산업의 부가가치 : $\frac{y}{3,000(십억\ 원)} = 0.5$, y = 3,000(십억 원)×0.5, 부가가치 y = 1,500(십억 원)

따라서 D산업의 부가가치가 E산업의 부가가치보다 크다.

20　수리 문제　　　　　　　　　　　　　　　　　　　　　정답 ⑤

정답해설 고혈압 위험 요인 질병 비용의 전년 대비 증가율을 구하면

2021년 : $\frac{62 - 51}{51} \times 100 ≒ 21.569(\%)$

2022년 : $\frac{84 - 62}{62} \times 100 ≒ 35.484(\%)$

2023년 : $\frac{101 - 84}{84} \times 100 ≒ 20.238(\%)$

전년 대비 증가율이 가장 큰 해는 2022년이다.

오답해설 ① 연도별 질병 비용에서 영양 부족 위험 요인이 차지하는 비율을 구하면

2020년 : $\frac{19}{359} \times 100 \fallingdotseq 5.292(\%)$

2021년 : $\frac{35}{419} \times 100 \fallingdotseq 8.353(\%)$

2022년 : $\frac{42}{554} \times 100 \fallingdotseq 7.581(\%)$

2023년 : $\frac{67}{715} \times 100 \fallingdotseq 9.371(\%)$

2022년 영양 부족 위험 요인이 차지하는 비율은 전년(2021년) 대비 감소하였다.

② 운동 부족은 매년 최대의 소요 비용을 달성하지 않았다.

③ 2021년을 제외한 다른 해의 경우 흡연 – 음주 – 과체중 – 운동 부족 – 고혈압 – 영양 부족 – 高콜레스테롤 순이지만, 2021년에는 운동 부족과 고혈압의 순위가 바뀌었다.

④ 연도별 질병 비용에서 운동 부족 위험 요인이 차지하는 비율을 구하면

2020년 : $\frac{52}{359} \times 100 \fallingdotseq 14.485(\%)$

2021년 : $\frac{56}{419} \times 100 \fallingdotseq 13.365(\%)$

2022년 : $\frac{87}{554} \times 100 \fallingdotseq 15.704(\%)$

2023년 : $\frac{111}{751} \times 100 \fallingdotseq 15.524(\%)$

2021년과 2023년에는 전년 대비 감소하였다.

21 수리 문제

정답 ②

정답해설 매출액이 전년대비 10% 증가한다면 B, G, H 3개의 회원사의 납입자금이 증가한다.

회원사	작년 매출액	납입자금	10% 증가	10% 증가 시 납입자금
A	3.5	2	3.85	2
B	19.0	4	20.9	5
C	30.0	5	33.0	5
D	6.0	3	6.6	3
E	15.5	4	17.05	4
F	8.0	3	8.8	3
G	9.5	3	10.45	4
H	4.6	2	5.06	3

22 수리 문제 정답 ②

정답해설 황해도의 총 농가 호수(A)는

$$\frac{101,687}{x} \times 100 = 46.5$$

$$\frac{101,687}{x} = 0.465$$

$x = 101,687 \div 0.465 \risingdotseq$ 약 218,682(호)

경상북도의 자작농가 수(B)는

$$\frac{13,477}{x} \times 100 = 20.0$$

$$\frac{13,477}{x} = 0.2$$

$x = 13,477 \div 0.2 = 67,385$(호)

따라서 A÷B = 218,682÷67,385 = 3.24526…이므로 소수점 아래를 절삭하면 3이다.

23 수리 문제 정답 ③

정답해설 전체 − 나머지 = 59,336 − (22,383 + 21,950) = 15,003

24 수리 문제 정답 ①

정답해설 섬유류 : 27.9 − 12.6 = 15.3(%)

농림수산 : 26.5 − 24.9 = 1.6(%)

철강금속 : 21.2 − 11.6 = 9.6(%)

광산물 : 11.5 − 4.4 = 7.1(%)

기계류 : 11.6 − 4.4 = 7.2(%)

전자전기 : 6.9 − 4.2 = 2.7(%)

따라서 답은 섬유류이다.

25 수리 문제 정답 ②

정답해설 2023년 9월 교역규모의 전년도 동기대비 증감율은

$$\frac{312,961 - 97,086}{97,086} \times 100 \risingdotseq 222.3544(\%)$$이다.

26 수리 문제 정답 ①

정답해설 2023년 5월부터 10월까지 평균 교역규모는

$$\frac{101,079 + 129,452 + 109,758 + 107,689 + 312,961 + 80,837}{6} = \frac{841,777}{6} = 140,296$$(천 달러)이고,

2022년 동기간 평균 교역규모는

$$\frac{99,782 + 135,423 + 127,628 + 109,751 + 97,086 + 87,064}{6} = \frac{656,734}{6} = 109,456$$(천 달러)이다. (소수점 이하 반올림)

그러므로 차액은 30,840(천 달러)이다.

27 문제해결 문제 정답 ④

정답해설 ④를 제외한 다른 것들은 모두 창의적 사고를 개발하는 방법과 구체적 기법을 설명한 것들이다.

조직의 내·외부 환경을 분석하는데 유용하게 이용될 수 있는 방법으로 SWOT 분석이 가장 많이 활용된다. SWOT 분석에서 조직 내부 환경으로는 조직이 우위를 점할 수 있는 장점(Strength)과 조직의 효과적인 성과를 방해하는 자원·기술·능력 면에서의 약점(Weakness)이 있다. 조직의 외부 환경은 기회요인(Opportunity)과 위협요인(Threat)으로 나뉘는데, 기회요인은 조직 활동에 이점을 주는 환경요인이며, 위협요인은 조직 활동에 불이익을 주는 환경요인이라 할 수 있다.

28 문제해결 문제 정답 ④

정답해설 제시문의 내용을 간단히 살펴보면 다음과 같다.

- 전문가 태스크포스 구성과 홍보팀의 협력 두 가지가 모두 뒷받침될 경우 새 인력관리 체계의 성공은 확실히 보장된다.
- 새 인력관리 체계는 집단 전체에 신선한 의욕을 불러일으키며 활동 역량을 가져다주며, 시스템 내 세부 영역 간의 의사소통도 활성화될 것이다. 또한 세부 전문영역 간의 활발한 의사소통도 활성화될 것이다. 또한 세부 전문영역 간의 활발한 의사소통이 이루어지지 않을 경우 시스템 전체 규모의 성장도 이루어질 수 없다.
- 전문가 태스크포스를 구성할 경우 단기적으로는 인건비 지출의 총액이 증가한다. 그러나 경영자는 전문가 태스크포스를 구성했는데, 이는 전문가 태스크포스를 구성할 경우 장기적으로는 총 비용 역시 절감되리라 확신했기 때문이다.
- ㄷ. 태스크포스를 구성해 단기적으로 인건비 지출이 증가해도 장기적으로 볼 때 총 비용은 절감될 것을 경영자가 확신하였으므로 'ㄷ'은 반드시 참이다.
- ㄹ. 만일 새 인력관리 체계가 실패한다면 홍보팀의 협력이 없었기 때문이라고 할 수 있다는 내용은 반드시 참이다. 태스크포스 구성과 홍보팀 협력이 둘 다 있을 경우 성공이 확실하므로, 실패했다는 것은 태스크포스 구성과 홍보팀 협력 중 적어도 한 가지가 이루어지지 않았다는 의미가 되기 때문이다.

오답해설 ㄱ. 홍보팀의 협력이 없이는 새 인력관리 체계가 성공할 수 없다는 것은 반드시 참이 되지는 않는다. 전문가 태스크포스의 구성과 홍보팀의 협력 두 가지 조건의 결합이 새 인력관리 체계의 성공을 확실히 보장하는 조건이긴 하지만 꼭 필요한 조건은 아니므로 반드시 참이라고는 할 수 없다.

ㄴ. 시스템의 전체 규모가 성장하는 것이 새 인력관리 체계가 성공했음을 뜻한다는 것은 반드시 참은 아니다. 새 인력관리 체계의 성공이 시스템 내 영역 간 의사소통의 활성화를 낳고, 활발한 의사소통이 있어야만 시스템 전체 성장이 이루어질 수 있다는 내용을 통해 새 인력관리 체계의 성공이 시스템 전체 성장으로 이어진다는 것을 알 수 있지만, 새 인력관리 체계의 성공이 시스템 전체 성장의 필요조건이라는 의미는 아니므로 이것이 반드시 참이 되지는 않는다.

29 문제해결 문제 정답 ③

정답해설
- 정기적금에 가입 → 변액보험에 가입
- 주식형 펀드 가입 혹은 해외 펀드 가입
- 의료보험에 가입 → 변액보험에 미가입
- 해외펀드에 가입 → 주택마련저축에 미가입
- (연금저축 가입 그리고 주택마련저축 가입) 혹은 (주택마련저축 그리고 정기적금 가입) 혹은 (연금저축가입 그리고 정기적금 가입)
- 의료보험 가입이 필수일 때 이를 토대로 보기의 조건을 하나씩 확인해보면 다음과 같다.
- 우선 의료보험에 가입 시 변액보험에 미가입하며, 의료보험이 필수라고 했으므로 이를 통해 '변액보험에 가입하지 않는다'를 도출할 수 있다. 또한 정기적금에 가입 시 변액보험에 가입하며 '변액보험에 가입하지 않는다'를 토대로 '정기적금에 가입하지 않는다'가 도출될 수 있다.
- 변액보험에 가입하지 않을 경우 정기적금에 가입하지 않는다고 하였고, 정기적금에 가입하지 않는다는 결론을 토대로 '연금저축에 가입한다'와 '주택마련저축에 가입한다'를 도출할 수 있다.
- 주어진 조건에서 해외펀드에 가입할 경우 주택마련저축에 가입하지 않는다고 하였으나, 주택마련에 가입한다는 결론이 도출되어 있으므로 이를 토대로 '해외펀드에 가입하지 않는다'가 도출될 수 있으며 이를 토대로 '주식형 펀드와 해외펀드 중 하나만 가입한다'의 경우 주식형 펀드만 가입한다는 결론이 도출되므로 정답은 ③임을 알 수 있다.

30 문제해결 문제 정답 ③

정답해설 세 사람의 나이는 만 나이이며, 냉동되어 있는 기간은 나이에 산입되지 않는다고 하였다. 이를 토대로 나이를 구하면 다음과 같다.

- 갑 : 19살에 냉동캡슐에 들어갔고, 냉동캡슐에서 해동된 지 7년이 지났으므로, 갑은 만 '26세'가 된다.
- 을 : 26살에 냉동캡슐에 들어갔고, 해동된 지 2년이 지났으므로, 현재의 만 나이는 만 '28세'이다.
- 병 : 20세 10개월에 냉동캡슐에 들어갔고, 일주일 전에 해동되었으므로 아직 만 '20세'이다.

따라서 정답은 26 + 28 - 20 = 34(세)이다.

31 문제해결 문제 정답 ④

정답해설 세 사람이 냉동캡슐에 보관된 기간을 살펴보면 다음과 같다.

- 갑 : 2086년에 태어나 만 19살에 냉동캡슐에 들어갔고, 캡슐에서 해동된 지는 정확히 7년이 되었다고 했으므로, 2105년에 냉동 캡슐에 들어가 2113년 9월 7일에 나왔다는 것을 알 수 있다.
- 을 : 2075년 10월생으로 26살에 냉동캡슐에 들어갔고, 지금으로부터 2년 전에 해동되었다고 했으므로, 2101년 10월 이후에서 2102년 9월 사이에 들어가서, 2118년 9월에 나왔다는 것을 알 수 있다.
- 병 : 2083년 5월 17일에 태어나 21살이 되기 두 달 전에 냉동캡슐에 들어갔고, 해동된 지 일주일이 되었다고 하였다. 따라서 2104년 3월 17일에 들어가 2120년 8월 31일에 나왔다는 것을 알 수 있다.

따라서 냉동캡슐에 가장 늦게 들어간 사람은 '갑'이며, 냉동캡슐에 가장 오래 보관된 사람은 '을 또는 병'이다.

32 문제해결 문제 정답 ②

정답해설 과정평가는 사업의 목적물이 해당 대상 집단에게 적절히 전달되었는지를 평가하는 유형으로, 해당 집단을 선별하여 적절한 조치를 취하는 것에 중점을 두고 있다. 따라서 이 경우 평가자의 질문으로는 '중고 PC 보급 사업으로 보급받은 이들이 정보화 소외계층을 어느 정도 대표하는가?'가 가장 적절하다.

33 문제해결 문제 정답 ①

정답해설 경조사비 50만 원에 대한 결재권은 사장에게 있으며, 전결되지 않았으므로 결재 양식으로 옳은 것은 ①이다.

34 문제해결 문제 정답 ⑤

정답해설 각 기관의 간의 내진성능평가점수와 내진보강공사점수는 다음과 같다.

	내진성능평가지수	평가점수	내진보강공사지수	공사점수
A	82÷100×100 = 82	3	91÷100×100 = 91	3
B	72÷80×100 = 90	5	76÷80×100 = 95	3
C	72÷90×100 = 80	1	81÷90×100 = 90	1
D	83÷100×100 = 83	3	96÷100×100 = 96	5

B와 D는 합산 점수가 동일하지만, D가 내진보강대상건수가 많으므로, D가 최상위기관이 되고, C가 최하위기관이 된다.

정답
및
해설

35   문제해결 문제   정답 ④

정답해설 문제 구조 파악을 위해서는 눈에 보이는 현상에만 얽매이는 것이 아니라 문제의 본질과 실제를 봐야 하며, 한쪽만 보지 말고 다면적으로 보며 눈앞의 결과만 보지 말고 넓은 시야로 보아야 한다.

36   문제해결 문제   정답 ④

정답해설 첫 번째 보기 내용에 해당되는 것은 D(29) + E(25) = A(54)가 유일하다. 따라서 A가 헝가리가 되고 D와 E는 세르비아 또는 루마니아가 된다.

두 번째 보기 내용에 해당되는 것은 C(4) + E(1) = B(5)가 유일하다. 첫 번째 보기와 두 번째 보기를 조합해 보면 B는 체코, C는 불가리아, D는 루마니아, E는 세르비아이다.

37   문제해결 문제   정답 ①

정답해설 제시문 (가)는 '여우와 신포도' 우화이다. 제시문 (나)에서는 여우와 신포도의 우화를 통해 사람들은 실현가능성이 있다고 믿는 것을 선호하게 되고 그에 대한 욕구가 규정되므로 이것을 토대로 사회적 선택이나 분배의 기준을 세우는 것은 옳지 않다고 주장하고 있다.

ⓒ 대학입시는 정해져 있어 선택할 수 없으며 사람들은 정해진 것을 그대로 받아들여야 한다. 높은 비율의 사람들이 자신이 경험한 대학입시 방법을 최상이라고 생각하는 것으로 보아, 선택할 수 없는 상황 때문에 자신에게 주어진 것을 선호하 격과로 복수 있으므로 적응적 서ㅎ이 사례에 해당한다.

ⓓ 이 경우에는 과장 승진에 누락된 다음 현재의 상태를 더 선호하는 것으로 선호대상이 바뀐 것이 아니라, 여전히 과장 승진을 선호하지만 현재는 실현이 불가능한 것임을 알고 있기 때문에 더 선호하는 현재 상대에서 최선의 것을 얻으려고 하고 있다. 그러므로 적응적 선호에 해당한다.

오답해설 ⓐ 내용에서는 경주에 살 때 전주를 선호한다거나 전주에 살 때 경주를 선호하는 등 자신이 살지 않는 곳을 선호하고 있다. 이 경우 경주나 전주에 살 때 그곳에서만 살았어야 했는지에 대해 알 수 없으므로 적응적 선호에 해당하지 않는다.

ⓑ 사귈 수 있는 다른 이성이 없는 상황 때문에 이 여성을 좋아하게 되어 결혼하려 하는 내용으로 바뀔 경우 적응적 선호가 된다.

38   문제해결 문제   정답 ④

정답해설 줄기가 16인 항목의 잎은 00133345667890이므로, 신장이 166cm 이상인 학생은 166, 166, 167, 168, 169(cm)로 모두 5명이고, 줄기가 17인 항목의 잎은 011123334556789990이므로, 신장이 175cm 이하인 학생들은 모두 11명이다. 그러므로 5+11 = 16(명)이 된다.

39   자원관리 문제   정답 ⑤

정답해설 행동과 시간의 저해요인을 분석하고 어디에서 어떻게 시간을 사용하고 있는가를 체크하는 것은 중요하다.

오답해설 ① 가장 많이 반복되는 일에 가장 많은 시간을 분배해야 한다.
② 시간 계획이란 그 자체가 중요한 것이 아니라 목표 달성을 위해 필요하다.
③ 내 역량에 안 맞는 무리한 계획이 아닌 현실적인 계획을 세운다. (큰 꿈을 갖는 것과는 다른 맥락임을 유의한다.)
④ 예정 행동만을 계획하는 것이 아니라 기대되는 성과나 행동의 목표도 기록한다.

40 자원관리 문제 정답 ④

정답해설 여러 일 중에서 우선순위를 정하여 가장 급하고 우선적으로 처리할 일을 결정하고 처리하여야 한다.

41 자원관리 문제 정답 ⑤

정답해설 개발 가능성의 경우 인적자원은 자연적인 성장과 성숙은 물론, 오랜 기간 동안에 걸쳐서 개발될 수 있는 많은 잠재능력과 자질을 보유하고 있다는 것이다. 인적자원에 대한 개발가능성은 환경변화와 이에 따른 조직변화가 심할수록 현대조직의 인적자원관리에서 차지하는 중요성이 더욱 커진다.

오답해설 ①, ② 예산과 물적자원은 성과에 기여하는 정도에 있어서 이들 자원 자체의 양과 질에 의해 지배됨으로써 수동적인 성격을 지니고 있는데 비해, 인적자원으로부터의 성과는 인적자원의 욕구와 동기, 태도와 행동, 만족감 여하에 따라 결정된다. 인적자원의 행동동기와 만족감은 경영관리에 의해 조건화된다. 인적자원은 능동적이고 반응적인 성격을 지니고 있으며, 이를 잘 관리하는 것이 기업의 성과를 높이는 일이 된다.
③ 효율성은 인적자원의 특성에 해당되지 않는다. 일반적으로 효율성은 최소한의 투입으로 기대하는 최대한의 산출을 얻는 것을 의미하는데, 투입과 비교된 산출의 비율로 정해지며 그 비율의 값이 커질수록 효율이 높은 것으로 평가된다.
④ 전략적 중요성의 경우 조직의 성과는 인적자원, 물적자원 등을 효과적이고 능률적으로 활용하는데 달려있으며, 이러한 자원을 활용하는 것이 바로 사람, 즉 인적자원이기 때문에 다른 어느 자원보다도 전략적 중요성이 강조되는 것을 의미한다.

42 자원관리 문제 정답 ④

정답해설 동일 및 유사 물품의 분류는 보관의 원칙 중 동일성의 원칙과 유사성의 원칙에 따르는 것으로, 동일성의 원칙은 같은 품종은 같은 장소에 보관한다는 것을 말하며, 유사성의 원칙은 유사품은 인접한 장소에 보관한다는 것을 말한다. 해당 시나리오의 팀장은 수박과 참외를, 아메리카노와 카라멜 마키아또를 함께 둘 것을 요구하고 있다.

오답해설 ① 바코드를 통해 자신의 물품을 기호화하여 위치 및 정보를 작성해 놓으면 물품을 효과적으로 관리 할 수 있다. 하지만 해당 지문엔 바코드의 원리를 활용하는 내용이 핵심이 아니다.
② 물품을 정리하고 보관하고자 할 때, 해당 물품이 앞으로 계속 사용할 것인지 여부를 구분하여야 하는 것은 사용품과 보관품의 구분에 해당한다. 처음부터 철저하게 물품의 활용 여부나 활용계획 등을 확인하는 것은 시행착오를 예방하고 물적자원관리를 효과적으로 수행하는 첫걸음이 된다. 이 역시 핵심은 아니다.
③ 물품의 특성에 맞는 보관 장소 선정은 해당 물품을 적절하게 보관할 수 있는 장소를 선정하여야 한다는 것으로, 일괄적으로 같은 장소에 보관하는 것이 아니라 개별 물품의 특성을 고려하여 보관 장소를 선정하는 것이 중요하다. 해당 시나리오에선 물품의 특성을 고려한 보관 장소에 대한 언급은 없다.
⑤ 회전대응 보관의 원칙은 입·출하의 빈도가 높은 품목은 출입구 가까운 곳에 보관하는 것, 즉 물품의 활용 빈도가 상대적으로 높은 것은 쓰기 쉬운 위치에 먼저 보관하는 것을 말한다. 이에 대한 언급은 없다.

43 자원관리 문제 정답 ②

정답해설 예산의 구성요소는 일반적으로 직접비용과 간접비용으로 구분되며, 직접비용은 간접비용에 상대되는 용어로서 제품 생산 또는 서비스 창출을 위해 직접 소비된 것으로 여겨지는 비용을 말한다.

오답해설 ① 광고비는 간접비용에 해당한다. 일반적으로 직접비용은 재료비, 원료와 장비, 시설비, 여행(출장) 및 잡비 인건비로 구성된다.
③ 인건비는 제품 생산 또는 서비스 창출을 위한 업무를 수행하는 사람들에게 지급되는 비용으로, 일반적으로 전체비용 중 가장 큰 비중을 차지한다.
④ 여행비 및 잡비는 개인적 여행이 아니라 제품 생산 또는 서비스 창출을 위해 출장이나 타 지역으로의 이동이 필요한 경우와 기타 과제 수행 상에서 발생하는 다양한 비용을 포함한다.

⑤ 간접비용은 제품 생산에 직접 관련되지 않은 비용을 말하는데, 과제에 따라 매우 다양하며 과제가 수행되는 상황에 따라서노 나양하게 나타날 수 있다.

---

44 자원관리 문제   정답 ②

정답해설 팀별 회식비를 계산해보면

기획팀 = $(12,000 \times 7) + \{(9,000 \times 10) \times 0.95\} + \{(15,000 \times 6) \times 0.92\} = 84,000 + 85,500 + 82,800 = 252,300$원

마케팅팀 = $(12,000 \times 5) + \{(9,000 \times 8) \times 0.95\} + \{(15,000 \times 14) \times 0.92\} = 60,000 + 68,400 + 193,200 = 321,600$원

경영팀 = $\{(12,000 \times 10) \times 0.9\} + (9,000 \times 3) + (15,000 \times 3) = 108,000 + 27,000 + 45,000 = 180,000$원

영업팀 = $\{(12,000 \times 12) \times 0.9\} + \{(9,000 \times 10) \times 0.95\} + \{(15,000 \times 8) \times 0.92\} = 129,600 + 85,500 + 110,400$
$\qquad = 325,500$원

따라서 영업팀 – 마케팅팀 – 기획팀 – 경영팀 순으로 회식비를 많이 사용하였다.

---

45 자원관리 문제   정답 ①

정답해설 인력 배치의 유형은 다음과 같다.
- 양적 배치 : 작업량과 조업도, 여유 또는 부족 인원을 감안하여 소요 인원을 결정 및 배치하는 것
- 질적 배치(적재적소의 배치) : 능력이나 성격 등과 가장 적합한 위치에 배치하는 것
- 적성 배치 : 팀원의 적성 및 흥미에 따라 배치하는 것

---

46 자원관리 문제   정답 ⑤

정답해설 ⓓ는 중요하지만 긴급하지 않은 일로 추진하고자 하는 일에 대한 준비활동이나 업무 계획수립, 삶의 가치관 및 비전확립 등이 포함된다.

오답해설 ① ⓐ에 해당한다.
② ⓐ에 해당한다.
③ ⓒ에 해당한다.
④ ⓑ에 해당한다.

---

47 자원관리 문제   정답 ①

정답해설 먼저 업체별 전체 프로그램 만족도를 살펴보면
(주)온통꽃천지 : $8 + 9 + 7 = 24$점
(주)제노엔터테인먼트 : $8 + 9 + 8 = 25$점
(주)점핑점핑 : $9 + 8 + 9 = 26$점
만족도가 24 이하인 곳은 선택하지 않도록 지시받았으므로 온통꽃천지는 선택하지 않는다.
이제 제노엔터테인먼트와 점핑점핑 선정 시 가격을 계산해보면
(1) 제노엔터테인먼트의 경우
　　팀 미션형 : $35,000 \times 8 = 280,000$
　　엑티비티형 : $(38,000 \times 12) + (15,000 \times 12) = 636,000$
　　힐링형 : $(28,000 \times 3) \times 0.95 = 79,800$
　　20명 이상이며, 2년 이내 재등록이므로 $(280,000 + 636,000 + 79,800) \times 0.9 \times 0.75 = 672,165$(원)이다.
(2) 점핑점핑의 경우
　　팀 미션형 : $37,000 \times 8 = 296,000$
　　엑티비티형 : $39,000 \times 12 = 468,000$

힐링형 : 30,000×3 = 90,000

2년 이내 재등록이므로 (296,000 + 468,000 + 90,000)×0.85 = 725,900(원)이다.

따라서 672,160원인 제노엔터테인먼트를 선정하는 것이 저렴하다.

48 자원관리 문제   정답 ②

정답해설 (1) (주)온통꽃천지의 사업주 할인제도 적용 전 가격을 구해보면

팀 미션형 : (28,000×8)×0.95 = 212,800

엑티비티형 : (40,000×12) + (15,000×12) = 660,000

힐링형 : 25,000×3 = 75,000

20명 이상이므로 (212,800 + 660,000 + 75,000)×0.9 = 853,020(원)

(2) (주)온통꽃천지의 사업주 할인제도 적용 후 가격을 구해보면

팀 미션형 : 212,800×0.92 = 195,776

엑티비티형 : (40,000×12)×0.88 + (15,000×12) = 602,400

힐링형 : 75,000×0.95 = 71,250

20명 이상이므로 (195,776 + 602,400 + 71,250)×0.9 = 782,483.4(원)

따라서 한국○○진흥원이 할인받게 되는 비용은 853,020 − 782,483.4 = 70,536.6(원)

1원 단위 이하를 버림하면 약 70,530(원)이다.

49 자기개발 문제   정답 ①

정답해설 환경변화에 따른 경력개발능력이 필요한 차원의 요구로는 취업난, 지식정보의 급속한 변화, 인력난 심화, 중견사원의 이직 증가 등이 있다. 발달단계에 따른 가치관과 신념 변화는 개인차원의 이유에 해당한다.

50 자기개발 문제   정답 ⑤

정답해설 자기인식 또는 자기 이해의 모델인 '조하리의 창(Johari's Window)'에서는 보다 객관적으로 자신을 인식하기 위해 내가 아는 나의 모습 외에 다른 방법을 적용할 필요가 있다고 보아, 자신과 다른 사람의 두 가지 관점을 통해 자아를 '공개된 자아, 눈먼 자아(보이지 않는 자아), 숨겨진 자아, 아무도 모르는 자아(미지의 자아)'로 분류하였다.

표를 채우면 다음과 같다.

구분	내가 아는 나	내가 모르는 나
타인이 아는 나	공개된 자아(Open Self)	눈먼 자아(Blind Self)
타인이 모르는 나	숨겨진 자아(Hidden Self)	아무도 모르는 자아(Unknown Self)

따라서 빈칸에 알맞은 것끼리 바르게 짝지은 것은 ⑤이다.

51 자기개발 문제   정답 ⑤

정답해설 김사원을 제외한 나머지 상사들은 모두 이성운 사원이 자신은 모르고 타인만이 아는 '눈먼 자아'에 대해서 얘기하고 있으나, 김사원은 공개된 자아에 대해서 얘기하고 있다. 엄밀히 말하자면 이성운 사원의 입장에서는 '숨겨진 자아'이지만 이미 모든 사람들이 알고 있었다는 점에서 '공개된 자아'라고 볼 수 있다.

정답
및
해설

52   자기개발 문제   정답 ⑤

정답해설 합리적인 의사결정 과정의 순서는 다음과 같다.
첫째, 의사결정에 앞서 발생된 문제가 어떤 원인에 의한 것인지 문제의 특성이나 유형을 파악한다. 둘째, 의사결정의 기준과 가중치를 정한다. 셋째, 의사결정에 필요한 적절한 정보를 수집한다. 넷째, 의사결정을 하기 위한 가능한 모든 대안을 찾는다. 다섯째, 가능한 대안들을 앞서 수집한 자료에 기초하여 의사결정 기준에 따라 장단점을 분석·평가한다. 여섯째, 가장 최적의 안을 선택 또는 결정한다. 일곱째, 의사결정의 결과를 분석하고 다음에 더 좋은 의사결정을 내리기 위하여 피드백 한다.

53   자기개발 문제   정답 ③

정답해설 ⓐ 단계는 가능한 대안들을 탐색하기에 앞서 의사결정에 필요한 각종 정보와 자료들을 수집하는 단계이다. ③번의 경우는 대안 분석 및 평가에 대한 내용이다.

오답해설 ①, ②, ④, ⑤번의 경우 중국시장 개척에 필요한 정보수집에 관련한 내용이다. 이는 의사결정에 앞서 대안탐색을 위해 중국시장 개척과 관련한 각종 정보들을 수집하는 것이다.

54   자기개발 문제   정답 ④

정답해설 비전과 목적을 이루기 위한 구체적인 일정을 짜야 한다.

55   대인관계 문제   정답 ②

정답해설 해당 내용은 '임파워먼트'에 관한 설명이다. 이는 조직 구성원들을 신뢰하고 그들의 잠재력을 이끌어내어 높은 성과를 창출해내는 것이다.

오답해설 ① 역량 강화는 개인 또는 가족·지역사회와 같은 집단이 정치·사회·경제적 환경의 차원에서 강점을 향상시키고, 스스로 의사결정하고 선택하는 환경으로 재구성할 수 있도록 돕는 과정을 의미한다.
③ 셀프리더십은 자율적 리더십 또는 자기 리더십이라고도 하며, 개인이 스스로를 이끄는 리더십을 의미한다.
④ 팔로워십은 리더십과 비교개념으로 사용되는 것으로, 리더십이 상사가 부하에게 영향력을 행사하는 과정이라면 팔로워십은 부하로서의 바람직한 특성과 행동을 의미한다.
⑤ SMART 기법은 효율적인 목표 설정이 필요할 때 사용하는 기법이다.

56   대인관계 문제   정답 ④

정답해설 홍혜지 사원의 멤버십 유형은 '순응형'이다. 순응형의 경우 팀 플레이를 하며 조직과 리더를 믿고 헌신한다. 그러나 타인의 시각에서 볼 때 획기적인 생각이나 아이디어가 없는 사람처럼 보일 수 있다. 적절한 보상이 이루어지지 않는 것에 대하여 문제 삼는 유형은 '소외형'이다.

오답해설 ①, ② 황인영 대리는 '실무형'으로 조직의 운영방침에 민감하며 사건을 균형 잡힌 시각으로 본다. 타인이 보는 시각에서 이러한 유형은 개인의 이익을 극대화하기 위한 흥정에 능하고, 적당한 열의와 평범한 수완으로 업무를 수행하는 것으로 보일 수 있다.
③ 이동혁 대리는 '주도형'으로 독립적이고 혁신적으로 사고하며 스스로 생각하고 건설적인 비판을 잘한다. 또한 솔선수범하며 주인의식을 가지고 있어 가장 이상적인 멤버십 유형이라 할 수 있다.
⑤ 윤진희 사원은 '소외형'으로 타인의 시각에서 볼 때 냉소적이고 고집이 세 보일 수 있다.

57 　대인관계 문제 　　　　　　　　　　　　　　　　　　　　　　　　　　　　　　　　　　　　정답 ⑤

정답해설 　개인의 강점을 활용하는 방안은 제시되지 않았다.

오답해설 　① "내구성과 편리성을 동시에"라는 공동의 비전과 목표를 제시함으로써 모두가 책임감과 경각심을 가질 수 있도록 하
였다.
② 이전 제품 실패 원인을 분석하여 자유롭게 이야기하고, 신제품 개발을 보완하는 데에 활용하는 피드백 활동을 하였다.
③ 윤인준 부장이 직접 코칭 활동을 통해 팀원들의 부족한 점을 보완하고 지속적인 성장을 도왔다.
④ 현장 담당자에게 결정 권한을 줌으로써 참여적 의사결정이 가능하도록 하였다.

58 　대인관계 문제 　　　　　　　　　　　　　　　　　　　　　　　　　　　　　　　　　　　　정답 ④

정답해설 　리더는 변화에 부정적인 행동을 보이는 조직원에게 더욱 관심을 보임으로써 팀원들 모두가 변화를 긍정적으로 수용할
수 있게 해야 한다.

짚고
넘어가기

효과적인 변화관리 3단계

1단계 변화 이해하기	• 리더는 변화의 실상을 정확하게 파악하고, 익숙했던 것을 버리는 데서 오는 감정과 심리 상태를 어떻게 다룰지 심사숙고함
2단계 변화 인식하기	• 리더는 조직원들에게 변화와 관련된 상세한 정보를 제공함 • 리더는 변화에 저항하는 조직원을 성공적으로 이끌어야 함 – 개방적인 분위기 조성 – 객관적 자세 유지 – 조직원들의 감정을 세심하게 관찰 – 변화의 긍정적인 면 강조 – 변화에 적응할 시간 부여
3단계 변화 수용하기	• 리더는 변화를 위한 조직원들의 노력에 아낌없이 지원함 • 변화에 부정적인 행동을 보인 조직원에게 관심을 보임 • 수시로 조직원들과 커뮤니케이션을 진행함

59 　대인관계 문제 　　　　　　　　　　　　　　　　　　　　　　　　　　　　　　　　　　　　정답 ⑤

정답해설 　조사 횟수가 아닌, 조사 목적에 따라 조사결과 활용 방안이 달라진다.

60 　정보 문제 　　　　　　　　　　　　　　　　　　　　　　　　　　　　　　　　　　　　　　정답 ④

정답해설 　제시된 글은 모두 정보화 사회에 대한 것이다. 정보화 사회는 컴퓨터와 정보통신의 발전과 이와 관련된 다양한 소프트웨
어의 개발에 의해 네트워크화가 이루어져, 전 세계를 하나의 공간으로 만들고 경계를 허물었다. 또한 사회 각 분야에서 필
요로 하는 가치 있는 정보를 창출하여 보다 유익하고 윤택한 생활을 영위하는 사회로 발전시켜 나가는 것을 의미한다.

61 　정보 문제 　　　　　　　　　　　　　　　　　　　　　　　　　　　　　　　　　　　　　　정답 ⑤

정답해설 　SECOND함수는 시각의 '초'를 구하는 함수이다.

정답
및
해설

62 정보 문제 정답 ④

정답해설 웹 하드(Web hard) 또는 인터넷 디스크는 웹 서버에 대용량의 저장 기능을 갖추고 사용자가 개인용 컴퓨터의 하드디스크와 같은 기능을 인터넷을 통하여 이용할 수 있게 하는 서비스이다. 저렴한 비용으로 대용량의 데이터를 자유롭게 주고 받을 수 있다는 장점도 있지만, 각종 불법 자료 거래의 온상으로 이용되는 문제점도 있다.

오답해설 ① SNS(Social Networking Service)는 온라인상의 인적 네트워크 구축을 목적으로 개설된 커뮤니티형 웹사이트로서, 미국의 트위터, 틱톡, 페이스북, 한국의 블로그, 카카오, 카페 등이 대표적이다. 현재 많은 사람이 다른 사람과 의사소통을 하거나 정보를 공유 · 검색하는 데 SNS를 일상적으로 이용하고 있는데, 이는 참가자 개인이 정보발신자 구실을 하는 1인 미디어라는 것과 네트워크 안에서 정보를 순식간에 광범위하게 전파할 수 있다는 점, 키워드 기반의 검색정보보다 정보의 신뢰성이 높다는 점 등이 그 주요 요인이라 할 수 있다.

② 메신저는 인터넷에서 실시간으로 메시지와 데이터를 주고받을 수 있는 소프트웨어이다. 메신저는 프로그램을 갖춘 사이트에 접속하여 회원으로 가입한 뒤 해당 프로그램을 다운로드 받아 컴퓨터에 설치하여 사용하며, 다운로드받지 않고 로그인과 동시에 사용할 수 있는 사이트도 있다.

③ 클라우드 컴퓨팅(Cloud Computing)이란 사용자들이 복잡한 정보를 보관하기 위해 별도의 데이터 센터를 구축하지 않고도 인터넷을 통해 제공되는 서버를 활용해 정보를 보관하고 있다가 필요할 때 꺼내 쓰는 기술을 말한다. '구름 저 너머'에 있는 것과 같은 인터넷의 영역에서 전산 자산을 이용할 수 있다고 해서 '클라우드 컴퓨팅'이라고 부른다. 클라우드 컴퓨팅의 핵심은 데이터의 저장 · 처리 · 네트워킹 및 다양한 어플리케이션 사용 등 IT 관련서비스를 인터넷과 같은 네트워크를 기반으로 제공하는데 있다. 특히, 모바일 사회에선 사용자가 웹하드 등 저장 공간에 개인과 관련된 콘텐츠를 저장해두고 장소와 시간에 관계없이 다양한 단말기를 통해 꺼내 쓸 수 있다.

⑤ NAS(Network – Attached Storage)는 네트워크로 저장하는 소프트웨어의 총칭이다. 자체 OS가 있으며 네트워크에 연결된 파일 수준의 데이터 저장 서버로, 네트워크 상으로 연결된 다른 기기들에게 파일 기반 데이터 저장 서비스를 제공한다. 키보드나 디스플레이를 가지고 있지 않으며 네트워크를 통해 제어하고 설정된 작업을 수행할 수 있다.

63 정보 문제 정답 ②

정답해설 1과목의 행이 홀수에 있으므로 ROW 함수로 행을 구한 뒤 그 결과를 MOD 함수를 이용해 짝수 홀수를 판별한다. IF(MOD(ROW(C3 : C8),2) = 1 : 배열의 행 값을 2로 나누어 나머지가 1인 경우 홀수 행, 즉 1과목에 해당한다. 즉, 홀수 행의 배열 값을 AVERAGE 함수로 평균을 계산할 수 있다.
C12셀의 경우 : {= AVERAGE(IF(MOD(ROW(C3 : C8),2) = 1,C3 : C8))}

64 정보 문제 정답 ⑤

오답해설 ① Smishing : SMS와 Phishing의 결합어로 문자메시지를 이용 피싱하는 방법이다.

② C – brain : 최초의 MS – DOS용 컴퓨터 바이러스로 바이러스 복사본이 담긴 플로피 디스크의 시동 섹터를 바꿔버림으로써 컴퓨터를 감염시킨다.

③ Trojan Horse : 악성 코드 중에는 마치 유용한 프로그램인 것처럼 위장하여 사용자들로 하여금 거부감 없이 설치를 유도하는 프로그램이다.

④ Key Logger Attack : 컴퓨터 사용자의 키보드 움직임을 탐지해 ID나 패스워드, 계좌번호, 카드번호 등과 같은 개인의 중요한 정보를 몰래 빼가는 해킹 공격이다.

65 정보 문제 정답 ④

정답해설 수식에서 결과 셀을 수식에 사용할 경우 순환 참조 경고가 발생한다.

66 정보 문제   정답 ②

정답해설 ㉢ 윈도우 + D는 모든 화면을 숨기고 바탕화면을 보여준다.
ㅤㅤㅤㅤㄷ 윈도우 + Shift + S 단축키이다.
ㅤㅤㅤㅤㅁ 윈도우 + 방향키를 통해 화면분할이 가능하다.
ㅤㅤㅤㅤㅂ 윈도우 + R이 실행창을 켜주는 단축키이다. 윈도우 + E는 탐색기 창을 켜준다.

67 조직이해 문제   정답 ②

정답해설 20만 원 초과의 접대비지출품의서는 최고결재권자(대표이사) 또는 전결을 위임 받은 본부장에게 결재를 받고, 지출결의서는 최고결재권자의 결재를 받아야한다. 접대비지출품의서는 최종 결재를 본부장이 전결 받았기 때문에 본부장 란에 전결을 들어가고, 최종 결재란에 본부장의 서명이 들어가야 한다.

68 조직이해 문제   정답 ⑤

정답해설 출장비가 30만 원이 초과하는 경우 출장계획서와 출장비신청서는 최종결정자(대표이사)의 결재를 받아야 하고, 규정상 최종결정자 이하의 직책자들의 결재를 받아야 한다.

69 조직이해 문제   정답 ③

정답해설 GE의 '전 직원 공동 결정제도'는 정책 경영에 참여하는 경영참가 유형이다.

오답해설 ① 샘 월튼과 잭 웰치는 경영자이기 때문에 조직구성원들이 조직의 목표에 부합된 행동을 할 수 있도록 이들을 결합하고 관리하는 일을 해야 한다.
② 경영활동은 외부경영활동과 내부경영활동으로 구분할 수 있는데, 외부경영활동은 조직 내부를 관리 · 운영하는 것이 아니라 조직외부에서 조직의 효과성을 높이기 위해 이루어지는 활동을 말한다. 내부경영활동은 조직내부에서 인적 · 물적 자원 및 생산기술을 관리하는 인사관리 · 재무관리 · 생산관리 등을 말한다. 따라서 ②는 맞다.
④ 월마트는 저가 마케팅과 고객 만족 보장이라는 두 가지 기업정신을 통해 고객들이 돈을 한 푼이라도 아낄 수 있도록 경영하였다.
⑤ GE에서는 다원화 기업으로 하나의 전략을 통일적으로 적용하기 어려웠기 때문에 목표를 간단하게 '1등' 혹은 '2등'으로 정하였다. 이러한 목표에 따라 잭 웰치는 GE에 속하는 모든 기업들이 업계에서 1등이나 2등을 차지하도록 노력했고 그렇지 않으면 매각해 버렸다.

풀이 Tip **경영참가제도**
• 경영참가 : 경영자의 권한인 의사결정에 근로자나 노동조합 등이 참여
• 이윤참가 : 성과에 따라 근로자에게 이윤을 배분하는 방법
• 자본참가 : 근로자가 조직의 재산 소유에 참여하는 방법

70 조직이해 문제   정답 ⑤

정답해설 경영참가제도는 경영 효율성 제고(근로자나 노동조합이 새로운 아이디어 제시, 현장에 적합한 개선방안 마련)를 위해 만들었다.
• 노사 간의 세력 균형 : 근로자 또는 노동조합의 의사를 반영하여 공동으로 문제를 해결
• 경영참가제도의 문제점 : ②, ③, ④외에 경영자 고유의 권리인 경영권 약화 등이 포함된다.

정답
및
해설

71 조직이해 문제
정답 ④

정답해설 GE는 비공식적인 상호의사소통이 이루어지고 하부구성원들이 의사결정권한이 있는 유기적 조직에 속한다.

오답해설 ① 지문 안에서는 월마트의 공식적인 집단이 무엇인지를 전혀 확인할 수 없다.
② GE는 사업부제 조직구조의 형태를 가지고 있다.
   • 사업부제 조직구조 : 급변하는 환경변화에 효과적으로 대응하고 제품, 지역, 고객별 차이에 신속하게 적응한다. 최고경영층의 의사결정 권한을 단위 부서장에게 대폭 위양하는 동시에 각 부서가 하나의 독립회사처럼 자주적이고 독립채산적인 경영을 하는 구조이다.
   • 기능적 조직구조 : 사업부제 조직 구조보다 작은 구조로 이어져 있어 경영자와 직원 간의 거리가 가까우며, 일상적인 기술과 조직의 내부 효율성을 위한 구조이다.
③ 월마트는 생산성 및 시장에 조직목표의 중점을 두고 있다.
⑤ 경영참가제도의 효과적인 정착을 위해서는 경영자의 인식변화가 필수적이다. 기업의 소유권은 경영자의 고유한 권리라는 의식에서 벗어나 근로자를 파트너로 인정하고 노사화합이 기업발전에 기여한다는 인식을 가질 필요가 있다.

72 직업윤리 문제
정답 ⑤

정답해설 해당 시는 끊임없는 '욕망'에 대한 자기 성찰의 의미를 포함하고 있다. 동백이 떨어지고 난 후에도 그 모양새와 붉은 색을 그대로 유지하듯, 아무리 치열하게 자신을 성찰하며 내면적 의지를 다진다 하더라도 살아있는 동안 욕망을 제거하기는 어렵다는 것이다. 따라서 ⑤는 신뢰감을 형성하기 위해 노력을 게을리 한 것에 대한 반성으로써 '욕망'과는 상관없는 성찰을 하고 있다고 볼 수 있다.

73 직업윤리 문제
정답 ④

정답해설 임용권자등은 제3조에 따른 신고를 받거나 공직 내 성희롱 또는 성폭력 발생 사실을 알게 된 경우에는 지체 없이 그 사실 확인을 위한 조사를 하여야 하며, 수사의 필요성이 있다고 인정하는 경우 수사기관에 통보하여야 한다. 따라서 인정되지 않는 경우에는 통보할 필요가 없다.

74 직업윤리 문제
정답 ④

정답해설 이해 관계자 모두의 이익을 증대시키는 공공성을 추구하는 일은 단기적으로는 손해를 볼 수 있지만, 장기적으로는 제품 이해관계자의 해당 기업의 이미지에 대한 긍정적인 시선이 커지고, 기업에 대한 신뢰감이 형성되어 더 좋은 결과를 가져다줄 수 있다.

75 직업윤리 문제
정답 ④

정답해설 올림픽과 월드컵 등 세계적인 스포츠 이벤트는 부정적인 이미지를 파쇄하려는 후원 기업들의 경연장이라는 비판적인 시각들이 있다. 그러나 이와 같은 경우는 비자발적인 CSR이 아니고 자발적인 CSR이라고 볼 수 있다. 기업의 CSR에 대한 인식과 계획, 그리고 실행 과정에서 중요한 것은 기업의 사회적 책임에 대한 기획과 활동들이 자발적으로 이루어져야 한다는 점이다. 어느 기업이 모든 기업에 의무적으로 실행하도록 법으로 지정된 활동을 한다면 그 활동은 기업의 CSR 활동이라고 할 수 없다. 기업과 관련된 이해 당사자들은 국가가 기업에 법률로 강제해서 의무화한 활동들을 기업이 수행하는 것은 CSR 활동으로 보지 않는다. 따라서 기업들은 국가가 의무적으로 요구한 법률적 사항을 뛰어넘는, 더욱 윤리적인 차원에서 CSR 활동을 수행할 필요가 있다.

76   직업윤리 문제   정답 ⑤

정답해설 CSV는 기업이 수익 창출 이후에 사회 공헌 활동을 하는 것이 아니라, 기업 활동 자체가 사회적 가치를 창출하면서 경제적 수익을 추구할 수 있는 방향으로 이루어지는 행위이다.

77   기술 문제   정답 ③

정답해설 바코드 번호는 '6901182640782'이다. 이를 분석하면 다음과 같다.
- 1~3번 자리 = 국가식별코드 : 중국(690)
- 4~7번 자리 = 제조업체번호 : 풀(1182)
- 8~12번 자리 = 상품품목번호 : 통조림(64078)
- 13번 자리 = 판독검증용 기호(난수) : 2

따라서 ③이 옳다.

78   기술 문제   정답 ⑤

정답해설 마지막 13번 자리 숫자는 난수이므로, 일정한 규칙이 없다고 할 수 있다.

오답해설 ① 상품품목번호는 8~12번 자리이므로 '72440'이다. 이 품목은 파이류이다.
② 파이류이기 때문에 생선류에 포함될 수 없다.
③ 제조업체번호는 4~7번 자리이므로 '1684'이다. 이는 바다이다.
④ 코드의 앞 3자리는 국가 번호를 나타내는데, 노르웨이의 바코드 번호(700~709)와는 다르다. 770은 콜롬비아이다.

79   기술 문제   정답 ②

정답해설 벤치마킹을 하면 기술을 개발하는 것이 처음부터 새로운 기술을 개발하는 것보다 편리해진다.

오답해설 ① 비교대상에 따른 분류에서 글로벌 벤치마킹이다. 내부 벤치마킹은 같은 기업 내의 다른 지역, 타부서, 국가 간의 유사한 활용을 비교 대상으로 한다.
③ 경쟁적 벤치마킹은 제품, 서비스 및 프로세스의 단위 분야에 있어 가장 우수한 실무를 보이는 비경쟁적 기업 내의 유사 분야가 대상이다. 보기 글은 비경쟁적 방법이다.
④ 해준 씨는 벤치마킹 대상을 방문하여 수행하는 직접적 벤치마킹을 하였다. 간접적 벤치마킹이란 인터넷 및 문서형태의 자료를 통해서 수행하는 방법이다.
⑤ 벤치마킹이란 특정 분야에서 뛰어난 업체나 상품, 기술, 경영 방식 등을 배워 합법적으로 응용하는 방법이다.

80 기술 문제 정답 ③

정답해설 지식 재산권의 유형은 다음과 같다.

산업재산권	특허권
	실용신안권
	디자인권
	상표권
저작권	협의의 저작권
	저작 인접권
신지식 재산권	산업 재산권
	산업 저작권
	정보 재산권
	기타

NCS 공기업 통합 모의고사

20	년	월	일

성 명
좌측부터 빈칸없이 차례대로 기재

채점 확인

문번	답 란				
1	①	②	③	④	⑤
2	①	②	③	④	⑤
3	①	②	③	④	⑤
4	①	②	③	④	⑤
5	①	②	③	④	⑤

문번	답 란				
6	①	②	③	④	⑤
7	①	②	③	④	⑤
8	①	②	③	④	⑤
9	①	②	③	④	⑤
10	①	②	③	④	⑤
11	①	②	③	④	⑤
12	①	②	③	④	⑤
13	①	②	③	④	⑤
14	①	②	③	④	⑤
15	①	②	③	④	⑤
16	①	②	③	④	⑤
17	①	②	③	④	⑤
18	①	②	③	④	⑤
19	①	②	③	④	⑤
20	①	②	③	④	⑤
21	①	②	③	④	⑤
22	①	②	③	④	⑤
23	①	②	③	④	⑤
24	①	②	③	④	⑤
25	①	②	③	④	⑤
26	①	②	③	④	⑤
27	①	②	③	④	⑤
28	①	②	③	④	⑤
29	①	②	③	④	⑤
30	①	②	③	④	⑤

문번	답 란				
31	①	②	③	④	⑤
32	①	②	③	④	⑤
33	①	②	③	④	⑤
34	①	②	③	④	⑤
35	①	②	③	④	⑤
36	①	②	③	④	⑤
37	①	②	③	④	⑤
38	①	②	③	④	⑤
39	①	②	③	④	⑤
40	①	②	③	④	⑤
41	①	②	③	④	⑤
42	①	②	③	④	⑤
43	①	②	③	④	⑤
44	①	②	③	④	⑤
45	①	②	③	④	⑤
46	①	②	③	④	⑤
47	①	②	③	④	⑤
48	①	②	③	④	⑤
49	①	②	③	④	⑤
50	①	②	③	④	⑤
51	①	②	③	④	⑤
52	①	②	③	④	⑤
53	①	②	③	④	⑤
54	①	②	③	④	⑤
55	①	②	③	④	⑤

문번	답 란				
56	①	②	③	④	⑤
57	①	②	③	④	⑤
58	①	②	③	④	⑤
59	①	②	③	④	⑤
60	①	②	③	④	⑤
61	①	②	③	④	⑤
62	①	②	③	④	⑤
63	①	②	③	④	⑤
64	①	②	③	④	⑤
65	①	②	③	④	⑤
66	①	②	③	④	⑤
67	①	②	③	④	⑤
68	①	②	③	④	⑤
69	①	②	③	④	⑤
70	①	②	③	④	⑤
71	①	②	③	④	⑤
72	①	②	③	④	⑤
73	①	②	③	④	⑤
74	①	②	③	④	⑤
75	①	②	③	④	⑤
76	①	②	③	④	⑤
77	①	②	③	④	⑤
78	①	②	③	④	⑤
79	①	②	③	④	⑤
80	①	②	③	④	⑤

자르는 선

시스컴
SISCOM

www.siscom.co.kr

NCS 공기업 통합 모의고사

20 년 월 일

성 명
좌측부터 빈칸없이 차례대로 기재

채점
확인

문번	답란
1	① ② ③ ④ ⑤
2	① ② ③ ④ ⑤
3	① ② ③ ④ ⑤
4	① ② ③ ④ ⑤
5	① ② ③ ④ ⑤

문번	답란
6	① ② ③ ④ ⑤
7	① ② ③ ④ ⑤
8	① ② ③ ④ ⑤
9	① ② ③ ④ ⑤
10	① ② ③ ④ ⑤
11	① ② ③ ④ ⑤
12	① ② ③ ④ ⑤
13	① ② ③ ④ ⑤
14	① ② ③ ④ ⑤
15	① ② ③ ④ ⑤
16	① ② ③ ④ ⑤
17	① ② ③ ④ ⑤
18	① ② ③ ④ ⑤
19	① ② ③ ④ ⑤
20	① ② ③ ④ ⑤
21	① ② ③ ④ ⑤
22	① ② ③ ④ ⑤
23	① ② ③ ④ ⑤
24	① ② ③ ④ ⑤
25	① ② ③ ④ ⑤
26	① ② ③ ④ ⑤
27	① ② ③ ④ ⑤
28	① ② ③ ④ ⑤
29	① ② ③ ④ ⑤
30	① ② ③ ④ ⑤

문번	답란
31	① ② ③ ④ ⑤
32	① ② ③ ④ ⑤
33	① ② ③ ④ ⑤
34	① ② ③ ④ ⑤
35	① ② ③ ④ ⑤
36	① ② ③ ④ ⑤
37	① ② ③ ④ ⑤
38	① ② ③ ④ ⑤
39	① ② ③ ④ ⑤
40	① ② ③ ④ ⑤
41	① ② ③ ④ ⑤
42	① ② ③ ④ ⑤
43	① ② ③ ④ ⑤
44	① ② ③ ④ ⑤
45	① ② ③ ④ ⑤
46	① ② ③ ④ ⑤
47	① ② ③ ④ ⑤
48	① ② ③ ④ ⑤
49	① ② ③ ④ ⑤
50	① ② ③ ④ ⑤
51	① ② ③ ④ ⑤
52	① ② ③ ④ ⑤
53	① ② ③ ④ ⑤
54	① ② ③ ④ ⑤
55	① ② ③ ④ ⑤

문번	답란
56	① ② ③ ④ ⑤
57	① ② ③ ④ ⑤
58	① ② ③ ④ ⑤
59	① ② ③ ④ ⑤
60	① ② ③ ④ ⑤
61	① ② ③ ④ ⑤
62	① ② ③ ④ ⑤
63	① ② ③ ④ ⑤
64	① ② ③ ④ ⑤
65	① ② ③ ④ ⑤
66	① ② ③ ④ ⑤
67	① ② ③ ④ ⑤
68	① ② ③ ④ ⑤
69	① ② ③ ④ ⑤
70	① ② ③ ④ ⑤
71	① ② ③ ④ ⑤
72	① ② ③ ④ ⑤
73	① ② ③ ④ ⑤
74	① ② ③ ④ ⑤
75	① ② ③ ④ ⑤
76	① ② ③ ④ ⑤
77	① ② ③ ④ ⑤
78	① ② ③ ④ ⑤
79	① ② ③ ④ ⑤
80	① ② ③ ④ ⑤

NCS 공기업 통합 모의고사

시스컴
SISCOM
www.siscom.co.kr

20　　　년　　　월　　　일

성 명		
좌측부터 빈칸없이 차례대로 기재		

채점 확인	

문번	답 란				
1	①	②	③	④	⑤
2	①	②	③	④	⑤
3	①	②	③	④	⑤
4	①	②	③	④	⑤
5	①	②	③	④	⑤

문번	답 란				
6	①	②	③	④	⑤
7	①	②	③	④	⑤
8	①	②	③	④	⑤
9	①	②	③	④	⑤
10	①	②	③	④	⑤
11	①	②	③	④	⑤
12	①	②	③	④	⑤
13	①	②	③	④	⑤
14	①	②	③	④	⑤
15	①	②	③	④	⑤
16	①	②	③	④	⑤
17	①	②	③	④	⑤
18	①	②	③	④	⑤
19	①	②	③	④	⑤
20	①	②	③	④	⑤
21	①	②	③	④	⑤
22	①	②	③	④	⑤
23	①	②	③	④	⑤
24	①	②	③	④	⑤
25	①	②	③	④	⑤
26	①	②	③	④	⑤
27	①	②	③	④	⑤
28	①	②	③	④	⑤
29	①	②	③	④	⑤
30	①	②	③	④	⑤

문번	답 란				
31	①	②	③	④	⑤
32	①	②	③	④	⑤
33	①	②	③	④	⑤
34	①	②	③	④	⑤
35	①	②	③	④	⑤
36	①	②	③	④	⑤
37	①	②	③	④	⑤
38	①	②	③	④	⑤
39	①	②	③	④	⑤
40	①	②	③	④	⑤
41	①	②	③	④	⑤
42	①	②	③	④	⑤
43	①	②	③	④	⑤
44	①	②	③	④	⑤
45	①	②	③	④	⑤
46	①	②	③	④	⑤
47	①	②	③	④	⑤
48	①	②	③	④	⑤
49	①	②	③	④	⑤
50	①	②	③	④	⑤
51	①	②	③	④	⑤
52	①	②	③	④	⑤
53	①	②	③	④	⑤
54	①	②	③	④	⑤
55	①	②	③	④	⑤

문번	답 란				
56	①	②	③	④	⑤
57	①	②	③	④	⑤
58	①	②	③	④	⑤
59	①	②	③	④	⑤
60	①	②	③	④	⑤
61	①	②	③	④	⑤
62	①	②	③	④	⑤
63	①	②	③	④	⑤
64	①	②	③	④	⑤
65	①	②	③	④	⑤
66	①	②	③	④	⑤
67	①	②	③	④	⑤
68	①	②	③	④	⑤
69	①	②	③	④	⑤
70	①	②	③	④	⑤
71	①	②	③	④	⑤
72	①	②	③	④	⑤
73	①	②	③	④	⑤
74	①	②	③	④	⑤
75	①	②	③	④	⑤
76	①	②	③	④	⑤
77	①	②	③	④	⑤
78	①	②	③	④	⑤
79	①	②	③	④	⑤
80	①	②	③	④	⑤

자르는 선

자르는 선

시스컴
SISCOM
www.siscom.co.kr

NCS 공기업 통합 모의고사

20 년 월 일

성 명
좌측부터 빈칸없이 차례대로 기재

채점
확인

문번			답란		
1	①	②	③	④	⑤
2	①	②	③	④	⑤
3	①	②	③	④	⑤
4	①	②	③	④	⑤
5	①	②	③	④	⑤

문번			답란		
6	①	②	③	④	⑤
7	①	②	③	④	⑤
8	①	②	③	④	⑤
9	①	②	③	④	⑤
10	①	②	③	④	⑤
11	①	②	③	④	⑤
12	①	②	③	④	⑤
13	①	②	③	④	⑤
14	①	②	③	④	⑤
15	①	②	③	④	⑤
16	①	②	③	④	⑤
17	①	②	③	④	⑤
18	①	②	③	④	⑤
19	①	②	③	④	⑤
20	①	②	③	④	⑤
21	①	②	③	④	⑤
22	①	②	③	④	⑤
23	①	②	③	④	⑤
24	①	②	③	④	⑤
25	①	②	③	④	⑤
26	①	②	③	④	⑤
27	①	②	③	④	⑤
28	①	②	③	④	⑤
29	①	②	③	④	⑤
30	①	②	③	④	⑤

문번			답란		
31	①	②	③	④	⑤
32	①	②	③	④	⑤
33	①	②	③	④	⑤
34	①	②	③	④	⑤
35	①	②	③	④	⑤
36	①	②	③	④	⑤
37	①	②	③	④	⑤
38	①	②	③	④	⑤
39	①	②	③	④	⑤
40	①	②	③	④	⑤
41	①	②	③	④	⑤
42	①	②	③	④	⑤
43	①	②	③	④	⑤
44	①	②	③	④	⑤
45	①	②	③	④	⑤
46	①	②	③	④	⑤
47	①	②	③	④	⑤
48	①	②	③	④	⑤
49	①	②	③	④	⑤
50	①	②	③	④	⑤
51	①	②	③	④	⑤
52	①	②	③	④	⑤
53	①	②	③	④	⑤
54	①	②	③	④	⑤
55	①	②	③	④	⑤

문번			답란		
56	①	②	③	④	⑤
57	①	②	③	④	⑤
58	①	②	③	④	⑤
59	①	②	③	④	⑤
60	①	②	③	④	⑤
61	①	②	③	④	⑤
62	①	②	③	④	⑤
63	①	②	③	④	⑤
64	①	②	③	④	⑤
65	①	②	③	④	⑤
66	①	②	③	④	⑤
67	①	②	③	④	⑤
68	①	②	③	④	⑤
69	①	②	③	④	⑤
70	①	②	③	④	⑤
71	①	②	③	④	⑤
72	①	②	③	④	⑤
73	①	②	③	④	⑤
74	①	②	③	④	⑤
75	①	②	③	④	⑤
76	①	②	③	④	⑤
77	①	②	③	④	⑤
78	①	②	③	④	⑤
79	①	②	③	④	⑤
80	①	②	③	④	⑤

20 　　년　　월　　일

성 명

좌측부터 빈칸없이 차례대로 기재

채점
확인

문번	답 란				
1	①	②	③	④	⑤
2	①	②	③	④	⑤
3	①	②	③	④	⑤
4	①	②	③	④	⑤
5	①	②	③	④	⑤

문번	답 란				
6	①	②	③	④	⑤
7	①	②	③	④	⑤
8	①	②	③	④	⑤
9	①	②	③	④	⑤
10	①	②	③	④	⑤
11	①	②	③	④	⑤
12	①	②	③	④	⑤
13	①	②	③	④	⑤
14	①	②	③	④	⑤
15	①	②	③	④	⑤
16	①	②	③	④	⑤
17	①	②	③	④	⑤
18	①	②	③	④	⑤
19	①	②	③	④	⑤
20	①	②	③	④	⑤
21	①	②	③	④	⑤
22	①	②	③	④	⑤
23	①	②	③	④	⑤
24	①	②	③	④	⑤
25	①	②	③	④	⑤
26	①	②	③	④	⑤
27	①	②	③	④	⑤
28	①	②	③	④	⑤
29	①	②	③	④	⑤
30	①	②	③	④	⑤

문번	답 란				
31	①	②	③	④	⑤
32	①	②	③	④	⑤
33	①	②	③	④	⑤
34	①	②	③	④	⑤
35	①	②	③	④	⑤
36	①	②	③	④	⑤
37	①	②	③	④	⑤
38	①	②	③	④	⑤
39	①	②	③	④	⑤
40	①	②	③	④	⑤
41	①	②	③	④	⑤
42	①	②	③	④	⑤
43	①	②	③	④	⑤
44	①	②	③	④	⑤
45	①	②	③	④	⑤
46	①	②	③	④	⑤
47	①	②	③	④	⑤
48	①	②	③	④	⑤
49	①	②	③	④	⑤
50	①	②	③	④	⑤
51	①	②	③	④	⑤
52	①	②	③	④	⑤
53	①	②	③	④	⑤
54	①	②	③	④	⑤
55	①	②	③	④	⑤

문번	답 란				
56	①	②	③	④	⑤
57	①	②	③	④	⑤
58	①	②	③	④	⑤
59	①	②	③	④	⑤
60	①	②	③	④	⑤
61	①	②	③	④	⑤
62	①	②	③	④	⑤
63	①	②	③	④	⑤
64	①	②	③	④	⑤
65	①	②	③	④	⑤
66	①	②	③	④	⑤
67	①	②	③	④	⑤
68	①	②	③	④	⑤
69	①	②	③	④	⑤
70	①	②	③	④	⑤
71	①	②	③	④	⑤
72	①	②	③	④	⑤
73	①	②	③	④	⑤
74	①	②	③	④	⑤
75	①	②	③	④	⑤
76	①	②	③	④	⑤
77	①	②	③	④	⑤
78	①	②	③	④	⑤
79	①	②	③	④	⑤
80	①	②	③	④	⑤

자르는 선

시스컴
SISCOM www.siscom.co.kr

NCS 공기업 통합 모의고사

20　년　월　일

성 명
좌측부터 빈칸없이 차례대로 기재

채점
확인

문번	답 란
1	① ② ③ ④ ⑤
2	① ② ③ ④ ⑤
3	① ② ③ ④ ⑤
4	① ② ③ ④ ⑤
5	① ② ③ ④ ⑤

문번	답 란
6	① ② ③ ④ ⑤
7	① ② ③ ④ ⑤
8	① ② ③ ④ ⑤
9	① ② ③ ④ ⑤
10	① ② ③ ④ ⑤
11	① ② ③ ④ ⑤
12	① ② ③ ④ ⑤
13	① ② ③ ④ ⑤
14	① ② ③ ④ ⑤
15	① ② ③ ④ ⑤
16	① ② ③ ④ ⑤
17	① ② ③ ④ ⑤
18	① ② ③ ④ ⑤
19	① ② ③ ④ ⑤
20	① ② ③ ④ ⑤
21	① ② ③ ④ ⑤
22	① ② ③ ④ ⑤
23	① ② ③ ④ ⑤
24	① ② ③ ④ ⑤
25	① ② ③ ④ ⑤
26	① ② ③ ④ ⑤
27	① ② ③ ④ ⑤
28	① ② ③ ④ ⑤
29	① ② ③ ④ ⑤
30	① ② ③ ④ ⑤

문번	답 란
31	① ② ③ ④ ⑤
32	① ② ③ ④ ⑤
33	① ② ③ ④ ⑤
34	① ② ③ ④ ⑤
35	① ② ③ ④ ⑤
36	① ② ③ ④ ⑤
37	① ② ③ ④ ⑤
38	① ② ③ ④ ⑤
39	① ② ③ ④ ⑤
40	① ② ③ ④ ⑤
41	① ② ③ ④ ⑤
42	① ② ③ ④ ⑤
43	① ② ③ ④ ⑤
44	① ② ③ ④ ⑤
45	① ② ③ ④ ⑤
46	① ② ③ ④ ⑤
47	① ② ③ ④ ⑤
48	① ② ③ ④ ⑤
49	① ② ③ ④ ⑤
50	① ② ③ ④ ⑤
51	① ② ③ ④ ⑤
52	① ② ③ ④ ⑤
53	① ② ③ ④ ⑤
54	① ② ③ ④ ⑤
55	① ② ③ ④ ⑤

문번	답 란
56	① ② ③ ④ ⑤
57	① ② ③ ④ ⑤
58	① ② ③ ④ ⑤
59	① ② ③ ④ ⑤
60	① ② ③ ④ ⑤
61	① ② ③ ④ ⑤
62	① ② ③ ④ ⑤
63	① ② ③ ④ ⑤
64	① ② ③ ④ ⑤
65	① ② ③ ④ ⑤
66	① ② ③ ④ ⑤
67	① ② ③ ④ ⑤
68	① ② ③ ④ ⑤
69	① ② ③ ④ ⑤
70	① ② ③ ④ ⑤
71	① ② ③ ④ ⑤
72	① ② ③ ④ ⑤
73	① ② ③ ④ ⑤
74	① ② ③ ④ ⑤
75	① ② ③ ④ ⑤
76	① ② ③ ④ ⑤
77	① ② ③ ④ ⑤
78	① ② ③ ④ ⑤
79	① ② ③ ④ ⑤
80	① ② ③ ④ ⑤